"十二五"国家重点图书出版规划项目

中国社会科学院创新工程学术出版资助项目

总主编：金 碚

经济管理学科前沿研究报告系列丛书

THE FRONTIER
RESEARCH REPORT ON
DISCIPLINE OF
SUPPLY CHAIN AND
LOGISTICS MANAGEMENT

于亢亢 宋 华 主编

物流供应链管理学科前沿研究报告

经济管理出版社
ECONOMY & MANAGEMENT PUBLISHING HOUSE

图书在版编目（CIP）数据

物流供应链管理学科前沿研究报告 2011/于亢亢，宋华主编. —北京：经济管理出版社，2015.9
ISBN 978-7-5096-3608-4

Ⅰ. ①物… Ⅱ. ①于… ②宋… Ⅲ. ①物流—物资管理—研究报告—2011 ②物资供应—物资
管理—研究报告—2011 Ⅳ. ①F252

中国版本图书馆 CIP 数据核字（2015）第 015364 号

组稿编辑：张　艳
责任编辑：张　艳　郭慧莉　丁慧敏
责任印制：黄章平
责任校对：雨　千

出版发行：经济管理出版社
　　　　　（北京市海淀区北蜂窝 8 号中雅大厦 A 座 11 层　100038）
网　　址：www. E-mp. com. cn
电　　话：(010) 51915602
印　　刷：三河市延风印装有限公司
经　　销：新华书店
开　　本：787mm×1092mm/16
印　　张：21.25
字　　数：474 千字
版　　次：2015 年 9 月第 1 版　2015 年 9 月第 1 次印刷
书　　号：ISBN 978-7-5096-3608-4
定　　价：79.00 元

《经济管理学科前沿研究报告》
专家委员会

主　任： 李京文

副主任： 金　碚　黄群慧　黄速建　吕本富

专家委员会委员（按姓氏笔划排序）：

方开泰	毛程连	王方华	王立彦	王重鸣	王　健	王浦劬	包　政
史　丹	左美云	石　勘	刘　怡	刘戒骄	刘　勇	刘伟强	刘秉链
刘金全	刘曼红	刘湘丽	吕　政	吕　铁	吕本富	孙玉栋	孙建敏
朱　玲	朱立言	何　瑛	宋　常	张　晓	张文杰	张世贤	张占斌
张玉利	张屹山	张晓山	张康之	李　平	李　周	李　晓	李子奈
李小北	李仁君	李兆前	李京文	李国平	李春瑜	李海峥	李海舰
李维安	李　群	杜莹芬	杨　杜	杨开忠	杨世伟	杨冠琼	杨春河
杨瑞龙	汪　平	汪同三	沈志渔	沈满洪	肖慈方	芮明杰	辛　暖
陈　耀	陈传明	陈国权	陈国清	陈　宪	周小虎	周文斌	周治忍
周晓明	林国强	罗仲伟	郑海航	金　碚	洪银兴	胡乃武	荆林波
贺　强	赵顺龙	赵景华	赵曙明	项保华	夏杰长	席酉民	徐二明
徐向艺	徐宏玲	徐晋涛	涂　平	秦荣生	袁　卫	郭国庆	高　闯
符国群	黄泰岩	黄速建	黄群慧	曾湘泉	程　伟	董纪昌	董克用
韩文科	赖德胜	雷　达	廖元和	蔡　昉	潘家华	薛　澜	魏一明
魏后凯							

序 言

　　为了落实中国社会科学院哲学社会科学创新工程的实施，加快建设哲学社会科学创新体系，实现中国社会科学院成为马克思主义的坚强阵地、党中央国务院的思想库和智囊团、哲学社会科学的最高殿堂的定位要求，提升中国社会科学院在国际、国内哲学社会科学领域的话语权和影响力，加快中国社会科学院哲学社会科学学科建设，推进哲学社会科学的繁荣发展具有重大意义。

　　旨在准确把握经济和管理学科前沿发展状况，评估各学科发展近况，及时跟踪国内外学科发展的最新动态，准确把握学科前沿，引领学科发展方向，积极推进学科建设，特组织中国社会科学院和全国重点大学的专家学者研究撰写《经济管理学科前沿研究报告》。本系列报告的研究和出版得到了国家新闻出版广电总局的支持和肯定，特将本系列报告丛书列为"十二五"国家重点图书出版项目。

　　《经济管理学科前沿研究报告》包括经济学和管理学两大学科。经济学包括能源经济学、旅游经济学、服务经济学、农业经济学、国际经济合作、世界经济、资源与环境经济学、区域经济学、财政学、金融学、产业经济学、国际贸易学、劳动经济学、数量经济学、统计学。管理学包括工商管理学科、公共管理学科、管理科学与工程三个学科。工商管理学科包括管理学、创新管理、战略管理、技术管理与技术创新、公司治理、会计与审计、财务管理、市场营销、人力资源管理、组织行为学、企业信息管理、物流供应链管理、创业与中小企业管理等学科及研究方向；公共管理学科包括公共行政学、公共政策学、政府绩效管理学、公共部门战略管理学、城市管理学、危机管理学、公共部门经济学、电子政务学、社会保障学、政治学、公共政策与政府管理等学科及研究方向；管理科学与工程包括工程管理、电子商务、管理心理与行为、管理系统工程、信息系统与管理、数据科学、智能制造与运营等学科及研究方向。

　　《经济管理学科前沿研究报告》依托中国社会科学院独特的学术地位和超前的研究优势，撰写出具有一流水准的哲学社会科学前沿报告，致力于体现以下特点：

　　（1）前沿性。本系列报告能体现国内外学科发展的最新前沿动态，包括各学术领域内的最新理论观点和方法、热点问题及重大理论创新。

　　（2）系统性。本系列报告囊括学科发展的所有范畴和领域。一方面，学科覆盖具有全面性，包括本年度不同学科的科研成果、理论发展、科研队伍的建设，以及某学科发展过程中具有的优势和存在的问题；另一方面，就各学科而言，还将涉及该学科下的各个二级学科，既包括学科的传统范畴，也包括新兴领域。

（3）权威性。本系列报告由各个学科内长期从事理论研究的专家、学者主编和组织本领域内一流的专家、学者进行撰写，无疑将是各学科内的权威学术研究。

（4）文献性。本系列报告不仅系统总结和评价了每年各个学科的发展历程，还提炼了各学科学术发展进程中的重大问题、重大事件及重要学术成果，因此具有工具书式的资料性，为哲学社会科学研究的进一步发展奠定了新的基础。

《经济管理学科前沿研究报告》全面体现了经济、管理学科及研究方向本年度国内外的发展状况、最新动态、重要理论观点、前沿问题、热点问题等。该系列报告包括经济学、管理学一级学科和二级学科以及一些重要的研究方向，其中经济学科及研究方向15个，管理学科及研究方向45个。该系列丛书按年度撰写出版60部学科前沿报告，成为系统研究的年度连续出版物。这项工作虽然是学术研究的一项基础工作，但意义十分重大。要想做好这项工作，需要大量的组织、协调、研究工作，更需要专家学者付出大量的时间和艰苦的努力，在此，特向参与本研究的院内外专家、学者和参与出版工作的同仁表示由衷的敬意和感谢。相信在大家的齐心努力下，会进一步推动中国对经济学和管理学学科建设的研究，同时，也希望本系列报告的连续出版能提升我国经济和管理学科的研究水平。

金碚

2014 年 5 月

目 录

目 录

第一章 物流供应链管理学科 2011 年研究综述

　　本书精选并综述了 2011 年与物流和供应链管理相关的学术论文、学术专著、学术会议，也将深入探讨 2011 年度集中体现出来的物流与供应链管理领域的交叉研究与前沿方法。英文学术论文的检索包括以下物流与供应链管理领域的核心期刊：*Journal of Operations Management*，*Production and Operations Management*，*Journal of Business Logistics*，*International Journal of Logistics Management*，*International Journal of Production and Operations Management*，*Supply Chain Management: An International Journal*，*Journal of Supply Chain Management*。对这些核心期刊，我们从 *JOSTOR*、*EBSCO*、*Emerald* 等英文数据库中下载了 2011 年发表的全部学术论文，并按照主题、理论、方法、结论对每一篇文章进行编码，基于这些编码信息，我们挑选出其中 20 篇较为优秀的学术论文，对每一篇论文的主要内容进行了综述。中文学术论文的检索包括以下核心期刊：《管理世界》、《中国软科学》、《管理科学学报》、《系统工程理论与实践》、《中国管理科学》、《系统工程学报》、《系统工程理论方法应用》、《管理评论》、《管理工程学报》、《管理科学》、《预测》、《运筹与管理》、《科学学研究》、《管理学报》、《系统工程》、《科学学与科学技术管理》。通过中国知网、万方数据库等中文数据库，我们下载并整理了与物流和供应链管理主题相关的学术论文，并且从中选择了 18 篇优秀的学术论文全文转载供读者深入阅读。另外，从 2011 年出版的与物流和供应链管理主题相关的中文书籍和英文书籍中，我们也筛选出优秀的著作，对书中的主要内容进行了综述。基于以上内容，在研究综述部分，我们从理论和方法两方面来展示 2011 年度物流与供应链管理学科的发展趋势。

　　如今的竞争环境瞬息万变，管理者在全球化、流程整合、风险管理、可持续发展等方面所面临的挑战越来越复杂。供应链管理决策者也必须要管理复杂的、多面的问题。整个学科的发展也需要研究学者置身于变革的环境当中，帮助决策者开发物流与供应链能力以成功应对这些挑战。但是，聚焦于一个学科往往会让研究者的视野受到局限，同样，单一的研究方法也很难提供严谨的、有深度的分析（Fawcett & Walker，2011），而多学科和多方法的研究能够创造互补性，丰富对问题的理解。Sander 和 Wagner（2011）在对现代供应链挑战的综述中强调，多学科和多方法的研究范式会推进物流与供应链学科的发展，他们也举出了几个重要的领域，如表 1 所示。

表1 多学科和多方法范式举例

主题	多学科	多方法
供应链金融	● 金融：评估风险和汇报的工具如何应用在评估供应链中企业的风险和机遇上？可能让整个供应链处于风险中的供应商或者客户的风险如何评估？多元化如何减少供应链破坏风险。 ● 组织和战略管理：组织理论如何应用在供应链管理上以解释企业的财务绩效？供应链战略的相关决策如何影响利润？有没有理想类型的供应链战略是与利润正向相关的。	研究问题示例： 供应链管理有没有最底线的财务影响？ ● 基于理论的概念框架，学者们可以开发出理想类型的供应链管理战略组合。 ● 将供应链战略和实践联系起来，通过财务数据就可以评价有形的影响。 ● 多变量分析技术可以用来检验供应链管理战略和实践之间的关系，以及对财务绩效的影响。
全球供应链	● 运营研究：网络结构应该是什么样的？模型中应该包括哪些变量？网络中应该包含多少节点，应该处在什么位置？测量变量的价值是什么，例如生产成本、运输成本、碳足迹。 ● 运营管理：产品设计的特征是什么？网络节点的流程设计是什么？网络节点上的企业的能力、战略和最优库存是什么。 ● 营销：细分全球市场的最优方式是什么？产品和服务偏好是什么？市场细分如何跟供应链细分连接起来。	研究问题示例： 企业应该如何设计他们的全球供应链网络？ ● 最优化的网络设计提供了一个网络结构，可以最大化或者最小化一些指标如成本、碳足迹等。 ● 数学建模、模拟和因子分析来决定设备的能力和设计，生产流程设计。 ● 问卷调研、访谈、案例研究、田野研究都能够提供客户对特定市场细分的偏好。
价值创造和价值分享	● 营销：哪种物流和供应链对客户价值传递的贡献是最好的？供应链上的企业如何能站在客户的角度创造价值。 ● 经济和运营研究：如何设计合同让供应链中的伙伴获得更高的价值。 ● 心理学：企业是否愿意为了未来的利益牺牲现有的价值分配？公平的认知如何会影响为价值创造投入的意愿，以及价值分享的期望。 ● 组织：企业如何组织和监督价值创造和与供应链上其他企业的价值分享流程。	研究问题示例： 价值分享如何影响供应链上合作企业现有的和未来的价值创造。 ● 分析供应链协调的模型能够建立起价值创造和价值分配合同模型，同时决定最优协调供应链上企业利益的价值分配。 ● 企业内部的和外部的权变因素，可以通过问卷调研和宏观经济数据收集和分析来获得。 ● 控制各种权变因素，分离出价值创造和分享的原因结果，可以用对供应链管理者进行实验研究的方式。
可持续性	● 运营管理：与现有的可预测的政府规范相容的内部产品和流程设计是什么。 ● 营销：可持续性对客户以及他们的认知的影响是什么？能满足规范要求的可持续性发起行动是什么。 ● 物流：考虑到仓储、逆向物流、安全问题的产品包装的最优设计，可以减少碳足迹和库存水平，达到需求并满足规范标准的最优的运输组合是什么？能够减少环境影响的最优包装方式是什么？如何影响成本。	研究问题示例： 企业应该如何设计他们的产品以达到环境友好型的供应链。 ● 优化方法可以用来识别产品涉及特征、产品质量特征、控制条件，以及优化关键绩效指标等。 ● 基于情境的分析、混沌理论、蒙特卡洛模拟，以及最优选择分析都可以识别和定量产品与流程设计的风险。 ● 生命周期评价可以用来分析环境方面与产品、流程和服务相关的潜在的影响。 ● 统计方法可以用来开发指标测量可持续产品设计的特征。可持续性指标有产品生命周期分析、生态足迹、碳足迹等。 ● 实证方法，如问卷调研和访谈也可以用来识别产品的特征。

资料来源：Sanders N.R.，Wagner S.M.（2011）. Multidisplinary and Multimethod Research for Addressing Contemporary Supply Chain Challenges. Journal of Business Logistics，32（4）：317-323.

第一节　2011 年物流与供应链管理的理论综述

1. 供应链关系与网络

供应链关系一直是供应链研究中的核心问题，相关理论和方法的发展也较为成熟。Daugherty（2011）对物流与供应链关系相关的文献进行了综述，并提出了未来的研究方向：

（1）伙伴关系、联盟和合作关系奏效吗？研究发现很多紧密的关系到最后失败了，或者并没有延续到之前承诺的时限。在对物流和供应链管理者的调研中，他们也反映出很多时候受到了国家和全球经济的影响，而且认为成本在商业决策中是最重要的。因此，我们需要研究现在的双边关系，探究所遇到的问题到底是不是由外部因素造成的。而且，研究视角应该超越一对一的关系，要从整个供应链的角度来分析。

（2）提高成功的机会。企业如何提高跨组织关系中的成功机会？以前选择性的匹配被认为很重要，但是正在进行中的关系不重要吗？如何提升紧密性和承诺？这时，个人关系就变得非常重要。那么，面对面的接触是否重要，最优的频率是多少？现在很多关系都涉及跨组织的、跨国家的联盟，那么以前的研究在全球环境下是否还适用呢？因此，未来的研究应该关注这些情境下的特殊问题，例如文化的差异如何影响交互和长期的关系成功机会。

（3）权利这个问题已经不存在了吗？早期的渠道研究探讨过权利问题，也就是在买卖关系中谁作出最重要的决定。一般而言是渠道的领导者。以前的文献研究了权利的应用以及如何控制和更有效地发挥权利。如果看一下任何的产业，就会发现总有两三个竞争主导者。买卖双方的关系或者联盟并不是公平的伙伴。因此，未来的研究就应探讨应用什么样的原则来提高关系成功性，同时保护权利弱势的一方。

（4）度量与监控。开发绩效的量表并不困难，很多时候企业都有非常多的度量方法。而关键是如何能够使开发出的量表在可控范围之内，并且以有效的方式体现出最相关的信息。另外，监控也很重要，监控就意味着要解构关系，从而可以分配责任，也就是预期要做什么，谁来做，同时制定标准。但如果一个标准不能运行，那么就应该研究到底是什么因素影响的。

（5）创新。创新在物流与供应链领域探讨得很多，但是真正能促进创新的方法却不多。一个潜在的问题就是如何能够整合合作关系中跨企业的资源来促进创新。但是在以往的文献中却没有太多的探讨，所以未来可以研究如何运用合作关系来开发新的、创新性的方法。

（6）技术。在物流与供应链领域关于技术的话题非常多，未来也会越来越多。例如下一代技术会不会影响我们的运营，如何影响？如何运用技术来提高效率？如何更好地理解技术扩散？怎样做能够加速新技术的采纳和接受？如何运用技术来促进跨企业整合？

（7）环境问题和企业责任。物流与供应链领域探讨到的环境问题往往是与逆向物流、循环利用等问题相关。这些仍然是经营中的主要问题。例如，企业如何设计产品和管理库存才能减少退货数量。而企业责任与可持续性也将越来越引起关注，尽管现在的研究还比较有限。

（8）关注服务。如今世界经济中的主要部分是服务经济，而且经济增长的主要部分也是服务主导的增长，因此需要越来越多的服务驱动的研究，而不是仅仅运用产品相关的模型。服务企业也应该开发与其客户的紧密关系，以此来提高客户满意度和忠诚度。未来相关研究有几个方向：企业如何与客户共同创造有价值的服务；如何定价或者评估服务的价值；如何创造服务文化；与其他话题交叉的研究领域。

2. 信息技术与供应链

信息技术（Information and Communication Technology，ICT）是用来处理、储存和应用信息的技术家族，会促进与信息相关的人类活动的绩效，可以由公众和机构以及商业部门提供，并服务于他们。而供应链绩效则包括了可靠性、响应性、柔性、成本和资产管理效率几个维度。对于信息技术、供应链管理和供应链绩效之间的关系，从以往的研究中可以总结出几种常用的模型（Zhang 等，2011）。第一种模型是信息技术对供应链绩效有直接作用，主要是通过更好地获得信息、准确地获得信息，或者直接的计算机之间点到点的连接来实现的。第二种模型则表明信息技术和供应链绩效之间的关系是通过供应链管理的中介作用来实现的。例如，应用特别的计算机之间的连接就可以改善信息的共享和合作，由此改善供应链绩效。第三种模型假设信息技术和供应链绩效之间的关系受到供应链管理的调节作用。背后的原因是信息技术在稳定的状况下更有效，也就是说在较高水平的供应链管理下，信息技术更有效。相反，如果供应链管理水平较低，那么信息技术对供应链技术的影响就会受到限制。最后一种模型是研究信息技术和供应链管理之间的关系。这些研究在中介模型中可以实现，甚至一些研究中已经假设供应链管理的改进会自然带来供应链绩效的提升。

根据以上几种模型，Zhang 等（2011）对 1995~2010 年的 15 本期刊进行了综述，包括 Management Science（0 篇），Journal of Operations Management（11 篇），Decision Sciences（3 篇），International Journal of Operations & Production Management（3 篇），Production and Operation Management（0 篇），The International Journal of Production Research（5 篇），The International Journal of Production Economics（5 篇），MIS Quarterly（2 篇），Information System Research（1 篇），Journal of Management Information Systems（0 篇），Information & Management（2 篇），Journal of Business Logistics（4 篇），International Journal of Physical Distribution and Logistics Management（3 篇），International Journal of Logistics Management（0 篇），Journal of Supply Chain Management（1 篇）。他们将信息技术分成两大类进行总结，一类是组织间技术（互联网、内联网、电子商务、电邮、EDI、XML），一类是组织内

技术（ADCS、TEDS、电子面板、APS、SFM、ERP、MRPII），同时还分析了相关的供应链管理因素，包括供应链实践、供应链形式、供应链态度三个方面，最后总结了信息技术与供应链绩效之间的关系。结果发现，大多数文献都表明信息技术对供应链绩效有一些影响，所有在列的文献都表明信息技术是通过供应链管理影响供应链绩效的，但是使用的模型和方法不同。

3. 供应链风险的决策理论

关于研究供应破坏风险（Supply Disruption Risk，SDR）的文献很多，涵盖了不同的理论和构念，但是仍然缺乏一个统一的决策框架。Ellis 等（2011）综述了 79 篇关于 SDR 的文献，并且将 SDR 研究中的构念整合起来，为 SDR 的决策过程提供了新的研究视角。他们运用了心理学中的激活理论（Enactment Theory），也就是个人和组织通过这一社会过程从他们的经验中获得解释（Weick，1969，1995，2001）。这一理论的基础是作出感知，是一个闭合的过程，包括了激活、选择和保持活动，从而使个人能够解决双关性，也就是说与情境相关的多种含义可能会同时出现。

基于这一理论的 SDR 决策模型，包括了三个主要部分：环境、组织和个体。激活的环境和环境是有区别的，激活的环境是储存在个体思想中的心理模型，而环境的概念则是自然中广义的环境。被激活的环境，狭义的理解就是个体由于他们有限的理性而不能解释环境中所有的线索，而通过感知的过程，个体就可以形成对环境的心理模型，仅仅是对较大交互网络的一个部分反映（Porac 等，1989）。相反，环境的广义理解则超越了个人的心理，而是体现出了客观的事实，也就是个体所无法完全了解和准确理解的。当环境中的不确定性、复杂性、动态性和相互关联性水平较高的时候，就会产生 SDR 决策过程中较高的双关性。

组织方面也有几个相关的前提假设，一个是分散的结构，多样的工作组会增加丰富信息的流动，因此与 SDR 决策过程中的双关性水平负向相关；另一个是组织控制，如角色、规则、奖励系统和文化都与 SDR 决策过程中的双关性负向相关。个体方面相关的假设是：买方对风险减缓技巧的使用会带来较高水平的承诺行为，从而与 SDR 决策过程中的双关性负向相关；另外，双关性的水平会调节构成 SDR 决策过程的活动的次序，在高双关性的情况下，接受风险减缓技巧在风险判断和评价之前，也在理解供应环境之前，而低双关性的情况下，风险评价和判断带来对供应环境的理解，是发生在采用风险减缓技巧之后。最后，个人的特征例如自信、价值观、经验、认知能力等都与 SDR 决策过程中的双关性负向相关，而负面情绪则与之正向相关。

通过 SDR 模型可以得到两方面的启示。一方面是关于风险的感知视角，也就是将激活的环境和环境区分开来，环境是跟理性客观的视角相一致的，独立于个体和组织之外，而激活的环境则是感知的视角，是通过感知获得的。两方面的差异会存在于个体感知和客观事实之间，以及不同个体的感知之间。另一方面是风险的决策制定，在低水平的双关性情境下，个体会将某个时间与含义丰富的形式相关联，然后感知就跟选择过程开始了，最后作出判断和评价。

4. 可持续性与绿色供应链

可持续性已经是非常热门的关键词，太多的因素导致了大家对可持续性的关注，例如围绕能源消费的供应和需求特征，与气候变化相关的科学解释增多，组织环境和社会行为相关的透明度越来越高等。这些问题与管理者相关，也与他们的利益相关群体、客户、规则主体、非政府组织、雇员等要求的组织定位、管理环境和社会问题相关。供应链管理者处于一个特别重要的位置，通过例如供应商选择、供应商发展、运输商选择、选址决策和包装选择等，或许正向或许负向地影响环境和社会绩效。Carter 和 Easton（2011）综述了 1991~2010 年 20 年间在 International Journal of Logistics Management，International Journal of Physical Distribution & Logistics Management，Journal of Business Logistics，Journal of Operations Management，Journal of Supply Chain Management，Transportation Journal，Transportation Research Part E 上发表的 121 篇相关的学术文章得到如表 2 所示的结论。

表 2　可持续供应链相关研究综述

单位：%

	百分比（全部时间）	百分比（2001~2010 年）	百分比（1991~2000 年）
A：对象			
环境	42.5	35.42	53.13
多元化	15	4.17	31.25
人权，生活质量	6.25	4.17	9.38
安全	21.25	27.08	12.5
慈善	0	0	0
企业社会责任	11.25	18.75	0
可持续性	15	25	0
B：产业			
汽车	2.78	4.76	0
消费品	13.89	11.90	16.67
食品和农产品	2.78	2.38	3.33
运输	20.83	23.81	16.67
多产业	48.61	47.62	50
其他	11.11	9.52	13.33
C：理论基础			
交易成本经济	6.25	8.33	3.13
资源基础观	11.25	16.67	3.13
知识基础观，组织学习	2.5	4.17	0
相关利益者理论	21.25	35.42	0
其他	31.25	45.83	9.38
多种理论	21.25	33.33	3.13

续表

	百分比（全部时间）	百分比（2001~2010 年）	百分比（1991~2000 年）
无	55	33.33	87.50
D：效度			
有交代（信度和多方面的效度）	45.45	64.44	18.75
部分交代（信度，但没有效度）	11.69	8.89	15.63
没有交代	42.86	26.67	65.63
E：社会偏差			
有交代	15.38	25	3.45
没交代	84.62	75	96.55
F：分析单元			
个体	20.78	17.78	25
功能或小组	9.09	8.89	9.38
企业包括 SBU	62.34	60	65.63
供应链（至少双边）	3.90	6.67	0
其他	3.90	6.67	0
G：方法			
问卷	60	47.92	78.13
案例研究	17.5	22.92	9.38
档案数据	8.75	10.42	6.25
实证或系统的综述	5	8.33	0.00
概念理论建构	3.75	4.17	3.13
焦点小组访谈	2.5	2.08	3.13
个体访谈	2.5	4.17	0
H：分析			
描述性统计	26.53	11.11	54.29
回归分析	16.33	19.06	11.43
定性数据分析	15.31	17.46	11.43
验证性因子分析	12.24	15.87	5.71
结构方程	9.18	12.70	2.86
探索性因子分析	8.16	11.11	2.86
其他	5.10	6.35	2.86
方差分析	4.08	3.17	5.17
概念理论建构	3.06	3.17	2.86
I：调节			
调节或交互作用	10.26	13.04	6.25

资料来源：Carter C. & Easton P.L.（2011）. Sustainable Supply Chain Management：Evolution and Future Directions. International Journal of Physical Distribution & Logistics Management，41（1）：46-62.

在可持续性研究中的一个关键问题就是：在不确定性情形下做出供应链决策的时候，组织如何平衡短期的利益和长期的环境可持续性？Wu 和 Pagell（2011）做出了一系列假设来解释绿色供应链管理中的实践者如何决策以获得短期和长期目标的平衡，而且提出了环境行为、社会行为、企业战略之间的整合，并且提出了如表 3 所示的四种环境情形。

表 3　绿色供应链决策的四种情境

情形	企业战略中的环境问题	对客户的意义	启示
环境优先	环境问题是为最初的企业计划的，达到企业规划也能达到环境规划	愿意多支付的绿色产品	相比于经济和环境因素，社会因素被忽略了
同等重要	环境和社会问题在企业计划中都有表现	有责任的企业和其他企业的定价一样	所有方面都得到权衡
机会优先	环境问题被视为企业机会	如果没有价格优势，组织提供的绿色产品不会长久	经济效用最重要，环境其次，社会方面被忽视
社会优先	因为环境绩效不好，环境问题和社会价值不一致	只要不危害环境，消费者就愿意为有社会责任的产品支付更多价值	相比于经济和社会，环境方面被轻视了

5. 创业供应链

运营管理和创业交叉领域的研究能够带来知识的创新，例如企业外部伙伴关系的依赖性、技术和创新导向、动态能力的培养等都是常见的主题。Journal of Operations Management 在 2011 年第 29 期中，有一期专题是关于"运营管理、创业、价值创造：跨学科背景下的新机遇"。其中刊载了 Terjesen 等（2011）关于高新技术企业的联盟多样性、环境背景和制造额能力价值的文章，Patel（2011）关于新创企业的制造柔性、正规化和环境不确定性的研究，Li（2011）关于竞合、分销商创业导向和制造商知识获取的研究，这几篇文章在本书中都有详细的综述，此外还有 Song（2011）关于资源、供应商投入、新产品开发优势的研究，以及 Goodate 等（2011）关于运营控制在企业创业活动和创新绩效之间调节作用的研究。

在这一专题中，主编还总结了运营管理和创业之间交叉研究机会，例如供应链战略和创业（相关主题如有效率的供应链和响应供应链，精益供应链和敏捷供应链），供应链网络设计和创业（相关主题如创业阶段的采购，中心化还是分散，供应链整合还是不整合，第三方和第四方服务提供商），企业间关系和创业（相关主题如创业企业的关系管理，供应商创新，供应商开发），服务运作与创业（相关主题如管理能力和需求，服务传递中的效率与效益），可持续性和创业（相关主题如绿色价值链，逆向供应链，生态足迹，企业社会责任），风险管理与创业（相关主题如风险减缓工具，相互依赖性、风险与回报的权衡），行为运营和创业（相关主题如运营管理中的个体行为，领导者特征，雇员动机，奖励计划），绩效测量和创业（相关主题如评估运营效益与效率，评价运营档案的分析，设计绩效测量系统）。

第二节 2011 年物流与供应链管理的方法综述

本书对 2011 年核心期刊中应用的研究方法进行了统计。总的来看，问卷调研、质性研究、数学模型排名前三位，占据供应链研究的主导地位，而二手数据、文献综述、混合研究近年来的比重也处于上升趋势，实验设计作为新兴的研究方法也逐渐引起关注（见图1）。但是，各期刊之间的差别比较大，如图 2 所示，POM 是 8 个期刊中唯一注重数学模型的，JBL 和 JSCM 的问卷调研方法应用最多，SCM 最注重质性研究，而 IJOPM 和 IJPDM 中问卷调研和质性研究不分伯仲。相比之下，JOM 和 IJLM 的研究方法分布较为均衡，并且都偏重实证研究方法。

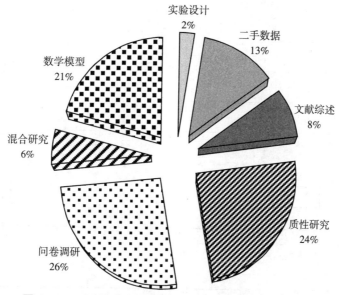

图1 2011 年核心期刊中不同研究方法应用的总数量占比

1. 供应链行为实验

物流和供应链管理者面对着越来越复杂的挑战，需要更好地来理解当今全球经济环境下的决策制定。但是，管理的判断和决策中的认知限制，以及行为偏差的系统影响，在物流与供应链管理学科中至今没有得到足够的重视。Knemeyer 和 Naylor（2011）认为行为实验是研究物流与供应链决策的理性思维之外的非常有潜力和有价值的方法。他们通过对行为实验方法的综述，提醒物流和供应链领域的学者考虑与行为试验相关的机遇。

实验研究可以检验因果关系，而问卷调研数据则不能，在实验研究中，研究者检验自

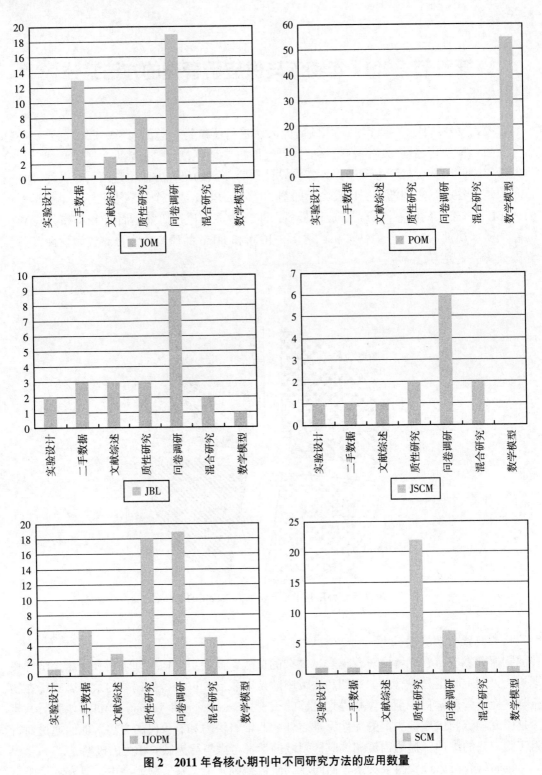

图2 2011年各核心期刊中不同研究方法的应用数量

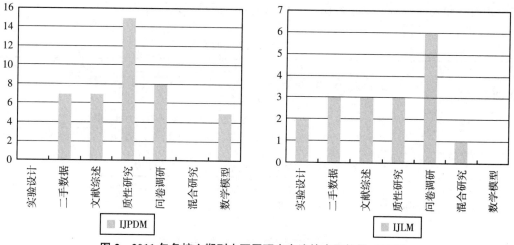

图2　2011年各核心期刊中不同研究方法的应用数量（续图）

变量（假设的原因）对因变量（假设的结果）的作用。实验研究中需要满足以下三个条件才能建立因果关系：一是只有假设的原因必须是可操作的，而其他所有都必须要保持不变，如果无法控制前因变量，那么田野实验有时也会被称为半实验；二是假设的原因要在假设的结果之前发生，换句话说，参与者必须先要接受一个自变量的操作，然后才是回答因变量的测度；三是参与者必须随机分配到实验情境下，由此保证任何对因变量的影响都是由于自变量造成的。

实验研究参与者的来源可以是本科生，在实验室中进行，优点是容易联系，缺点是他们没有工作经验，但是也可以是完成过物流或供应链课程的本科生，他们虽然也没有工作经验，但是有一定关于物流供应链管理的背景知识。还可以是 MBA 或 EMBA 学生，他们有一定的工作经验，但比起本科生来说不容易集合。如果是邀请当地的工作专业人员来进行实验，他们经验丰富，却也不好联系，一般要给予一定的激励。还有是利用一些在线的网站（如 Turk）能够招募到具有合适工作经验的人，但是成本会很高。

如果应用实验研究方法，那么论文通常由多个实验构成，一般是第一个实验研究基本的主效应，第二个研究中介效应，而第三个研究调节效应。在很多敏感问题上，实验研究都很有优势，比如研究合作、信任、社会责任相关的问题上，参与者往往都不愿给出真实的回答，而用实验模拟的情境就可能让他们打消顾虑。

2. 二手数据的应用

一手数据分析在物流与供应链研究中很受欢迎，二手数据方法显然被忽略了。物流与供应链现象的实证研究在数据收集过程中多是通过问卷调研和案例研究，而很少使用其他方法。Rabinovich 和 Cheon（2011）在对 Journal of Business Logistics 从 2009 年到 2010 年发表的文章综述中发现 76% 的文章都是实证研究，而其中只有 21% 所使用的方法应用了二手数据，而另外的 62% 都是使用了问卷调研和案例研究作为核心的研究方法。而且，超过半数基于问卷调研的文章和其他文章的数据来源有重复。

如表4和表5所示，二手数据具有很多优势，而且可以用在很多领域。

表4 二手数据方法的优势

研究步骤	优 势
数据来源和成本	● 相对大量的数据可以获取 ● 数据收集中占用相对较少的资源
数据收集和真实性	● 由于研究者的先验认知和偏差造成数据收集过程有误的机会很小
数据分析和有效性	● 内部有效性很高，原因是测度和统计指标是由第三方构建的，而且是来自于较少有偏差的数据库 ● 当数据是公开获得的时候，重复验证的机会就会很多

资料来源：Rabinovich E., Cheon S. (2011). Expanding Horizons and Deepening Understanding via the Use of Secondary Data Sources. Journal of Business Logistics, 32 (4): 303–316.

表5 使用二手数据的文章的主题和方法

主题	文章数量	方法	文章数量
运输网络、市场趋势和政策	51	档案	180
运输经济	45	模拟	21
库存管理	19	文本分析	7
产业组织和竞争动态	15	事件研究	5
订单履行和分销	15	元分析	4
运输安全性	13	地理信息系统	3
文献综述	13		
与成本和财务绩效相关的物流	13		
可持续性	6		
风险和灾难管理	5		
质量管理	4		
预测	4		
战略	3		
人力资源	2		
结构发展	2		
信息技术	1		
需求管理	1		
供需关系	1		
总数	213	总数	220

资料来源：Rabinovich E., Cheon S. (2011). Expanding Horizons and Deepening Understanding via the Use of Secondary Data Sources. Journal of Business Logistics, 32 (4): 303–316.

3. 重复性研究和元分析

虽然研究学者一直在识别、构建、检验构成供应链管理学科的关键概念和理论，但是这一领域中的理论偏差仍然需要通过重复性的、严谨的研究来解决。特别是供应链管理中新的理论要给出解释，要经得住时间、空间的检验，研究发现还需要一定的积累和融合。

Goldsby 和 Autry（2011）指出供应链管理学者应该应用元分析的技术来获得研究的一致性，这样研究发现对于学者和实践者来说应用得就更加有信心了。他们列举了很多现代供应链管理研究文献中可以应用重复性研究的例子。

Zacharia 等（2011）对供应链第三方服务提供商的研究中应用了单案例分析，单案例研究提供了对现象的深入解析，但是外部有效性却受到了限制，因此可能的引申研究是再进行关于其他第三方服务提供商的案例研究，既包括基于资产的，也包括基于非资产的提供商，还可以通过纳入客户的视角来获得双边的评价。

Yang 等（2010）对影响交叉配货的影响因素的研究中，应用了模拟模型，模拟研究可以从大样本上探索已知的关系，但是却不能提供理论的丰富性或者因果关系，因此可能的进一步研究是使用三角测量的方法，包括定性和定量的评价，由此来丰富解释，同时也完善因果结构。

Huang 等（2008）在对影响大规模客户化能力的组织结构影响中应用了问卷调研的方法，但是只有 167 家工厂，因此未来的研究需要更大的样本，同时也要考虑到组织的特征以及文化，从而验证不同类别的差异性。

Parker 等（2008）在对供应商整合对新产品开发项目的影响研究中对 134 个供应经理进行了问卷调研，研究考虑了技术的权变作用、双边关系，以及所采购部件的重要性，未来可能的进一步研究是收集能够进行分组分析的足够的大样本，这样可以对产业、企业规模、内部能力、项目类型等变量进行权变分析。

4. 案例研究

作为问卷调研之外的另一种选择，有越来越多的运营管理领域的学者开始应用定性的案例研究方法（Lewis，1998；McCutcheon & Meredith，1999）。定性的案例研究主要从现实世界中获得丰富的数据，由此聚焦地研究某个现象，这种方法也出现在运营管理的一些新兴学科中，比如供应链（Hines 等，2002；Pagell，2004），其目的是为了构建或者拓展理论从而更好地解释新的现象和问题（Eisenhardt，1989；Flynn 等，1990）。Barratt 等（2011）综述了运营管理领域自 1992 年到 2007 年 16 年间出现在 *Decision Sciences*，*International Journal of Operations Management*，*Journal of Operations Management*，*Management Science*，*Production and Operations Management* 等核心期刊中应用案例研究的文献，发现了很多有价值的趋势。

他们将案例研究划分为两类：归纳型案例和推演型案例。归纳型的案例研究目的是为了构建新的理论，一般是探索性地回答怎么样和为什么的研究问题，通过与新的理论和现有理论之间的一致性来获得更高的外部有效性，在样本选择上一般会选择极端类型或者是领先的企业，通过结构化或者非结构化的访谈、观察、档案等来获取数据来源，大多数研究者都会用多种数据，分析过程包括案例内部分析和跨案例比较两方面。与之相比较，推演型的案例研究主要是为了确定某个理论的适用性，Johnston 等（1999）提出了达到这一目的的三个要求：一是案例研究必须是从已有理论开始来开发研究假设的；二是要有系统和有逻辑的研究设计；三是研究学者应该应用评价指标独立评估潜在的偏差来保证方法的严谨性。在推演型案例研究中通常会用到两种方法：竞争性理论和长期数据。这两种方法都会用到类型匹配技术，也就是观察到的结果的形式和从已有理论中得出的期望价值的形式之间的比较（Bitektine，2008）。在所检索的文献当中，表6给出了两种类型的案例研究分布情况。

表6　按照期刊和研究方法归类案例研究

期刊	总数	归纳型	%	推演型	%
DS	2	2	1	0	0
IJOPM	150	119	58.3	31	15.2
JOM	32	29	14.2	3	1.5
MS	9	8	3.9	1	0.5
POM	11	11	5.4	0	0
总数	204	169	82.8	33	17.2

资料来源：Barratt M., Choi T.Y., Li M.. Qualitative Case Studies in Operations Management：Trends，Research Outcomes，and Future Research Implications. Journal of Operations Management，2011(29).

通过对检索到的文章的出版年份、作者、期刊、主题、分析单元、研究方法、采样、案例数量、数据来源等信息进行编码，我们可以看出案例研究的主题依次分布在：制造战略、组织行为、整合、战略采购、绩效测量、服务运营、需求链管理、知识管理、工厂管理、供应链管理、环境管理、库存管理、项目管理、零售战略方面。应用归纳型案例研究中的多数研究（60.4%）都至少会说明为什么使用归纳型的案例研究，但是大多数都没有清楚地描述它们的分析单元（76.9%），只有很少比例的案例研究会用现有的理论来构建它们的研究，在采样上多数是理论采样（71%），还有的是便捷采样（10.6%），以及随机采样（0.6%），而且还有17.2%的研究没有交代它们的采样标准，案例数量上42.6%的研究是在理想的数量上（4~10个），还有20.1%的研究只用了单案例，大约73.4%的研究都使用了三角测量方法来收集数据，59.2%的研究用到了跨案例分析。另外在推演型案例研究中，有45%的研究没有提供证据说明为什么要用这种方法，82.9%的研究没有清楚地描述分析单元，88.6%的研究是对新现象的研究而没有基于已有文献，51.4%的研究用了理论采样，42.9%的研究只用了单案例，25.7%的研究同时采用了案例内分析和跨案例分析结合的方法。

5. 文本分析

文本分析是一种方法性技术，能够让研究学者系统地评价各种沟通形式如访谈、新闻、报告等的定性内容，然后应用事先设定的流程和编码方法来系统地细分和归类沟通内容（Krippendorf，2004；Weber，1990）。文本分析的优点有：能够检验多种类型的研究问题，分析多种形式的数据；可以应用在定性和定量的研究中，为研究学者提供系统的分类方法，以及分析丰富的定性数据，同时也可以将这些定性数据转变分析形式；文本分析中采集数据的时间和成本都比较经济；这些记录资料方便重复性研究，也可以提高研究的信度；文本分析很少会影响到研究对象的行为和反应。

Tangpong（2011）综述了运营和供应链管理领域 2002~2007 年实证研究中文本分析的应用，结果如表 7 所示。

表 7　运营和供应链管理实证研究中的方法分布

实证方法	Amoako–Gyampah 和 Meredith 研究 1982~1987（%）[a]	Pannirselvam 等研究 1992~1997（%）[a]	本研究 2002~2007（%）
问卷调研	42.22	59.34	25.45
案例或田野研究	51.11	30.50	18.53
实验研究	6.67	1.65	5.97
数学分析	—	7.69	23.25[b]
二手数据	—	—	15.18[c]
多种实证方法和其他	—	0.82	11.62[d]

注释：a. 百分比是排除了不包括实证部分的建模、模拟、理论研究之后重新计算的；
b. 在这一类研究中有 2 篇应用文本分析；
c. 在这一类研究中有 1 篇应用文本分析；
d. 在这一类研究中有 6 篇应用文本分析。

资料来源：Tangpong, C. Content Analysis Approach to Measuring Constructs in Operations and Supply Chain Management. Journal of Operations Management, 2011, 29: 627–638.

文本分析方法的框架包括以下几个步骤：①为编码决定记录单元和文本类型，可以是单词、短语、句子、段落；②开发和检验编码规则，从现有文献的问卷调研中来的题项是构念可观测属性最便捷的来源；③编码和评价信度，编码者需要培训，熟悉编码规则，减少个人偏差，提高编码信度；④测量构念和评价效度，有计量次数的，也有使用李克特的，也要检验各种效度；⑤重复性和归纳性，需要单独用另外一个样本来验证；⑥文本分析的一致性，可以每次只编码一部分，然后新增后再编码，循环直到达到较好的一致性。

第二章 物流供应链管理学科 2011 年期刊论文精选

第一节

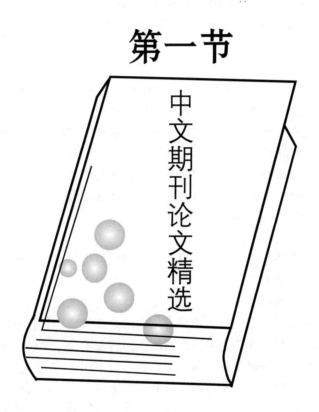

中文期刊论文精选

企业集团网络化物流模式的结构分析 *

黄树林　鞠颂东　董　军

(北京交通大学经济管理学院，北京　100044)

【摘　要】根据社会网络、复杂网络等网络分析法，从网络效率角度揭示企业集团网络化物流模式按照"最小生成树"方法构建物流网络拓扑结构的合理性及科学性，使企业集团的物流管理活动更加集约与系统。更重要的是，本文从网络结构与功能之间的关系网络视角分析企业集团物流网络化的价值，超越目前企业集团物流管理模式中制度分析的物流辅助性视角，分别研究组织、设施和信息等不同网络属性的要素对企业集团生产网络的结构嵌入性和关系嵌入性，有助于辨清物流网络对企业集团竞争优势的真正价值。

【关键词】物流；网络；企业集团；辐射

企业集团往往以经营协同方式获取规模经济和范围经济并对接产业价值链，但其内部价值链的"有效区隔"令众多环节布局分散，使中间产品物流量、物流距离增加，物流管理复杂程度显著增加。随着信息技术和交通运输工具的高速发展，众多企业集团纷纷在物流管理上形成两条集中式路径：一是注重权力集中的总部管理，将各单位物流功能收归总部，由集团统一管理；二是成立"类第三方物流"的物流子公司保持各单位物流活动的灵活性。从物流集成来看，两种路径并非对立，前者以层级化关系进行管控，后者以市场化关系管控，实际运作中，每一个企业集团会根据发展阶段不同而选择不同路径。随着企业集团经营扩张步伐的加快，作为集团经营活动的基础——物流，也需适应市场环境的动态多变，真正发挥网络结构的动态连接性、灵活性，从协作关系增值角度提高企业集团的竞争优势。

---

* 本文选自《北京交通大学学报》(社会科学版) 2011 年 1 月第 10 卷第 1 期。

作者简介：黄树林，男，重庆万州人，北京交通大学经济管理学院博士生，研究方向为物流网络工程、成品油物流管理等；鞠颂东，男，天津人，北京交通大学经济管理学院教授、博士生导师，研究方向为物流网络工程。

1 企业集团物流网络化管理趋势

随着市场竞争程度的加剧，不同企业之间越来越依赖群体协作方式参与市场竞争，企业集团更是积极借助协同互补、资源联合等合作策略，获得产品或服务的差异化，形成竞争优势。事实表明，物流在企业集团内部作为跨组织间的联系纽带，会影响企业集团从资源供应、生产制造、营销等众多价值链环节，但只有将物流的各个方面看成一种系统集成，才能真正有益于企业集团适应外部市场变化，取得市场竞争中要素、市场和成本上的比较优势。

1.1 物流活动的价值联系

任何一条特定供应链内的所有组织都有同样的目标——满足最终顾客，所以，他们更适于通过网络方式来管理一系列面向顾客的多对多的价值联系。企业集团进行价值创造的活动中，不但要满足相关成员企业之间固定协作和配套生产的供应和配送服务，更需要努力减少和控制物料供应过程中资源要素的短缺以及不确定性（时间或链条越长，不确定性越大）。企业集团需要通过更多样化的物流连接获得灵活的资源联系渠道，以挖掘任何具有增值可能的新的竞争资源。事实上，更多的企业集团都在按照满足"价值网"的联系形式，构建不同业务单元之间以及企业集团同外部供应链节点在物流活动之间的价值关联，以获取要素比较优势。

1.2 物流服务的系统融合

科技发展和经济全球化使更多企业集团关注供应、采购、库存和运输的一体化，以物流的系统化赢得客户市场。大公司可以获得规模经济和有效运营，因为它们控制了许多供应链，由此形成的供应网络融合不仅会减轻企业间物资流转所需周转资金压力，而且有助于企业集团构建"一个公司"的客户网络，使市场迅速扩张，提高市场集中程度和扩大产品市场份额。这样，企业集团将输入物流的采购由简单的"购买物品"发展成"全面供应管理"，通过端到端的一体化融合减少任何不必要库存，使企业物流活动也从"成本中心"转变成为"利润中心"。大量研究表明[1-3]，跨国公司对分散节点之间采购/运输整合及存货/运输整合等的系统化集成，能够产生整体优化、赢取客户的市场比较优势。

1.3 物流组织的服务共享

为了实现物流专业化和集中化，获得最低总成本，企业集团强调物流组织的专业化发展，进行"主辅分离"，将物流功能从各业务单位的附属职能中分离、分立并达成服务共享。未来市场竞争将表现为企业群体性的合作式竞争，作为一种组织管理手段，物流组织从生产企业职能中分离、分立成为企业集团实施成本控制的重要策略。随着交通和信息等科技手段的高速发展，越来越多企业集团借助于现代物流的规模经济原理，建立库存集中的等级网络，以时间的缩短换取空间范围的延伸，以物流服务共享减少企业集团的经营总成本。

2 企业集团网络化物流模式的体系结构

企业集团网络化物流模式（Enterprise Group Networked Log ist ics Mode，EGNLM）[4]是基于网络分析法对企业集团的物流专网间资源进行网络拓扑结构优化，产生稳定资源供应、有效成本控制及灵活响应市场等特征的物流网络管理控制模式。根据社会网络和复杂网络的相关分析，企业集团内外部"多单位复合体一体化"特点使原有的众多物流专网之间具有产业、区域等方面的价值联系，这些联系促使一些物流活动和物流功能必须保持相对完整，加上一些物流活动与生产活动的不可分割，会使 EGNLM 最终按照"最小生成树"原则构建网络联结，"最小生成树"是以运筹优化准则来实现企业集团相关业务单元的网络连通效率，产生企业集团的生产能力一体化。

图 1 显示 EGNLM 是个嵌套性、多层次网络。组织网络居于核心将集团生产网络和企业集团内外部物流资源按照供需对接机理构成了一个"最小生成树"的网络拓扑结构。组织网络完成管理协调、信息网络完成信息交互、设施网络完成资源协同，"三网合一"为企业集团的生产网络提供物流一体化服务。

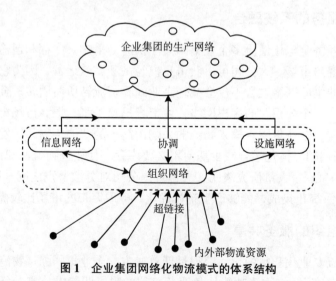

图1 企业集团网络化物流模式的体系结构

3　企业集团网络化物流模式的网络结构分析

事实上，由于组织、信息和基础设施等要素构成的网络属性彼此不同，因而在实际的运作中，形成了结构各异的网络拓扑结构。

3.1　"非冗余联系"组织结构

尽管资源归属于一定的组织边界，但 EGNLM 的组织间资源传输效率越来越和物理距离无关，而与网络拓扑结构有关。从制度分析视角来看，科层制以权力正式化导致监督和约束成本过高，制约组织资源的扩展边界；物流子公司的市场交易关系具有不稳定性、不确定性，交易费用高。结构洞理论则以其核心——以自由、非正式的关系结构代替层级组织权力的正式关系 [5] 为 EGNLM 指出方向。一个结构洞是关系结构中一处空洞。当两点以距离 2（而不是 1）相连时，就说二者间存在一个结构洞 [5]。Burt 强调结构设计决定不同关系可操作性的大小，可操作性越大，参与者获得关系网络中结构自主性越大。EG-NLM 旨在形成一种有别于市场和科层的"网络组织"制度，以网络拓扑结构促使交易关系结构化和组织关系非正式化、扁平化，提高资源传输效率。在 EGNLM 的组织网络中，物流企业和生产性企业之间会形成一点对多点的轴辐式网络结构：一个物流企业同时服务多个生产企业，或一个生产企业与几个物流企业相联系。

3.1.1　交易关系结构化

为避免经营风险，企业集团以产业价值链延伸策略经营，赢得整体竞争优势。但产业价值链的天然联系要求产业价值链上相关企业或节点群体有效协调、同步运作，以紧密关系结构的约束性产生较高进入壁垒。为促进企业集团与相关节点群体的链条更为紧密，减少冗余型代理商、经销商等"第三方获利者 [5]"利益截流，EGNLM 通过"非冗余连接 [5]"拓扑结构设计最少非重复关系人数量的管理链条来降低"交易费用"，建立和需求者之间直接联系，缩短"距离成本"。

非冗余联系使 EGNLM 选择产生价值协同机会的节点为核心联系相关节点形成网络，使物流半径更短，物流成本下降及响应能力提高，抗衡外部不确定性，分散物流风险。非冗余联系结构有益于强化、稳定企业集团同外部单位的物流交易关系，通过"第三方控制"机制加大外部交易者对集团追随程度，产生事实的相互依赖、互为客户战略，应对市场不确定性，增强整个企业族群和每一个体的竞争优势。非冗余联系的结构洞位置还可产生"第三方控制"的结构张力——结构自治，这显然产生了事实控制，与战略联盟松散性不同，其利益协调、整合能动性更强，对外部交易变化的应变能力也更强，合作关系相对更加稳定。例如结构洞节点利用信息利益实施对优质供应商的推荐权力。

3.1.2 组织关系扁平化

企业集团大规模生产需要超越地方性寻求更大资源供应市场和消费市场，但不断扩大的"距离"就需要高效、弹性的物流关系网络，对市场快速响应。与企业集团"一对一"层级结构的刚性相比，结构洞关系结构可产生非正式资源联系，其多样化联系产生更可靠、更快的资源传输效率，减少信息不对称、信息失真所致风险。非冗余联系的连通还使不同产品链的消费者间发生低成本链接，促进不同产品消费者间密切接触，在事实上扩大"一个公司"的品牌效应，也为资源传输、学习效应等提供了观念支持。因此，以"一个公司"为中心的轴辐式网络结构，一般看法是源于物流的专业化和规模化，通过中心枢纽与非中心节点的集运布局，产生结构的经济性、运营的规模经济，降低网络整体物流成本，提高相关资源利用率。但以结构洞理论看，中心节点占据结构洞位置，可产生更加明确、更为高效的管理责任，管理链条更扁平。

3.2 "核心—外围"空间结构

EGNLM围绕企业集团的"核心—外围"生产空间布局形成基于集聚效应的物流设施网络拓扑结构。通常，厂商选择某一区位生产产品，都是基于该区位具有辐射整体结构的综合因素而权衡的结果。厂商考虑产品物流经济半径在某一生产基地形成一定市场辐射范围，尤其企业集团还可通过生产资源的统一配置能力产生共同管理经济。不同产品品种分别在少数生产基地进行集中生产，提高了各个生产基地的生产规模经济性；对生产基地空间布局优化，可有效地缩短各个生产基地的辐射半径，提高市场供应的及时性和有效性，降低物流成本。

3.2.1 集聚效应

从缩短"距离"成本，提高区域化市场响应能力的角度，大企业集团通常在某一空间区域集聚专业技术、专业设施及专家等资源形成生产或服务共享中心。集聚效应通常包括地缘集聚和产业集聚，从集聚效应本质看，集聚是为了达到分工所需要的经济规模，规模经济反过来会促进更高层次的分工。将同一个行业的地缘分布集中于一个或少数几个地域，称为地缘集聚。如埃克森美孚在天津、太仓建有两座润滑油调配厂辐射全中国。"区域中心"通过集聚实现规模经济，也以更高专业水平扩大"中心"的辐射半径，使更多节点被纳入，降低单位物流管理成本。以网络结构分析，集聚效应保持了专用性物流资源的相对完整性，既避免了相关价值活动的过度分割，又借助复杂网络的群聚系数概念促使各个节点之间产生同步行为。因此，无论产业集聚或区域集聚，都是一种空间集聚形态，都借助中心节点的设置与强化获得网络张力，为大规模集成和大范围协作的联网作业创造规模经济、范围经济等优势，产生资源共享的成本节约及吸引更多外部资源使用，强化每一个体节点的竞争优势。

3.2.2 辐射效应

辐射是一个与集聚相容的过程，辐射是指能量高的物体和能量低的物体通过一定媒介相互传递能量的过程[6]。EGNLM的辐射主要是指不同物流专网间通过设施资源共享产生互动、同步的行为。经济全球化使企业集团生产布局"片段化",但节点分散却使物流的规模经济性难以实现,不可避免出现货物衔接、换乘换装等效率损失问题。当个别产品因生产规模较小只在少数生产基地生产时,只有强化辐射效应以提高产品传输效率及扩大服务半径,实现物流活动的经济性。因为两个物体距离越近,能量辐射就越大,也就是说一个低能量物体距离高能量物体越近,两者辐射越充分,前者吸收后者的净能量越多,两者达到相同能量水平的速度越快[6]。更重要的是,强化辐射效应可将不同终端节点之间真正连为一体产生同步,使物流网络建设重点由区域性空间网络建设转向终端节点建设,强化终端节点的掌控和沟通力度,保证价值无损失快速传递。

当两物体的能量落差越大时,辐射越强烈,净辐射能力越大,即能量低物体吸收能量越多[6]。而且,一个物体能量只要高于周围其他物体,净辐射出去的能量就大于自然吸收的能量;两物体辐射越充分,两者达到相同能量水平的速度越快[6]。为促进有效辐射,就应促进中心节点与外围节点的能量差距,提高节点之间能量差。所以 EGNLM 中集聚和扩散相辅相成,集聚提高节点间能力差,加速资源流动,产生更显著辐射;辐射则以不同专网间价值关联产生更紧凑、完善的物流资源配置,在不同专网间交叉区域形成更科学、有效的集聚。

3.3 "等级模块性"信息结构

"一业为主、发展相关产业"策略使企业集团大致形成一个树形产品结构,但不同产品链间又因产业链延伸形成利益共同体而进行"抱团式"运作。它虽避免了个别产品单独进行物流运作时承担过高物流成本及风险,但也要求产品链之间信息传递、管理更富效率,以避免信息爆炸和信息失真。当从实物资产转变成管理平台上的信息以后,EGNLM 的信息网络拓扑结构更是要求企业集团从树形结构生产体系转向平面的、高连通的网络结构,使企业集团产生以虚就实、最佳投入产出比的运作效率。

3.3.1 等级结构性

为体现个体层次上信息的简洁和非冗余,经济学理论通常将组织、企业等看作结构化关系网络,以在资源使用最少时获得最大利润产出。利润驱动使企业倾向于构造一个等级树形结构,以把专业工作都分配给专门岗位,避免重复性和冗余,以降低成本。研究指出:等级树形结构可避免信息及其传播中的无意义复制,还有为此所付出的信息鉴别等额外费用。EGNLM 中等级树形信息结构最直接作用在于有效减少多头采购,促进采购供应体系结构优化及原材料采购的稳定供应。研究[7]也表明,一些网络(如新陈代谢网络)中拓扑模块确实按等级组织起来。

3.3.2 高度模块性

模块化是将分散节点的信息予以高度整合,产生最直接的信息沟通,避免信息传递失真,进行整体管理。模块是指一组物理上或功能上连接在一起的、共同完成一个相对独立功能的节点组[7]。EGNLM 的模块并非孤立存在,组成模块的一些节点组具有较高聚集特征,主要原因是企业集团下属企业分布广泛,完全统一运作既不现实也不经济,实际的企业集团生产布局会显示地缘群集或产业群集等高度聚集特性。高聚类性表明网络在局部可能包含高度连接的节点组构成的子图,在一定程度上提供数据校验,确保信息传递完整。

事实上,跨度较大的企业集团物流完全统一需要花费大量的运输成本,所以企业集团会实行区域联合运作,体现出等级模块性。等级模块性一个最重要的量化标志是节点聚类系数服从幂律 $C(k) \propto k^{-1}$,它表明度很小的节点属于高度连接的小模块且具有高聚类系数[7]。EGNLM 分析信息网络拓扑结构的高聚集性,使一些高度连接的节点组按相对独立功能形成模块化,产生更加高频度的资源使用。这样,模块化不但以相对独立过程划分简化物流网络复杂性,而且借助模块性保持其相对完整性,使各节点都能获得最强功能模块支持。大众汽车通过集中采购的车用钢材会和零部件企业"共享",零部件供应商得到更便宜的原料,大众汽车也就可以得到更便宜的零部件供应。而且,这种模块性有助于集聚形成更大的模体蔟[7],可使 EGNLM 形成一系列等级分布的功能模块,产生柔性化多功能组合,适应动态、灵活的市场变化需要。

4 结论和启示

本文以结构洞、辐射等理论阐述了企业集团网络化物流模式的体系与结构,以体现网络分析法揭示企业集团物流管理模式中选址、布局的合理性,并通过"最小生成树"的运筹学方法改进现有企业集团在物流节点、通道建设上的物流网络构建方法,以整体性视角改善企业集团在市场竞争中获取要素、市场和成本等全面比较优势的物流合理化。同时,企业集团网络化物流模式超越交易成本的制度分析视角,从网络效率这一整体性指标衡量组织、设施和信息等网络拓扑结构,有助于更全面地看待企业集团物流网络对生产活动的关系嵌套性以及结构嵌入性:

(1)"非冗余联系"结构的组织关系网络,一方面促进交易关系的结构化,形成稳定的合作关系,降低不同物流专网间过高交易费用;另一方面通过组织关系非正式化缩短资源通道长度,提高企业集团资源传输效率,加快对外响应速度。

(2)"集聚地+吸引地"的设施空间结构,产生集聚和辐射效应,促进不同物流专网间的资源共享和空间资源布局的完善。

(3)信息网络是由具有等级树形、不同级别的中心节点将各个节点信息连为一体,不存在处于中央位置,控制和监督一切的中央节点,呈现出等级模块性。

参考文献:

[1] Bell W J, Dalberto L M, Fisher M L, et al. Improving the Distribution of Industrial Gases with an On-Line Computerized Routing and Scheduling Optimizer [J]. Interfaces, 1983 (6): 4–23.

[2] Golden B L, Assad A, Dahl R. Analysis of A Large Scale Vehicle Routing Problem with an Inventory

Component [J]. Large Scale System, 1984 (7): 181–190.

[3] Golden B L, Assad A, Levy L, et al. The Fleet Size and Mix Vehicle Routing Problem [J]. European Journal of Operational Research, 1984, 11 (1): 49–66.

[4] 董军, 鞠颂东. 企业集团网络化物流管理模式及其系统性分析 [J]. 中国流通经济, 2009 (12): 27.

[5] 罗纳德. 伯特. 结构洞——竞争的社会结构 [M]. 上海：上海人民出版社, 2008: 27–31.

[6] 刘南, 赵成锋, 陈远高. 现代物流与经济发展——理论、方法与实证分析 [M]. 北京：中国物资出版社, 2007: 49–50.

[7] 汪小帆, 李翔, 陈关荣. 复杂网络理论及其应用 [M]. 北京：清华大学出版社, 2006: 37–40.

Structural Analysis on Enterprise Groups Networked Logistics Mode

HUANG Shu-lin   JU Song-dong   DONG Jun

(School of Economics and Management, Beijing Jiaotong University, Beijing 100044)

Abstract: Since there existed limitation of institutional analysis on the different mode between organization and market designing. This paper proposed a brand new viewpoint from networked structural analysis on enterprise groups networked logistics mode with the help of "structural holes" theory and radiating mechanism in physics. It mainly pointed out that its structure was based on the form of hub and spoke, especially introduced its spatial structure, organizational structure and the functional structure.

Key words: logistics; network; enferprise group; radiation

基于复杂网络视角的供应链网络研究 *

叶 笛

（厦门大学管理学院，福建厦门 361005）

【摘 要】 基于供应链是一种动态的、自适应性、自组织的复杂网络系统，具有一定的复杂网络特征，文章的研究探讨将复杂网络理论引入供应链网络研究领域的重要性。首先概述复杂网络理论以及复杂供应链网络研究现状，其次剖析了供应链的复杂网络特征，最后展望复杂网络理论在供应链研究领域的应用前景：利用复杂网络理论来深入分析供应链系统整体运行规律和宏观行为、供应链网络的特征以及供应链网络动态生长演化规律。文章研究以期为供应链管理的理论界和实务界提供一种新视角与新思路。

【关键词】 复杂网络；供应链；网络演化；网络结构

1 引言

目前国内外对供应链的研究多偏向供应链的微观运作层面，缺乏对系统整体宏观行为和内在规律的研究，研究方法也主要为数学规划或定性分析，例如基于系统动力学的方法、基于经典运筹学的方法等，都对系统作了大量简化，适于描述系统的局部、微观行为，不能很好地描述供应链系统的复杂动态本质。而关于供应链整体的宏观层面（如网络结构等）的研究却很少。基于供应链是一种动态的、自适应性、自组织的复杂网络系统，具有一定的复杂网络特征，因此，利用复杂网络理论的研究方法来深入分析探讨供应链系统整体运行规律和宏观行为、供应链网络的特征以及供应链网络动态生长演化规律，对供应链这类复杂系统，复杂网络优化管理具有重要的理论和实践参考价值。

———————

* 本文选自《现代管理科学》2011 年第 8 期。

基金项目：福建省重大专项基金（2004HZ02）资助。

作者简介：叶笛，厦门大学管理学院管理科学系博士生。

2　供应链复杂网络研究现状

　　复杂网络广泛存在于自然界和人类社会，是复杂性科学中复杂系统的抽象，强调系统的结构并从结构角度分析系统的功能，所不同的是这些抽象出来的真实网络的拓扑结构性质不同于以前研究的网络，且节点众多，故称其为复杂网络。自从 Watts 和 Strogatz（1998）、Barabasi 和 Albert（1999）分别发现了小世界（SW）效应和无标度（SF）性质以来，国内外复杂网络的迅猛进展，大量关于复杂网络的文章在 Science、Nature、PRL、PNAS 等国际一流的刊物上发表，从一个侧面反映了复杂网络已经成为国际学术界一个新兴的研究热点。

　　目前基于复杂网络的视角来研究供应链系统的文献相对还比较少，相关研究正处于起步阶段。国外学者 Thadakamalla 等运用复杂网对供应链网络的存活性进行了分析，Surya D. Pathak 建立了供应链系统的复杂适应系统概念模型。Nagurney（2003）提出的超级网络模型可以很好地描述供应链中的物流活动，通过求解网络系统的均衡点研究系统的行为，但其研究局限在于没有考虑供应链拓扑结构的变化。国内学者陈晓、张纪会（2008）建立了供应链复杂网络的局域演化生长模型。张纪会、徐军芹（2009）研究了适应性供应链的复杂网络模型。闫妍等（2010）的研究基于复杂网络理论，针对供应链网络中的级联效应问题，建立了系统化检测的级联效应方法。从研究方法来看，目前多数研究侧重定性研究供应链系统的复杂性，涉及的定量的分析较少，而在定量研究方面，没有充分考虑供应链的适应性问题，对供应链网络结构演化以及网络演化的内部规律探讨较少。从研究视角来看，当前研究往往基于静态、局部的视角，先假设一个相对静态的供应链网络结构，把供应链的结构看作固定不变的，并试图优化网络中的物流、资金流和信息流，没有充分考虑供应链的动态适应性问题，没有考虑到系统整体运行规律，但在实践中，供应链的结构是动态可变的，这些研究不能回答供应链的形成演化机制，不同行业的供应链为何有显著差别等问题。因此，有必要深入挖掘复杂网络理论在供应链网络分析中的应用价值。

3　供应链网络的复杂网络特征分析

3.1　供应链网络的小世界网络的特征

　　具有较小的平均路径长度以及较高的聚集系数。供应链的如下网络指标反映着供应链的小世界和聚集性的复杂网络特征：

（1）平均路径长度（Average Path Length）是指在网络中，将两点间的距离被定义为连接两点的最短路所包含的边的数目，把所有节点对的距离求平均，就得到了网络的平均距离。网络的平均路径长度 L(N) 定义为任意两个节点之间的距离的平均值。表示为 L(N) = 2R(N)/N(N − 1)，其中 R(N) = 61[i < j[Nd(i, j)，为所有距离的总和，对于供应链复杂网络来说，平均路径长度表示产品的交付时间。随着供应链产品生命周期的不断缩短以及客户对时间因素的敏感性增强，基于时间的竞争战略对于供应链各节点成员来说至关重要，如何以最短的时间将产品交付给客户成为节点企业参与供应链竞争必须应对的关键战略问题。为保持在激烈竞争环境中的优势，企业必须采取以下对策：重组整合，减少补给提前期，加快信息的流通速度，减少产品运输距离，提高自身的反应能力和适应变化的能力，建立配送物流中心，以便能够更好地实现准时供货。由此可以看出，供应链复杂网络具有较小的平均路径长度。

（2）聚集系数（簇系数）（Clustering Coefficient）指与节点相邻的节点之间实际存在的边数与这些节点都互联的最大边数之比，网络中所有节点聚集系数的平均就是网络的聚集系数。节点 i 的聚类系数 C_i 定义为：它的 k_i 个直接邻居之间实际存在的边数 e_i 占所有可能存在的边数 $k_i(k_i − 1)/2$ 的比例，即 $C_i = 2e_i/(k_i(k_i − 1))$。整个网络的聚类系数指的是所有节点聚类系数的算术平均值。对于供应链复杂网络来说，平均聚集系数相应于供应链节点企业之间相互交流的程度，随着信息高速发展时代的到来，越来越多的企业应用信息技术和互联网的媒介建立彼此之间的连接，如 EDI、ERP 等。通过信息共享的各种途径促使各节点企业之间联系更加紧密，交流更加频繁，这就体现供应链网络具有较高的聚集系数。

基于复杂网络的平均路径长度和聚集系数的小世界特征可以研究供应链网络稳定性以及网络抗毁性。基于复杂网络的供应链结构稳定性和鲁棒性研究首先必须在明确供应链网络的小世界特征的前提下，针对平均路径长度和聚集系数等重要特征参数具体分析。

3.2 供应链复杂网络的无标度特点

Barabdsi 和 Albert（1999）提出了著名的 BA 模型，阐述了无标度网络的形成机制。无标度网络的特点是度分布的自相似结构及其高度弥散性，即网络存在的节点度很大的节点。这里某节点的度是指与该节点相连的节点的边的数目，或者是与该节点相邻的节点数目。网络中节点的度的分布情况用分布函数 P(k) 来描述。P(k) 表示一个随机选定的节点的度恰好为 k 的概率。无标度网络的特点是网络中的大部分节点度值都很低，但存在着度数非常高的中枢节点。在供应链网络，通常都有一个或多个核心企业，核心企业通过应用信息技术与其他节点企业建立起密切联系，建立了围绕核心企业的供应、生产、分销体系，体现了无标度性。

无标度性在近来基于第四方物流的兴起而建立的供应链网络得以很好体现。第四方物流在第三方物流的基础上通过对供应链进行优化配置的整合协调各种资源，在供应链各节点企业联系和交流中起着枢纽的作用，集成了整个供应链系统，提供综合全面的供应链解决方案。此外，第三方物流的配送整合服务，以及通过物流配送中心的运作方式，这些都体现了供应链网络的无标度特点。

4 基于复杂网络的供应链研究应用

4.1 基于复杂网络的供应链网络微观研究

（1）利用复杂网络研究供应链网络结构的静态统计性质，评价供应链网络结构。根据统计特征的不同对供应链进行分类，针对不同类型供应网络模式的不同性质，提出相应的供应链网络优化的战略，为供应链优化提供一定的科学依据。例如，可分析供应链节点企业的统计分布特性，是否服从无标度分布，不同行业的分布性质是否相同等，并以此为基础开展不同行业供应链的研究。可识别供应链网络中的随机网络、小世界网络和无标度网络的不同网络性质特征。可研究新企业进入该行业的供应链网络时将如何与在位企业发生网络连接，在符合一定适用性的情况下，将复杂网络中的偏好连接机制运用在供应链网络的增长规则上，可为供应链网络的实质增长和网络优化问题提供一定的新视角，这些议题值得深入研究探讨。

（2）利用复杂网络的方法分析供应链网络的内部协调机制。在既定规模条件下，供应链任务处理所需的互动效率、互动程度和互动关系的有效性取决于信息沟通交流与知识共享的效率和程度。由于供应链网站中存在多重的连接互动关系，必须通过一种合理的协调机制来调节和选择任务处理所需的相应的信息交流与知识共享的渠道，供应链网站中的枢纽节点的作用如何发挥、协调机制将如何设计等是亟待解决的问题。大规模的网络关系已经难以用数学解析的方法进行研究。而复杂网络的理论和研究方法便于我们通过研究网络演化机制来研究供应链上的企业之间的关系，因此，在解决这些传统供应链协调理论难以解决的问题方面具有一定的优势。

（3）利用复杂网络衡量供应链网络的效率，识别中枢纽节点，分析节点成员的脆弱性。可以此分析整体供应链网络的可靠性，进而增加供应链的应急能力，实现供应链网络结构的优化设计。利用复杂网络的方法可以判断供应链网络中不同节点的重要程度，识别供应链网站中的关键节点，枢纽节点应成为需要重要防护的对象，研究当随机去点与选择性攻击时网络结构发生的变化。以此开展针对性的优化设计。例如利用复杂网络对传统的各类优化算法进行改进，开发出高效的启发式算法。

4.2 基于复杂网络的供应链网络宏观研究

（1）利用复杂网络研究供应链整体网络的动态生成和演化过程。可通过分析各节点局部互动与供应链整体演化之间的关系，供应链的各节点企业，在一定的运行规则的引导之下，通过复杂的耦合机制涌现并演化出供应链网络全局状态的转变，这种供应链网络状态的演化具有一定网络动力性规则与特征，因此可借助复杂网络的分析方法来分析供应链网络演化动力学机制以及复杂性特点，以此探索供应链局部互动与全局网络演化生成机制之间的关系。

（2）利用复杂网络分析供应链网络结构的适应性和鲁棒性。供应链要适应动态竞争以及需求不确定的环境，除了需要明确自身的网络结构之外，更重要的是必须科学明确地识别供应链网络中的各节点与边之间的互动关系以及互动程度。为实现供应链与内外部环境的动态战略匹配，必须通过降低潜在的不确定性来提高绩效，因此，通过利用复杂网络的研究方法来确定网络中节点是否冗余，确定各节点之间应该以怎样的互动方式和互动程度，以及根据环境变化进行供应链网络的整合重组，以此维持整体供应链网络高绩效运行的稳定状态，以促进供应链网络的鲁棒性和适应性优化。

（3）利用复杂网络研究供应链内外部不确定性在供应链网络中的扩散问题。在已知网络结构特征和形成规则的基础上，利用复杂网络的动力学模型预测网络行为。目前已有复杂网络利用在各个领域的研究可为供应链的研究提供一定的借鉴，例如研究疾病、谣言在人群中的传播、信息传播以及病毒等在网络上的传播、不同网络上的渗流模型等问题以及如何控制问题。针对供应链内外部的不确定性，基于复杂网络之上的搜索算法、动力系统、信号传播提出了一定的新的理论见解。

5 结 语

随着全球化程度加深，竞争的加剧，以及内外部环境的不确定性，供应链网络涉及的企业将越来越多，结构也越来越复杂。利用复杂网络理论可以揭示出供应链网络的整体宏观性质，研究供应链网络的动态生成演化过程机制，探索供应链内部成员之间的协调机制，分析各节点的脆弱性、不确定性在供应链网站中的扩散，以及整体网络的抗风险能力，鲁棒性和适应性，以此实现供应链网络的优化。复杂网络理论将有助于我们以全新的视角来深入研究供应链网络的"黑箱"及其复杂网络的内在机理。

参考文献：

［1］D. J. Watts, et al. Collective Dynamics of Small World Networks. Nature，1998（393）：440–402.

［2］荣莉莉. 复杂网络的演化模型研究. 大连理工大学博士学位论文，2006.

［3］刘涛，陈忠，陈晓荣. 复杂网络理论及其应用研究概述. 系统工程，2005（6）.

［4］Perspective. Intelligent Systems and Their Applications，2004，19（5）：24–31.

［5］Albert R，Jeong H，Barabasi A L. Error and Attack Tolerance of Complex Networks. Nature，2000，（406）：378–382.

［6］张纪会，徐军芹. 适应性供应链的复杂网络模型研究. 中国管理科学. 2009（4）.

［7］陈晓，张纪会. 复杂供需网络的局域演化生长模型. 复杂系统与复杂性科学，2008，5（1）：54–60.

Research on supply chain network from a perspective of a complex network

YE di

(School of Management, Xiamen University, Xiamen 361005)

Abstract: Supply chain is a kind of complex network system, which is dynamic, adaptive and self-control. This paper will discuss the importance of brining complex network theory into the research on supply chain network. First, it summaries the complex network theory and the research on complex supply chain network. Second, it analyzes the network characters of supply chain network. Finally, it predicts the future of complex network theory used in supply chain research, which is analyzing the whole discipline and macro-behaviors of the supply chain system according to complex network theory; the characters of supply chain network; and the evolution of dynamic supply chain network. This paper provides a new view for supply chain researchers and managers.

Key words: Complex network; Supply chain; Network evolution; Network structure

随机需求下闭环供应链网络设施竞争选址模型研究 *

杨玉香[1,2]　　周根贵[1]

（1. 浙江工业大学经贸管理学院，浙江杭州　310014；

2. 中国计量学院经济与管理学院，浙江杭州　310018）

【摘　要】利用均衡理论和变分不等式研究工具，建立随机需求情形下多层竞争型闭环供应链网络均衡模型，并在此基础上，构建了均衡约束数学规划模型，即设施竞争选址模型。利用均衡模型来捕捉由新进设施的进入所引起的网络均衡状态的变化，并将其引入位置决策过程。根据模型特点，提出了遗传算法与修正投影算法相结合的求解策略。最后利用提出的模型和求解算法对算例进行计算与分析，得到了网络竞争趋势变化情况、新设施的位置策略及其生产运营决策。

【关键词】闭环供应链网络；均衡模型；设施竞争；均衡约束数学规划

1　引言

目前，对于闭环供应链网络设施选址问题已进行了大量研究，其模型可分为以下两类：一类是确定环境模型。文献 [1] 考虑正向和逆向分销的整合，建立了整数规划模型，并以影印机再制造和纸再循环作为案例进行分析。[2] 提出了废电池的闭环供应链，建立了两阶段设施位置优化模型。[3] 提出了多产品、有能力限制的混合整数线性规划模型来优

* 本文选自《控制与决策》2011 年 10 月第 26 卷第 10 期。

基金项目：国家自然科学基金项目（71071142）；"浙江省高校人文社科重点研究基地——标准化与知识产权管理"资助。

作者简介：杨玉香（1979–），女，讲师，从事供应链管理、逆向物流的研究；周根贵（1958–），男，教授，博士生导师，从事供应链管理、多目标决策与评价等研究。

化设计再制造闭环物流网络。另一类是随机环境模型。[4] 通过使用 Monto Carlo 模拟技术求解在需求和回收产品数量不确定条件下非线性混合整数规划问题，确定了分销中心与回收中心的选址与流量分配。[5] 建立了包含正向与逆向物流网络的多周期多阶段随机整数线性规划模型来决策设施的位置、运输路线及设施间产品流量。以上文献均假设新进入的企业是空间垄断者，它提供特定产品或服务，且是价格制定者，市场上不存在竞争。但是，实际上新企业的进入必然与市场上的竞争对手竞争市场份额，且商品的价格由市场供需决定，在新企业进入之前，该行业商品供求是平衡的，已达到均衡状态，新企业进入之后必将打破原有均衡，形成新的市场均衡价格、产品交易量和产品生产量，达到新的均衡状态，因此原有的基于垄断企业设计的位置策略会因为竞争的影响而失效。然而，对于考虑竞争设施选址问题的研究还非常有限。[6] 提出古诺—纳什寡占模型决策生产设施的位置和生产水平。[7-8] 进一步推广上述模型，认为新进企业不仅决定生产水平和位置，还决定运输模式，并给出基于灵敏度分析的混合算法。但以上模型潜在的均衡问题都只是空间价格均衡，且仅考虑了产品的正向流。

近年来，对于供应链网络均衡模型的研究已成为热点问题，其主要研究工具是均衡理论和变分不等式，实现了从独立决策到交互式决策的转变。文献［9］研究了 Nash 均衡、变分不等式及动态均衡的关系。[10] 详细分析了 Nash 均衡、变分不等式和广义均衡问题间的联系，并给出了这些问题解的关系。[11] 建立了含有制造商、零售商和需求市场 3 层网络均衡模型，分析不同决策者的独立行为及其相互影响的竞争行为，给出了系统均衡条件，利用实例分析网络交易价格和交易流量的确定，此模型为确定环境下的模型。针对需求随机性，[12] 建立了需求随机条件下针对单产品情形包括制造商和零售商的网络均衡模型。可见，均衡理论对供应链网络的研究已有一定的基础，且具有广阔的应用前景。

本文利用均衡理论和变分不等式研究工具建立随机需求闭环供应链网络均衡模型，并以此为基础建立带有均衡约束的设施竞争选址模型，以决策进入设施的位置、产品生产量、设施间产品交易量和交易价格，并给出模型求解算法和具体算例。

2 闭环供应链网络设施竞争选址模型

2.1 建模准备

设某市场现有的闭环供应链网络由制造/再制造工厂、分销/回收中心、零售商/回收点和需求市场组成。考虑有 H(h = 1，2，…，H) 个工厂生产同质无差异产品，回收、制造/再制造一种产品，且再制造产品与新产品无区别。生产的产品销往 I(i = 1，2，…，I) 个分销中心，供给 J(j = 1，2，…，J) 个零售商，每个零售商服务于所在需求区域的顾客。各个需求区域的报废（EOL）产品通过回收点进行回收，然后运往回收中心进行处理，最后将其运往工厂进行再制造。假设同层的决策者间为非合作竞争关系，每个决策者均以利润最大化为目标。

现有一个大型企业要进入该市场，准备在 G 个备选地址中选择 K 个地址建立制造/再制造工厂，在 S 个备选地址中选择 W 个地址建立分销/回收中心。假设新进企业足够大以至于可以影响市场价格，这样，新企业的进入将引起市场供给的增加，新企业与其竞争对手竞争市场份额，导致网络间产品流量、产品生产量及市场均衡价格发生变化。设新进企业在作最优选址决策前可以预测到竞争市场的反应，即新进企业可预测到在其新设施加入该市场原有供应链网络后形成的新网络中各层决策者间的交易和价格模式。

新进企业通过分析自己的选址决策对竞争市场的影响来决策开设各设施的位置、产品生产量、交易量和价格。新进企业首先做选址决策，每一组潜在选址决策内的设施均会作为此区域市场的新成员与竞争对手的设施形成新网络，此时的供应链网络中各决策者间构成新的非合作竞争关系。新进企业根据第一步的决策行动，可以预测到新网络中各个决策者的反应，即以各自利润最大化为目标作出产品生产量、交易量和交易价格的决策。新进企业根据新网络中决策者的反应进一步做选址决策，最终得到具有竞争优势的选址策略。因而，这一选址决策模型可看作以新进企业为主方、新网络中成员为从方的"一主多从" Stackelberg 对策问题。

引入如下符号：决策变量 U_h（$h \in \{H+1, H+2, \cdots, H+G\}$）为 0-1 变量，表示是否选择备选地址 h 开设工厂，0 为不选，1 为选中；V_i（$i \in \{I+1, I+2, \cdots, I+S\}$）为 0-1 变量，表示是否选择备选地址 i 开设分销/回收中心，0 为不选，1 为选中；q_h^{NEW} 为工厂 h 生产新产品数量，所有工厂的新产品数量组成列向量 q^{NEW}；q_{hi}^N 为工厂 h 与分销中心 i 间产品总交易量，所有交易量组成列向量 Q^1；q_{hi}^R 为工厂 h 与回收中心 i 间 EOL 产品交易量，所有交易量组成列向量 Q^2；ρ_{hi}^N 为工厂 h 对售往分销中心 i 单位产品索价；ρ_{ih}^R 为回收中心 i 对售往工厂 h 单位 EOL 产品索价；q_{ij}^N 为分销中心 i 与零售商 j 间产品总交易量，所有交易量组成列向量 Q^3；q_{ji}^R 为回收中心 i 与回收点 j 间 EOL 产品交易量，所有交易量组成列向量 Q^4；ρ_{ij}^N 为分销中心 i 对售往零售商 j 单位产品索价；ρ_{ji}^R 为回收点 j 对售往回收中心 i 单位 EOL 产品索价；ρ_j^N 为零售商 j 对需求市场单位产品销售价格，所有价格组成列向量 ρ_1；ρ_j^R 为回收点 j 从需求市场回收单位 EOL 产品价格，所有价格组成列向量 ρ_2；q_j^R 为回收点 j 处需求市场 EOL 产品供给量，所有供给量组成列向量 q^R。

相关参数如下：TR_h：$h \in \{H+1, H+2, \cdots, H+G\}$ 为开设工厂 h 的固定成本；TT_i：$i \in \{I+1, I+2, \cdots, I+S\}$ 为开设分销/回收中心 i 的固定成本；f_h^N 为工厂 h 生产新产品成本函数，令 $f_h^N = f_h^N(q^{NEW})$；f_h^R 为工厂 h 生产再制造成本函数，假定 $f_h^R = f_h^R(Q^2)$；c_{hi}^N 为由工厂 h 与分销中心 i 交易产品引起的交易成本，且 $c_{hi}^N = c_{hi}^N(q_{hi}^N)$；$c_{ih}^R$ 为由工厂 h 与回收中心 i 交易 EOL 产品引起的交易成本，且 $c_{ih}^R = c_{ih}^R(q_{ih}^R)$；b 为单位 EOL 产品处理成本；

β 为 EOL 产品再制造比率；α 为环境部门规定的工厂 EOL 产品的最低回收率；f_i^N 为分销中心 i 的产品处理成本函数，且 $f_i^N = f_i^N(Q^1)$；f_i^R 为回收中心 i 的 EOL 产品处理成本函数，且 $f_i^R = f_i^R(Q^2)$；$\hat{c}_{hi}^N$ 为由分销中心 i 与工厂 h 交易产品引起的交易成本，且 $\hat{c}_{hi}^N = \hat{c}_{hi}^N(q_{hi}^N)$；$\hat{c}_{ih}^R$ 为由回收中心 i 与工厂 h 交易 EOL 产品引起的交易成本，且 $\hat{c}_{ih}^R = \hat{c}_{ih}^R(q_{ih}^R)$；$c_{ij}^N$ 为由分销中心 i 与零售点 j 交易产品引起的交易成本，且 $c_{ij}^N = c_{ij}^N(q_{ij}^N)$；$c_{ji}^R$ 为由回收中心 i 与回收点 j 交易 EOL 产品引起的交易成本，且 $c_{ji}^R = c_{ji}^R(q_{ji}^R)$；$f_j^N$ 为零售商 j 的产品处理成本，且 $f_j^N = f_j^N(Q^3)$；$\hat{c}_{ij}^N$ 为由零售商 j 与分销中心 i 交易产品引起的交易成本，且 $\hat{c}_{ij}^N = \hat{c}_{ij}^N(q_{ij}^N)$；$\hat{c}_{ji}^R$ 为由回收点 j 与回收中心 i 交易 EOL 产品引起的交易成本，且 $\hat{c}_{ji}^R = \hat{c}_{ji}^R(q_{ji}^R)$；$f_j^R$ 为回收点 j 的 EOL 产品的处理成本，且 $f_j^R = f_j^R(Q^4)$；$\hat{c}_j^R$ 为需求市场的消费者与回收点 j 的交易成本，且 $\hat{c}_j^R = \hat{c}_j^R(q_j^R)$。

2.2　模型建立

2.2.1　随机需求闭环供应链网络均衡模型

使用均衡理论和变分不等式研究工具来分析新进企业每一组潜在选址决策对应的设施与原有设施形成的新网络中各个决策者的竞争行为及其相互作用，利用均衡模型得到使各自利润最大化的产品生产量、设施间产品交易量和交易价格的均衡值。

（1）对于工厂 h，其目标是实现利润最大化，设 ρ_{hi}^{N*} 和 ρ_{ih}^{R*} 分别表示 ρ_{hi}^N 和 ρ_{ih}^R 的均衡值，则优化模型为

$$\max \sum_{i \in \Omega(V)} \rho_{hi}^{N*} q_{hi}^N - f_h^N(q^{NEW}) - \sum_{i \in \Omega(V)} c_{hi}^N(q_{hi}^N) - f_h^R(Q^2) - \sum_{i \in \Omega(V)} c_{ih}^R(q_{ih}^R) - \sum_{i \in \Omega(V)} \rho_{ih}^{R*} q_{ih}^R - b \sum_{i \in \Omega(V)} q_{ih}^R \tag{1}$$

$$\text{s.t.} \quad \sum_{i \in \Omega(V)} q_{hi}^N \leqslant q_h^{NEW} + \beta \sum_{i \in \Omega(V)} q_{ih}^R, \tag{2}$$

$$\alpha \sum_{i \in \Omega(V)} q_{hi}^N \leqslant \sum_{i \in \Omega(V)} q_{ih}^R, \tag{3}$$

$$q_h^{NEW}, \ q_{hi}^N, \ q_{ih}^R \geqslant 0, \ \forall i \in \Omega(V) \tag{4}$$

其中，$\Omega(V) = \{1, 2, \cdots, I\} \bigcup \Theta(V)$，$\Theta(V) = \{i | V_i = 1, i = I+1, I+2, \cdots, I+S\}$，分别对应 $V_i = 1$ 的 W 个分销/回收中心；式（1）为工厂 h 的利润；式（2）为工厂 h 的总交易量不会大于新产品和再制造产品总生产量；式（3）为工厂 h 的回收量限制；式（4）为变量的非负限制。

假设所有成本函数均为连续可微凸函数，则由于所有工厂为非合作竞争关系，根据 Nash 均衡概念，所有制造商同时最优的条件可以表示为如下变分不等式[13-14]，即求解

$$(q^{NEW*}, \ Q^{1*}, \ Q^{2*}, \ \lambda_1^*, \ \lambda_2^*) \in R_+^{2(H+K)(I+W)+3(H+K)},$$

使其满足

$$\sum_{h \in \Phi(U)} \left[\frac{\partial f_h^N(q^{NEW*})}{\partial q_h^{NEW}} - \lambda_{1h}^* \right] \times \left[q_h^{NEW} - q_h^{NEW*} \right] + \sum_{h \in \Phi(U)} \sum_{\Omega(V)} \left[\frac{\partial c_{hi}^N(q_{hi}^{N*})}{\partial q_{hi}^N} + \lambda_{1h}^* + \alpha \lambda_{2h}^* - \rho_{hi}^{N*} \right] \times$$

$$\left[q_{hi}^N - q_{hi}^{N*} \right] + \sum_{h \in \Phi(U)} \sum_{i \in \Omega(V)} \left[\frac{\partial c_{ih}^R(q_{ih}^{R*})}{\partial q_{ih}^R} + \rho_{ih}^{R*} + \frac{\partial f_i^R(Q^{2*})}{\partial q_{ih}^R} + b - \beta \lambda_{1h}^* - \lambda_{2h}^* \right] \times \left[q_{ih}^R - q_{ih}^{R*} \right] +$$

$$\sum_{h \in \Phi(U)} \left[q_h^{NEW*} + \beta \sum_{i \in \Omega(V)} q_{ih}^{R*} - \sum_{i \in \Omega(V)} q_{hi}^{N*} \right] \times \left[\lambda_{1h} - \lambda_{1h}^* \right] + \sum_{h \in \Phi(U)} \left[\sum_{i \in \Omega(V)} q_{ih}^{R*} - \alpha \sum_{i \in \Omega(V)} q_{hi}^{N*} \right] \times$$

$$\left[\lambda_{2h} - \lambda_{2h}^* \right] \geqslant 0,$$

$$\forall (q^{NEW}, Q^1, Q^2, \lambda_1, \lambda_2) \in R_+^{2 \cdot (H+K)(I+W)+3(H+K)} \tag{5}$$

其中：$\Phi(U) = \{1, 2, \cdots, H\} \bigcup \Gamma(U)$ 和 $\Gamma(U) = \{h | U_h = 1, h = H+1, H+2, \cdots, H+G\}$ 分别对应 $U_h = 1$ 的 K 个工厂；$\lambda_1 = [\lambda_{11}, \lambda_{12}, \cdots, \lambda_{1(H+K)}]^T$ 和 $\lambda_2 = [\lambda_{21}, \lambda_{22}, \cdots, \lambda_{2(H+K)}]^T$ 分别为 H + K 个工厂关于约束 (2) 和 (3) 相关的 Lagrane 乘子。

（2）对于分销/回收中心 i 分销中心要从工厂购入产品，还要将产品销售给零售商，回收中心要从回收点回收 EOL 产品，同时将 EOL 产品销往工厂。设 ρ_{ij}^{N*} 和 ρ_{ji}^{R*} 分别表示 ρ_{ij}^N 和 ρ_{ji}^R 的均衡值，则分销/回收中心 i 利润最大化的优化模型为

$$\max \sum_{j \in \Psi} \rho_{ij}^{N*} q_{ij}^N + \sum_{h \in \Phi(U)} \rho_{ih}^{R*} q_{ih}^R - \sum_{h \in \Phi(U)} \rho_{hi}^{N*} q_{hi}^N - \sum_{j \in \Psi} \rho_{ji}^{R*} q_{ji}^R - f_i^N(Q^1) - f_i^R(Q^2) - \sum_{j \in \Psi} c_{ij}^N(q_{ij}^N) -$$

$$\sum_{j \in \Psi} c_{ji}^R(q_{ji}^R) - \sum_{h \in \Phi(U)} \hat{c}_{hi}^N(q_{hi}^N) - \sum_{h \in \Phi(U)} \hat{c}_{ih}^R(q_{ih}^R) \tag{6}$$

$$\text{s.t.} \quad \sum_{j \in \Psi} q_{ij}^N \leqslant \sum_{h \in \Phi(U)} q_{hi}^N, \tag{7}$$

$$\sum_{h \in \Phi(U)} q_{ih}^R \leqslant \sum_{j \in \Psi} q_{ji}^R \tag{8}$$

$$q_{hi}^N, \ q_{ih}^R, \ q_{ij}^N, \ q_{ji}^R \geqslant 0, \ \forall h \in \Phi(U), \ \forall j \in \Psi \tag{9}$$

$\Psi = \{1, 2, \cdots, J\}$；式（6）为分销/回收中心 i 的利润；式（7）表示分销中心 i 与所有零售商的总交易量不会大于从工厂总接收量；式（8）表示回收中心 i 与所有工厂 EOL 产品交易量不会大于总回收量；式（9）为变量非负限制。

同样假设所有成本函数均为连续可微凸函数，所有分销/回收中心，同时最优的条件和下列变分不等式的解是一致的，即求解 $(Q^{1*}, Q^{2*}, Q^{3*}, Q^{4*}, \lambda_3^*, \lambda_4^*) \in R_+^{2(H+K)(I+W)+2(I+W)J+2(I+W)}$，使其满足

$$\sum_{h \in \Phi(U)} \sum_{i \in \Omega(V)} \left[\frac{\partial f_i^N(Q^{1*})}{\partial q_{hi}^N} + \rho_{hi}^{N*} + \frac{\partial \hat{c}_{hi}^N(q_{hi}^{N*})}{\partial q_{hi}^N} - \lambda_{3i}^* \right] \times \left[q_{hi}^N - q_{hi}^{N*} \right] +$$

$$\sum_{h \in \Phi(U)} \sum_{i \in \Omega(V)} \left[\frac{\partial f_i^R(Q^{2*})}{\partial q_{ih}^R} + \frac{\partial \hat{c}_{ih}^R(q_{ih}^{R*})}{\partial q_{ih}^R} + \lambda_{4i}^* - \rho_{ih}^{R*} \right] \times \left[q_{ih}^R - q_{ih}^{R*} \right] +$$

$$\sum_{i \in \Omega(V)} \sum_{j \in \Psi} \left[\frac{\partial c_{ij}^N(q_{ij}^{N*})}{\partial q_{ij}^N} + \lambda_{3i}^* - \rho_{ij}^{N*} \right] \times \left[q_{ij}^N - q_{ij}^{N*} \right] +$$

$$\sum_{i \in \Omega(V)} \sum_{j \in \Psi} \left[\frac{\partial c_{ji}^R(q_{ji}^{R*})}{\partial q_{ji}^R} + \rho_{ji}^{R*} - \lambda_{4i}^* \right] \times \left[q_{ji}^R - q_{ji}^{R*} \right] +$$

$$\sum_{i \in \Omega(V)} \left[\sum_{h \in \Phi(U)} q_{hi}^{N*} - \sum_{j \in \Psi} q_{ij}^{N*} \right] \times \left[\lambda_{3i} - \lambda_{3i}^* \right] +$$

$$\sum_{i \in \Omega(V)} \left[\sum_{j \in \Psi} q_{ji}^{R*} - \sum_{h \in \Phi(U)} q_{ih}^{R*} \right] \times \left[\lambda_{4i} - \lambda_{4i}^* \right] \geq 0,$$

$$\forall (Q^1, Q^2, Q^3, Q^4, \lambda_3, \lambda_4) \in R_+^{2(H+K)(I+W)+2(I+W)J+2(I+W)} \tag{10}$$

式（10）中，$\lambda_3 = [\lambda_{31}, \lambda_{32}, \cdots, \lambda_{3(I+W)}]^T$ 和 $\lambda_4 = [\lambda_{41}, \lambda_{42}, \cdots, \lambda_{4(I+W)}]^T$ 分别为 $I+W$ 个分销/回收中心与约束（7）和（8）相关的 Lagrange 乘子。

（3）对于零售商 j，记 $d_j(\rho_j^N)$ 为零售商 j 处需求市场在价格为 ρ_j^N 时的需求量，是随机变量；密度函数为 $e_j(x, \rho_j^N)$；密度函数的参数为 ρ_j^N；概率分布函数为 $P_j(x, \rho_j^N) = P(d_j \leq x) = \int_0^x e_j(x, \rho_j^N) dx$。

设 q_j^N 为零售商 j 从分销/回收中心购得产品总量，且 $q_j^N = \sum_{i \in \Omega(V)} q_{ij}^N$。对于零售商 j，产品的销售量不能超过供给量 q_j^N 和消费区域的需求量 $d_j(\rho_j^N)$ 的最小值，即不能超过 $\min\{q_j^N, d_j\}$。令 $h_j^+ = \max\{0, q_j^N - d_j\}$，$h_j^- = \max\{0, d_j - q_j^N\}$，则 $\min\{q_j^N, d_j\} = d_j - h_j^-$，$h_j^+$ 和 h_j^- 的期望值分别为

$$E(h_j^+) = \int_0^{q_j^N} (q_j^N - x) e_j(x, \rho_j^N) dx \tag{11}$$

$$E(h_j^-) = \int_{q_j^N}^{\infty} (x - q_j^N) e_j(x, \rho_j^N) dx \tag{12}$$

$$E(\min\{q_j^N, d_j\}) = E(d_j - h_j^-) = \int_0^{\infty} x e_j(x, \rho_j^N) dx - \int_{q_j^N}^{\infty} (x - q_j^N) e_j(x, \rho_j^N) dx \tag{13}$$

当零售商 j 处的供应量大于需求量时，多余产品的单位处理费用为 $\theta_j^+ \geq 0$；当需求量大于供给量时，短缺产品的单位机会成本为 $\theta_j^- \geq 0$。设 ρ_j^{N*} 和 ρ_j^{R*} 分别表示 ρ_j^N 和 ρ_j^R 的均衡值，零售商/回收点 j 以利润最大化为目标，故其优化模型为

$$\max E(\rho_j^{N*} \min\{q_j^N, d_j\}) + \sum_{i \in \Omega(V)} \rho_{ji}^{R*} q_{ji}^R - E(\theta_j^+ h_j^+ + \theta_j^- h_j^-) - \sum_{i \in \Omega(V)} \rho_{ij}^{N*} q_{ij}^N - f_j^R(Q^4) -$$

$$\sum_{i \in \Omega(V)} \hat{c}_{ij}^N(q_{ij}^N) - f_j^N(Q^3) - \sum_{i \in \Omega(V)} \rho_{ji}^{R*} q_{ji}^R - \sum_{i \in \Omega(V)} \hat{c}_{ji}^R(q_{ji}^R) \tag{14}$$

$$\text{s.t.} \quad \sum_{i \in \Omega(V)} q_{ji}^R \leq E(\min\{q_j^N, d_j\}), \tag{15}$$

$$q_{ij}^N, q_{ji}^R \geq 0, \quad \forall i \in \Omega(V) \tag{16}$$

其中：式（14）为零售商/回收点 j 的利润，式（15）表示回收点 j 回收的 EOL 产品不会大于产品的销售量，式（16）为变量的非负约束。

设各成本函数均是连续可微凸函数，所有零售商/回收点的最优条件和下列变分不等

式的解是一致的，即求解 $(Q^{3*}, Q^{4*}, \lambda_5^*) \in R_+^{2(I+W)J+J}$，使其满足

$$\sum_{j \in \Psi} \sum_{i \in \Omega(V)} \left[\rho_{ij}^{N*} + \frac{\partial \hat{c}_{ij}^N(q_{ij}^{N*})}{\partial q_{ij}^N} + \frac{\partial f_j^N(Q^{3*})}{\partial q_{ij}^N} + \theta_j^+ P(q_j^{N*}, \rho_j^{N*}) - (\rho_j^{N*} - \theta_j^- + \lambda_{5j}^*)(1 - P(q_j^{N*}, \rho_j^{N*})) \right] \times$$

$$[q_{ij}^N - q_{ij}^{N*}] + \sum_{j \in \Psi} \sum_{i \in \Omega(V)} \left[\frac{\partial \hat{c}_{ji}^R(q_{ji}^{R*})}{\partial q_{ji}^R} + \frac{\partial f_j^R(Q^{4*})}{\partial q_{ji}^R} + \rho_j^{R*} + \lambda_5^* - \rho_{ji}^{R*} \right] \times [q_{ji}^R - q_{ji}^{R*}] +$$

$$\sum_{j \in \Psi} \left[E(\min\{q_j^N, d_j\}) - \sum_{i \in \Omega(V)} q_{ji}^R \right] \times [\lambda_{5j} - \lambda_{5j}^*] \geqslant 0,$$

$$\forall (Q^3, Q^4, \lambda_5) \in R_+^{2(I+W)J+J} \tag{17}$$

式（17）中，$\lambda_5 = [\lambda_{51}, \lambda_{52}, \cdots, \lambda_{5J}]^T$ 为 J 个零售商/回收点对于约束（15）的 Lagrange 乘子。

（4）需求市场的消费者会根据 EOL 产品的回收价格和交易成本来决定是否将 EOL 产品卖给回收点，设消费者的偏好为连续函数 π_j，且受到本消费区域回收量的影响，即 $\pi_j = \pi_j(q_j^R)$。因此，需求市场的均衡条件[15]为

$$d_j(\rho_j^{N*}) = \sum_{i \in \Omega(V)} q_{ij}^{N*} \text{ 几乎处处成立, } \rho_j^{N*} > 0;$$

$$d_j(\rho_j^{N*}) \leqslant \sum_{i \in \Omega(V)} q_{ij}^{N*} \text{ 几乎处处成立, } \rho_j^{N*} = 0; \tag{18}$$

$$\pi_j(q_j^{R*}) + \hat{c}_j^R(q_j^{R*}) = \rho_j^{R*}, \quad q_j^{R*} > 0;$$

$$\pi_j(q_j^{R*}) + \hat{c}_j^R(q_j^{R*}) \geqslant \rho_j^{R*}, \quad q_j^{R*} = 0 \tag{19}$$

$$\sum_{i \in \Omega(V)} q_{ji}^{R*} = q_j^{R*}, \quad \rho_j^{R*} > 0;$$

$$\sum_{i \in \Omega(V)} q_{ji}^{R*} \leqslant q_j^{R*}, \quad \rho_j^{R*} = 0 \tag{20}$$

式（18）表示均衡状态下，若零售商 j 处需求市场的消费者愿意支付的均衡价格是正的，则此处需求等于产品的总购买量，否则小于总购买量；式（19）指出，若能从零售商 j 处需求市场的消费者回收 EOL 产品，则消费者的偏好加上交易成本不会超过回收点愿意支付的价格；式（20）表示若回收点 j 的 EOL 产品的回收价格是正的，则此回收点总回收量等于 EOL 产品总供给量，否则小于总供给量。

均衡状态下，对于每个需求市场均必须满足式（18）~（20），条件为如下的变分不等式问题（即求解 $(q^{R*}, \rho_1^*, \rho_2^*) \in R_+^{3J}$，使其满足下式）：

$$\sum_{j \in \Psi} \left[\sum_{i \in \Omega(V)} q_{ij}^{N*} - E(d_j(\rho_j^{N*})) \right] \times [\rho_j^N - \rho_j^{N*}] + \sum_{j \in \Psi} \left[\pi_j(q_j^{R*}) + \hat{c}_j^R(q_j^{R*}) - \rho_j^{R*} \right] \times [q_j^R - q_j^{R*}] +$$

$$\sum_{j \in \Psi} \left[q_j^{R*} - \sum_{i \in \Omega(V)} q_{ji}^{R*} \right] \times [\rho_j^R - \rho_j^{R*}] \geqslant 0,$$

$$\forall (q^R, \rho_1, \rho_2) \in R_+^{3J} \tag{21}$$

均衡时，各层决策者运往下层决策者的产品量必须等于下层决策者的接收量，且网络

间交易量和价格必须满足式（5），（10），（17）和（21）的和。

定义1 随机需求闭环供应链网络均衡条件为：各层决策者间产品流量是一致的，产品流量和价格满足最优条件式（5），（10），（17）和（21）的和。

定理1 闭环供应链网络在均衡条件下的最优解等价于下列变分不等式问题的解，即求解 $\forall (q^{NEW*}, Q^{1*}, Q^{2*}, Q^{3*}, Q^{4*}, q^{R*}, \rho_1^*, \rho_2^*, \lambda_1^*, \lambda_2^*, \lambda_3^*, \lambda_4^*, \lambda_5^*) \in A^\circ$，使其满足

$$\sum_{h \in \Phi(U)} \left[\frac{\partial f_h^N(q^{NEW*})}{\partial q_h^{NEW}} - \lambda_{1h}^* \right] \times \left[q_h^{NEW} - q_h^{NEW*} \right] +$$

$$\sum_{h \in \Phi(U)} \sum_{i \in \Omega(V)} \left[\frac{\partial c_{hi}^N(q_{hi}^{N*})}{\partial q_{hi}^N} + \lambda_{1h}^* + \alpha\lambda_{2h}^* + \frac{\partial f_i^N(Q^{1*})}{\partial q_{hi}^N} + \frac{\partial \hat{c}_{hi}^N(q_{hi}^{N*})}{\partial q_{hi}^N} - \lambda_{3i}^* \right] \times \left[q_{hi}^N - q_{hi}^{N*} \right] +$$

$$\sum_{h \in \Phi(U)} \sum_{i \in \Omega(V)} \left[\frac{\partial c_{ih}^R(q_{ih}^{R*})}{\partial q_{ih}^R} + \frac{\partial f_h^R(Q^{2*})}{\partial q_{ih}^R} + b - \beta\lambda_{1h}^* - \lambda_{2h}^* + \frac{\partial f_i^R(Q^{2*})}{\partial q_{ih}^R} + \frac{\partial \hat{c}_{ih}^R(q_{ih}^{R*})}{\partial q_{ih}^R} + \lambda_{4i}^* \right] \times \left[q_{ih}^R - q_{ih}^{R*} \right] +$$

$$\sum_{i \in \Omega(V)} \sum_{j \in \Psi} \left[\frac{\partial c_{ij}^N(q_{ij}^{N*})}{\partial q_{ij}^N} + \lambda_{3i}^* + \frac{\partial \hat{c}_{ij}^N(q_{ij}^{N*})}{\partial q_{ij}^N} + \frac{\partial f_j^N(Q^{3*})}{\partial q_{ij}^N} + \theta_j^+ P(q_j^{N*}, \rho_j^{N*}) - (\rho_j^{N*} + \theta_j^- + \lambda_{5j}^*)(1 - P(q_j^{N*}, \rho_j^{N*})) \right] \times$$

$$\left[q_{ij}^N - q_{ij}^{N*} \right] + \sum_{i \in \Omega(V)} \sum_{j \in \Psi} \left[\frac{\partial c_{ji}^R(q_{ji}^{R*})}{\partial q_{ji}^R} - \lambda_{4i}^* + \frac{\partial \hat{c}_{ji}^R(q_{ji}^{R*})}{\partial q_{ji}^R} + \frac{\partial f_j^R(Q^{4*})}{\partial q_{ji}^R} + \rho_j^{R*} + \lambda_{5j}^* \right] \times \left[q_{ji}^R - q_{ji}^{R*} \right] +$$

$$\sum_{j \in \Psi} \left[\pi_j(q_j^{R*}) + \hat{c}_j^R(q_j^{R*}) - \rho_j^{R*} \right] \times \left[q_j^R - q_j^{R*} \right] + \sum_{j \in \Psi} \left[\sum_{i \in \Omega(V)} q_{ij}^{N*} - E(d_j(\rho_j^{N*})) \right] \times \left[\rho_j^N - \rho_j^{N*} \right] +$$

$$\sum_{j \in \Psi} \left[q_j^{R*} - \sum_{i \in \Omega(V)} q_{ji}^{R*} \right] \times \left[\rho_j^R - \rho_j^{R*} \right] + \sum_{h \in \Phi(U)} \left[q_h^{NEW*} + \beta \sum_{i \in \Omega(V)} q_{ih}^{R*} - \sum_{i \in \Omega(V)} q_{hi}^N \right] \times \left[\lambda_{1h} - \lambda_{1h}^* \right] +$$

$$\sum_{h \in \Phi(U)} \left[\sum_{i \in \Omega(V)} q_{ih}^{R*} - \alpha \sum_{i \in \Omega(V)} q_{hi}^{N*} \right] \times \left[\lambda_{2h} - \lambda_{2h}^* \right] + \sum_{i \in \Omega(V)} \left[\sum_{h \in \Phi(U)} q_{hi}^{N*} - \sum_{j \in \Psi} q_{ij}^{N*} \right] \times \left[\lambda_{3i} - \lambda_{3i}^* \right] +$$

$$\sum_{i \in \Omega(V)} \left[\sum_{j \in \Psi} q_{ji}^{R*} - \sum_{h \in \Phi(U)} q_{ih}^{R*} \right] \times \left[\lambda_{4i} - \lambda_{4i}^* \right] + \sum_{j \in \Psi} \left[E(\min\{q_j^N, d_j\}) - \sum_{i \in \Omega(V)} q_{ji}^R \right] \times \left[\lambda_{5j} - \lambda_{5j}^* \right] \geqslant 0$$

$$\tag{22}$$

其中

$\forall (q^{NEW}, Q^1, Q^2, Q^3, Q^4, q^R, \rho_1, \rho_2, \lambda_1, \lambda_2, \lambda_3, \lambda_4, \lambda_5) \in A^\circ$，
$A^\circ \equiv R_+^{2(H+K)(I+W)+3(H+K)+2(I+W)J+2(I+W)+4J}$

证明 将式（5），（10），（17）和（21）相加并作简单处理即可得证。

对于模型中的价格内生变量 ρ_{hi}^N，ρ_{ih}^R，ρ_{ij}^N 和 ρ_{ji}^R，可利用变分不等式求解这些变量的均衡值 ρ_{hi}^{N*}，ρ_{ih}^{R*}，ρ_{ij}^{N*} 和 ρ_{ji}^{R*}。由式（5）可知，若 $\rho_{hi}^{N*} > 0$，则有

$$\rho_{hi}^{N*} = \frac{\partial c_{hi}^N(q_{hi}^{N*})}{\partial q_{hi}^N} + \lambda_{1h}^* + \alpha\lambda_{2h}^* \tag{23}$$

或等价地，由式（10）有

$$\rho_{hi}^{N*} = \lambda_{3i}^* - \frac{\partial \hat{c}_{hi}^N(q_{hi}^{N*})}{\partial q_{hi}^N} - \frac{\partial f_i^N(Q^{1*})}{\partial q_{hi}^N} \tag{24}$$

若 $\rho_{ih}^{R*} > 0$，则由式（5）有

$$\rho_{ih}^{R*} = \beta\lambda_{1h}^* + \lambda_{2h}^* - \frac{\partial c_{ih}^R(q_{ih}^{R*})}{\partial q_{ih}^R} - \frac{\partial f_h^R(Q^{2*})}{\partial q_{ih}^R} - b \tag{25}$$

或等价地，由式（10）有

$$\rho_{ih}^{R*} = \frac{\partial f_i^R(Q^{2*})}{\partial q_{ih}^R} + \frac{\partial \hat{c}_{ih}^R(q_{ih}^{R*})}{\partial q_{ih}^R} + \lambda_{4i}^* \tag{26}$$

若 $\rho_{ij}^{N*} > 0$，则由式（10）有

$$\rho_{ij}^{N*} = \frac{\partial c_{ij}^N(q_{ij}^{N*})}{\partial q_{ij}^N} + \lambda_{3i}^* \tag{27}$$

或等价地，由式（17）有

$$\rho_{ij}^{N*} = (\rho_j^{N*} + \theta_j^- + \lambda_{5j}^*)(1 - P(q_j^{N*}, \rho_j^{N*})) - \frac{\partial \hat{c}_{ij}^N(q_{ij}^{N*})}{\partial q_{ij}^N} - \frac{\partial f_j^N(Q^{3*})}{\partial q_{ij}^N} - \theta_j^+ P(q_j^{N*}, \rho_j^{N*}) \tag{28}$$

若 $\rho_{ji}^{R*} > 0$，则由式（10）有

$$\rho_{ji}^{R*} = \lambda_{4i}^* - \frac{\partial c_{ji}^R(q_{ji}^{R*})}{\partial q_{ji}^R} \tag{29}$$

或等价地，由式（17）有

$$\rho_{ji}^{R*} = \frac{\partial \hat{c}_{ji}^R(q_{ji}^{R*})}{\partial q_{ji}^R} + \frac{\partial f_j^R(Q^{4*})}{\partial q_{ji}^R} + \rho_j^{R*} + \lambda_{5j}^* \tag{30}$$

为了方便引用式（22），现将其以如下标准变分不等式形式表示，即求解 $X^* \in A^\circ$，使其满足

$$\langle F(X^*), X - X^* \rangle \geqslant 0, \quad \forall X \in A^\circ \tag{31}$$

其中

$X \equiv (q^{NEW}, Q^1, Q^2, Q^3, Q^4, q^R, \rho_1, \rho_2, \lambda_1, \lambda_2, \lambda_3, \lambda_4, \lambda_5)$;

$F(X) \equiv [F_{1i}, F_{2hi}, F_{3hi}, F_{4ij}, F_{5ij}, F_{6j}, F_{7j}, F_{8j}, F_{9h}, F_{10h}, F_{11i}, F_{12i}, F_{13j}]_{\forall hij}^T$,

F 各个分量分别为式（22）中各乘号前面部分构成的函数；符号 $\langle \cdot, \cdot \rangle$ 为 N 维欧氏空间内积。

2.2.2 设施竞争选址模型

在随机需求闭环供应链网络均衡模型的基础上，建立设施竞争选址模型，将均衡模型作为选址模型的约束条件之一，即将均衡约束捕捉的由新进设施引起的网络均衡状态的变化引入到位置决策过程中，由此得到如下均衡约束数学规划模型：

$$\max \sum_{i \in \Theta(V)} \left[\sum_{h \in \Phi(U)} (\rho_{ih}^R q_{ih}^R - \rho_{hi}^N q_{hi}^N) + \sum_{j \in \Psi} (\rho_{ij}^N q_{ij}^N - \rho_{ji}^R q_{ji}^R) \right] + \sum_{h \in \Gamma(U)} \sum_{i \in \Omega(V)} (\rho_{hi}^N q_{hi}^N - \rho_{ih}^R q_{ih}^R) -$$

$$\sum_{h \in \Gamma(U)} \left\{ f_h^N(q^{NEW}) + f_h^R(Q^2) + \sum_{i \in \Omega(V)} [c_{hi}^N(q_{hi}^N) + c_{ih}^R(q_{ih}^R)] + b \sum_{i \in \Omega(V)} q_{ih}^R \right\} -$$

$$\sum_{i \in \Theta(V)} \left\{ \sum_{h \in \Phi(U)} \left[\hat{c}_{hi}^{N}(q_{hi}^{N}) + \hat{c}_{ih}^{R}(q_{ih}^{R}) \right] + \sum_{j \in \Psi} \left[c_{ij}^{N}(q_{ij}^{N}) + c_{ji}^{R}(q_{ji}^{R}) \right] + f_{i}^{N}(Q^{1}) + f_{i}^{R}(Q^{2}) \right\} -$$

$$\sum_{h \in \Gamma(U)} U_{h} TR_{h} - \sum_{i \in \Theta(V)} V_{i} TT_{i} \tag{32}$$

$$\text{s.t.} \quad \sum_{h=H+1}^{H+G} U_{h} = K \tag{33}$$

$$\sum_{i=I+1}^{I+S} V_{i} = W \tag{34}$$

$$式（22），h \in \Phi(U)，i \in \Omega(V) \tag{35}$$

$$U_{h}，V_{i} = 0 \text{ 或 } 1 \tag{36}$$

其中：式（32）为新进企业总利润，式（33）为制造/再制造工厂数量约束，式（34）为分销/回收中心数量约束，式（35）为均衡约束，式（36）为 0–1 约束。

3 模型求解算法

设施竞争选址模型属于均衡约束数学规划问题，主要解决两个问题：一是由均衡约束条件即式（35）分析新进设施引起的网络均衡状态的变化，即产品生产量、设施间产品交易量和交易价格等指标的决策问题；二是在第一个问题的基础上解决设施的位置决策问题。因此，本文为了求解此均衡约束数学规划问题，应用 Korpelevich 提出的修正投影算法[16]来求解均衡问题（35），即求解在 $h \in \Phi(U)$，$i \in \Omega(V)$ 条件下的式（22），并在此基础上，应用遗传算法解决设施的位置决策。

修正投影算法求解均衡模型（22），算法实现如下：

Step 1：初始化。设置迭代次数 $M = 1$，步长 δ 满足 $0 < \delta \le 1/L$（L 为 Lipschitz 常数），$\varepsilon > 0$，初始值 $X^{0} \in A^{\circ}$。

Step 2：通过下列变分不等式问题求解 $\overline{X}^{M}$：

$$\langle (\overline{X}^{M} + \delta F(X^{M-1}) - X^{M-1})^{T}, X - \overline{X}^{M} \rangle \ge 0,$$
$$\forall X \in A^{\circ}。$$

Step 3：通过下列变分不等式问题求解 X^{M}：

$$\langle (X^{M} + \delta F(\overline{X}^{M}) - X^{M-1})^{T}, X - X^{M} \rangle \ge 0,$$
$$\forall X \in A^{\circ}。$$

Step 4：若 $\max |X^{M} - X^{M-1}| \le \varepsilon$，则停止循环；否则，令 $M = M + 1$，返回 Step 2。

在此基础上，利用修正投影算法与遗传算法相结合的混合算法来求解设施竞争选址模型。具体步骤如下：

Step 1：初始化。置代计数器 gen = 1，设置最大遗传代数 Maxgen。首先进行编码，整个编码向量为 G + S 位，前 G 位表示是否建立制造/再制造工厂，后 S 位表示是否建立分销/回收中心，编码时每位在 {0，1} 中选取，且考虑式（33）和式（34）的限制，产生包含 Popsize 个染色体的初始种群。

Step 2：对于每个染色体，利用修正投影算法计算产品生产量、网络间交易量和交易价格，根据求得的结果计算每个染色体的目标函数值，然后根据目标值采用压差为 2 的排序方法计算各染色体的适应度。

Step 3：对染色体进行遗传操作。选择：使用轮盘赌算法选择新种群。交叉：采用单点交叉策略，将种群中染色体两两随机配对，然后随机选择一基因位作为交叉点，依一定的交叉概率互换交叉点后面部分的染色体。同时检验每个后代的可行性，即编码提到的限制。若均是可行的，则用它代替其父代；否则保留其中可行的，重新进行交叉操作，直到得到两个可行的后代或循环指定次数为止。变异：采用两点变异，依一定的变异率选择一个染色体作为父代，随机选择两个变异位进行变异操作，同时考虑染色体的可行限制。

Step 4：重复 Step 2 和 Step 3 至指定的循环次数，从种群中选择最优的个体和其对应的产品生产量、网络间的交易量及交易价格作为模型的最优结果。

4　算例分析

首先针对新进企业进入前的网络利用修正投影算法求解均衡模型（22），分析市场原有闭环供应链网络中各工厂的新产品、再制造产品生产量、网络中各决策者间产品交易量及交易价格的均衡状态。在此基础上，考虑一大型企业进入该市场，利用混合算法求解选址模型（32）~（36），分析新进企业进入后对原有网络均衡状态的影响，以及如何在竞争中决策最佳位置策略。

设新企业进入市场前的闭环供应链网络结构包括 2 个制造/再制造工厂，2 个分销/回收中心，10 个零售商/回收点及相应的需求市场，各成本函数如下：

$$f_h^N(q^{NEW}) = 2(q_h^{NEW})^2 + h^{1/3}q_h^{NEW}, \quad \forall h;$$

$$f_h^R(Q^2) = \left(\beta \sum_i q_{ih}^R\right)^2 + \beta \sum_i q_{ih}^R, \quad \forall h;$$

$$c_{hi}^N(q_{hi}^N) = (h+i)^{1/3}(q_{hi}^N)^2, \quad \forall h, i;$$

$$c_{ij}^N(q_{ij}^N) = 2(q_{ij}^N)^2, \quad \forall i, j;$$

$$c_{ih}^R(q_{ih}^R) = (h+i)^{-1/3}(q_{ih}^R)^2, \quad \forall h, i;$$

$$c_{ji}^R(q_{ji}^R) = 2.5(q_{ji}^R)^2, \quad \forall h, j;$$

$$f_i^N(Q^1) = 0.02 \left(\sum_h q_{hi}^N \right)^2, \quad \forall i;$$

$$f_j^N(Q^3) = 3 \sum_i q_{ij}^N, \quad \forall j;$$

$$f_i^R(Q^2) = 0.01 \left(\sum_h q_{ih}^R \right)^2, \quad \forall i;$$

$$f_j^R(Q^4) = 2 \sum_i q_{ji}^R, \quad \forall j;$$

其余交易成本为零，偏好函数为 $\pi_j(Q^4) = 0.6q_j^R$，$b = 1$，$\beta = 0.6$，$\alpha = 0.3$，$\theta_j^+ = \theta_j^- = 1$，$\forall j$。设随机需求 $d_j(\rho_j^n)$ 服从均匀分布 $[0, b_j/\rho_j^n]$，$b_j = 500$，$\forall j$。

针对新企业进入前的上述网络，利用修正投影算法编写基于 Matlab 的应用程序，步长 $\delta = 0.01$，$\varepsilon = 10^4$。得到的网络均衡结果为

$q_1^{NEW*} = 7.44$，$q_2^{NEW*} = 7.06$；

$q_{11}^{N*} = 6.16$，$q_{12}^{N*} = 5.53$，$q_{21}^{N*} = 5.81$，$q_{22}^{N*} = 5.42$；

$q_{11}^{R*} = 3.39$，$q_{21}^{R*} = 3.70$，$q_{12}^{R*} = 3.40$，$q_{22}^{R*} = 3.55$；

$q_{1j}^{N*} = 1.20$，$q_{2j}^{N*} = 1.10$，$\forall j$；

$q_{j1}^{R*} = 0.68$，$q_{j2}^{R*} = 0.73$，$q_j^{R*} = 1.40$，$\forall j$；

$\rho_j^{N*} = 108.58$，$\rho_j^{R*} = 0.84$，$\forall j$；

$\rho_{h1}^{N*} = 46.27$，$\rho_{h2}^{N*} = 46.71$，$\forall h$；

$\rho_{1h}^{R*} = 6.37$，$\rho_{2h}^{R*} = 6.62$，$\forall h$；

$\rho_{ji}^{N*} = 51.53$，$\rho_{ji}^{R*} = 2.84$，$\forall i, j$。

现有一个大型企业进入该市场，新进企业在 5 个备选地点选择 3 个地点建立工厂，在 5 个备选地点选择 3 个地点建立分销/回收中心。原有各设施的成本函数不变，各备选设施的成本结构与前文相同。各备选工厂地点依次排序为 3~7，即相应成本函数中 h = 3，4，…，7，各备选分销/回收中心依次排序为 3~7，即相应成本函数中 i = 3，4，…，7，其他参量不变。设新进企业在备选地点建立制造/再制造工厂的固定成本分别为 20，30，35，20 和 15，在备选地点选择建立分销/回收中心的固定成本分别为 16，10，12，10 和 8。编写基于 Matlab 的混合算法应用程序，模型参数设置如下：种群规模为 80，进化代数为 25，交叉率为 0.8，变异率为 0.1，步长 $\delta = 0.01$，$\varepsilon = 10^4$。得到网络均衡结果为

q^{NEW}：

$q_1^{NEW*} = 4.99$，$q_2^{NEW*} = 4.85$，$q_3^{NEW*} = 4.75$，$q_4^{NEW*} = 4.53$，$q_5^{NEW*} = 4.47$；

Q_1：

$q_{11}^{N*} = 1.94$，$q_{12}^{N*} = 1.76$，$q_{13}^{N*} = 1.55$，$q_{14}^{N*} = 1.43$，$q_{15}^{N*} = 1.39$，$q_{21}^{N*} = 1.80$，$q_{22}^{N*} = 1.69$，

$q_{23}^{N*} = 1.54$，$q_{24}^{N*} = 1.44$，$q_{25}^{N*} = 1.41$，$q_{31}^{N*} = 1.71$，$q_{32}^{N*} = 1.64$，$q_{33}^{N*} = 1.53$，$q_{34}^{N*} = 1.44$，

$q_{35}^{N*} = 1.41$，$q_{41}^{N*} = 1.55$，$q_{42}^{N*} = 1.53$，$q_{43}^{N*} = 1.47$，$q_{44}^{N*} = 1.43$，$q_{45}^{N*} = 1.40$，$q_{51}^{N*} = 1.52$，

$q_{52}^{N*} = 1.50$，$q_{53}^{N*} = 1.46$，$q_{54}^{N*} = 1.42$，$q_{55}^{N*} = 1.40$；

Q_2：

$q_{11}^{R*} = 0.87$，$q_{21}^{R*} = 0.95$，$q_{31}^{R*} = 1.05$，$q_{41}^{R*} = 1.12$，$q_{51}^{R*} = 1.15$，$q_{12}^{R*} = 0.91$，$q_{22}^{R*} = 0.96$，

$q_{32}^{R*} = 1.02$，$q_{42}^{R*} = 1.07$，$q_{52}^{R*} = 1.08$，$q_{13}^{R*} = 0.94$，$q_{23}^{R*} = 0.96$，$q_{33}^{R*} = 1.00$，$q_{43}^{R*} = 1.02$，

$q_{53}^{R*} = 1.03$，$q_{14}^{R*} = 0.98$，$q_{24}^{R*} = 0.96$，$q_{34}^{R*} = 0.95$，$q_{44}^{R*} = 0.94$，$q_{54}^{R*} = 0.94$，$q_{15}^{R*} = 0.98$，

$q_{25}^{R*} = 0.96$，$q_{35}^{R*} = 0.93$，$q_{45}^{R*} = 0.92$，$q_{55}^{R*} = 0.91$；

Q_3：

$q_{1j}^{N*} = 0.85$，$q_{2j}^{N*} = 0.81$，$q_{3j}^{N*} = 0.76$，$q_{4j}^{N*} = 0.72$，$q_{5j}^{N*} = 0.70$，$\forall j$；

Q_4：

$q_{j1}^{R*} = 0.47$，$q_{j2}^{R*} = 0.48$，$q_{j3}^{R*} = 0.50$，$q_{j4}^{R*} = 0.51$，$q_{j5}^{R*} = 0.51$，$\forall j$；

q^R：$q_j^{R*} = 2.46$，$\forall j$；

ρ_1：$\rho_j^{N*} = 65.03$，$\forall j$；

ρ_2：$\rho_j^{R*} = 1.48$，$\forall j$；

ρ_{hi}^n：

$\rho_{11}^{N*} = 25.86$，$\rho_{12}^{N*} = 26.03$，$\rho_{13}^{N*} = 26.28$，$\rho_{14}^{N*} = 26.45$，$\rho_{15}^{N*} = 26.52$，$\rho_{21}^{N*} = 25.86$，$\rho_{22}^{N*} = 26.03$，

$\rho_{23}^{N*} = 26.28$，$\rho_{24}^{N*} = 26.45$，$\rho_{25}^{N*} = 26.52$，$\rho_{31}^{N*} = 25.86$，$\rho_{32}^{N*} = 26.03$，$\rho_{33}^{N*} = 26.28$，$\rho_{34}^{N*} = 26.45$，

$\rho_{35}^{N*} = 26.52$，$\rho_{41}^{N*} = 25.23$，$\rho_{42}^{N*} = 25.47$，$\rho_{43}^{N*} = 26.28$，$\rho_{44}^{N*} = 26.45$，$\rho_{45}^{N*} = 26.52$，$\rho_{51}^{N*} = 25.30$，

$\rho_{52}^{N*} = 25.53$，$\rho_{53}^{N*} = 26.28$，$\rho_{54}^{N*} = 26.45$，$\rho_{55}^{N*} = 26.52$；

ρ_{ih}^R：

$\rho_{1h}^{R*} = 5.91$，$\rho_{2h}^{R*} = 5.97$，$\rho_{3h}^{R*} = 6.05$，$\rho_{4h}^{R*} = 6.11$，$\rho_{5h}^{R*} = 6.13$，$\forall h$；

ρ_{ij}^N：$\rho_{ij}^{N*} = 29.60$，$\forall i, j$；

ρ_{ji}^R：$\rho_{ji}^{R*} = 3.48$，$\forall i, j$。

对上述新企业进入前后的均衡结果分析可知：

（1）将新企业进入前后得到的模型结果进行整理，得到新企业进入前后竞争对手新产品生产量、产品（包括新产品和再制造产品）生产总量、销售价格、回收价格、回收量的变化情况，结果如表 1 所示。

表 1　新企业进入后对竞争对手相关经济指标的影响

	均衡结果	新企业进入前	新企业进入后
新产品生产量	工厂 1	7.44	4.99
	工厂 2	7.06	4.85
总生产量	工厂 1	11.69	8.07
	工厂 2	11.23	7.88
回收量	回收点 $j\forall j$	1.41	2.47

续表

	均衡结果	新企业进入前	新企业进入后
销售价格	零售商 j∀j	108.58	65.03
回收价格	回收点 j∀j	0.84	1.48
利润	工厂 1	239.24	83.61
	工厂 2	228.47	80.90
	分销/回收中心 1	43.50	23.44
	分销/回收中心 2	40.08	22.04
	零售商/回收点 j, ∀j	60.80	60.24

由表 1 可知，与新企业进入前比较，新企业的进入使市场竞争越来越激烈，由于竞争的影响，市场上原有两个工厂的新产品生产量、产品生产总量均显著降低。新企业的进入引起市场供给的增加，导致零售商在需求市场产品销售价格明显降低，各回收点从需求市场回收 EOL 产品价格有所增加，回收量增大。

（2）由新企业进入前后得到的均衡结果进一步可求得网络中各成员利润的变化情况，如表 1 所示。由表 1 可知，由于新企业的进入，新企业与其竞争对手竞争市场份额，导致各工厂和各销售/回收中心的利润均显著降低。

（3）新企业的位置策略选择情况及其相关经济指标情况如下：新企业选择 3、6 和 7 号备选地址开设制造/再制造工厂；选择 4、6 和 7 号备选地址开设分销/回收中心；3 个工厂再制造产品的生产量分别为 2.98、2.85 和 2.83；产品生产总量分别为 7.73、7.38 和 7.30；3 个工厂的利润分别为 78.86、72.66 和 71.76；3 个分销/回收中心的利润分别为 18.93、17.96 和 17.58。

根据以上分析可见，新企业的进入使市场竞争态势更趋激烈，它与竞争对手竞争市场份额，降低了竞争对手的生产量，使竞争对手获得的经济利润也明显下滑。同时，由于市场供给的增加，新企业的进入使得需求市场产品销售价格降低，也改变了网络间交易价格模式。因此，新企业可以通过模型研究竞争对手的相关信息，提取对自己有效的部分，配合自身战略目标制定正确的市场进入策略，使自身的优势和资源得以应用和延伸。

5　结　论

本文建立了随机需求闭环供应链网络设施竞争选址模型，使用均衡模型捕捉由新企业进入引起的网络均衡状态的变化，利用均衡模型得到的均衡结果作为选址模型的输入进行选址决策。提出了遗传算法与修正投影算法相结合的混合算法，通过实例计算新企业进入前原有网络的均衡状态，并分析了由于新企业的进入对原有网络均衡状态产生的影响，同时得到新企业的位置决策。进一步的研究可以考虑随机环境下的多产品情形或考虑更多的随机因素。

参考文献：

［1］Fleischmann M., Beullens P., Bloemhof-Ruwaard J. M., et al. The Impact of Product Recovery on Logistics Network Design［J］. Production Operations Manage, 2001, 10（2）：156-173.

［2］Schultmann F., Engels B., Rentz O. Closed-loop Supply Chains for Spent Batteries ［J］. Interfaces, 2003, 33（6）：57-71.

［3］代颖，马祖军，刘飞. 再制造闭环物流网络优化设计模型［J］. 中国机械工程，2006，17（8）：809-814.

［4］Zhou G., Cao Z., Qi F., et al. A Genetic Algorithm Approach on a Logistics Distribution System with Uncertain Demand and Product Return［J］. World J of Modeling and Simulation, 2006, 2（2）：99-108.

［5］El-Sayed M., Afia N., El-Kharbotly A. A Stochastic Model for Forward-reverse Logistics Network Design under Risk［J］. Computers and Industrial Engineering, 2010, 58（3）：423-431.

［6］Tobin R. L., Friesz T. L. Spatial Competition Facility Location Models：Definition, Formulation and Solution Approach［J］. Annals of Operations Research, 1986, 6（3）：49-74.

［7］Friesz T. L., Tobin R. L., Miller T. C. Existence Theory for Spatially Competitive Network Facility Location Models［J］. Annals of Operations Research, 1989, 18（1）：267-276.

［8］Miller T. C., Friesz T. L., Tobin R. L. Heuristic Algorithms for Delivered Price Spatially Competitive Network Facility Location Problems［J］. Annals of Operations Research, 1992, 34（1）：177-202.

［9］Cavazzuti E., Pappalardo M., Passacantando M. Nash Equilibria, Variational Inequalities, and Dynamical Systems［J］. J of Optimization Theory and Applications, 2002, 14（3）：491-506.

［10］徐庆，朱道立，鲁其辉. Nash 均衡、变分不等式和广义均衡问题的关系 ［J］. 管理科学学报，2005，8（3）：1-7.

［11］Nagurney A., Dong J., Zhang D. A Supply Chain Network Equilibrium Model ［J］. Transportation Research, 2002, 38（5）：281-303.

［12］Dong J., Zhang D., Nagurney A. A Supply Chain Network Equilibrium Model with Random Demands ［J］. European J of Operational Research, 2004, 156（1）：194-212.

［13］Bazaraa M. S., Sherali H. D., Shetty C. M. Nonlinear Programming：Theory and Algorithms ［M］. New York：John Wiley and Sons, 1993：110-312.

［14］Auslender A., Teboulle M. Lagrangian Duality and Related Multiplier Methods for Variational Inequality Problems［J］. SIAM J on Optimization, 2000, 10（4）：1097-1115.

［15］Samuelson P. A. Spatial Price Equilibrium and Linear Programming ［J］. American Economic Review, 1952, 42（3）：283-303.

［16］Korpelevich G. M. The Extragradient Method for Finding Saddle Points and Other Problems［J］. Matekon, 1977, 13（4）：35-49.

Study on Location Model of Facility Competition for Closed–loop Supply Chain Network with Random Demands

YANG Yu–xiang[1,2]   ZHOU Gen–gui[1]

(1. School of Business Administration, Zhejiang University of Technology, Hangzhou 310014;

2. College of Economics and Management, China Jiliang University, Hangzhou 310018)

Abstract: By using the methods of equilibrium theory and variational inequality, a multi–tiers competitive closed–loop supply chain network equilibrium model with random demands is proposed. Based on this model, a mathematical program with equilibrium constraints for the location model of facility competition is developed. The equilibrium model is used to capture the change of equilibrium state for the network resulting from the entering facilities, and incorporate the effect of changes directly into the location decision model. According to the characteristic of the model, a solution method of integrating the genetic algorithm and the modified projection method is built to solve the problem. Finally, numerical examples are solved and analyzed by using the proposed model and algorithm, the station of competitive developing trends for the network, and the location decision for the entering facilites and the manufacturing and operation decision are obtained.

Key words: closed loop supply chain network; equilibrium model; facilities competition; mathematical program with equilibrium constraints

基于信息共享的综合供应链收益分配研究 *

章文芳[1]　吴丽美[1]　贡文伟[2]

（1. 江苏大学财经学院，江苏镇江　212013；2. 工商管理学院，江苏镇江　212013）

【摘　要】供应链收益分配问题是供应链研究的一个重要方面。文章通过建立一个供应链的信息协同管理机构，实现供应链信息共享，使收益分配透明化，更好地实现供应链收益分配的公平和合理；同时在传统的收益分配方法的基础上，引进欧氏距离并尝试使用TOPSIS 的思想分析各方法的相对权重，制订出各企业的收益分配的综合分配模型。

【关键词】供应链收益；信息管理机构；收益分配

引言

公平合理的供应链收益分配机制是供应链上的各企业以及供应链系统自身能够持续稳定发展的基础。如果供应链合作收益得不到合理、公正的分配，则供应链企业间就难以形成稳定、长久的合作关系，使整个供应链面临崩溃的危险。可以说，供应链构建、运行与管理能否取得成功，利益的分配至关重要。任一合作伙伴都不情愿为了其他合作伙伴的利益而牺牲自己的利益，它们追逐自身利益最优化的内在动机可能导致整个供应链效率达不到最优，所以供应链管理的一个重要问题就是寻找可协调各独立企业收益的合理分配机制，以获得供应链整体绩效的最优。如果供应链上缺少一个能够激励各方的、让各企业感到满意的分配机制，企业成员之间就无法实现无缝对接，最终会使竞争优势丧失。当供应链上的不同成员进行成本改进时，整个供应链上的每个成员都会从中获得利益，这时这种利益的分配往往与该成员在市场中的势力相匹配，市场势力越强，所获得的利益越多；反

* 本文选自《统计与决策》2011 年第 11 期。

基金项目：2010 年度教育部人文社会科学研究规划基金项目 "不完全信息下逆向供应链协调机制研究"。

作者简介：章文芳（1968–），女，江苏南通人，硕士，副教授，研究方向：供应链管理，管理会计理论与实务；吴丽美（1986–），女，福建莆田人，硕士研究生，研究方向：管理会计理论与实务；贡文伟（1967–），女，江苏丹阳人，硕士，副教授，研究方向：物流与供应链管理。

之，市场实力越弱，所获得的利益就越少。在制造商主导的供应链中，制造商所得到的利润就会高出其他的成员。但是信息共享后获得的利益，其分配方式与上述分配机制不同，并不完全与该成员在市场中的势力相匹配，而是与在信息共享中对所增加供应链收益的贡献率相匹配。

在这种背景下，针对供应链收益分配的探讨方兴未艾，但有关从供应链的外部出发建立一个信息协同管理机构的创新似乎还是初期，并未得到完善。因此，本文从供应链整体的角度，提出建立一个信息管理机构，由这个信息管理机构去使供应链的合作达到稳定，并在该机制下提出了一个综合的供应链收益分配模型。

1 供应链信息管理机构的运行机制

1.1 供应链信息管理机构的建立

首先设立信息服务公司，该公司负责供应链上企业服务，负责收集信息，保存信息。该公司是由供应链上各企业抽出一部分熟悉供应链管理的专业人员组成一个具有协调、沟通功能的单位，这些人员要精通信息技术、了解本企业内部的运作流程，并拥有与本企业决策层沟通的权利。其具体结构如图 1 所示。

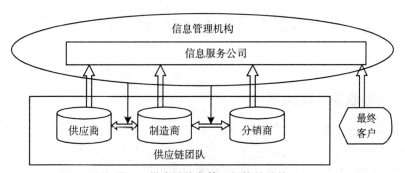

图 1 供应链信息管理机构的结构

信息管理机构在供应链伙伴和外部客户之间架起了信息的桥梁，它执行利益协调、信息沟通、制订计划和仲裁的职能，负责去协调信息服务公司收集、保存的信息，制订共同的业务计划，根据最终用户反馈的信息生产销售计划、生成订单计划、合作协调处理突发事件，更甚于可以协同创新，并生成实际的订单。

1.2 供应链信息管理机构的运行

该机构的运行参照了有效客户响应（ECR）、快速响应（QR）、合作计划、预测与补给

（CPFR）等相关模型运行原理。

该机构运行分三个大环节。①在供应链的末端运用了有效客户响应，该机构的运行本身就满足了 ECR 运行的要求，使供应链整体能够更好更快地以更低的成本满足消费者需要；②在供应链中实现快速响应，使供应链整体为实现共同目标，各环节之间紧密合作；③以供应链为依托，该机构本身以合作计划、预测与补给为管理模式，通过共同管理和共享商业信息来给各企业制定分配标准，实现供应链的紧密合作，获得供应链的利润最大化。

信息管理机构运行成功的关键因素有：

（1）该信息管理机构必须了解整个供应链过程，并发现和收集每个企业的信息和能力在何处有助于供应链，进而有益于最终消费者和整个供应链的收益。

（2）为供应链成果运行提供持续保证和共同承担责任。而每个供应链上的企业信任和配合该机构是关键。

（3）重新塑造团队这个概念。建立跨企业的团队造成的新问题：团队成员可能参与其他团队，并与他们供应链的竞争对手合作。这种情况下，必须有效地构建支持完整团队和个体关系的公司价值系统。

（4）制订和维护行业标准。公司价值系统的另一个组成部分是对行业标准支持。每个公司有单独开发的过程，这会影响公司与合作伙伴的联合。行业标准的制订必须既便于实行的一致性，又允许公司间的不同，这样才能被有效应用。

2 基于信息共享综合供应链收益分配模型

2.1 供应链收益分配问题

供应链收益分配机制是供应链运行博弈中"纳什均衡"解能够实现的重要保证，直接关系到供应链各参与方利益分配的公平与公正和供应链的稳定运行。收益分配机制不仅要保证每个参与方的收益都有所增加，还要准确地确定利益分配的比例，最终要达到各参与方都没有积极性改变这种分配比例的均衡状态。从博弈论的角度来看，这种收益分配机制起到一种均衡的作用，一旦这种均衡状态被破坏，供应链间各企业的合作关系就会产生动荡，达到一定的临界值，供应链间各企业的合作关系就会解体、重组。

因此在供应链上设置信息管理机构，不仅节省了大量的协商费用同时避免了协商破裂而带来的负面影响，通过这个信息管理机构可以从供应链的整体出发去制定一个合理公平的收益分配方法。

供应链收益分配需要遵循下列原则：①互惠互利原则；②风险匹配原则；③多劳多得原则；④效用最大化原则。

2.2 传统供应链收益分配模型

2.2.1 Shapley 值法

夏普利（Shapley）值法是联盟博弈的一个重要的解，在实践中尤其是解决合作各方面收益分配时有着更广阔的应用前景。博弈问题中的局中人，通常都会事先预测他们可以获得多少收益，事先的预期对这些局中人决策参与博弈与否十分重要。Shapley 值是局中人对联盟的贡献期望边际价值。在重大联盟的获利能力的基础就是全部收益分配中的"公平"概念，这种方法就是将合作对策（N，V）的 Shapley 值作为每个成员的分配额：

$$X_i = \sum_{|S|=1}^{n} \frac{(|S|-1)! \ (n-|S|)!}{n!} [V(s) - V(s-i)]$$

式中 S 表示内部供应链成员的个数，Y 为定义在所有子集上的收益函数，n 是局中人个数，N 是所有局中人构成的集合，x_i 表示局中的人 i 在合作对策（N，V）中应得到的期望收益。Shapley 值可以认为是出于一种概率的解释。假定局中人依随机次序形成联盟各种次序发生的概率假定相等，均为 1/n!。局中人在与前面 S－1 形成 S，局中人 i 对这个联盟的贡献为 V(s)－V(s－i)。s－i 与 N－S 的局中人相继排列的次序为（S－1)!（n－S)! 种，因此，各种次序出现的概率为（S－1)!（n－|S|)! /n!。得到局中人 i 所做贡献的期望正好就是夏普利值。

夏普利值（Shapley）法的收益分配方法既不是平均分配，也不同于基于投资成本的比例分配，而是基于合作伙伴在联盟中的重要程度来进行分配的一种分配方法。

2.2.2 简化的 MCRS 法

简化的 MCRS（Minimum Costs-Remain-ing Savings）法计算收益分配的公式为：

$$u_i = u_{imin} + \frac{u_{imax} - u_{imin}}{\sum\limits_{i=1}^{n} (u_{imax} - u_{imin})} \left[v(I) - \sum_{i=1}^{n} u_{imin} \right], \ i=1, \ 2, \ \cdots, \ n$$

其中，各局中人的理想收益所得和单独行动的收益所得，分别作为其最高和最低的收益分配所得。

可知，MCRS 法是基于各企业在理想状态的分配方法，具有其片面性。

2.2.3 Nash 协商模型

在供应链各成员企业中，往往需要通过各成员之间的相互协商来解决收益分配问题。协商过程中，如果各成员企业能够遵守一定的"合理性"假设，那么 Nash 协商模型即为满足这些"合理性"假设的解。设 n 个企业组成的供应链联盟，记 I = {1, 2, …, n} 为全体集合，总收益为 v(I)。u_i 为第 i 企业的效用函数，协商的起点为 d = {d_1, d_2, …, d_n}，d 为协商破裂时的冲突点，表示各企业所愿意接受的利益分配的下限值。设利益分配向量 x = {x_1, x_2, …, x_n}，其解为下面规划问题的最优解：

$$\text{MaxZ} = \prod |u_i(x_i) - u_i(d_i)|, \text{满足 s.t.} \begin{cases} \sum_{i=1}^{n} x_i = v(I) \\ v(i) \leqslant x_i \leqslant v(I) \end{cases} \quad i = 1, 2, \cdots, n$$

其中，$u_i(x_i) = \frac{x_i}{v(I) - v(i)}$，$u_i(d_i) = \frac{v_i}{v(I) - v(i)}$，$v(i)$ 是成员 i 不与任何其他成员结盟时的收益。

可知，Nash 协商模型是基于企业协商能力强弱的一种收益分配方法。

2.3 综合供应链收益分配模型

传统的供应链收益分配方法有很多，但主要是以上三种。不同的收益分配方法，结果有所不同，同时其偏重于不同类型的成员，强势成员甚至会提出自己的分配方法去影响信息管理机构，使其公平性失效，这就需要建立某种综合的方法来平衡各成员企业的利益。本文引进欧氏距离的方法将多种分配方法得到的结果折中为相对合理的分配方案，在运用的过程中尝试使用 TOPSIS 的思想分析各方法的相对权重。

假设供应链协作收益协商的方法有 n 种，供应链系统具有 m 个合作伙伴。第 i 种收益协商方法得到的分配结果为 $x_i = (x_{i1}, x_{i2}, \cdots, x_{im})$，其中 x_{ij} 表示第 i 种收益协商方法得到的第 j 个合作伙伴的收益协商值。

设 $X_j^+ = \max\limits_{i=1,2,\cdots,n} \{X_{ij}\}$，$X_j^- = \min\limits_{i=1,2,\cdots,n} \{X_{ij}\}$ 则理想的协商结果为 $X^+ = (X_1^+, X_2^+, \cdots, X_m^+)$；负理想的协商结果为 $X^- = (X_1^-, X_2^-, \cdots, X_m^-)$。第 i 种收益协商方法与理想的协商结果之间的欧氏距离为：$D_i^+ = (\sum_{j=1}^{n} (X_j^+ - X_{ij})^2)^{\frac{1}{2}}$，第 i 种收益协商方法与负理想的协商结果之间的欧氏距离为：$D_i^- = (\sum_{i=1}^{m} (X_j^- - X_{ij})^2)^{\frac{1}{2}}$。第 i 种收益协商方法与理想的协商结果的欧氏距离越小，合作伙伴总体满意度越高；第 i 种收益协商方法与负理想的协商结果的欧氏距离越大，合作伙伴总体满意度也会越高。

因此，根据 TOPSIS 法可得到第 i 种收益协商方法的相对满意度：$u = (D_i^-)^2 / (D_i^-)^2 + (D_i^+)^2$，根据相对满意度 u_i，可以计算出第 i 种收益协商方法的相对权重：$\lambda_i = u_i / \sum_{i=1}^{n} u_i$。因此，综合收益协商结果为 $X^* = (X_1^*, X_2^*, \cdots, X_m^*)$，其中 $X_j^* = \sum_{j=1}^{n} (\lambda_i \times X_{ij})$。

3　算例分析

3.1　综合供应链收益分配计算过程

假设由 A、B、C、D 四个企业组成的某一个供应链。如图 2 所示。

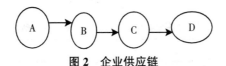

图 2　企业供应链

假设销售一件商品，若 4 个公司均不合作其收益分别为 300、250、220、180。若形成一个合作供应链则共获收益为 1100。其他各种合作收益如表 1 所示。

表 1　供应链收益表

合作企业	A、B	A、C	A、D	B、C	B、D
收益	650	630	550	520	490
合作企业	C、D	A、B、C	A、B、D	A、C、D	B、C、D
收益	450	900	850	780	700

根据 Shapley 值法计算可得，4 个企业合作的收益分配结果为：A 企业 362；B 企业 291；C 企业 248；D 企业 198。

根据简化的 MCRS 法计算可得：A 企业 368；B 企业 298；C 企业 240；D 企业 194。

根据 Nash 协商模型计算可得：A 企业 338；B 企业 288；C 企业 257；D 企业 217。

对于综合供应链收益分配模型可知：$x_1 = (362，291，248，198)$，其中 A 企业的 $X_A^+ = \{368\}$，$X_A^- = \{338\}$，即 $X^+ = (368，298，257，217)$，$X^- = (338，288，240，194)$。

收益协商方法与理想和负理想协商结果之间的欧氏距离分别为：

$D^+ = (22.96，28.60，31.62)$，$D^- = (25.79，31.62，28.60)$。

根据 TOPSIS 法可得到相对满意度：$\mu = (0.56，0.55，0.45)$，并根据此计算得出相对权重：$\lambda = (0.36，0.35，0.29)$。得出综合收益协商结果为 $X^* = (357，293，248，202)$。即 A 企业 357；B 企业 293；C 企业 248；D 企业 202。

同时我们可以发现不管是传统的收益分配方法还是综合收益分配模型其结果都是：$x_1 \geq x_2 \geq x_3 \geq x_4$，$V(A) \geq V(B) \geq V(C) \geq V(D)$，说明了原本收益较大的企业所分配到利益依然较大。

3.2 结果分析

通过传统四种收益分配方法对供应链上联盟的企业收益分配结果可以看出，都具有一定的合理性。

首先，通过传统和综合收益分配方法分配的结果都满足：$\varphi_A(V) \geqslant \varphi_B(V) \geqslant \varphi_C(V) \geqslant \varphi_D(V)$，$V(A) \geqslant V(B) \geqslant V(C) \geqslant V(D)$，说明了原本收益较大的企业所分配到利益依然较大，也说明了这些分配方案具有一定的公平性和合理性。

分别将各种收益分配方法分配的结果通过直方图比较如图3所示。

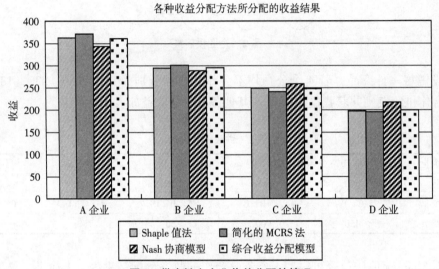

图 3　供应链上企业收益分配的情况

由图3可以看出，总体来看，A企业和B企业分配到的收益较多，C企业和D企业分配到的收益较少，这是因为A企业和B企业独立经营使收益较大，所分配到的收益在原有收益上增长，所以收益整体上较高。

从传统收益分配的情况来看，三种收益分配情况有一定的区别，Shapely值法和简化的MCRS法的结果相差不大。

从综合收益分配方法来看，刚好是三种方法的居中，在一定程度上弥补了三种方法的单一侧重性，说明更具合理性和公平性。因此，信息管理公司应该多收集信息，运用综合收益分配方法来分配供应链上联盟企业的收益。

4 结论

任何一项经营活动更多的是供应链成员企业共同完成的，公平合理的收益分配会对供应链成员企业的合作积极性产生重大的影响。本文在供应链上建立一个信息管理机构，使一个合作的供应链实现供应链信息共享，进而收益分配得以透明化，供应链的收益分配实现了公平和合理化；同时本机构在对各供应链企业进行收益分配时采用了综合收益分配方法，这种方法是在传统的收益分配方法的基础上，引进欧氏距离并尝试使用 TOPSIS 的思想分析各方法的相对权重，制订出各企业的收益分配的综合分配模型，在理论上是较为公平公正的方法。

参考文献：

[1] Anderson E, Coughlan A. International Market Entry and Expension via Independent or Integrated Channel of Distribution [J]. Journal of Marketing, 1987, (51).

[2] Weng Z K. Channel Coordination and Quantity Discount [J]. Management Science, 1995, 41, (9).

[3] 张欣, 马士华. 信息共享与协同合作对两级供应链的收益影响 [J]. 管理学报, 2007, 4 (1).

[4] Waller M, Johnson M E, Davis T. Vendor Managed Inventory in the Retail Supply Chain [J]. Journal of Business Logistics, 1999, 20 (1).

[5] Xu K, Dong Y, Evers P T. Towards better Coordination of the Supply Chain [J]. Transportation Research Part E: Logistics and Transportation Review, 2001, 37 (1).

[6] Cachon G P, Larivere M A. Supply Chain Coordination with Revenue Sharing Contracts: Strengths and Limitations [J]. Management Science, 2005, 51 (1).

[7] 桂良军. 供需链成本管理研究 [M]. 北京: 中国经济出版社, 2006.

[8] 杨春桥. 分布式敏捷化虚拟企业利益分配方法研究 [J]. 株洲师范高等专科学校学报, 2002, 7 (4).

[9] 魏修建. 供应链收益分配研究——资源与贡献率的分配思路与框架 [J]. 供应链管理, 2005, (2).

[10] 杨晶, 江可申, 邸强. 基于 TOPSIS 的动态联盟利益分配方法 [J]. 系统工程, 2008, (10).

[11] 李丰生, 何原荣, 陆琳. 基于 n 人合作对策的 LBS 价值链收益分配研究 [J]. 价值工程, 2005, (5).

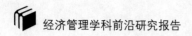

Profits distribution in supply chain based on information sharing

ZHANG Wen-fang[1]　WU Li-mei[1]　GONG Wen-wei[2]

（1. School of Finance and Economics, Jiangsu Universuty, Zhenjiang　212013;

2. School of Business, Jiangsu University, Zhenjiang　212013）

Abstract: The problem of profit division is critical for supply chain research. Establishing a management institution of information coordination in supply chain realizes information sharing, profit division transparency, which makes the division justice and reasonable. Based on the traditional division methods, this paper takes use of TOPSIS method to construct a profit division model.

Key words: Supply chain profit; Information management Institution; Profit division

信息不对称条件下可控提前期供应链协调机制研究 *

李怡娜　　徐学军

(华南理工大学工商管理学院，广东广州　510640)

【摘　要】本文探讨了信息不对称条件下提前期可以通过额外的赶工成本来加以控制的两级供应链协调问题。分别建立了分散决策和集中决策情形下的可控提前期供应链库存优化模型，并在充分考虑各参与方个体理性的基础上，探讨了分销商库存信息不对称情形下的供应链协调机制。最后通过数值分析证明该协调机制既能诱使分销商申报真实的库存持有成本信息，又能够在供应链合作双方成本均有改进的基础上，达到供应链系统的最优。

【关键词】信息不对称；可控提前期；供应链；协调

引　言

20世纪80年代，日本企业界提出的准时制（Just In Time，JIT）生产系统取得了巨大成功。JIT生产系统非常强调高质量、低库存及较短的提前期。在JIT生产系统中提前期是可以通过利用有效的方法加以控制的，这区别于传统库存管理系统所经常假设的固定或不可控提前期[1-3]。缩短提前期可以有效地降低安全库存量、减少资金积压、提高对顾客的服务水平，并增强企业的竞争能力。尤其是市场竞争日益激烈的今天，凡事都讲求时效，能否有效地缩短提前期已成为企业提升竞争能力不可或缺的关键因素。因此，如何有

* 本文选自《管理工程学报》2011年第25卷第3期。

基金项目：国家自然科学基金资助项目（70971042，71001041，71071059）；广东省高等学校人文社会科学创新团队资助项目（08JDTDXM63002）；广东省教育厅资助项目（WYM10050）；广东省软科学资助项目（2010070300031）；中央高校基本科研业务费专项资金资助（2009SM0030，2009ZM0240，2011ZM0037）。

作者简介：李怡娜（1978-），女，汉族，广东省梅县人，华南理工大学工商管理学院讲师，博士，研究方向：供应链管理研究。

效地缩短提前期已成为近年来企业界与学术界关注的焦点。

Liao 和 Shyu [4] 最早给出了一个订货量已知，提前期是唯一决策变量的连续补货库存模型，并假设可将提前期分成若干个组成部分，每个组成部分的压缩提前期时间和成本为线性关系。Ben-daya 和 Raouf [5] 推广了 Liao 和 Shyu [4] 的模式，将提前期和订货量均视为决策变量，并为了更好地比较提前期的连续变化对库存管理的影响，建立了赶工成本为提前期的负指数函数的库存模式。Ouyang 等 [6] 进一步推广了 Bendaya 和 Raouf [5] 的模式，以提前期和订货量为决策变量，考虑当缺货发生时，缺货数量允许部分后补和部分销售损失的混合存货模式。然而这些文献只从单个企业角度探讨提前期的控制问题。Pan 和 Yang [7] 考虑了由单一买方和单一卖方组成的可控提前期供应链联合库存模型。Ouyang 等 [8] 在 Pan 和 Yang [7] 的基础上进一步假设再订货点也是决策变量，且供应商采取多次送货模式时的由单一买方和单一卖方组成的可控提前期供应链联合库存模型。Chang 等 [9] 进一步研究了订货成本和提前期均可以通过额外投资进行降低时的单一卖方和单一买方的整合库存模型。Pan 和 Hasio [10]，Ouyang 等 [11] 研究了产品质量和提前期可以通过额外投资进行降低时的供应链联合库存模型。但这些研究可控提前期供应链库存优化的文献均假设买方和卖方之间已经建立了长期而稳定的合作关系，因此，买卖双方愿意合作和共享所有的信息以获得供应链整体利益的改进，并没有考虑参与双方的个体理性，也没有考虑设计利益协调机制以激励参与双方愿意从供应链整体利益最大化的角度共享所有信息并进行决策。

但供应链本质上是由相互独立的决策主体构成的分布式系统，各决策主体一般根据其所掌握的信息做出相应的决策，因此，共享精确可信任的信息无疑是提高供应链运作效率的关键 [12]。然而，在现实情况中，即使是相互合作的企业，为了自身的利益，往往都将成本等信息作为商业秘密严格保密，其他企业想充分了解这些信息并不容易，而且，现实合作中各成员可能出于自身的利益而采取某些欺诈行为。因此，研究不对称信息条件下的供应链库存优化问题更具有实际价值。目前，国内外部分学者从契约机制设计方面来克服供应链中的信息不对称，提高供应链的运作效率 [13-20]。为此，本文在可控提前期供应链库存优化文献的基础上，进一步考虑决策者的个体理性和现实中经常存在的信息不对称情形。

1　模型的建立

1.1　模型基本描述

本文仅考虑由一个供应商和一个分销商构成的单一产品的供应链系统，供应商负责产品生产，分销商负责将产品销售给顾客。已知该产品每年平均需求量为 D，供应商生产率为 P，且供应商生产率大于年平均需求，即 P > D。分销商以连续检查的方式监控库存水平，当库存量降至再订货点 r 时，分销商才发出运输请求要求供应商供货，每次订货成本为 A，每次供货量为 Q 单位，单位库存持有成本为 h_r。供应商采取批对批生产和运输，每次备货成本为 S，单位商品持有成本为 h_s。

进一步假定提前期内需求 X 服从正态分布，其平均数为 μL，标准差为 $\delta\sqrt{L}$，因此分销商的再订货点 $r = \mu L + k\delta\sqrt{L}$，k 为安全因子。假设提前期包括 n 个相互独立的操作时段，每个操作时段均有一个最短持续时间 a_i 和一个最大持续时间 b_i。如果用 $L_0 = \sum\limits_{j=1}^{n} b_j$ 表示分销商的最长提前期，用 L_i 表示提前期时间组成成分中 1~i 都在充分赶工下的提前期长度，因此有 $L_i = \sum\limits_{j=1}^{i} a_j + \sum\limits_{j=i+1}^{n} b_j = \sum\limits_{j=1}^{n} b_j - \sum\limits_{j=1}^{i}(b_j - a_j) = L_0 - \sum\limits_{j=1}^{i}(b_j - a_j)$。并且可以通过增加一定的费用来缩短提前期。第 i 个部分缩短一个单位的时间所需要的费用为 c_i，且 $c_1 \leqslant c_2 \leqslant \cdots \leqslant c_n$。若用 R(L) 表示一次订货中将提前期缩短为 L 所需的赶工成本，因此有 $R(L) = c_i(L_{i-1} - L) + \sum\limits_{j=1}^{i-1} c_j(b_j - a_j)$，$L \in [L_i, L_{i-1}]$。

1.2 分散决策情形下的可控提前期库存模型

分销商年期望成本由年订货成本、年持有成本、年赶工成本构成，其年总成本为：

$$TEC_r(Q_r, L_r) = \frac{DA}{Q_r} + h_r\left(\frac{Q_r}{2} + k\delta\sqrt{L_r}\right) + \frac{DR(L_r)}{Q_r} \tag{1}$$

容易证明：1）任意给定提前期 $L_r \in [L_i, L_{i-1}]$，$TEC_r(Q_r, L_r)$ 为经济订货批量 Q_r 的凸函数；2）任意给定订货批量 Q_r，$TEC_r(Q_r, L_r)$ 为提前期 L_r 的凹函数。因此分销商的最佳经济批量为：

$$Q_r^* = \sqrt{\frac{2D(A + R(L_r))}{h_r}} \tag{2}$$

任意给定订货量 Q_r，$TEC_r(Q_r, L_r)$ 的最小值必发生在区间 $L_r \in [L_i, L_{i-1}]$ 的端点上。求解最优提前期的算法在下面算法 1 中给出，令其为 L_r^*。供应商的年总成本由年备货成本和年持有成本组成：

$$TEC_s(Q_r^*) = \frac{D}{Q_r^*}S + \frac{D}{P} \cdot \frac{Q_r^*}{2} \cdot h_s \tag{3}$$

1.3 集中决策情形下可控提前期的供应链库存优化模型

在集中决策情形下，供应链的年总成本为：

$$TEC_{sc}(Q_{sc}, L_{sc}) = \frac{DS}{Q_{sc}} + \frac{D}{P} \cdot \frac{Q_{sc}}{2} \cdot h_s + \frac{DA}{Q_{sc}} + h_r\left(\frac{Q_{sc}}{2} + k\delta\sqrt{L_{sc}}\right) + \frac{DR(L_{sc})}{Q_{sc}} \tag{4}$$

同样容易证明，任意给定经济订货批量 Q_{sc}，$TEC_{sc}(Q_{sc}, L_{sc})$ 为提前期 L_{sc} 的凹函数，即 $TEC_{sc}(Q_{sc}, L_{sc})$ 的最小值必发生在区间 $L_{sc} \in [L_i, L_{i-1}]$ 的端点上。任意给定提前期 $L_{sc} \in [L_i, L_{i-1}]$，$TEC_{sc}(Q_{sc}, L_{sc})$ 为经济订货批量 Q_{sc} 的凸函数。因此可得供应链的最佳经济订货批量为：

$$Q_{sc}^* = \sqrt{\frac{2D \cdot (S + A + R(L_{sc}))}{h_r + \dfrac{D}{P} \cdot h_s}} \tag{5}$$

同样地，给出求解最优供应链提前期的算法，令其为 L_{sc}^*。

通常情况下，$Q_r^* \neq Q_{sc}^*$，L_r^* 不一定等于 L_{sc}^*。因此，若分销商从自身成本最小化的角度选择其最优订货量和最优提前期，就无法达到整个供应链系统的最优。因此，为了吸引分销商从系统最优的角度进行订货决策，通常会采取适当的补偿机制给分销商，以保证在整条供应链系统实现最优的基础上，双方的成本均得到改进。

如果供应商和分销商处于信息对称的情况，容易设计使买卖双方都满意的协调机制，即当 $Q_r \geq Q_{sc}^*$，$L_r = L_{sc}^*$ 时，供应商给分销商一定的补偿量 Z，当 $Q_r < Q_{sc}^*$，$L_r \neq L_{sc}^*$ 时，不给予补偿。补偿量 Z 的大小必须在满足双方成本均有改进的基础上考虑双方的谈判议价能力，从而使双方均达到帕累托改进。但是，如果存在双方信息不对称（这里只考虑库存持有成本信息不对称）的情形时，补偿机制的设计就变得复杂很多了。此时，分销商有可能虚报自己的真实库存持有成本以获得更多的转移支付额。因此，如何在信息不对称情形下设计一个有效的补偿机制，既能避免分销商虚报成本，又能促使分销商参与合作达到供应链整体系统的最优，是供应商所面临的问题。

2　信息不对称条件下可控提前期供应链协调机制设计

设分销商的真实库存持有成本为 h_r，而申报值为 $\tilde{h}_r$，则供应商根据分销商的申报值确定折扣点批量，提前期和补偿额，即当 $Q_r \geq Q_{sc}(\tilde{h}_r)$ 且 $L_r = L_{sc}(\tilde{h}_r)$ 时，供应商给分销商一定的补偿额 $Z(Q_{sc}(\tilde{h}_r), L_{sc}(\tilde{h}_r))$。供应商设计的补偿额及获得该补偿额的折扣点批量和提前期必须既能激励分销商申报真实的库存持有成本，又能促使供应商和分销商在各自追求自身成本最小化的同时，达到供应链整体成本最小。此时，供应链协调机制设计问题的目标函数是供应链系统最优，即：

$$\text{Min} \quad TEC_r(Q_{sc}(h_r), L_{sc}(h_r)) + TEC_s(Q_{sc}(h_r), L_{sc}(h_r)) \tag{6}$$

供应商面临两种约束，第一种约束是供应商和分销商的个体理性约束。供应商和分销商的"保留效用"分别为分销商单独决策时各自的最小成本，在提供补偿机制下，分销商和供应商参与合作后的成本一定不高于合作前的成本，即：

$$TEC_r(Q_{sc}(h_r),\ L_{sc}(h_r)) - Z(Q_{sc}(h_r),\ L_{sc}(h_r)) \leqslant TEC_r(Q_r(h_r),\ L_r(h_r))$$

$$TEC_s(Q_{sc}(h_r),\ L_{sc}(h_r)) + Z(Q_{sc}(h_r),\ L_{sc}(h_r)) \leqslant TEC_s(Q_r(h_r),\ L_r(h_r)) \tag{7}$$

第二种约束是激励相容约束，供应商给定的补偿机制的折扣点和补偿额必须能够激励分销商说真话，这样供应商可以根据分销商的选择间接地知道分销商的真实库存持有成本信息，即：

$$TEC_r(Q_{sc}(h_r),\ L_{sc}(h_r)) - Z(Q_{sc}(h_r),\ L_{sc}(h_r)) \leqslant TEC_r(Q_{sc}(\tilde{h}_r),\ L_{sc}(\tilde{h}_r)) - Z(Q_{sc}(\tilde{h}_r),\ L_{sc}(\tilde{h}_r)) \tag{8}$$

3　模型求解

要满足分销商的激励相容约束，必须要求分销商获得补偿后的成本在 $\tilde{h}_r = h_r$ 时取得最小值点，即满足 $\dfrac{\partial TEC_r(Q_{sc}(\tilde{h}_r),\ L_{sc}(\tilde{h}_r))}{\partial \tilde{h}_r}\bigg|_{\tilde{h}_r = h_r} - \dfrac{\partial Z(Q_{sc}(\tilde{h}_r),\ L_{sc}(\tilde{h}_r))}{\partial \tilde{h}_r}\bigg|_{\tilde{h}_r = h_r} = 0$。求之可得：

$$Z(Q_{sc}(\tilde{h}_r),\ L_{sc}(\tilde{h}_r))$$

$$= \left(\int \frac{D(A + R(L_i))}{2\sqrt{2D(S + A + R(L_i))}\sqrt{\tilde{h}_r + \dfrac{D}{P}h_s}} - \int \frac{\tilde{h}_r\sqrt{2D(S + A + R(L_i))}}{4(\sqrt{\tilde{h}_r + \dfrac{D}{P}h_s})^3} \right) d\tilde{h}_r =$$

$$- \frac{\sqrt{\tilde{h}_r + \dfrac{D}{P}h_s}\ DS}{\sqrt{2D(S + A + R(L_i))}} - \frac{\sqrt{2D(S + A + R(L_i))}\dfrac{D}{P}h_s}{2\sqrt{\tilde{h}_r + \dfrac{D}{P}h_s}} + C \tag{9}$$

其中，C 为待定常数。

命题 1　在供应商提供补偿额 $Z(Q_{sc}(\tilde{h}_r), L_{sc}(\tilde{h}_r))$ 和获得该补偿额的折扣点 $Q_{sc}(\tilde{h}_r)$，$L_{sc}(\tilde{h}_r)$ 下，当分销商申报真实的库存持有成本 h_r 时，其成本是低。

前面已证明在补偿机制下，理性的分销商必然选择 $\tilde{h}_r = h_r$，下面不再区分 $\tilde{h}_r$ 和 h_r。考虑供应商和分销商的个体理性约束，令：

$$\Delta U_r = TEC_r(Q_{sc}(h_r),\ L_{sc}(h_r)) - TEC_r(Q_r(h_r),\ L_r(h_r)) \tag{10}$$

$$-\Delta U_s = TEC_s(Q_r(h_r),\ L_r(h_r)) - TEC_s(Q_{sc}(h_r),\ L_{sc}(h_r)) \tag{11}$$

则要同时满足供应商和分销商的个体理性约束的补偿机制的补偿额需满足 $\Delta U_r \leqslant Z(Q_{sc}(h_r),\ L_{sc}(h_r)) \leqslant -\Delta U_s$。

命题 2 补偿额 $Z(Q_{sc}(h_r),\ L_{sc}(h_r))$ 随 h_r 的增大而单调减少。（容易得出

$\dfrac{\partial Z(Q_{sc}(h_r),\ L_{sc}(h_r))}{\partial h_r} < 0$）

命题 3 供应商参与合作前后成本的变化值 $-\Delta U_s$，随 h_r 的增大而单调增大。

命题 4 分销商参与合作前后成本的变化值 ΔU_r，随 h_r 的增大而单调增大。

因此，当 $(A+R)Dh_s < PSh_r$（在一般情况下，$D \ll P$，$h_s < h_r$，$A \ll S$，因此，$(A+R(L))Dh_s < PSh_r$ 在一般情况下均能得到满足）时，在确定适当的参数 C 后，令 $Z(Q_{sc}(h_r),\ L_{sc}(h_r)) = -\Delta U_s$，求得 h_r^L，令 $Z(Q_{sc}(h_r),\ L_{sc}(h_r)) = \Delta U_r$，求得 h_r^H，即在 $h_r \in [h_r^L,\ h_r^H]$ 内，一定能满足 $\Delta U_r \leqslant Z(Q_{sc}(h_r),\ L_{sc}(h_r)) \leqslant -\Delta U_s$，即满足式（7）中分销商和供应商的个体理性约束。当且仅当 $\tilde{h}_r = h_r$ 时，分销商参与合作获得补偿额后的成本取得最小值，即分销商一定会申报真实的库存持有成本。因此，通过补偿机制，供应商和分销商的个体理性条件和激励相容条件能同时得到满足。与此同时，获得该补偿机制的折扣点 $Q_{sc}(h_r)$ 和 $L_{sc}(h_r)$，能保证达到供应链集中决策的最优订货批量和订货提前期。供应链和分销商最优提前期的确定可通过下列算法 1 得出。

算法 1

Step1：针对每一个提前期 L_i，$(i = 0,\ 1,\ 2,\ \cdots,\ n)$，用 $R(L) = c_i(L_{i-1} - L) + \sum\limits_{j=1}^{i-1} c_j(b_j - a_j)$ 计算出 $R(L_i)$；

Step2：针对每一个提前期 L_i，$(i = 0,\ 1,\ 2,\ \cdots,\ n)$，分别计算分销商单独决策的最优订货量 $Q_r^{(i)}$ 和供应链系统最优决策时供应链的最优订货量 $Q_{sc}^{(i)}$；

Step3：针对每一组 $(L_i,\ Q_r^{(i)})$ 和 $(L_i,\ Q_{sc}^{(i)})$，分别计算出分销商单独决策的成本 $TEC_r(L_i,\ Q_r^{(i)})$ 和供应链系统最优决策时的成本 $TEC_{sc}(L_i,\ Q_{sc}^{(i)})$，$i = 0,\ 1,\ 2,\ \cdots,\ n$；

Step4：令 $TEC_r(L_r^*,\ Q_r^*) = \min\limits_{i=0,1,2,\cdots,n} TEC_r(L_i,\ Q_r^{(i)})$，$TEC_{sc}(L_{sc}^*,\ Q_{sc}^*) = \min\limits_{i=0,1,2,\cdots,n} TEC_{sc}(L_i,\ Q_{sc}^{(i)})$，那么 $(L_r^*,\ Q_r^*)$ 和 $(L_{sc}^*,\ Q_{sc}^*)$ 即为所求。

4 数值分析

某供应链系统年需求 D = 1000 件/年，分销商订货成本 A = 200 元/次，提前期需求标准差 δ = 20 件/周，安全因子 k = 1.65，供应商年生产能力 P = 2000 件/年，库存持有成本 h_s = 15 元/件·年，备货成本 S = 1500 元/次，分销商的真实库存持有成本 h_r = 20 元/件·年。提前期内的作业由三个部分组成，如表 1 所示。

设补偿机制常数 C = 7000，则不同提前期下的折扣点提前期，折扣点批量，补偿额和分销商的成本如表 2 所示。

表 1　提前期内各作业部分的相关资料

提前期内时间组成部分 (i)	正常作业时间 b_i (天)	充分赶工时的工作时间 a_i (天)	单位时间的赶工成本 c_i (元/天)
1	20	6	2
2	20	6	5
3	16	9	20

注：经查表知 k = 1.65，Φ(1.65) = 0.9505，φ(1.65) = 0.1023，故 Ψ(1.65) = 0.0206。

表 2　不同提前期下的折扣点机制和供应商提供补偿机制后分销商成本

提前期（周）	$Q_{sc}(\tilde{h}_r)$（件）	$Z(Q_{sc}(\tilde{h}_r), L_{sc}(\tilde{h}_r))$ (MYM)	$TEC_r(Q_{sc}(\tilde{h}_r), L_{sc}(\tilde{h}_r)) - Z(Q_{sc}(\tilde{h}_r), L_{sc}(\tilde{h}_r))$ (MYM)
8	$1843.91/\sqrt{\tilde{h}_r + 7.5}$	$-813.49^*\sqrt{\tilde{h}_r + 7.5}$ $-6914.66/\sqrt{\tilde{h}_r + 7.5} + 7000$	$921.95^*(35 + \tilde{h}_r)/\sqrt{\tilde{h}_r + 7.5} - 5133.24$
6	$1859.03/\sqrt{\tilde{h}_r + 7.5}$	$-806.87^*\sqrt{\tilde{h}_r + 7.5}$ $-6971.37/\sqrt{\tilde{h}_r + 7.5} + 7000$	$929.52^*(35 + \tilde{h}_r)/\sqrt{\tilde{h}_r + 7.5} - 5383.34$
4	$1896.31/\sqrt{\tilde{h}_r + 7.5}$	$-791.01^*\sqrt{\tilde{h}_r + 7.5}$ $-7111.17/\sqrt{\tilde{h}_r + 7.5} + 7000$	$948.16^*(35 + \tilde{h}_r)/\sqrt{\tilde{h}_r + 7.5} - 5680$
3	$1968.76/\sqrt{\tilde{h}_r + 7.5}$	$-761.90^*\sqrt{\tilde{h}_r + 7.5}$ $-7382.83/\sqrt{\tilde{h}_r + 7.5} + 7000$	$984.38^*(35 + \tilde{h}_r)/\sqrt{\tilde{h}_r + 7.5} - 5856.85$

图 1 表明当分销商的真实库存持有成本 h_r = MYM20/件·年时，分销商接受补偿机制后成本随其申报的库存持有成本 $\tilde{h}_r$ 的变化而变化的情况。由图 1 可知，不管订货提前期是多少，分销商的成本均在其申报真实的库存持有成本 h_r = MYM20 /件·年时最低，说明在该补偿机制下，分销商一定会申报其真实的库存持有成本。

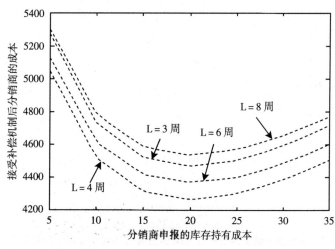

图 1　不同提前期下供应商提供补偿机制后分销商的成本随申报值 $\tilde{h}_r$ 的变化而变化曲线

由于在补偿机制下，分销商一定会申报其真实的库存持有成本，并且会选择供应商提供的折扣点批量和提前期，在自身成本改进的基础上，促使供应链达到系统最优成本。而在分销商申报真实的库存持有成本时，分销商接受和不接受补偿机制时的最优订货批量、提前期可以通过算法 1 得出，并可计算两种情况下分销商、供应商和整条供应链的成本，如表 3 所示。

表 3　供应商提供和不提供补偿机制时分销商最优订货批量、提前期和各方成本

	L_i (周)	$Q(h_r)$ (件)	补偿额 (MYM)	分销商总成本 (MYM)	供应商总成本 (MYM)	供应链总成本 (MYM)
不提供 补偿机制	8	141	0	4695	11137	15832
	6	151	0	4637	10500	15137
	4	173	0	4773	9337	14109
	3	209	0	5329	7952	13281
提供 补偿机制	8	352	1415	4536	7000	11536
	6	355	1439	4366	7000	11366
	4	362	1496	4264	7000	11264
	3	375	1597	4467	7000	11467

由表 3 可知，供应链系统的最优订货提前期 L_{sc} = 4 周，订货批量 $Q_{sc}(h_r)$ = 362 件，而供应商选择该订货提前期和订货批量作为给分销商提供补偿机制的折扣点，达到该折扣点就向分销商提供实施补偿机制，补偿额为 Z（362，4）。提供该补偿机制后，分销商根据该折扣点订货，并接受补偿额后，其成本为 MYM4264，供应商成本为 MYM7000，整条供应链成本达到系统最优，为 MYM11264。如果供应商不提供补偿机制，则分销商会从自身成本最小化的角度进行订货，即订货提前期 L_r = 6 周，$Q_r(h_r)$ = 151 件，此时分销商的成本为 MYM4637，供应商的成本为 MYM10500，而供应链的成本为 MYM15137。由于接受补偿机制后分销商的成

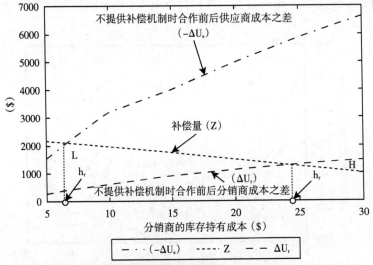

图 2　不提供补偿机制时供应链成员参与合作前后成本之差和补偿额
随分销商库存持有成本的变化情况

本小于不接受补偿机制时的成本，因此，理性的分销商会选择接受补偿机制，在改进自身成本的基础上，同时也改进了供应商的成本，并达到供应链系统成本的最优。

根据式（9），式（10），式（11）可算得供应商、分销商参与合作前后成本之差和补偿额随分销商库存持有成本的变化而变化的情况，如图2所示。从图2可以看出，分销商参与合作前后的成本之差 ΔU_r 随 h_r 的增大而增大，供应商参与合作前后的成本之差 $-\Delta U_s$ 同样随 h_r 的增大而增大，而补偿额随 h_r 的增大而减少，因此，$Z(Q_{sc}(h_r), L_{sc}(h_r))$ 与 $-\Delta U_s$ 存在交点 h_r^L，与 ΔU_r 存在交点 $h_r^H = 24.25$ 元。因此，当分销商申报的成本介于 $h_r \in [h_r^L, h_r^H] = [6.56, 24.25]$ 时，始终满足 $\Delta U_r \leqslant Z(Q_{sc}(h_r), L_{sc}(h_r)) \leqslant -\Delta U_s$，说明在该补偿机制下，分销商和供应商的个体理性约束都能得到满足。

当然，如果分销商申报的库存持有成本没有落入 $h_r \in [h_r^L, h_r^H] = [6.56, 24.25]$ 内，供应商仍然可以通过调节补偿额中的常数 C 来获得新的库存持有成本区间以确保双方的个体理性得到满足。但由图2可以看到，随着分销商申报的库存持有成本的不同，供应商和分销商对合作收益的分配情况也不断变化。当分销商申报的库存持有成本 $\tilde{h}_r = h_r^L = 6.56$ 元时，分销商攫取了双方合作获得的全部收益，而供应商的成本仅维持在双方不合作的水平。当分销商申报的库存持有成本 $\tilde{h}_r = h_r^H = 24.25$ 元时，供应商攫取了双方合作获得的全部收益，而分销商的成本仅维持在双方不合作的水平。但即便分销商申报的库存持有成本 $\tilde{h}_r = h_r^L$ 时能攫取双方合作获得的全部收益，从图1中和前面的分析仍然知道，分销商成本只有在申报其真实的库存持有成本时的总成本才是最低的。因此，供应商提供的补偿机制不但能保证分销商申报真实的库存持有成本，且能够在满足供应商和分销商的个体理性的基础上，实现供应链系统的最优。

5　结　语

本文在可控提前期供应链库存研究基本模型的基础上，进一步考虑现实情况中经常存在的信息不对称情形，构建信息不对称条件下的协调机制来实现可控提前期的供应链库存优化与协调。数值分析结果表明该协调机制不仅能够激励供应链成员如实申报信息，而且能够在满足供应链成员的个体理性基础上，实现整个系统的最优。未来研究方向包括：需求信息不对称情形下可控提前期的供应链库存优化与协调；模糊环境下可控提前期的供应链库存优化与协调。

参考文献：

[1] Kim D. H., Park K. S. Inventory Model with a Mixture of Lost Sales and Time-weighted Backorders [J]. Journal of the Operational Research Society, 1985, 36 (3): 231-238.

［2］Chiu H. N. Heuristic. Periodic Review Perishable Inventory Model with Lead Time［J］. International Journal of Production Economics，1995，42（1）：1-15.

［3］Tang O.，Grubbstrm R. W. The Detailed Coordination Problem in a two-level Assembly System with Stochastic Lead Times［J］. International Journal of Production Economics，2003，81 /82（3）：415-429.

［4］Liao C. J.，Shyu C. H. An Analytical Determination of Lead Time with Normal Demand［J］. International Journal of Operations and Production Management，1991，11（9）：72-78.

［5］Ben-Daya M.，Raouf A. Inventory Models Involving Lead Time as Decision Variable［J］. Journal of the Operational Research Society，1994，45（5）：579-582.

［6］Ouyang L. Y.，Yen N. C.，Wu K. S. Mixture Inventory Model with Backorders and Lost Sales for Variable lead time［J］. Journal of the Operational Research Society，1996，47（6）：829-832.

［7］Pan J. C.，Yang J. S. A Study of an Integrated Inventory with Controllable Lead Time［J］. International Journal of Production Research，2002，40（5）：1263-1273.

［8］Ouyang L. Y.，Wu K. S.，Ho C. H. Integrated Vendor-buyer Cooperative Models with Stochastic Demand in Controllable Lead Time［J］. International Journal of Production Economics，2004，92（3）：255-266.

［9］Chang H. C.，Ouyang L. Y.，Wu K. S.，Ho C. H. Integrated Vendorbuyer Cooperative Inventory Models with Controllable Lead Time and Ordering Cost Reduction ［J］. European Journal of Operational Research，2006，170(2)：481-495.

［10］Pan J. C.，Hsiao Y. C. Integrated Inventory Models with Controllable Lead Time and Backorder Discount Considerations［J］. International Journal of Production Economics，2005，93-94（1）：387-397.

［11］Ouyang L. Y.，Wu K. S.，Ho C. H. An Integrated Vendor-buyer Inventory Model with Quality Improvement and Lead Time Reduction ［J］. International Journal of Production Economics，2007，108（1-2）：349-358.

［12］郭琼，杨德礼. 需求信息不对称下基于期权的供应链协作机制的研究［J］. 计算机集成制造系统，2006，12（9）：1466-1471.

［13］郭敏，王红卫. "批对批"供应链在信息不对称下的协调机制［J］. 计算机集成制造系统，2004，10（2）：152-156.

［14］苏菊宁，赵小惠，杨水利. 不对称信息下供应链的库存协调［J］. 系统工程学报，2004，19（5）：538-542.

［15］Corbett CJ，Zhou D，Tang CS. Designing supply contracts：contract type and information asymmetry［J］. Management Science，2004，50（4）：550-559.

［16］张钦红，赵泉午，熊中楷. 不对称信息下的易逝品退货物流协调运作研究［J］. 中国管理科学，2006，14（2）：107-111.

［17］Sucky E. A Bargaining Model with Asymmetric Information for a Single Supplier-single Buyer Problem ［J］. European Journal of Operational Research，2006，171（2）：516-535.

［18］鲍忠奎，周永务. 一类供应链在信息不对称下的协调机制［J］. 合肥工业大学学报（自然科学版），2006，29（2）：136-139.

［19］Hsieh C. C.，Wu C. H.，Huang Y. J.. Ordering and Pricing Decisions in a Two-echelon Supply Chain with Asymmetric Demand Information ［J］. European Journal of Operational Research，2008，190（2）：509-525.

［20］Arcelus F. J.，Kumar S.，Srinivasan G. Pricing and Rebate Policies in the Two-echelon Supply Chain with Asymmetric Information under Price-dependent, Stochastic Demand [J]. International Journal of Production Economics, 2008, 113 (2): 598-618.

Supply Chain Coordination with Controllable Lead Time and Asymmetric Information

LI Yi-na   XU Xue-jun

(School of Business Administration, South China University of Technology, Guangzhou 510640)

Abstract: Current literature shows that Just-in-Time (JIT) can significantly reduce lead time and inventory-related costs simultaneously. Time-based competition (TBC) focusing on the reduction of overall system lead time has been one of favorite topics for both researchers and practitioners. Lead time reduction can lower the amounts of safety stock, reduce the loss caused by stock-outs, and improve customer service levels. In today's hyper competitive environment, lead time reduction is becoming an effective way to increase supply chain response and an important source of competitive advantage. However, in most of the traditional economic order quantity (EOQ) literature dealing with inventory problem, either using deterministic or probabilistic models, lead time is viewed as a prescribed constant or a stochastic variable. Therefore, controlling lead time is not feasible and realistic in practical situations. To overcome the issue, an increasing number of literatures consider lead time as a decision variable. Still, these literatures either consider the controllable lead time optimization problem from the perspective of a single facility, or consider inventory models with controllable lead time from the perspective of integrated supply chains. An integrated supply chain assumes that a central planner possesses perfect information and has the power to impose a globally optimal inventory policy on each entity in order to maximize overall channel performance.

In this paper, we make two major contributions to the present literature on supply chain optimization problems related to controllable lead time. First, we relax the assumption in the former literature from the perspective of supply chain by asserting that long-term strategic partnerships between vendor and buyer are well established and each party can bargain and cooperate with each other to obtain an optimal integrated joint policy under centralized decision. We further assume that the vendor and the buyer aim to maximize individual benefits in the decentralized (two-echelon) supply chain with controllable lead time. Second, in practical situations, the information asymmetry problem exists in the entire supply chain because individual parties are reluctant of disclosing confidential information such as internal variable cost. Information asymmetry can confer incentive mechanisms designed for symmetric information ineffective. As a result, scholars and practitioners are paying attention to the importance of coordinated relationships between suppliers and buyers in a supply chain under the condition of asymmetric information. This paper considers the setting where the buyer has private cost information and the vendor uses different sets of coordination mechanisms based on the screening game theory.

Through the buyer's selection, the vendor can learn about the buyer's real cost indirectly and improve the cost of managing supply chains. The results of our numerical examples show that shortening lead time can improve the benefit of the entire supply chain system in comparison with fixing lead time. Our proposed coordination mechanisms can improve the management of supply chain costs in both symmetric and asymmetric information situations.

Key words: asymmetric information; controllable lead time; supply chain; coordination

订单不确定条件下的供应链协同决策研究 *

黄　焜[1]　马士华[1]　冷凯君[2]　张得志[1,3]

(1. 华中科技大学管理学院，湖北武汉　430074;

2. 湖北经济学院湖北物流发展研究中心，湖北武汉　430205;

3. 中南大学交通运输工程学院，湖南长沙　410075)

【摘　要】在产品客户化程度较高的装配生产中，制造商在获得客户的订单需求信息，但订单尚未签订的情况下，往往就要求供应商开始生产订单所需的零部件，以便客户订单签订后可以立刻开始产品的装配生产，从而实现尽快向客户交付订单的目的。但是，在客户订单不确定条件下，供应商提前生产零部件存在着一定的风险。一旦客户订单最终未能签订，由于零部件客户化程度一般也比较高，在相当长一段时间内很难被其他订单消化，从而形成呆滞库存。本文基于这样的运作环境，通过数学建模分析，研究了制造商何时向供应商下达零部件订单最优，以及供应商的最优生产决策问题，并给出了具体的决策方法。最后通过算例验证了模型的结论，并分析了生产延滞成本分担系数对供应商和制造商双方期望利润的影响。

【关键词】订单不确定；提前订货；提前生产

1　引言

在装备制造业中，对于客户化程度较高的产品，在订单确定之前就向供应商订制产品需要的零部件，甚至开始订单产品的生产，已经成为制造商缩短订单交付提前期的一种常见方式。例如飞机制造商波音公司，往往在与客户达成订货意向协议后，就开始安排订单

* 本文选自《中国管理科学》2011 年 2 月第 19 卷第 1 期。

基金项目：国家自然科学基金资助项目（71072035，71071050）；中国博士后科学基金（20090460941）。

作者简介：黄焜（1982–），男，汉族，湖北人，华中科技大学管理学院，博士研究生，研究方向：供应链与物流管理。

的生产计划并在适当的时候开始生产；另外，波音公司也将这种"未来订单"信息与供应商共享，要求供应商提前对零部件进行备货生产[1]。但是基于这种未确定的订单提前生产存在着潜在的风险，一旦客户最终没有确认订单，就可能造成企业生产中的"提前生产可能是错误的生产，等待订单生产则可能太迟"的矛盾[2]。

Lee（1997）等最早在研究文献中提到了预测订单（Soft Order）及预测订单取消对供应链运作影响的问题，并认为这种预测订单是造成"牛鞭效应"的主要原因之一[3]。Eynan和 Rosenblatt（1995）、Hariga（1998）等认为在订单确认之前提前组装产品可以一定程度上降低生产成本[4,5]。Moon 和 Choi（1997）在 Eynan 和 Rosenblatt（1995）模型的基础上，研究了在需求信息仅能获得均值与方差的情形下提前生产与 ATO 生产方式混合的最佳生产策略[6]。肖勇波（2007）等进一步考虑了未来订单确定后的产能的不确定性，侧重于研究提前组装而降低的生产能力不足风险和延迟组装而降低的库存风险之间的平衡[7]。Cachon 和 Lariviere（2001）研究了一个基于预测订单提前生产部分产品的制造商与关键零件供应商博弈问题，在他们的研究中比较了在自愿合作与硬性服从合同规定两种合作情形下供应商与制造商的决策行为，并设计了一种契约模型，使制造商能够与供应商共享真实的需求信息[8]。

上述文献中对预测订单或订单不确定条件下运作问题进行的研究，主要还是集中在原材料库存与产成品库存控制、信息共享程度等方面，而没有涉及基于预测订单或订单确认之前最佳开始生产时间的问题。Cohen（2003）等基于半导体设备生产企业中实际收集的数据，以制造商为研究对象，考虑了订单最终未能签订的订单丢失成本、提前生产可能带来的产品库存成本以及生产时间过迟而造成的产品延迟交付成本，以制造商在订单确定之前开始生产的时间作为决策变量，对提前生产问题进行了研究[9]。Li（2007）在 Cohen（2003）的基础之上，考虑了决策者的风险偏好，对制造商最佳开始生产时间决策做了进一步的研究[10]。

本文作者在对国内几家 ATO 生产企业的调研中发现，客户化程度较高的产品订单交付提前期较长的一个重要原因是，产品生产所需的一些关键零部件客户化程度也比较高，供应商的供应提前期较长。例如，我国某电信设备制造商生产的基站主机中某些关键零部件的供应提前期长达 180 天。本文的模型不同于 Cohen（2003）和 Li（2007），同时分析了制造商和零部件供应商的最优决策。我们假设制造商在订单确认后立即开始生产，但是在订单确认之前可以向供应商下达零部件订单；供应商在订单确认之前能够生产的零部件数量依赖于制造商下达零部件订单的时间至客户订单确认的时间；订单确认后制造商开始装配产品的同时，若供应商未完成订单所需的全部零部件，则继续生产。订单确认之前，由于客户有取消订单意向的可能，从制造商向供应商下达零部件订单到客户订单确认，供应商都以常规产能生产零部件；在客户订单确认后，供应商可以通过加班等方式提高产能，尽量避免制造商的生产过程因零部件缺货而停滞。通过增加投入，提高产能来缩短提前期的做法，无论是在企业的生产实践中，还是运作管理的理论研究中，都已经非常多见[11-14]。本文通过建立一个两阶段模型，分析了在订单不确定条件下制造商向供应商下达零部件订单的最优时间，以及供应商在订单确认后通过增加投入缩短生产提前期的最优决策。

2　问题描述与模型假设

考虑一个单周期生产系统，制造商面临一次订货需求。在时间 0 时刻，制造商获得一个客户需求意向，需求量为 Q。在 x 时刻，客户与制造商根据需求意向签订订单合同，或者客户取消需求意向。x 为连续随机变量，其概率密度函数为 $\varphi(\cdot)$，概率分布函数为 $\Phi(\cdot)$。在 x 时刻制造商可能获得订单，也有可能失去订单，设订单最终签订的概率为 α，失去订单的概率为 $1 - \alpha$。在了解到客户需求后，制造商在 $t(0 < t \leq x)$ 时刻向供应商下达零部件订单，t 为制造商的决策变量。本文假设每生产一件产品需要一件零部件，即零部件订单量也为 Q。

令 y = x – t，则 y 也是连续随机变量。设其概率密度函数为 $\varphi_t(\cdot)$，概率分布函数为 $\Phi_t(\cdot)$。由 y 的定义可知，$\Phi_t(Y) = \text{prob}\{x - t \leq Y | x > t\} = \dfrac{\Phi(Y + t) - \Phi(t)}{\bar{\Phi}(t)}$，其中 $\bar{\Phi}(t) = 1 - \Phi(t)$。上述系统如图 1 所示。

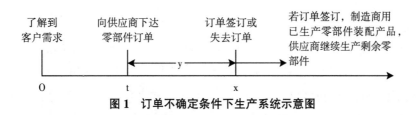

图 1　订单不确定条件下生产系统示意图

在 x 时刻，若客户订单意向取消，制造商将对供应商已生产的零部件给予一定的补偿。供应商补偿成本以及 y 时间内制造商的管理成本构成订单丢失成本。由于 y 时间内已生产的零部件数量以及管理成本均可认为是与 y 成正比的线性函数，本文将制造商的订单丢失成本定义为 R·y。

供应商在常规产能下，每生产一件零部件所需的时间为 l_s。根据柯布—道格拉斯生产函数中，投入和产出服从幂函数关系，设常规产能下的生产成本为 $C \cdot l_s^{-\theta}$ [14]。

在 x 时刻，供应商已生产的零部件数量为 $\dfrac{y}{l_s}$。如果客户订单签订，且 $\dfrac{y}{l_s} < Q$，则供应商先将数量 $\dfrac{y}{l_s}$ 的零部件交付制造商生产，制造商生产一件产品所需的时间为 l_m。供应商可以考虑在 x 时刻之后采用增加产能的方式缩短剩余零部件的生产时间，设 x 时刻之后剩余零部件的每件生产时间为 l_s。一般认为，以小于企业常规产能生产并不一定能够降低生产

成本。本文设定 $\tilde{l}_s \leq l_s$，相应的单件生产成本为 $C \cdot l_s^{-\theta}$。制造商已使用完供应商在 x 时刻交付的 $\frac{y}{l_s}$ 件零部件，而供应商还不能交付剩余零部件，则制造商的生产过程会发生延滞，并影响最终的客户订单交付期，由此产生的单位时间生产延滞成本为 P。剩余零部件的交付时间除了与供应商的决策 l_s 有关，也与制造商向供应商下达零部件订单的时间 t 有关，所以生产延滞成本由供应商与制造商分担。设分担系数为 β，即供应商承担 β 部分，制造商承担（1 − β）部分。β 由制造商与供应商通过协商事先确定。

3　最优决策分析

3.1　供应商最优决策分析

先分析供应商的最优决策。供应商的决策为：x 时刻之后，若客户订单签订，剩余零部件的单件生产时间为 l_s。

在 x 时刻，供应商已生产的零部件数量已经是一个确定量，记为 q（在 x 时刻前，该数量为随机变量 $\frac{y}{l_s}$）。此时供应商的成本函数为：

$$SC(\tilde{l}_s) = (Q - q) \cdot C \cdot \tilde{l}_s^{-\theta} + \beta \cdot P \cdot \left[(Q - q) \cdot \tilde{l}_s - q \cdot l_m\right]^+ \tag{1}$$

式（1）中第一项为 x 时刻之后剩余零部件的生产成本，第二项是供应商分担的因零部件不足而导致的制造商生产延滞成本。根据供应商零部件生产成本的特点，即当 $l_s \geq l_s$ 时，零部件的生产成本不再降低，可知：$\tilde{l}_s \leq l_s$ 时，式（1）中第一项为 l_s 的递减凸函数。$\tilde{l}_s \leq \frac{q \cdot l_m}{Q - q}$ 时，式（1）中第二项为零。所以，得到性质 1：

性质 1　当 $\frac{q \cdot l_m}{Q - q} > l_s$ 时，$SC(\tilde{l}_s)$ 在 $\tilde{l}_s = l_s$ 处取得最小值。

即在 x 时刻之后，若 $\frac{q \cdot l_m}{Q - q} > l_s$，供应商仍将继续以常规产能进行生产。

若 $\frac{q \cdot l_m}{Q - q} < l_s$ 时，在区间 $\left[\frac{q \cdot l_m}{Q - q}, l_s\right]$ 内，对式（1）求一阶及二阶导数：

$$SC'(\tilde{l}_s) = -\theta \cdot (Q - q) \cdot C \cdot \tilde{l}_s^{-(\theta + 1)} + \beta \cdot P \cdot (Q - q) \tag{2}$$

$$SC''(\tilde{l}_s) = \theta \cdot (\theta + 1) \cdot (Q - q) \cdot C \cdot \tilde{l}_s^{-(\theta + 2)} > 0 \tag{3}$$

式（1）在区间 $\left[\frac{q \cdot l_m}{Q - q}, l_s\right]$ 内为 $\tilde{l}_s$ 的凸函数，且 $\tilde{l}_s = \left(\frac{\theta \cdot C}{\beta \cdot P}\right)^{\frac{1}{\theta + 1}}$ 时，式（1）的一阶导数 $SC'(\tilde{l}_s) = 0$。由此，得到性质 2：

性质 2 当 $l_s > \dfrac{q \cdot l_m}{Q - q}$ 时，$SC(\widetilde{l}_s)$ 在区间 $\left[\dfrac{q \cdot l_m}{Q - q} , \ l_s \right]$ 内为凸函数，且

（1）若 $\left(\dfrac{\theta \cdot C}{\beta \cdot P} \right)^{\frac{1}{\theta + 1}} < \dfrac{q \cdot l_m}{Q - q} < l_s$，则 $SC(\widetilde{l}_s)$ 在点 $\widetilde{l}_s = \dfrac{q \cdot l_m}{Q - q}$ 处取得最小值；

（2）若 $\dfrac{q \cdot l_m}{Q - q} < \left(\dfrac{\theta \cdot C}{\beta \cdot P} \right)^{\frac{1}{\theta + 1}} < l_s$，则 $SC(\widetilde{l}_s)$ 在点 $\widetilde{l}_s = \left(\dfrac{\theta \cdot C}{\beta \cdot P} \right)^{\frac{1}{\theta + 1}}$ 处取得最小值；

（3）若 $\dfrac{q \cdot l_m}{Q - q} < l_s < \left(\dfrac{\theta \cdot C}{\beta \cdot P} \right)^{\frac{1}{\theta + 1}}$，则 $SC(\widetilde{l}_s)$ 在点 $l_s = l_s$ 处取得最小值。

为了简化表示，令 $k = \min \left[\left(\dfrac{\theta \cdot C}{\beta \cdot P} \right)^{\frac{1}{\theta + 1}} , \ l_s \right]$。供应商在 x 时刻客户订单确认之后，生产剩余零部件的最优决策 l_s^* 如结论 1 所述：

结论 1 在 x 时刻，若客户订单被确认，供应商已生产的零部件数量 q 满足：

（1）$l_s \leqslant \dfrac{q \cdot l_m}{Q - q}$ 时，供应商在 x 时刻之后，生产剩余零部件的最优决策为 $\widetilde{l}_s^* = l_s$，制造商的生产过程不会因为零部件不能及时供应而延滞；

（2）$\left(\dfrac{\theta \cdot C}{\beta \cdot P} \right)^{\frac{1}{\theta + 1}} < \dfrac{q \cdot l_m}{Q - q} < l_s$ 时，供应商的最优决策为 $\widetilde{l}_s^* = \dfrac{q \cdot l_m}{Q - q}$，制造商的生产过程不会因为零部件不能及时供应而延滞；

（3）$\dfrac{q \cdot l_m}{Q - q} < k$ 时，供应商的最优决策为 $\widetilde{l}_s^* = k$，制造商的生产过程会因为零部件不能及时供应而延滞，延滞时间为 $(Q - q) \cdot k - q \cdot l_m$。

3.2　制造商最优决策分析

制造商的问题是在何时向供应商下达零部件的订单，即如何确定决策变量 t。如果制造商过早向供应商下达零部件订单，一旦在 x 时刻客户的需求意向取消，订单未能签订，订单丢失成本 $R \cdot y$ 可能较大。如果 t 太晚，订单在 x 时刻被确认，供应商已生产的零部件数量可能很少，制造商的生产过程会因为零部件不能及时供应而延滞，则面临延迟交付客户订单的风险。另外，订单也可能在 t 时间之前取消，即 $x \leqslant t$，订单在 t 时间之前取消不产生任何成本。以订单不确定条件下制造商的期望利润最大化为决策目标。目标函数中不考虑制造商的生产成本，设制造商单位产品的毛利润为 S。制造商的目标函数为：

$$EMP(t) = \alpha \cdot \{ S \cdot Q - \Phi(t) \cdot [(1 - \beta) \cdot P \cdot l_s \cdot Q] - \Phi(t) \cdot \{(1 - \beta) \cdot P \cdot E[(Q - \dfrac{y}{l_s})^+ l_s - \min$$

$$(\dfrac{y}{l_s}, \ Q) \cdot l_m]^+ \} \} - (1 - \alpha) \cdot \Phi(t) \cdot R \cdot E[y] \tag{4}$$

由结论 1 可知，只有当 $\dfrac{q \cdot l_m}{Q - q} < k$ 时，制造商才会出现生产延滞。所以，式（4）中：

$$E\left[\left(Q-\frac{y}{l_s}\right)^+\cdot\widetilde{l_s}-\min\left(\frac{y}{l_s},\ Q\right)\cdot l_m\right]^+=\frac{k+l_m}{l_s\cdot\Phi(t)}\cdot\left[\int_t^{\frac{l_s\cdot Q\cdot k}{l_m+k}+t}\Phi(x)dx-\frac{l_s\cdot Q\cdot k}{l_m+k}\cdot\Phi(t)\right]$$

$$E[y]=\frac{1}{\Phi(t)}\cdot\int_t^\infty\Phi(x)dx$$

将式（4）化简为：

$$EMP(t)=\alpha\cdot\left\{S\cdot Q-\Phi(t)\cdot\left[(1-\beta)\cdot P\cdot k\cdot Q\right]-\left\{(1-\beta)\cdot P\cdot\frac{k+l_m}{l_s}\cdot\right.\right.$$

$$\left.\left.\left[\int_t^{\frac{l_s\cdot Q\cdot k}{l_m+k}+t}\Phi(x)dx-\frac{l_s\cdot Q\cdot k}{l_m+k}\cdot\Phi(t)\right]\right\}\right\}-(1-\alpha)\cdot R\cdot\int_t^\infty\Phi(x)dx \tag{5}$$

对式（5）求一阶导数：

$$EMP'(t)=-\alpha\cdot(1-\beta)\cdot P\cdot\frac{k+l_m}{l_s}\cdot\left[\Phi\left(\frac{l_s\cdot Q\cdot k}{l_m+k}+t\right)-\Phi(t)\right]+(1-\alpha)\cdot R\cdot\Phi(t)$$

$$=-\Phi(t)\cdot\left\{\alpha\cdot(1-\beta)\cdot P\cdot\frac{k+l_m}{l_s}\cdot\Phi_t\left(\frac{l_s\cdot Q\cdot k}{l_m+k}\right)-(1-\alpha)\cdot R\right\} \tag{6}$$

由式（6）要证明 EMP(t) 为严格凹函数是很困难的。但是，如果把 $\Phi(\cdot)$ 看作可靠性理论中的产品寿命分布函数，$\Phi_t(\cdot)$ 就是条件失效概率分布函数，$\Phi_t(Y)$ 表示寿命为 t 产品，在之后 Y 时间内失效的概率。如果 x 具有递增失效率（IFR）的性质，即 $\Phi_t(Y)$ 对于任意 $Y>0$ 都是 t 的单调递增函数，则函数 EMP (t) 为单峰曲线，即拟凹函数 (quasi-concave)。本文认为 x 具有递增失效率（IFR）的性质是合理的，因为 t 越大，在 t 之后 Y 时间内订单谈判结束（订单签订或取消）的可能性就越大。

令：$\dfrac{(1-\alpha)\cdot R\cdot l_s}{\alpha\cdot(1-\beta)\cdot P\cdot(k+l_m)}=\varepsilon$，$t^*$ 满足 $EMP'(t^*)=0$，即 $\Phi_{t^*}\left(\dfrac{l_s\cdot Q\cdot k}{l_m+k}\right)=\varepsilon$。若 $\varepsilon\geqslant1\geqslant$ $\lim\limits_{t\to\infty}\Phi_t\left(\dfrac{l_s\cdot Q\cdot k}{l_m+k}\right)$，则 $\lim\limits_{t\to\infty}EMP'(t)\geqslant0$，EMP(t) 单调递增。此时，制造商的最优决策是待客户订单确认之后立即向供应商下达零部件订单。若 $\Phi\left(\dfrac{l_s\cdot Q\cdot k}{l_m+k}\right)>\varepsilon$，则 $EMP'(t)<0$，EMP (t) 单调递减。此时，制造商的最优决策是在 0 时刻了解到客户需求意向之后立即向供应商下达零部件订单。

所以，得到制造商的最优决策如结论 2 所述：

结论 2 如果随机变量 x 具有递增失效率（IFR）的性质，定义 $\hat{\imath}=\begin{cases}0 & EMP'(0)<0\\ \infty & \lim\limits_{t\to\infty}EMP'(t)\geqslant0\\ t^* & \text{其他}\end{cases}$，其

中，$\hat{\imath}=\infty$ 表示客户确认或取消订单的时刻——即若 $\hat{\imath}=\infty$，制造商等待客户确认或取消订单之后再采取行动。考虑全部情况，制造商的行动策略如下所述：

（1）若客户订单在 $\hat{\imath}$ 时刻之前被取消，制造商不做任何决策。

（2）若客户订单在 $\hat{\imath}$ 时刻之前被确认，制造商在订单确认后立即向供应商下达零部件订单，并在供应商交付全部零部件后立即开始生产产品。

（3）其他情况，制造商在 $\hat{t}$ 时刻向供应商下达零部件订单。

4　供应商的期望利润

由结论 1 可知，供应商的期望利润函数要分为 $\left(\dfrac{\theta \cdot C}{\beta \cdot P}\right)^{\frac{1}{\theta+1}} > l_s$ 及 $l_s > \left(\dfrac{\theta \cdot C}{\beta \cdot P}\right)^{\frac{1}{\theta+1}}$ 两种情况考虑。供应商的利润函数中考虑了零部件的生产成本，设供应商生产的零部件的单位价格为 W。若客户订单未签订，考虑制造商补偿后供应商单位零部件的损失为 s。为使数学表达更简洁，令 $\left(\dfrac{\theta \cdot C}{\beta \cdot P}\right)^{\frac{1}{\theta+1}} = u$。根据结论 1，供应商的期望利润函数按上述两种情况分别写为：

（1）$u > l_s$ 时（$k = l_s$）：

$$ESP_1 = \alpha \cdot \Big\{ W \cdot Q - \Phi(t) \cdot \beta \cdot P \cdot Q \cdot l_s - \Phi(t) \cdot \beta \cdot P \cdot \int_0^{\frac{l_s^2 Q}{l_m + l_s}} \big[(Q - \frac{y}{l_s}) \cdot l_s - \frac{y}{l_s} \cdot l_m \big] d\Phi_t(y) -$$

$$Q \cdot C \cdot l_s^{-\theta} \Big\} - (1-\alpha) \cdot \Phi(t) \cdot s \cdot E \big[\min(Q, \frac{y}{l_s}) \big] \tag{7}$$

（2）$l_s > u$ 时（$k = u$）：

$$ESP_2 = \alpha \cdot \Big\{ W \cdot Q - \Phi(t) \cdot (\beta \cdot P \cdot Q \cdot u + Q \cdot C \cdot u^{-\theta}) - \Phi(t) \cdot \Big\{ STC + \beta \cdot P \cdot \int_0^{\frac{l_s Q u}{l_m + u}} \big[(Q - \frac{y}{l_s}) \cdot u -$$

$$\frac{y}{l_s} \cdot l_m \big] d\Phi_t(y) \Big\} \Big\} - (1-\alpha) \cdot \Phi(t) \cdot s \cdot E \big[\min(Q, \frac{y}{l_s}) \big] \tag{8}$$

其中：

$$STC = \int_0^{\frac{l_s Q u}{l_m + u}} (Q - \frac{y}{l_s}) \cdot C \cdot u^{-\theta} d\Phi_t(y) + \int_{\frac{l_s Q u}{l_m + u}}^{\frac{l_s^2 Q}{l_m + l_s}} (Q - \frac{y}{l_s}) \cdot C \cdot (\frac{y \cdot l_m}{l_s Q - y})^{-\theta} d\Phi_t(y) +$$

$$\int_{\frac{l_s^2 Q}{l_m + l_s}}^{l_s Q} (Q - \frac{y}{l_s}) \cdot C \cdot l_s^{-\theta} d\Phi_t(y) + E \big[\min(Q, \frac{y}{l_s}) \big] \cdot C \cdot l_s^{-\theta}$$

制造商与供应商通过协商确定系数 β。虽然在这种装配制造供应链中，大多是制造商占据强势地位，但 β 的确定，必须使供应商也可以获得期望利润，否则供应商不会参与供应链的合作。即 β 的确定必须使 ESP > 0。

5 算例分析

设订单确认的时间 x 服从 Gamma（6，6）分布，Gamma 分布具有 IFR 的性质。在 x 时刻之后，若供应商剩余零部件不能及时供应，由此产生的成本供应商承担其中 β 部分，制造商承担（1 – β）部分。β 为 0~1 的比例系数。其他部分参数设置为：$C = 1$，$\theta = 2$，$S = 300$，$W = 60$，$R = 600$，$l_s = 0.2$，$l_m = 0.5$，$s = 5$。

（1）分别取 β = 0.1~0.9，$\alpha = 0.7$，$P = 2000$，$Q = 100$。通过算例，我们分析 β 对供应商、制造商期望利润的影响，以及对制造商生产延滞时间的影响。数值计算结果如表 1 所示。

表 1 供应链双方的期望利润

β	0.1	0.2	0.3	0.4	0.5	0.6	0.7	0.8	0.9
最优决策 î	9.7	11.4	13.1	15	17.2	20.2	25.4	38	∞
供应商期望利润（ESP）	2259	2132	1917	1575	1001	–58	–2344	–8403	–15376
制造商期望利润（EMP）	15702	15931	16161	16383	16630	16939	17383	18153	19550
生产延滞时间期望	0.3221	0.3442	0.3725	0.4169	0.4854	0.5926	0.7797	1.1675	10.3574

从表 1 中可以发现，随着 β 的增大，由于制造商将延滞成本转移到供应商，供应商的利润在不断降低，而制造商的利润将增大。β 由制造商与供应商通过谈判确定，但是无论制造商是否处于强势地位，β 的取值必须保证供应商仍然可以获得利润。在该算例中，β 的取值最大只能为 0.5，否则供应商的期望利润为负值，将不会参与合作。

随着 β 的增大，制造商将延滞成本转移到供应商，虽然可以促使供应商提高产能生产剩余零部件，但这并不能显著缩短生产延滞时间的期望值。这是由于制造商分担的生产延滞成本降低，制造商的决策变量 î 增大。这也说明，制造商的决策 î 对生产延滞时间的影响要大于供应商提高产能对生产延滞时间的影响。

（2）订单签订概率 α 分别取 0.1~0.9，$P = 2000$，$Q = 100$ 进行数值试验，结果如表 2、表 3 所示。

表 2 供应商的期望利润

α ＼ β	0.1	0.2	0.3	0.4	0.5	0.6	0.7	0.8	0.9
0.1	–50	–426	–744	–1029	–1290	–1534	–1765	–1985	–2197
0.2	–16	–849	–1489	–2057	–2580	–3068	–3530	–3971	–4393
0.3	478	–334	–1667	–3034	–3870	–4602	–5295	–5956	–6590
0.4	955	449	–483	–2018	–4263	–6126	–7060	–7941	–8786

α＼β	0.1	0.2	0.3	0.4	0.5	0.6	0.7	0.8	0.9
0.5	1403	1080	499	−482	−2190	−5170	−8698	−9927	−10983
0.6	1835	1629	1268	676	−348	−2287	−6290	−11843	−13179
0.7	2259	2132	1917	1575	1001	−58	−2344	−8403	−15376
0.8	2677	2608	2492	2316	2030	1523	475	−2376	−14548
0.9	3091	3063	3018	2951	2847	2672	2333	1486	−2390

表 3　制造商的期望利润

α＼β	0.1	0.2	0.3	0.4	0.5	0.6	0.7	0.8	0.9
0.1	−600	264	909	1371	1740	2051	2324	2569	2793
0.2	−1110	528	1817	2743	3480	4103	4649	5138	5586
0.3	316	1514	2846	4116	5220	6154	6973	7707	8379
0.4	3380	4157	5024	5952	7026	8206	9297	10276	11171
0.5	7152	7675	8239	8827	9525	10435	11623	12846	13964
0.6	11304	11657	12024	12393	12818	13369	14177	15415	16757
0.7	15702	15931	16161	16383	16630	16939	17383	18153	19550
0.8	20286	20419	20549	20668	20796	20950	21161	21513	22367
0.9	25035	25093	25147	25194	25242	25297	25368	25478	25725

从表 2 中可以看出，在订单签订概率 α 非常小的情况下，即使 β 很小，供应商也很难获得利润。随着 α 增大，使供应商能获得利润的 β 区间也随之增大。另外，从表 3 中可以看出，随着 α 增大，β 的变化对制造商利润的影响越来越小。表 3 中，当 α＝0.9 时，β 从 0.1 变化到 0.9，制造商利润的期望值基本是稳定的。所以，在客户订单签订的概率较大的情况下，制造商可以在与供应商确定 β 时做出一些让步，使供应商能够获益更多，有更大的积极性参与到合作中。

（3）对单位时间延滞成本 P 分别取 1000、1600、2500，α＝0.7，Q＝100，进行数值试验，结果如表 4、表 5 所示。

表 4　供应商的期望利润

β	1000		1600		2500	
	ESP	$\hat{t}$	ESP	$\hat{t}$	ESP	$\hat{t}$
0.1	2246	13.6	2255	10.8	2262	8.8
0.2	2125	14.5	2137	12	2129	10.8
0.3	1905	16.2	1911	14	1923	12.3
0.4	1484	18.9	1547	16	1602	14
0.5	740	22.4	926	18.6	1070	16

续表

β	P 1000		1600		2500	
	ESP	$\hat{t}$	ESP	$\hat{t}$	ESP	$\hat{t}$
0.6	−691	27.9	−238	22.2	100	18.7
0.7	−3662	39.5	−2768	28.5	−1964	22.9
0.8	−7195	100.8	−8923	46.4	−7595	32.5
0.9	−8132	∞	−12670	∞	−18515	132.2

表 5　制造商的期望利润

β	P 1000		1600		2500	
	EMP	$\hat{t}$	EMP	$\hat{t}$	EMP	$\hat{t}$
0.1	16164	13.6	15834	10.8	15582	8.8
0.2	16260	14.5	15999	12	15869	10.8
0.3	16457	16.2	16245	14	16084	12.3
0.4	16746	18.9	16486	16	16290	14
0.5	17079	22.4	16756	18.6	16517	16
0.6	17512	27.9	17098	22.2	16799	18.7
0.7	18149	39.5	17596	28.5	17197	22.9
0.8	19100	100.8	18451	46.4	17885	32.5
0.9	20087	∞	19750	∞	19317	132.2

从表 4、表 5 可以看出，在 P 较小时，供应商的期望利润对 β 的敏感性较强。这是因为，在 P 较小时，随着 β 的增大，制造商承担的生产延滞成本很小，决策 $\hat{t}$ 也就很大。而 $\hat{t}$ 越大，供应商除了要承担更多的生产延滞成本，另外还要更多地提高产能生产剩余的零部件。所以，在 P 较小时，供应商与制造商谈判确定 β 的过程中，更需要尽可能争取较小的 β。

（4）对订单批量 Q 分别取 50、150、350，α = 0.7，P = 2000，进行数值试验，结果如表 6、表 7 所示。

表 6　供应商的期望利润

β	Q 50		150		350	
	ESP	$\hat{t}$	ESP	$\hat{t}$	ESP	$\hat{t}$
0.1	1076	14.9	3438	6.4	8058	0
0.2	910	17.1	3317	8.1	8066	0
0.3	617	19.7	3115	9.7	7743	0.08
0.4	131	22.7	2806	11.3	7311	2
0.5	−709	26.9	2309	13.1	6698	3.8
0.6	−2250	33.6	1425	15.4	5761	5.7

续表

β \ Q	50		150		350	
	ESP	$\hat{t}$	ESP	$\hat{t}$	ESP	$\hat{t}$
0.7	−4968	48.7	−422	18.9	4112	8.1
0.8	−6949	145.6	−5559	26.1	286	12
0.9	−27688	∞	−22762	74.3	−18078	23.6

表 7　制造商的期望利润

β \ Q	50		150		350	
	EMP	$\hat{t}$	EMP	$\hat{t}$	EMP	$\hat{t}$
0.1	5936	14.9	25654	6.4	64779	0
0.2	6186	17.1	25912	8.1	65927	0
0.3	6460	19.7	26154	9.7	66469	0.08
0.4	6750	22.7	26369	11.3	66780	2
0.5	7093	26.9	26594	13.1	67058	3.8
0.6	7543	33.6	26860	15.4	67338	5.7
0.7	8177	48.7	27224	18.9	67665	8.1
0.8	8992	145.6	27840	26.1	68130	12
0.9	9775	∞	29326	74.3	69179	23.6

从表 6、表 7 可以发现，在订单批量较小的情况下，供应商和制造商的期望利润对 β 的敏感性都比较大，这使得双方在确定 β 时的博弈可能会较为激烈。而在订单批量较大的情况下，制造商的期望利润对 β 的敏感性要明显小于供应商，此时制造商可以接受比较小的 β，承担更多的生产延滞成本，以提高供应商参与合作的积极性。

6　结　语

在全球化竞争日趋激烈的环境下，产品的客户化程度越来越高，客户要求的订单的交付提前期也越来越短。在这种情况下，制造商或供应商在客户订单不确定的条件下，提前开始备货生产，已经在企业运作实践中非常普遍。本文将制造商向供应商提前下达零部件生产订单的时间作为决策变量，并考虑了供应商在客户订单确认后可以通过提高产能缩短供应时间的情况。通过建模分析，得出了在客户订单确认时间具有递增失效率（IFR）性质的条件下，制造商与供应商的最优决策方案。最后通过算例，验证了不同的生产延滞成本分担系数、订单签订概率、单位时间延滞成本和订单批量条件下，制造商的决策以及双方期望利润；并且还分析了不同 β 对双方期望利润的影响。在现实中，β 的确定往往是由制造商与供应商通过谈判确定，本文算例中的分析结论也可以为该环境下的企业谈判方向提供参考。

参考文献：

［1］Cole J. Boeing, Pushing for Record Production, Finds Parts Shortages, Delivery Delays［J］. Wall Street Journal, 1997, June 26.

［2］Loch C. H ., Terwiesch C. Rush and be Wrong or Wait and be Late? A Model of Information in Collaborative Processes［J］. Production and Operations Management, 2005, 14（3）：331-343.

［3］Lee H . L., Padmanabhan V., Whang S. J. Information Distortion in a Supply Chain：The Bullwhip Effect［J］. Management Science, 1997, 43（4）：546-558.

［4］Eynan A., Rosenblatt M. J. Assemble to Order and Assemble in Advance in a Single-period Stochastic Environment［J］. Naval Research Logistics, 1995, 42：861-872.

［5］Hariga M. A sing le-period, Multi-echelon stochastic Model under a Mix of Assemble to Order and Assemble in Adv ance Policies［J］. Naval Research Logistics, 1998, 45：599-614.

［6］Moon I., Choi S. Distribution Free Procedures for Make-to-order（MTO）, Make-in-adv Ance（MIA）, and Composite Policies［J］. Int. J. Production Economics, 1997, 48：21-28.

［7］肖勇波，陈剑，吴鹏. 产能和需求不确定情形下 ATO 系统最优库存和生产决策研究［J］. 中国管理科学, 2007, 15（5）：56-64.

［8］Cachon G. P., Lariviere M. A. Contracting to Assure Supply：How to Share De mand Forecasts in a Supply Chain［J］. Management Science, 2001, 47（5）：629-646.

［9］Cohen, M . A., Ho T. H., Ren Z. J., Terwiesch C. Measuring Imputed Cost in the Semiconductor Equipment Supply Chain［J］. Management Science, 2003, 49 （12）：1653-1670.

［10］Li Q. Risk, Risk Aversion and the Optimal Time to Produce［J］. IIE Transactions, 2007, 39：145-158.

［11］宋华明. 可变提前期的易逝品供应链协调［J］. 中国管理科学, 2007, 15（3）：68-74.

［12］夏海洋，黄培清. 随机需求下提前期可控的生产——库存联合优化模型 ［J］. 控制与决策, 2008, 23（6）：631-636.

［13］叶耀华，姚裕华. 一个信息不完全情况下提前期可控的整合库存模型及其算法［J］. 复旦学报（自然科学版）, 2005, 44（2）：214-219.

［14］陈志刚，徐渝，汪媛. 基于非线性提前期成本的供需一体化库存模型［J］. 系统工程理论与实践, 2008, 3：64-70.

Supply Chain Coordinated Decision with the Uncertainty in the Soft Order

HUANG Kun[1]   MA Shi-hua[1]   LENG Kai-jun[2]   ZHANG De-zhi[1,3]

(1. Management School, Huazhong University of Science & Technology, Wuhan 430074;

2. Research Center of Hubei Logistics Development, Hubei University of Economics, Wuhan 430205;

3. School of Traffic & Transportation Engineering, Central South University, Changsha 410075)

Abstract: In an assembly system whose product is highly customized, in order to deliver the final product as soon as possible, the assembly plant usually release the component order to the supplier when the detailed demand of the customer was clear but the customer order is still unconfirmed (soft order). However, due to the uncertainty in soft orders, the supplier has to take the risk of production in advance. In case that the soft order is canceled ultimately, as the component is also highly customized, the component is difficult to be consumed by the other orders and turn to the inactive stock. Under this circumstance, we studies the optimal time to release the component order and the optimal decision of supplier. The decisionmaking procedure is given in this paper, and the expected profit of assembler and supplier is analyzed by considering the sharing ratio of production delay costs with a numerical example.

Key words: soft order; release order in advance; produce in advance

逆向供应链合作绩效影响因素的实证研究 *

贡文伟 [1]　王　娟 [1]　陈敬贤 [2]　葛翠翠 [1]

(1. 江苏大学工商管理学院，江苏镇江　212013；

2. 南通大学商学院，江苏南通　226019)

【摘　要】对供应链合作的影响因素进行总结，结合逆向供应链合作特点将逆向供应链合作的影响因素分为组织、过程及外部环境三个维度，将合作绩效分为直接绩效与间接绩效，构建了一个反映二者关系的概念模型。通过对相关企业的问卷调研，利用结构方程模型软件 LISREL8.70 对模型进行了统计检验，得到了研究结果。研究结果表明：影响因素的三个维度对直接合作绩效与间接合作绩效均有直接影响。

【关键词】逆向供应链；影响因素；合作绩效；结构方程模型；实证研究

1　引　言

资源的过度消耗以及环境的严重污染使人们意识到逆向物流和逆向供应链的重要性。逆向供应链（Reverse Supply Chain，RSC）是相对于正向供应链提出来的，并且提出和研究的历史很短，其概念和内涵还处于探索和发展阶段，目前还没有一个统一的提法。其中比较权威的概念见诸于 V.Daniel 和 R.Staelin（2002）在哈佛商业评论上所做出的定义：它是为了从客户手中回收使用过的产品所必需的一系列活动，其目的是对回收品进行处理，或者再利用 [1]。

从目前文献梳理来看，国内外学者对逆向供应链的研究大部分都集中于研究逆向

---

* 本文选自《工业工程与管理》2011 年 2 月第 16 卷第 1 期。

基金项目：江苏省教育厅高校哲学社会科学基金项目（08SJB6300007）；教育部人文社会科学研究规划基金项目（10YJA630043）。

作者简介：贡文伟（1967–），女，江苏丹阳人，江苏大学工商管理学院副教授、硕士生导师，主要研究方向为物流与供应链管理。

物流[1-2]、库存管理、逆向供应链网络结构、激励[3-4] 等方面，对合作方面的研究不多。本文将从实证的视角，依据系统论的观点将影响因素从组织、过程及外部环境三个维度进行测度，研究其对合作绩效的影响程度，以便为提高逆向供应链合作绩效提供参考与依据。

2 文献分析与研究假设

2.1 影响因素的构成

自 20 世纪 90 年代起，不少学者就致力于研究企业在与外界组织建立合作关系时会受到哪些因素影响，不少研究者都建立了量表并进行了实证研究（Xin & Pearce，1996；Lee 等，2001）。这些研究大致可以分为两类：一类致力于回答企业外部因素与自身因素是如何影响企业间的合作的，研究思路基本上通过理论上的演绎得出自变量和因变量的相关性并进行假说检验；而另一类则致力于回答人际交往的因素如何影响关系的好坏，更多是通过对管理人员的访谈归纳出一些可能的影响因素并进行问卷调查，并没有把影响因素放在统一的理论框架内，也没有证明这些因素在逻辑上是否完备[5]。

学者们研究认为信任、社会性契约、共同目标、依赖、承诺、技术以及适应性结构性契约等是伙伴关系成功的重要变量[6]；企业间信任程度、信息及知识共享程度、组织学习等与企业合作关系、企业合作绩效存在正相关关系[7]；法律和责任、产品全生命周期支持、有效顾客的价值周期、捕捉有效信息，改进质量管理以及节约成本是逆向供应链企业有效合作的驱动因素，有效的合作可以化解或消除逆向供应链风险[8]。由于逆向供应链是由若干企业组成的动态系统，根据系统论的观点，系统的输出是系统要素、要素间联系与外部环境共同作用的产物，因此，逆向供应链系统的合作效果受节点企业自身素质、节点企业间作用程度和外部环境的共同影响。基于这种观点，本文将现有关于逆向供应链合作绩效影响因素的研究成果从企业自身因素（组织因素）、合作过程因素、外部环境因素三个维度进行划分并总结。在对逆向供应链与正向供应链运作特点比较的基础上对影响因素进行了初步整合，通过专家访谈、打分最终形成了本文关于逆向供应链合作影响因素的评价指标，其中组织因素用组织对等度、高层支持、组织声誉、企业文化兼容 4 个指标进行测度；过程因素用合作风险、资源依赖、合作精神、利益分配、沟通机制 5 个指标进行测度；外部环境用社会制度、行业竞争、顾客 3 个指标进行测度。

2.2 合作绩效评价指标选择

合作绩效就是合作双方为对方所带来的成效。对合作绩效的评价大多以利润、利润率、物流成本、客户满足率等指标为主，也有采用其他评价方式，如以绝对绩效和相对绩效，短期绩效和长期绩效来进行评价，也有以直接绩效和间接绩效来评价[9]。直接绩效是指合作双方既定目标实现的程度，可以合作目标实现的满意度作为测量的表征指标；间接绩效可以企业自身的营利性指标表示，也可以企业竞争优势提升程度来表示。

学者们研究认为按照竞争要素可将供应链中的供需合作绩效分为四个构面，即时间与柔性构面、成本构面、质量构面以及合作倾向性构面[10-11]；按照供应链管理的要素可将供需合作绩效分为三个构面：物流协作构面、资金与成本构面、服务和质量构面[12]；在合作层次上可将供应链合作绩效指标划分为供应链创新与发展评价、共享信息、供应链伙伴关系相关指标。

本文认同上述各位专家学者的观点，在综合前人研究成果并结合本研究实际需要的基础上将直接绩效和间接绩效作为因变量合作绩效的测量指标，以合作目标实现的满意度作为测量直接绩效的表征指标，以企业竞争优势提升程度作为测量间接绩效的表征指标。

2.3 研究假设

在确定影响因素与合作绩效指标评价要素的基础上，结合前人已有研究成果，提出以下假设。

（1）组织因素影响逆向供应链合作绩效，因此假设如下。

H1：组织因素对逆向供应链直接合作绩效有显著正向影响；

H2：组织因素对逆向供应链间接合作绩效有显著正向影响。

（2）过程因素影响逆向供应链合作绩效，因此假设如下。

H3：过程因素对逆向供应链直接合作绩效有显著正向影响；

H4：过程因素对逆向供应链间接合作绩效有显著正向影响。

（3）外部环境对逆向供应链合作绩效的影响不可忽视，如政府的立法对回收行为有着指导性的影响。基于此给出本文的相应假设。

H5：外部环境因素对逆向供应链直接合作绩效有显著正向影响；

H6：外部环境因素对逆向供应链间接合作绩效有显著正向影响。

综上研究假设可以得到本文研究的概念模型，如图 1 所示。

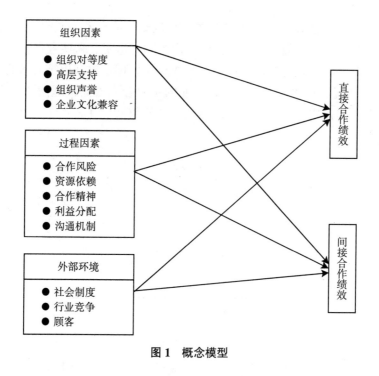

图 1　概念模型

3　研究方法

3.1　调查与样本描述

本次问卷调查有书面调查与电子问卷两种方式，为确保调查的可靠性，采用了多种途径。书面调查的对象主要是江苏大学 MBA 学员，电子问卷则是利用了各方面的关系将问卷发放到尽量大的范围，电子问卷的主要调查范围是江苏、浙江及上海的企业，另外还有山东、江西、四川、广东等省份，这样有效避免了样本的地域性给研究带来的局限。

2010 年 1~2 月，共发出大样本 580 份，回收的问卷依据与小样本一样的标准进行甄别。其中 MBA 学员发出 80 份，回收 70 份，其中有效问卷 40 份；电子问卷发出 500 份，回收 363 份，其中有效问卷 227 份，最终实际有效问卷为 267 份，有效回收率为 46.03%。

对受访人员统计可知，被访者的学历本科及以上占绝大多数，以中高层管理人员居多，而且他们在同一企业的工作年限有 2/3 达到 3 年以上，因此他们对企业的情况了解比较全面，在接受调查时能对题项内容清楚理解并客观回答。从企业性质统计表可以看出，被调查的企业以民营与外资企业居多，符合调查地区的企业构成情况，行业主要集中在制造业与汽车行业，企业的规模多数属于大中型企业，能够代表行业的发展水平，符合研究的需要。

接受调查的企业制造业主要集中在制造业、汽车、能源及 IT 行业，企业的逆向物流活动主要集中在产品返修与技术升级方面，其次是顾客退货，这些数据也能反映一些现实情况，我国的逆向物流还处于起步阶段，产品的环保处理及再利用等方面的逆向物流活动还不多。从逆向物流的合作方统计可知，企业的主要合作方是代理商/经销商，其次是顾客，这里的顾客以单位用户居多，与逆向物流活动的数据统计相吻合。有效调查问卷的详细情况见表 1。

表 1 有效问卷来源统计表

企业类型	比例（%）	员工人数	比例（%）	年销售额（亿元）	比例（%）	受访者职位	比例（%）	工作年限（年）	比例（%）
国有	9.30	0~100	18.73	0.1	9.74	高层	29.59	1~2	32.21
集体	1.14	101~500	27.34	0.1~0.5	13.48	中层	39.33	3~5	31.84
民营	39.70	501~1000	8.61	0.5~1	9.74	基层	15.73	5	35.96
合资	14.60	1001~5000	22.85	1~5	25.09	其他	14.24		
外资	35.20	5000	22.47	5	41.95				

3.2 变量构建

鉴于逆向供应链合作影响方面已有的研究成果非常少，因此影响因素的三个维度的测量变量主要是在参考现有正向供应链合作影响研究的基础上，并结合逆向供应链合作的特点自行设计，直接合作绩效与间接合作绩效的测量变量主要是依据前人已有的相关研究。在设计量表时，依据相关研究作出的初始量表进行了专家访谈，访谈对象共 15 位，有实践领域的专家，包括有逆向物流活动企业中高层管理人员 8 名，1 名物流事务咨询公司顾问，6 名从事物流与供应链研究的专家学者，根据他们反馈的信息对初始问卷进行了修正，问卷采用 7 级李克特量表，对于影响因素的所有题项，提供从"非常不同意"到"完全同意"7 个不同级别的答案；对合作绩效的所有题项，提供从"非常不符合"到"完全符合"7 个不同级别的答案。

（1）组织因素 ξ_1。在参考 Kumar Nimalya 等对合作企业间的组织结构、管理等分析的基础上，本文通过下列 3 个指标来测量组织因素：①组织对等度；②高层支持；③企业文化兼容。

（2）过程因素 ξ_2。在参考 Williamson 等对合作企业过程受到哪些因素影响的研究基础上，本文通过下列 3 个指标来测量过程因素：①依赖与协作；②利益分配；③沟通机制。

（3）过程因素 ξ_3。在参考马士华等对社会制度如何影响合作的分析基础上，本文通过下列 2 个指标来测量外部环境因素：①社会制度；②顾客。

（4）合作绩效。依据 Zollo 等（2002）对直接绩效与间接绩效所作的定义，结合马士华等（2004）关于逆向供应链的价值实现形式、达庆利等（2009）的逆向供应链绩效评价体系的内容，在此基础上，选择降低成本、获得利润与提升客服水平来测量直接合作绩效；选择提升市场价值、获得竞争优势及提升社会形象来测量间接合作绩效。

4　实证分析

4.1　信度与效度

（1）信度检验。本研究通过测量各个指标的内部一致性来衡量变量测量的信度，即采用 CITC（Corrected Item-Total Correlation）指标来净化测量项目，利用 Cronbach's α 系数检验问卷的信度。做信度检验时，α 系数大于 0.6 即可（马庆国，2002），在用结构方程建模时，要求稍高，一般要求 α 系数大于 0.7（侯杰泰，2004）。本研究根据测量的内容分 5 个部分进行信度检验：组织因素、过程因素、外部环境、直接合作绩效、间接合作绩效。信度检验利用 SPSS 16.0 进行分析。如表 2 中所示的信度检验结果表明各个构造变量及量表总体的信度较好。

（2）效度检验。本研究所用的量表及题项大部分来自于国内外已有实证研究文献或理论研究文献，这些量表部分在前人研究中已经经过实证检验。另外在本研究的问卷最终形成之前，我们也就问卷访谈了相关的专家学者，并进行了小范围的预试，对问卷进行了修正。因此问卷具有较好的内容效度。对于构建效度，利用各因子对变量的因子负荷和累计萃取值来检验。一般要求，因子负荷要在 0.5 以上，累计萃取值在 0.5 以上，最好大于 0.7。构建效度检验是在结构方程模型软件 LISREL 8.70 平台上通过验证性因子分析（CFA）来进行的，如表 2 所示的构建效度检验结果表明，效度分析结果较好。

4.2　模型拟合试验

满足测量要求之后，利用 LISREL 8.70 对如图 1 所示模型进行了统计检验。分析结果表明，本文所构建的模型与分析数据是高度拟合的，见表 3，因此使用该模型进行数据分析的结果是可以接受的。

表 2　信度和效度检验

因子和变量			CITC	因子负荷	累计萃取值	Cronbach α
组织因素	对等度	ORG1	0.580	0.77	0.68	0.856
		ORG2	0.523	0.78		
		ORG3	0.620	0.77		
	高层支持	ORG4	0.579	0.85		
		ORG5	0.530	0.81		
		ORG6	0.592	0.54		
		ORG7	0.458	0.70		
		ORG8	0.455	0.55		

因子和变量			CITC	因子负荷	累计萃取值	Cronbach α
组织因素	文化	ORG9	0.571	0.63		
		ORG10	0.607	0.90		
		ORG11	0.478	0.72		
过程因素	依赖与协作	PRO1	0.578	0.66		
		PRO2	0.657	0.73		
		PRO3	0.688	0.78		
		PRO4	0.675	0.82		
		PRO5	0.674	0.81		
		PRO6	0.596	0.69	0.61	0.892
	利益分配	PRO7	0.500	0.66		
		PRO8	0.629	0.69		
		PRO9	0.533	0.69		
	沟通	PRO10	0.564	0.65		
		PRO11	0.640	0.68		
外部环境	社会制度	ENV1	0.549	0.70		
		ENV2	0.599	0.79		
		ENV3	0.697	0.91	0.75	0.827
	顾客	ENV4	0.603	0.76		
		ENV5	0.566	0.86		
		ENV6	0.569	0.73		
直接绩效	成本	DPFO1	0.672	0.77		
	利润	DPFO2	0.726	0.88	0.72	0.806
	服务	DPFO3	0.577	0.64		
间接绩效	价值	IPFO1	0.818	0.86		
	竞争	IPFO2	0.876	0.95	0.86	0.917
	形象	IPFO3	0.803	0.84		

表3 模型拟合优度检验

拟合指数	拟合值	拟合结果解释
绝对拟合指数		
χ^2	131.8	
P	0.000	卡方检验的概率值小于0.05，说明模型拟合很好
χ^2/df	1.94	小于3，说明模型拟合很好
GFI	0.93	接近于1，说明模型拟合很好
AGFI	0.90	接近于1，说明模型拟合很好
RMSEA	0.049	小于0.05，说明模型拟合很好
相对拟合指数		
IFI	0.97	接近于1，说明模型拟合很好
CFI	0.97	接近于1，说明模型拟合很好，且拟合指数受样本量影响小，可信度更高

4.3 假设验证结果

模型检验结果表明，本文提出的 6 项假设均得到了统计支持，如表 4 所示。

表 4 假设验证结果

假设	路径	标准化路径系数	T 值	检验结果
H1	组织因素→直接合作绩效	0.50	4.68	支持
H2	组织因素→间接合作绩效	0.34	3.19	支持
H3	过程因素→直接合作绩效	0.28	2.56	支持
H4	过程因素→间接合作绩效	0.46	3.72	支持
H5	外部环境→直接合作绩效	0.45	4.73	支持
H6	外部环境→间接合作绩效	0.34	3.50	支持

5 讨论与启示

（1）通过实证研究发现，组织因素对逆向供应链直接与间接合作绩效均有较大的直接正向效应，因此假设 1 与假设 2 成立。这表明逆向供应链上的企业要想在合作中取得较好的合作绩效，必须要慎重选择合作伙伴。在选择合作伙伴时要考虑合作方的组织规模、组织结构、高层愿景、高层管理者的支持、双方的企业文化是否互相包容等方面的问题。

（2）通过实证研究发现，过程因素对逆向供应链直接与间接合作绩效均有较大的直接正向效应，因此假设 3 与假设 4 成立。这表明逆向供应链上的企业要想在合作中取得较好的合作绩效，必须要慎重处理合作过程中出现的种种问题。在合作过程中，要彼此信任、忠诚，重视彼此的承诺，出现问题时要及时沟通、协调解决，同时还要重视合作双方所承担的风险及利益的分配。这也验证了 Williamson（1985）、许志端（2003）、Wilson（2001）、Tas（1998）等学者的观点。

合理的利益分配方式、完善的沟通机制、合作双方的依赖与协作程度高、利益分配得当均可提升合作绩效。合作水平的提升依赖于双方良好的沟通及合理的收益分配，经济因素是构建逆向供应链的驱动因素之一，合理的利益分配是合作的前提之一。因此，要想获得较好的合作预期不仅需要双方精诚协作，就合作内容保持全面良好的沟通，还要就利益分配达成共识。

（3）通过实证研究发现，外部环境因素对逆向供应链直接与间接合作绩效均有较大的直接正向效应，因此假设 5 与假设 6 成立。这表明逆向供应链上的企业要想在合作中获得较高的合作水平，取得较好的合作绩效，必须要重视外部环境带来的机会。在合作过程中，要重视社会制度（法律法规、行业条例、地方法规等）及顾客行为（环保意识、对回收的理解与重视）对合作的影响，从本文的实证结果可知，外部环境与合作水平及合作绩效有较强的正向关系，因此，完善的社会制度及顾客的环保意识的增强会给合作双方带来益处。这也验证了张弦，季建华（2004），王媛、申云鹏（2007），马士华（2001）等学者的观点。

不能忽视顾客的行为对逆向供应链合作的影响。因此合作中要让顾客了解企业废旧产品的回收流程，引导顾客对废旧物品处置的行为，使顾客配合回收，既可以降低合作成本、提高收益，又能提升企业的社会形象，获得间接绩效。

通过对本文实证研究结果的分析可知，企业在选择合作伙伴时要考虑到双方组织的匹配程度、企业文化的相互包容性，在这样的前提下合作双方的管理者要努力推动合作的进行，做到有效沟通、精诚协作，这样才会有较稳定的合作关系，较高的合作水平，带来较好的合作绩效；同时还要考虑国家的相关法律制度、企业的社会形象等方面的影响，促使逆向供应链的合作向好的方向发展。

6 结　语

逆向供应链的研究成果中关于合作的研究较少，而系统地对其影响因素进行研究则更是少见，基于此，本文的研究价值有以下几点：

（1）逆向供应链的合作影响研究还较少，因此在合作影响研究的过程中首先要对正向供应链中的合作影响因素进行总结与归纳，然后比较正向与逆向供应链的异同，将正向链中的研究成果借鉴至本研究中，丰富逆向供应链的合作理论，通过本文的分析及实证，证明这是一种可行的研究方法。

（2）借鉴系统论的观点，从合作主体、合作过程、合作的外部环境三个维度系统地提出了逆向供应链合作的影响因素，并将其细化为若干指标，尽可能详细全面地测度每一个维度。

本文虽然对逆向供应链合作的影响因素与合作绩效之间的关系进行了较系统的研究，并构建了影响因素模型。但是由于自身水平及时间有限，所做的研究还是属于探索性质，不够深入。笔者认为还有以下相关内容值得进一步研究。

（1）根据动态发展论的观点，逆向供应链的合作影响因素不是一成不变的，本研究是基于目前已有的理论基础及客观实践进行的系统整合，实证的基点是我国企业现有的逆向物流与供应链的合作状况。随着逆向供应链的不断发展及企业所处环境的飞速变化，本文的实证结论不一定能指导未来的实践，需要持续地进行研究。

（2）本文所作的研究是在三个大的维度下进行的，由于时间有限，只对其中大维度的影响程度进行了分析，而没有将维度细化到单维指标甚至是单因素进行深入的研究，这也是未来可以进一步研究的方向。

（3）本研究的指标选取也有一定的局限性，未来随着环境的变化可以尝试从其他方面着手进行相关研究。

参考文献：

［1］Guider Jr V D R，Van Wasssenhove L N. The reverse supply chain ［J］. Harvard Business Review，2002，（2）：25-26.

［2］Fleischmann M，Kuik R，Dekker R.Controlling inventories with stochastic item returns：A basic model ［J］. European Journal of Operational Research，2002，138（1）：63-75.

［3］王文宾，达庆利.考虑消费者利益的逆向供应链利润分配 ［J］. 东南大学学报（自然科学版），2007，37（14）：726-730.

［4］黄凌，达庆利.基于 BSC-ANP 的逆向供应链绩效评价 ［J］. 东南大学学报（哲学社会科学版），2009，11（1）：75-79.

［5］Lawrence A C，Evans K R，Cowles D. Relationship quality in services selling：an interpersonal influence perspective ［J］. Journal of Marketing，1990，54（3）：68-81.

［6］Wilson E J，Vlosky R P. Partnering relationship activities：building theory from case study research ［J］. Bus Researeh，2001，39：5970.

［7］李随成，杨婷.知识共享与组织学习对供应链企业间研发合作绩效的影响研究 ［J］. 科技进步与对策，2009，10（26）：98-103.

［8］黄凌，达庆利，付亚.时间不确定下再利用逆向供应链激励机制研究 ［J］. 工业工程与管理，2009，5（14）：27-30.

［9］Zollo M，Reuer J J，Singh H. Interorganizational Routines and Performance in Strategic Alliances ［Z］. 2002：701-713.

［10］Krause D R，Handfield R B，Tyler B R The Relationships between supplier development commiment social capetal accumulation and performance improvement ［J］. Journal of Operations Management，2007，25（2）：528-545.

［11］陈志祥，罗澜，赵建军.激励策略对供需合作绩效影响的理论与实证研究 ［J］. 计算机集成制造系统，2004，10（6）：677-683.

［12］潘文安，张红.供应链伙伴间的信任、承诺对合作绩效的影响 ［J］. 心理科学，2006，29（6）：1502-1506.

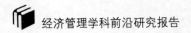

Empirical Study of Influencing Factors on Cooperation Performance in Reverse Supply Chain

GONG Wen-wei[1]   WANG Juan[1]   CHEN Jing-xian[2]   GE Cui—cui[1]

(1. School of Business Administration, Jiangsu University, Zhenjiang 212013;

2. School of Business, Nantong University, Nantong 226019)

Abstract: This paper summarizes the factors which affect supply chain collaboration, and combines with characteristics of reverse supply chain to collaborate the factors into three dimensions of organizations, processes and the external environment. It classifies the cooperation performance into co-direct and indirect performance and builds a conceptual model reflecting the relationship between the both.Then through the questionnaire survey, this paper uses structural equation model software LISREL 8.70 to test and verify the model statistically. The results show that three dimensions of factors affecting have a directly impact of co-direct and indirect cooperation performance.

Key words: reverse supply chain; factors; cooperation performance; structural equation model; empirical study

基于 OWA 算子的供应链风险评估方法 *

王文婕

（上海海事大学交通运输学院，上海　200135）

【摘　要】根据现有的研究成果，并结合实例，采用 OWA 算子的方法，对供应链管理风险进行研究。预测了供应链管理中各风险发生的概率大小和影响大小。得出该方法既适用于整体大风险的计算、比较，也适用于具体的风险因素间的比较；同时考虑到了各风险事件的不同的紧急性，具有灵活性。进而得出该方法适合供应链网络中风险因素相关性相对较低的风险研究。

【关键词】供应链风险；供应链风险评估；OWA 算子

1　引言

随着供应链管理思想在企业中、企业间不断深入，供应链管理的实际运用越来越广泛。供应链管理在企业的生产运营中，给企业带来了更多的利润，已经成为了不争的事实。但在带来更多利润的同时，其中隐藏的风险也不断显露出来，并且由于之前对风险防范、管理的重视程度不够，准备不足，已造成了一定的负面影响，如供应链网络中节点企业间关系破裂、某节点企业的故障传递到整个供应链网络等等。因此，对企业供应链风险的管理越来越受到专家、企业的重视。

目前来看，供应链风险管理在理论上已经有了一定的成效，但大多停留在定性的分析上。主要的识别方法有德尔菲法、流程图法、分解分析法、鱼刺图法、事故树法、风险问卷法、情景分析法。定量的分析也不断地提出，主要运用于评估过程中，包括模糊风险因素分析法、AHP 法、均值—方差模型、基于 OWA 算子的供应链风险评估多属性决策方法、

* 本文选自《物流技术》2011 年第 30 卷第 4 期。
基金项目：上海市教委基金（2008077）。
作者简介：王文婕（1986–），女，山西太谷人，硕士研究生，研究方向：供应链风险管理。

CVaR 模型、供应链风险扩散模型等等，但都有各自的优缺点。就目前发展来看，一个企业对其自身风险的识别评估，重点应结合其实际情况，选取最适合企业自身的方法。

本文在描述 OWA 算子方法的同时考虑到了 OWA 算子方法的优缺点，结合实际进行分析，指出了适合该方法的供应链网络类型。

2 供应链风险的定义

2.1 供应链管理

供应链管理是指对商品、资金、信息在供应商、分销商和顾客组成的网络流中的管理。核心是以供应为起点，将生产、流通一直到消费者连接起来，在这个过程中实施有效的管理，使得物流、信息流、资金流顺畅、高效。

2.2 供应链风险的定义

对于供应链风险的定义，目前还未形成统一的概念，大体有以下一些：德勒咨询公司（2004）认为供应链风险是指对一个或多个供应链成员产生不利影响或破坏供应链运行，使其不能达到预期目标甚至导致供应链失败的不确定因素或意外事件；克兰菲尔德管理学院将供应链风险定义为供应链的脆弱性；国内学者丁伟东认为供应链风险是一种供应链潜在的威胁；马林指出供应链风险是影响和破坏供应链安全运行，使其达不到预期目标，造成效率下降，成本增加，导致供应链网络失败和解体的不确定性因素和意外因素、意外事件。

总结各学者的观点，可以得出供应链风险的基本观点：供应链风险的不确定性，供应链网络上各节点企业间是相互联系的，即供应链中存在的脆弱性，供应链风险发生的客观性、普遍性和概率分布性。

3 供应链风险的内容

3.1 供应链风险管理的内容框架

图 1 为供应链风险管理的内容框架。各学者的主体框架都类似于图 1，但具体的侧重点又有不同。Cranfield（2002）重点强调了对供应链风险范围和构成要素的鉴定；Deloitt 管理咨询公司（2004）虽然也是将供应链风险管理过程主要归结为四个阶段，但重点放在

094

以核心企业为中心的供应链风险管理，既考虑核心企业内部风险也考虑可能会影响核心企业效益的供应商、客户、环境的风险。

图1　供应链风险管理的内容框架

3.2　供应链风险管理各环节评价

供应链范围和构成要素的描绘是对整个供应链网络的一个全局了解，只有把握了大的方向，整个管理的实施才会有一个目标可循而不偏离。

供应链的描述和风险的识别是供应链风险管理的基本环节。一些学者认为风险识别阶段是最重要的一步，因为许多风险相关事件、情景与结果分析必须恰当地定义，没有风险识别也就没有风险评估和控制管理。

供应链风险的评估、度量，在整个供应链管理中也占据着非常重要的地位，没有评估，识别就失去了意义，同时，后续措施的制定也必须根据评估的结果来确定。所以，准确地评估、度量供应链风险也十分重要。

供应链风险管理实施这一环节是实施供应链风险管理的目标所在，是我们对前面工作的一个肯定，以及对以后工作展开的一个借鉴。

总体来说，各个环节之间是环环相扣、紧密连接的，但每个环节又各成系统。

4　OWA 算子方法的提出与运用

4.1　OWA 算子

OWA 算子方法从供应链风险事件发生的可能性程度大小、风险发生所产生的后果和瞬时严重性进行分析，即发生概率大小和如何度量两个方面进行了分析。

4.2　OWA 算子的算法

4.2.1　OWA 算子的总体思路

具体算法为：设函数 OWA：$R^n \to R$，$(a_1, a_2, \cdots, a_n)$ 是一组给定的数据，

$$OWA_W(a_1, a_2, \cdots, a_n) = \sum_{j=1}^{n} w_j b_j$$

其中 $W = (w_1, w_2, \cdots, w_n)^T$ 是与函数 OWA 相关联的权重向量，管理者根据实际情况

和经验设定，$w_j \in [0, 1]$，$1 \leqslant j \leqslant n$，$\sum_{j=1}^{n} w_j = 1$，且 b_j 为数据组 $(a_1, a_2, \cdots, a_n)$ 中第 j 大的元素。R 为实数集，则称函数 OWA 为有序加权算数平均算子。该算子的特点是：对数据 $(a_1, a_2, \cdots, a_n)$ 按从大到小的顺序重新进行排序并通过加权集结，且 a_j 与 w_j 没有任何联系，只与集结过程中的第 i 个位置有关。

4.2.2 OWA 算子具体计算步骤

（1）假定某供应链网络面临 n 种风险，设 $X = (x_1, x_2, \cdots, x_i, \cdots, x_n)$，$i = 1, \cdots, n$，每个风险由 m 个指标集表述，设为 $U = (u_1, u_2, \cdots, u_j, \cdots, u_m)$，$j = 1, \cdots, m$。对于风险 x_i，按属性 u_j 进行测度，得到 x_i 关于 u_j 的属性值 a_{ij}，从而构成决策矩阵 $A = (a_{ij})_{n \times m}$，

$$A = \begin{bmatrix} a_{11} & a_{12} & \cdots & a_{1m} \\ a_{21} & a_{22} & \cdots & a_{2m} \\ \vdots & \vdots & & \vdots \\ a_{n1} & a_{n2} & \cdots & a_{nm} \end{bmatrix}$$

属性类型一般有效益型（属性值越大越好）、成本型（属性值越小越好）、固定型（属性值越接近某个固定值 α_j 越好）、偏离型（属性值越偏离某个固定值 β_j 越好）、区间型（属性值越接近某个固定区间 $[q_1^J, q_2^J]$ 越好）、偏离区间型（属性值越偏离某个固定区间 $[q_1^J, q_2^J]$ 越好）。

$$\text{属性值为效益型：} r_{ij} = \frac{a_{ij}}{\max_i a_{ij}}, \ i \in N \ \text{或} \ r_{ij} = \frac{a_{ij} - \min_i a_{ij}}{\max_i a_{ij} - \min_i a_{ij}}, \ i \in N \tag{1}$$

$$\text{属性值为成本型：} r_{ij} = \frac{\min_i a_{ij}}{a_{ij}}, \ i \in N \ \text{或} \ r_{ij} = \frac{\max_i a_{ij}}{\max_i a_{ij} - \min_i a_{ij}}, \ i \in N \tag{2}$$

$$\text{属性值为固定型：} r_{ij} = 1 - \frac{a_{ij} - a_j}{\max_i |a_{ij} - a_j|}, \ i \in N \tag{3}$$

$$\text{属性值为偏离型：} r_{ij} = |a_{ij} - \beta_j| - \frac{\min_i |a_{ij} - \beta_j|}{\max_i |a_{ij} - \beta_j| - \min_i |a_{ij} - \beta_j|}, \ i \in N \tag{4}$$

$$\text{属性值为区间型：} r_{ij} = \begin{cases} 1 - \dfrac{\max(q_1^J - a_{ij}, \ a_{ij} - q_2^J)}{\max(q_1^J - \min\limits_i a_{ij}, \ \max\limits_i a_{ij} - q_2^J)} & a_{ij} \notin [q_1^J, q_2^J] \\ 1 & a_{ij} \notin [q_1^J, q_2^J] \end{cases}, \ i \in N \tag{5}$$

$$\text{属性值为偏离区间型：} r_{ij} = \begin{cases} \dfrac{\max(q_1^J - a_{ij}, \ a_{ij} - q_2^J)}{\max(q_1^J - \min\limits_i a_{ij}, \ \min\limits_i a_{ij} - q_2^J)} & a_{ij} \notin [q_1^J, q_2^J] \\ 0 & a_{ij} \notin [q_1^J, q_2^J] \end{cases}, \ i \in N$$

$$\tag{6}$$

A 规范化整理之后得到 R

$$R = \begin{bmatrix} r_{11} & r_{12} & \cdots & r_{1m} \\ r_{21} & r_{22} & \cdots & r_{2m} \\ \vdots & \vdots & & \vdots \\ r_{n1} & r_{n2} & \cdots & r_{nm} \end{bmatrix}$$

（2）利用 OWA 算子对各方案 $x_i(i \in N)$ 进行集结，求得其综合属性值 $Z_i(w)$。

$$Z_i(w) = OWA_w(r_{i1}, r_{i2}, \cdots, r_{im}) = \sum_{j=1}^{m} w_j b_j \tag{7}$$

（3）按 $z_i(w)(1 \leq i \leq n)$ 的大小对方案进行排序并择优。

该方法的优点为：既适用于整体大风险的计算、比较，也适用于具体的风险因素间的比较；考虑到了各风险事件的不同的紧急性，具有灵活性。不足之处在于没有考虑风险因素之间的相互影响。

4.3　OWA 算子的应用——四级供应链模型

该供应链模型由供应商、生产商、分销商和零售商四级组成，并以生产商作为核心企业。本文假设有两个供应商、一个生产商、两个分销商和四个零售商为例进行分析。之所以选择这样的模型，是因为该模型在实际中比较具有代表性。可以让企业在实际风险管理中作为一种借鉴。模型如图 2 所示。

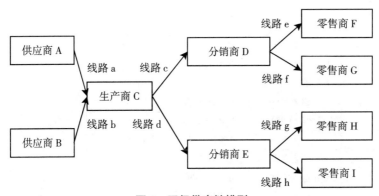

图 2　四级供应链模型

在对风险评估之前，本文先对存在的风险进行识别。鉴于本文重点在风险的评估上，对识别过程只简要地进行分析。

对于生产商 C，其主要风险有两类：供应风险、需求风险。具体来看，供应风险主要包括产品服务水平、产能不足、自然灾害、信誉不佳、交通不便利、破产、技术落后等，导致的后果为供应中断；需求风险主要包括破产、自然灾害、政治不稳定、财务紧张、预测不准等，导致的后果为需求中断。

供应风险方面：假设供应商 A 是信誉良好的企业，但由于管理偏向于风险规避者，生产规模较小，因此假定对于 C，有产品服务水平、产能不足、自然灾害等供应风险可能导致供应中断；供应商 B 生产规模大，但产品质量不稳定，因此对于 C 有技术落后、破产等风险威胁；对于运输线路 a，存在自然灾害、交通不便利的风险威胁；对于运输线路 b 有自然灾害、信誉不佳的风险威胁。

需求风险方面：存在分销商 D、E，零售商 F、G、H、I，存在运输线路 c、d、e、f、g、h，共 6 条。假设分销商 D 有面临破产的风险，E 有需求预测不准确、破产的风险，零售商 F 有预测不准确的风险、G 有财务紧张风险、H 与政府部门在沟通上存在问题，有政治不稳定的风险、I 面临破产的危险；运输线路上的问题，主要为自然灾害的危险。

假设公司收集历史资料，汇总出了各风险发生的平均概率以及风险发生的持续时间和平均损失。见表 1。

表 1　各风险时间发生的概率及造成的损失

编号	风险类型	风险事件	风险	时间损失	经济损失	发生概率
1	供应风险	A 产品服务水平	A 供应中断	8	100	20%
2		A 产能不足		10	150	50%
3		B 技术落后	B 供应中断	20	100	30%
4		B 破产		30	300	10%
5		a 自然灾害	a 运输中断	5	50	10%
6		a 交通不便利		3	30	15%
7		b 自然灾害	b 运输中断	5	50	11%
8		b 信誉不佳		5	50	10%
9	需求风险	D 破产	D 需求中断	5	300	13%
10		E 需求预测不准	E 需求中断	6	200	50%
11		F 需求预测不准	F 需求中断	3	100	40%
12		G 财务紧张	G 需求中断	4	120	30%
13		H 政治不稳定	H 需求中断	30	300	10%
14		I 破产	I 需求中断	30	300	5%
15		c 自然灾害	c 运输中断	2	20	40%
16		d 自然灾害	d 运输中断	3	30	30%
17		e 自然灾害	e 运输中断	2	25	35%
18		f 自然灾害	f 运输中断	4	30	20%
19		g 自然灾害	g 运输中断	5	15	10%
20		h 自然灾害	h 运输中断	3	20	25%

首先将经济损失和发生概率转化为矩阵 A_1，由于该模型属于成本型类型，按照公式（2），将矩阵 A 转化为矩阵 R，如下：

$$A_1 = \begin{bmatrix} 100 & 20\% \\ 150 & 50\% \\ 100 & 30\% \\ 300 & 10\% \\ 50 & 10\% \\ 30 & 15\% \\ 50 & 11\% \\ 50 & 10\% \\ 300 & 13\% \\ 200 & 50\% \\ 100 & 40\% \\ 120 & 30\% \\ 300 & 10\% \\ 300 & 5\% \\ 20 & 40\% \\ 30 & 30\% \\ 25 & 35\% \\ 30 & 20\% \\ 15 & 10\% \\ 20 & 25\% \end{bmatrix} \qquad R = \begin{bmatrix} 0.15 & 0.25 \\ 0.1 & 0.1 \\ 0.15 & 0.17 \\ 0.05 & 0.5 \\ 0.3 & 0.5 \\ 0.5 & 0.33 \\ 0.3 & 0.45 \\ 0.3 & 0.5 \\ 0.05 & 0.38 \\ 0.08 & 0.1 \\ 0.15 & 0.13 \\ 0.13 & 0.17 \\ 0.05 & 0.5 \\ 0.05 & 1 \\ 0.75 & 0.13 \\ 0.5 & 0.17 \\ 0.6 & 0.14 \\ 0.5 & 0.25 \\ 1 & 0.5 \\ 0.75 & 0.2 \end{bmatrix}$$

利用 OWA 算子对各风险事件 $x_i(i = 1, 2, \cdots, 20)$ 进行集结，求得其综合属性值 $z_i(w)$，设 OWA 算子的加权向量为 $W = (0.65, 0.35)^T$，则

$z_1(w) = OWA_w(r_{11}, r_{12}) = 0.15 \times 0.65 + 0.25 \times 0.25 = 0.19$

$z_2(w) = OWA_w(r_{21}, r_{22}) = 0.10 \times 0.65 + 0.1 \times 0.25 = 0.1$

$z_3(w) = OWA_w(r_{31}, r_{32}) = 0.15 \times 0.65 + 0.17 \times 0.25 = 0.16$

$z_4(w) = OWA_w(r_{41}, r_{42}) = 0.05 \times 0.65 + 0.5 \times 0.25 = 0.21$

$z_5(w) = OWA_w(r_{51}, r_{52}) = 0.3 \times 0.65 + 0.5 \times 0.25 = 0.37$

$z_6(w) = OWA_w(r_{61}, r_{62}) = 0.5 \times 0.65 + 0.33 \times 0.25 = 0.44$

$z_7(w) = OWA_w(r_{71}, r_{72}) = 0.3 \times 0.65 + 0.45 \times 0.25 = 0.35$

$z_8(w) = OWA_w(r_{81}, r_{82}) = 0.3 \times 0.65 + 0.5 \times 0.25 = 0.37$

$z_9(w) = OWA_w(r_{91}, r_{92}) = 0.05 \times 0.65 + 0.38 \times 0.25 = 0.17$

$z_{10}(w) = OWA_w(r_{101}, r_{102}) = 0.08 \times 0.65 + 0.1 \times 0.25 = 0.08$

$z_{11}(w) = OWA_w(r_{111}, r_{112}) = 0.15 \times 0.65 + 0.13 \times 0.25 = 0.14$

$z_{12}(w) = OWA_w(r_{121}, r_{122}) = 0.13 \times 0.65 + 0.17 \times 0.25 = 0.14$

$z_{13}(w) = OWA_w(r_{131}, r_{132}) = 0.05 \times 0.65 + 0.5 \times 0.25 = 0.21$

$z_{14}(w) = OWA_w(r_{141}, r_{142}) = 0.05 \times 0.65 + 1 \times 0.25 = 0.38$

$z_{15}(w) = OWA_w(r_{151}, r_{152}) = 0.75 \times 0.65 + 0.13 \times 0.25 = 0.53$

$z_{16}(w) = OWA_w(r_{161}, r_{162}) = 0.5 \times 0.65 + 0.17 \times 0.25 = 0.38$

$z_{17}(w) = OWA_w(r_{171}, r_{172}) = 0.6 \times 0.65 + 0.14 \times 0.25 = 0.44$

$z_{18}(w) = OWA_w(r_{181}, r_{182}) = 0.5 \times 0.65 + 0.25 \times 0.25 = 0.41$

$z_{19}(w) = OWA_w(r_{191}, r_{192}) = 1 \times 0.65 + 0.5 \times 0.25 = 0.83$

$z_{20}(w) = OWA_w(r_{201}, r_{202}) = 0.75 \times 0.65 + 0.2 \times 0.25 = 0.56$

$z_i(w)(i = 1, 2, \cdots, 20)$

按由大到小的顺序排列得：

$x_{19} > x_{20} > x_{15} > x_6 > x_{17} > x_{18} > x_{16} > x_{14} > x_5 > x_8 > x_7 > x_4 > x_{13} > x_1 > x_9 > x_3 > x_{11} > x_{12} > x_2 > x_{10}$

从中可以看出 C 公司面临的主要风险为运输过程中的风险。从排列的结果也可以看出，与传统的风险评估相比，该方法不仅仅是考虑风险发生的概率的大小，或是某个风险造成损失的大小，而是从整体上对风险进行把握，具有灵活性和可用性。但该方法也存在一定的不足，如没有考虑到各风险因素间的相关性。所以本文认为，该方法比较适合风险因素相关性较低，风险发生概率、损失大小波动较大的供应链网络。

5　结　论

本文对供应链风险管理定义及研究现状、方法做了总结，并详细描述了 OWA 算子的原理、方法。通过实例进行了具体的分析，得出了该方法的优缺点比较，以及该方法的适用条件，使企业在真正的运用中得到一定的借鉴。

参考文献：

[1] 周南洋. 供应链风险识别、评估研究 [D]. 长沙：中南大学，2008.

[2] 胡滨. K 企业供应链风险管理研究 [D]. 上海：复旦大学，2009.

[3] 刘志华. 供应链风险管理体系及风险处理方法 [J]. 科技广场，2008 (2)：222-223.

[4] 马林. 基于 SCOR 模型的供应链风险识别、评估与一体化管理研究 [D]. 杭州：浙江大学，2005.

[5] 丁伟东. 供应链风险研究 [J]. 中国安全科学学报，2003 (4)：64-66.

Supply Chain Risk Evaluation Based on the OWA Operator

WANG Wen-jie

(School of Traffic & Transportation, Shanghai Maritime University,
Shanghai 200135, China)

Abstract: The paper studies empirically supply chain risk management using the OWA operator and forecasts the probability and influence of the various risks in supply chain management. It concludes that the OWA operator based method is not only applicable to the calculation and comparison of generic risks, but also to that of specific risk factors, that it is also flexible in that it gives due consideration to the different levels of urgency of risk events and that it is particularly suitable for the study of supply chain networks with risk factors of low fevel correlativity.

Key words: supply chain risk; supply chain risk evaluation; OWA operator

农产品供应链风险研究 *

刘雪梅[1]　李照男[2]

（1. 吉林建筑工程学院，长春　130012；2. 吉林大学数学学院，长春　130000）

【摘　要】近年来，食用农产品的安全事件层出不穷，从自然灾害到农产品（食品）供应链各节，点上的运营都不同程度地存在许多问题，越来越暴露出了农产品（食品）供应链的脆弱性，这些问题的出现引起了理论界和企业界众多学者的关注和研究，本文将全面剖析农产品供应链中可能存在的风险因素，并提出相应的防范措施，以期达到有效规避农产品供应链风险的目的，进一步推动我国农产品供应链向更新更有序的方向发展。

【关键词】农产品供应链；风险防范；风险因素

1　问题提出

各地陆续曝出的女婴性早熟事件再次使众多年轻父母脆弱的神经绷紧了，国产婴幼儿配方奶粉产业在三聚氰胺事件之后再次面临危机。被媒体"捧为主角"的圣元奶粉其奶源的问题也成为了备受关注的焦点。由此再一次暴露出了农产品（食品）供应链的脆弱性，说明我国企业对供应链的管理并不过关。

农产品供应链是一个复杂的、动态的和非线性的大系统，任何一个节点或合作伙伴的变动都有可能导致整个农产品供应链的链条断裂。所以目前更加迫切地需要一种新的供应链管理模式，建立一种科学合理的风险识别与预警防范机制，使得农产品供应链上各节点之间信息的运作达到整体最优，并实现其链条上相关农业企业整体利益的最大化。

---

* 本文选自《农业经济》2011 年第 1 期。

2 农产品供应链风险产生的来源

农产品供应链风险既有来自农产品供应链内部的因素，也有来自其生存环境的影响，但农产品供应链内各个企业的"自我膨胀"是风险的基本原因，只是它可能以合作风险、信息风险、市场风险等不同形式表现罢了，当然，这里并不排除各种风险具有其独特的风险属性。

2.1 农产品供应链内部运营风险

农产品供应链管理的关键在其内部建立可靠的、相互支持的有机链接。对相互依赖和相互支撑的合作伙伴，进行有效的资源整合。据有关实地调研发现：不少农产品供应链上各个环节尚处于相对独立、自成一体状态，不能形成链条"整体"，表现为结构上的松散性。结构上所存在的天然缺憾可能造成一种内耗和低效运作，使农产品供应链存在"断裂"风险。

2.2 农产品供应链合作风险

农产品供应链合作要求各节点企业将私有信息完全共享出来，只有掌握了系统中各个成员的具体信息，才有可能求得供应链整体的最优解。但供应链成员作为独立的经济主体，虽然有长期合作伙伴关系，但相互之间也存在着竞争，供应链成员出于自身利益的考虑有时会故意隐瞒或谎报数据，造成信息的不对称，导致道德风险问题的产生，从而危害供应链的整体利益，影响供应链的效率最大化。

2.3 农产品供应链信息风险

威廉姆森认为：交易成本就其本身而论相当于物理学中的"摩擦"这一定义。这种"摩擦"的存在取决于三个因素：受到限制的理性思考、机会主义以及资产特殊性。其中，机会主义是指信息的不完整或受到歪曲的透露，尤其是指旨在制造成信息方面的误导、歪曲、掩盖、扰乱或混淆的蓄意行为。它是造成信息不对称的实际条件或人为条件的原因，这种情况使得经济组织的问题大为复杂化了。至此，我们是将农产品供应链放在一个相对封闭的情况下对其内部企业之间的无序性加以考虑的，在一定程度上，这种无序性是各个企业怀有不同交易动机这一内因所造成的。事实上，任何系统除了都受到或多或少的外部约束外，其内部总是具有一定的自由度，这种自由度导致系统内的各元素处于不同的状态，只是这种多样性可能导致无序竞争。农产品供应链风险从本质上看恰恰是这种无序性的"作祟"。

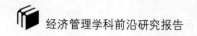

2.4 农产品（食品）质量安全风险

安全风险不仅指农产品本身的安全，还包括消费者购买的"风险性"。我国农产品供应链安全保障机制与发达国家相比，还存在较大差距，在一些环节可能存在"二度污染"。可能存在的"不安全性"成为农产品供应链风险的外在表现之一。

2.5 农产品供应链的市场风险

农产品生产和消费的分散性，使得经营者难以取得垄断地位，市场信息极为分散，人们难以全面把握市场供求信息及竞争者、合作者的信息；农业生产的季节性强，农产品上市时如果在短时间内难以调节，会使市场价格波动较大，此外农产品的鲜活易腐性限制了农产品在跨区域间和跨季节间的即时调节，这使农产品供应链具有更多的风险。市场不确定性一方面增加了交易成本，另一方面增加了供应链整合中的机会主义倾向。

3 农产品供应链风险防范

农产品供应链风险防范是要在能够保证供应链中的一切活动能够顺利地达到最优的效果，一方面应该考虑风险规避工作不应该对整个供应链的运作造成障碍和影响；另一方面还应该考虑风险的有效规避是把风险防范看作对供应链活动中所出现问题的简单补救。产品供应链风险防范对重要风险建立供应链整体防范措施，通过行业协会或专业合作经济组织对供应链风险防范绩效的评估和信息反馈，能有效指导供应链农户和合作伙伴动态地及时调整各自的风险防范措施。

3.1 农产品供应链内部运作风险防范

（1）采购供应流程风险。企业应该从战略的角度选择供应商，与主要供应商建立战略合作伙伴关系，并开发后备供应商。此外，还要对供应商的质量进行定期和不定期抽检，以此来确保供应链稳定进行。

（2）配送和退货流程风险。企业需要优化自己的配送网络，适当地将一些业务外包，从而提高配送绩效；此外，还要充分利用互联网技术、GPS、EDI、POS 和 RFID 等新兴技术来提高交货的速率和效率，降低农产品供应链的风险。

（3）财务控制风险。企业要建立比较完善的财务管理体系，建立健全财务监督和投资的科学性规范，减弱财务的风险。

3.2 农产品供应链合作风险防范

（1）建立信任机制。培养农户和合作伙伴间的信任，将促进合作伙伴企业间的合作，提高加工、供应与服务的柔性，在不可预测事件发生时提高对方的责任感，努力谋求双方的共同利益，可提高整个供应链的快速反应能力。建立重复博弈的合作原则。对于供应链合作双方来说，应该采取重复博弈的策略，增强合作的长期性，降低风险，在供应链企业间，并通过信号传递获取委托人的了解与信任，才能取得这种博弈均衡出现。从未来的长远利益来看，只有重复博弈中才会产生合作的结果，形成供应链企业间的战略伙伴关系，真正地达到供应链管理模式下的"共赢"。

（2）在农产品供应链管理环境下，建立有效的激励和利益分配机制。任何一个供应链节点合作伙伴的运营绩效好坏，不仅关系到自身的生存和发展，而且关系到供应链其他合作伙伴的利益和供应链整体竞争力。在农产品供应链管理中激励的效果较好的几种激励模式：①价格激励；②订单激励；③信息激励；④淘汰激励；⑤商誉激励等。

3.3　农产品供应链信息风险的防范

提高农产品供应链信息化水平，扩展信息传播渠道。建立农村信息网络和现代通信设施，加强农村信息化建设，为农户提供获得现代化信息的工具，降低农村信息交流成本。丰富信息交流的内容，不仅向农户传递市场需求信息，而且向农户提供其所必需的技术信息、质量安全信息和信贷等政策等方面的信息，满足农户需要。此外，合作双方在信息共享的基础上进行合作，能够促进供需双方在服务和物质上迅速交流，能够使合作双方的满意度大大提高；克服了信息不对称而导致的供应链合作中的机会主义行为，一定程度上消除了由此带来的合作风险。

3.4　农产品（食品）质量安全风险的防范

（1）加强生产监管。强化生产基地建设，净化产地环境，加大农产品产地环境监测力度，强化农业投入品市场的监督管理，严厉打击制售和使用假冒伪劣农业投入品行为，推行标准化生产。通过公司加农户、协会加农户等多种产业化经营方式，促进农业产业化龙头企业带动农产品生产者按照市场需求调整农产品品种布局和结构，提高农产品生产规模化和组织化程度，提升农产品质量安全水平。

（2）推行市场准入制。建立监测制度，推广速测技术，创建专销网点，实施标识管理θ根据不同农产品的特点，积极推行产品分级包装上市和产地标识制度。试行追溯和承诺制度：按照从生产到销售的每一个环节可相互追查的原则，建立农产品生产、经营记录制度，实现农产品质量安全的可追溯性。在蔬菜、猪肉等"菜篮子"产品上推行"产地与销地"、"市场与基地"、"屠宰厂与养殖场"的对接与互认，建立农产品质量安全承诺制度。

（3）完善保障体系。根据农产品质量安全监管需要，按照产前、产中、产后标准相配套的原则，积极采用国际标准，及时清理和修订过时的农业国家标准、行业标准，抓紧制定急需的农产品质量安全标准。完善检验检测体系，加强技术研究和推广，建立信息服务网络，尽快建立农产品质量安全信息系统。

3.5 农产品供应链的市场风险防范

提高农产品供应链合作伙伴间的市场规划和预测能力，认真地进行外部环境分析及所面临的行业环境分析，准确把握消费需求，及时了解农户及市场行情，同时熟悉各项法律法规，自我约束，互相监督，不越过供应链的法律边界行事。对于自然风险，可以利用保险市场来达到防御、减轻、化解风险的目的。

（1）科学选择供应链合作伙伴。由于各个企业资源、能力的不同，企业在考虑合作伙伴时应建立有效的合作伙伴评估机制，采用科学的定性和定量的方法，对合作伙伴进行选择，并从中选择与核心企业业务密切相关且能力较强的企业作为合作伙伴。

（2）增强成员企业抗风险能力。供应链是风险传递的中枢环节，无论风险来自何方都要通过供应链传递给成员企业，因此在供应链合作关系中必须考虑好如何合理地分配风险传递和分担的比例，有效地抑制和缓解风险传递与分担对成员企业的冲击。

4 结 论

本文通过对农产品供应链风险因素分析，提出相应的具体风险防范的措施。提高农产品供应链伙伴间的抗风险能力，要求每一个合作伙伴都要以供应链的整体利益出发积极主动地参与风险防范工作，减少自身向外传递的风险，增强自身的风险承担能力，这样可以为农产品供应链的稳定运营打造一个坚实的基础。通过农产品供应链一体化经营等一系列资源整合，可以有效地使农产品供应链向新的有序方向转变，在保障人民日常生活具有举足轻重的地位。

参考文献：

[1] 沈建明著. 项目风险管理 [M]. 北京：机械工业出版社，2006：33-164.

[2] 张青山，曹智安. 企业动态联盟风险的防范与预控研究 [J]. 管理科学，2004，17（3）：9-17.

[3] 陈震红，董俊武. 战略联盟伙伴的冲突管理 [J]. 企业管理，2004（3）：106-110.

[4] 叶成利，蒙少东. 农产品（食品）供应链风险管理文献综述 [J]. 农业经济问题，2007（1）：22-25.

[5] 朱小平. 农业供应链中影响 B2B 电子商务发展的决定性因素 [J]. 物流链，2007（5）：84-86.

Supply Chain Risks of Agricultural Products

LIU Xue-mei[1], LI Zhao-nan[2]

(1. Jilin architectural and Civil Engineering Institute, Changchun 130012;

2. Math School of Jilin University, Changchun 130000)

Abstract: In recent years, there are more and more food safety accidents. From natural disasters to each node in the agri-food supply chain, there are different kinds of problems, which represents the fragility of the agri-food supply chain. Those issues also raise the attentions of researchers. This paper will analyze all kinds of risk factors in agri-food supply chain and propose the corresponding methods to avoid supply chain risks of agricultural products and further improve the agri-food supply chain in China.

Key words: agricultural supply chain; risk prevention; risk factor

基于政府补贴分析的绿色供应链管理博弈模型 *

朱庆华　　窦一杰

（大连理工大学工商管理学院，大连 116024）

【摘　要】本书建立了绿色供应链管理中考虑产品绿色度和政府补贴分析的三阶段博弈模型：第一阶段为政府选择单位产品补贴系数，第二阶段为采取不同绿色供应链管理战略的最终产品生产商确定各自产品的绿色度水平，第三阶段为采取不同绿色供应链管理战略的最终产品生产商确定各自产品的价格。通过数值仿真讨论了各种参数变化带来的影响，所得结论对于绿色供应链管理中政府与供应链上最终产品生产商的决策具有参考价值和指导意义。

【关键词】绿色供应链管理；政府补贴；绿色度；博弈模型

引　言

国际上日益严格的环保法规和来自公众的环保压力迫使供应链最终产品生产商（以下简称生产商）开始关注其上游供应商的环境绩效[1-3]，实施绿色供应链管理[4-7]。比如，欧盟在 2006 年实施的《电子电气设备中限制使用某些有害物质指令》（简称 RoHS 指令）和 2007 年实施的《化学品注册、评估、许可和限制》（简称 REACH 法规）使生产商高度重视供应链上游企业的有毒有害物质及高风险化学品的管理。2009 年 12 月，全球第二大棕榈油消费企业联合利华迫于公众和 NGO 组织的压力，终止了与为种植棕榈树而非法破

* 本文选自《管理科学学报》2011 年 6 月第 14 卷第 6 期。

基金项目：国家杰出青年科学基金资助项目（71025002）；国家自然科学基金资助项目（71033004；70772085）；教育部新世纪优秀人才支持计划资助项目（NCET-08-0082）。

作者简介：朱庆华（1970-），女，江苏太仓人，教授，博士生导师。

坏印尼热带雨林的全球第二大棕榈油生产商金光集团的合作，并承诺到 2015 年全面使用通过认证的可持续棕榈油[8]。惠普、松下等国际领先企业已广泛开展了绿色供应链管理实践，并因此提升了自身的环保形象，也带来了竞争优势[2]。但对我国多数生产商来说，要实施有效的绿色供应链管理存在诸多制约[9-10]：一方面缺少资金和技术能力；另一方面由于中国消费者的环境偏好较低，开展绿色供应链管理生产环保产品也难以赢得市场竞争优势。所以，中国政府要推动企业开展绿色供应链管理等领先的环保实践，需要制定财政补贴等一系列"萝卜"政策（指补贴、减免税收、政府优先采购等激励措施）[11-13]。实际上，我国政府已有行动。比如，2009 年由国家发改委、工信部、财政部联合推动实施"节能产品惠民工程"，即对能效等级 1 级或 2 级以上的十大类高效节能产品进行财政补贴，以部分抵消节能产品生产商在技术研发及环保零部件采购等方面的投入，国内许多生产商因此积极开展生态设计、绿色采购和与供应商的环保合作，努力提高产品的节能水平。在此背景下，政府如何制定财政补贴政策以及供应链上最终产品生产商如何应对政府补贴政策做出相应经营决策成为政府与生产商面临的现实问题。探究政府与生产商在绿色供应链管理中的博弈关系将有助于解决这一问题。

国内外已有一些文献探讨绿色供应链管理中政府和生产商间的博弈问题。文献［3］分析了政府及核心企业在不同策略下各自的成本和收益，考虑了政府的补贴与惩罚措施。文献［11］建立了完全信息下的古诺博弈模型，分析了政府（尤其是欧盟《关于报废电子电器设备指令》（WEEE 指令））在逆向供应链管理中的作用。文献［14］针对食品安全供应链管理中的信息不对称问题，研究了政府主管部门与食品企业之间在面对食品安全的保护与监督方面存在的博弈关系。文献［15］设计了政府与企业在信息不对称情况下的激励和监督模型，分析了政府和企业在逆向供应链管理的背景下如何订立优化合约，以及政府如何选择可行有效的监督力度。文献［16］建立了生产商和再制造商的二阶段博弈模型，通过对比政府给予再制造者补贴、给予生产者补贴，同时给予再制造者和生产者补贴这三种情形，分析了政府补贴在再制造活动中的重要作用。

以往的文献大多只将政府补贴作为博弈模型中一个参数，未对其进行详细研究。此外，政府与企业在环境实践方面的博弈，还受到消费者环境偏好、市场竞争环境等因素的影响。现有研究在利用博弈论建模过程中缺乏对政府补贴、产品绿色度、产品竞争和消费者的环境偏好等因素的综合分析。

鉴于此，本文系统考虑了政府补贴、产品竞争、产品绿色度、企业间不同的绿色供应链管理战略、消费者环境偏好等因素，建立了政府与两个竞争性生产商之间的三阶段博弈模型。探究了各种参数变化带来的影响，为政府及供应链生产商的绿色供应链管理决策提供支持。

1 模型建立

1.1 问题描述

市场上所销售产品需要满足法规规定的最低绿色度 ① 水平要求（绿色度水平用 g 表示，这里假设 g 越高表明绿色度水平越好）。比如，企业耗能产品需要满足中国能效标识的等级 5 方可投入市场。采取不同绿色供应链管理战略的企业其产品的绿色度存在较大差异。市场上主要有两种绿色供应链管理战略：主动绿色供应链管理战略和被动绿色供应链管理战略。采取被动绿色供应链管理战略的生产商（设为生产商 1）往往只注重实施企业内部环境管理措施。采取主动绿色供应链管理战略的生产商（设为生产商 2）除了开展内部的环境管理措施外，还积极与上游供应商开展环保合作，包括采购绿色的环保零部件，对上游供应商在生产过程和原料采购等方面的要求和监管等。所以，采取主动绿色供应链管理战略的生产商 2 的产品绿色度水平比采取被动绿色供应链管理战略的生产商 1 的产品绿色度水平更高。我们称生产商 2 的产品为高绿色度产品，生产商 1 的产品为低绿色度产品。用 g 表示法规规定的绿色度水平最低要求。g_1 和 g_2 分别表示生产商 1 和生产商 2 的产品绿色度水平。此外，由上面分析可知：采取主动绿色供应链管理战略的生产商 2 其边际生产成本（用 c_2 表示）较采取被动绿色供应链管理战略的生产商 1 的边际生产成本（用 c_1 表示）更高。生产商 1 和生产商 2 的产品价格分别是 p_1 和 p_2。

市场上消费者的环境偏好存在差异。有的消费者是激进环保主义者，对高绿色度产品宁愿支付很高的价格；有的消费者则对产品绿色度的高低不关心。用 θ 表示消费者对产品的环境满意度，这也表达了消费者的不同类型。消费者每增加一个单位的满意度愿意支付一定的费用 k（k 为消费者环境偏好支付系数）。

政府为鼓励生产商开发更加绿色的产品，推动节能减排工作，往往对绿色度超过某个水平的产品直接补贴（如 2009 年开始推行的"节能产品惠民工程"对能效等级 1 级或 2 级以上的节能产品进行补贴）。政府确定的绿色度水平补贴下限为 g。现实中政府对产品补贴的多少往往与绿色度水平有关。比如，2009 年 2 月出台的《节能与新能源汽车示范推广财政补助资金管理暂行办法》规定了不同节能率的汽车享受不同的补助标准：节油率在 5%~40% 的混合动力汽车每辆补助 0.4 万~4.5 万元；而节油率 100% 的汽车最高补助可达每

---

① 已有许多文献（比如文献 [17-18]）探讨"绿色度"的概念及其评价指标体系。现有文献中"绿色度"一词多是描述产品的有毒有害物质含量、产品零部件的可回收性、使用能耗水平和使用材料量等水平，是从整个生命周期角度衡量产品绿色环保的程度。实际操作中，在目前没有国家权威的绿色度评价标准的情况下，可以用能效标识、碳标签等简单的等级指标来表示产品绿色度水平。为方便起见，假定绿色度为连续的，比如不同的连续的能效比数值或碳标签数值对应一个绿色度水平。

辆 25 万元。设 r_i 为政府确定的单位产品补贴系数（$i = 1$，2）。设 $r_i = t(g_i - \underline{g})$（$t$ 为单位产品补贴系数调整因子），$0 \leqslant r_i$，$t \leqslant 1$。

$$r_i = \begin{cases} t(g_i - \underline{g}) & g_i > \underline{g} \\ 0 & g_i \leqslant \underline{g} \end{cases} \quad i = 1,\ 2$$

本文所研究的问题即是，在绿色供应链管理中，考虑政府补贴、消费者环境偏好、产品竞争、产品绿色度等因素的情况下，建立政府与采取不同绿色供应链管理战略的最终产品生产商间的三阶段博弈模型：

第一阶段：政府确定单位产品补贴系数。

第二阶段：生产商 1 和生产商 2 选择自己产品的绿色度水平。

第三阶段：生产商 1 和生产商 2 选择各自产品的价格。

1.2 模型假设

在不改变问题本质的条件下，对一些复杂的条件加以简化，对模型作如下假设：

（1）政府的收益为社会总福利，设为消费者剩余、企业收益之和，再减去政府对企业的补贴。

（2）市场为双寡头市场，双寡头（生产商 1 和生产商 2）采取不同的绿色供应链管理战略。生产商 1 采取被动绿色供应链管理战略，生产商 2 采取主动绿色供应链管理战略。

（3）生产商 1 和生产商 2 均达到或超过政府规定的产品绿色度水平的最低要求。并且，生产商 2 的产品绿色度水平不低于政府确定的绿色度水平补贴下限；生产商 1 的产品绿色度则低于政府的绿色度水平补贴下限。

（4）生产商 1 和生产商 2 采取绿色供应链管理措施促进产品绿色度水平的提高，需要付出相应的研发成本 μ_1 和 μ_2，如开展生态设计，选择环境友好的原材料，与供应商环保合作等。假设研发成本与绿色度提升水平成呈二次方关系①，即 $\mu_i = \beta_i(g_i - g_0)^2$（$i = 1$，2），$\beta_i$（$i = 1$，2），为研发成本系数。

（5）生产商 1 和生产商 2 采取绿色供应链管理措施促进产品绿色度水平提高的同时也随之带来边际生产成本一定程度的下降（设 ε 为成本降低率）。比如能源和材料的节约提升了产品的绿色度水平，也直接导致生产成本的降低。生产商 1 和生产商 2 所降低的成本分别是 $\varepsilon_1(g_1 - g_0)$ 和 $\varepsilon_2(g_2 - g_0)$。

（6）消费者对产品的环境满意度 θ 服从均匀分布。即 $\theta \sim [\underline{\theta},\ \overline{\theta}]$。$\underline{\theta}$ 表示消费者购买高绿色度产品和低绿色度产品没有差异。$\overline{\theta}$ 表示消费者具有极高的环境满意度，极端倾向于购买高绿色度产品。则当 $p_1 + k(\theta - \underline{\theta}) + p_2 t(g_2 - \underline{g}) = p_2$ 时，θ 类型的消费者才愿意购买高绿色度产品。即存在一个 θ^*，该类型的消费者对于购买高绿色度产品和低绿色度产品没有

---

① 这里借鉴了技术管理中经典的 AJ 模型 [19] 对研发成本函数的标准假设：研发成果与研发投入呈二次方关系。

差异。则

$$\theta^* = \frac{p_2 - p_1 - p_2 t(g_2 - \underline{g})}{k} + \underline{\theta} \tag{1}$$

（7）假设市场容量为 1，高绿色度产品市场需求量为 q_2，低绿色度产品市场需求量为 $q_1 = 1 - q_2$。

1.3 模型参数

对本模型涉及的参数作如下汇总：

p_1，p_2：生产商 1 和生产商 2 的产品价格。

θ：消费者对产品的环境满意度，代表消费者的类型，服从均匀分布：$\theta \sim [\underline{\theta}, \bar{\theta}]$。$\underline{\theta}$ 表示该消费者购买高绿色度产品和低绿色度产品没有差异。$\bar{\theta}$ 表示具有极高的环境满意度，极端倾向于购买高绿色度产品。消费者每增加一个单位的满意度，会愿意支付一定的费用。

k：消费者环境偏好支付系数，表示消费者对产品每增加一个单位的环境满意度，愿意支付的费用。

g：产品的绿色度水平。g_0 表示法规规定的最低绿色度要求，g_1 和 g_2 分别表示生产商 1 和生产商 2 的产品绿色度水平。g_1，$g_2 \geqslant g_0$。

$\underline{g}$：政府确定的绿色度水平补贴下限。假设 $g_2 \geqslant \underline{g} \geqslant g_1$。

t：单位产品的补贴系数调整因子。r 为政府确定的单位产品补贴系数，$r = t(g - \underline{g})$。则政府对生产商 2 每一单位产品的补贴数目为 $p_2 r_2 = p_2 t(g_2 - \underline{g})$。

q_1，q_2：生产商 1 和生产商 2 的市场需求量，有 $q_1 + q_2 = 1$。

c_1，c_2：生产商 1 和生产商 2 的边际生产成本，$c_2 \geqslant c_1$。

ε_1，ε_2：生产商 1 和生产商 2 提升产品绿色度同时带来的成本降低率。

U_1，U_2：消费者购买生产商 1 产品和生产商 2 产品分别带来的效用。

π_1，π_2，π_G：分别为生产商 1，生产商 2 和政府的收益函数。

1.4 模型建立

购买生产商 1 产品的消费者的效用为

$$U_1 = \int_{\underline{\theta}}^{\theta^*} \frac{k(\theta - \underline{\theta}) - p_1}{\bar{\theta} - \underline{\theta}} d\theta = \frac{p_2^2 (1 - t(g_2 - \underline{g}))^2}{2k(\bar{\theta} - \underline{\theta})} + \frac{3p_1^2 - 4p_1 p_2 (1 - t)(g_2 - \underline{g})}{2k(\bar{\theta} - \underline{\theta})} \tag{2}$$

购买生产商 2 产品的消费者的效用为

$$U_2 = \int_{\theta^*}^{\bar{\theta}} \frac{k(\theta - \underline{\theta}) - p_2 + p_2 t(g_2 - \underline{g})}{\bar{\theta} - \underline{\theta}} d\theta = \frac{k(\bar{\theta} - \underline{\theta})}{2} - p_2 (1 - t(g_2 - \underline{g})) +$$

$$\frac{p_2^2(1 - t(g_2 - \underline{g}))^2 - p_1^2}{2k(\overline{\theta} - \underline{\theta})} \tag{3}$$

高绿色度产品市场需求量为 q_2，低绿色度产品市场需求量为 $q_1 = 1 - q_2$，有

$$q_2 = 1 \times \int_{\theta^*}^{\overline{\theta}} \frac{1}{\overline{\theta} - \underline{\theta}} d\theta = 1 - \frac{\theta^* - \underline{\theta}}{\overline{\theta} - \underline{\theta}} = 1 - \frac{p_2 - p_1 - p_2 t(g_2 - \underline{g})}{k(\overline{\theta} - \underline{\theta})}$$

$$= 1 + \frac{p_1}{k(\overline{\theta} - \underline{\theta})} - \frac{1 - t(g_2 - \underline{g})}{k(\overline{\theta} - \underline{\theta})} p_2 = a - bp_2 \tag{4}$$

则

$$a = 1 + \frac{p_1}{k(\overline{\theta} - \underline{\theta})} \tag{5}$$

$$b = \frac{1 - t(g_2 - \underline{g})}{k(\overline{\theta} - \underline{\theta})} \tag{6}$$

生产商 1 和生产商 2 的收益函数分别为

$$\pi_1 = (p_1 - c_1 + \varepsilon_1(g_1 - g_0))(1 - q_2) - \beta_1(g_1 - g_0)^2 \tag{7}$$

$$\pi_2 = [p_2 - c_2 + \varepsilon_2(g_2 - g_0) + p_2 t(g_2 - \underline{g})] \times q_2 - \beta_2(g_2 - g_0)^2 \tag{8}$$

政府的收益函数为社会总福利，即消费者总效用、两生产商的收益之和，减去政府对产品的补贴。

$$\pi_2 = U_1 + U_2 + \pi_1 + \pi_2 - p_2 t(g_2 - \underline{g})q_2 \tag{9}$$

2　模型求解

通过逆向归纳法对模型进行求解。

2.1　第三阶段：两生产商选择各自的最优价格

对 π_1 和 π_2 分别求 p_1 和 p_2 的一阶导数，得

$$p_1^* = \frac{(1 - t(g_2 - \underline{g}))}{2} p_2^* + \left(\frac{c_1 - \varepsilon_1(g_1 - g_0)}{2}\right) \tag{10}$$

$$p_1^* = \frac{k(\overline{\theta} - \underline{\theta}) + 2(c_1 - \varepsilon_1(g_1 - g_0))}{3} + \frac{(1 - t(g_2 - \underline{g}))(c_2 - \varepsilon_2(g_2 - g_0))}{3(1 + t(g_2 - \underline{g}))} \tag{11}$$

$$p_2^* = \frac{2k(\bar{\theta} - \underline{\theta}) + c_1 - \varepsilon_1(g_1 - g_0)}{3(1 - t(g_2 - \underline{g}))} + \frac{2c_2 - 2\varepsilon_2(g_2 - g_0)}{3(1 + t(g_2 - \underline{g}))} \quad (12)$$

观察式（10）易得结论 1。

结论 1 低绿色度产品的生产商 1 其采取环保措施带来的成本节约率 ε_1 越高，且其边际生产成本 c_1 越低，则低绿色度产品和高绿色度产品的价格差异越大。

现实生活中，采取被动绿色供应链管理战略的企业往往注重那些既经济又环保的措施，比如合理减少包装物等，这些措施常会导致 ε_1 越来越大，且 c_1 越来越小，则低绿色度产品和高绿色度产品价格差异越来越大，其结果是两个生产商专注在各自的细分市场：生产商 1 靠价廉取胜，生产商 2 则靠较高的产品环保水平赢得客户。

观察式（11）和式（12）易得结论 2。

结论 2 消费者的环境支付意愿 k 越高，低绿色度产品和高绿色度产品的价格均增大。

消费者环境支付意愿提高，表明消费者环保意识的提高，在这种情况下，两个生产商均受益。

进一步分析式（11）和式（12）可得结论 3。

结论 3 政府确定的最低绿色度数值（即市场准入值）g_0 越大，低绿色度产品和高绿色度产品的价格均增大。

证明 由式（11）和式（12）可以得到

$$\frac{\partial p_1^*}{\partial g_0} = \frac{2\varepsilon_1}{3} + \frac{\varepsilon_2(1 - t(g_2 - \underline{g}))}{3(1 + t(g_2 - \underline{g}))} > 0 \quad (13)$$

$$\frac{\partial p_2^*}{\partial g_0} = \frac{\varepsilon_1}{3(1 - t(g_2 - \underline{g}))} + \frac{2\varepsilon_2}{3(1 + t(g_2 - \underline{g}))} > 0 \quad (14)$$

因此，随着 g_0 的增大，p_1^* 和 p_2^* 均增大。

证毕。

这表明，在其他条件（如全行业的平均技术水平等指标）不变情况下，政府若提高产品的市场准入值，结果只能带来市场上所有产品（包括高绿色度和低绿色度产品）的价格提高。所以，政府对市场准入值的设定应慎重。

将 p_1^* 和 p_2^* 代入式（4）得

$$q_1^* = \frac{k(\bar{\theta} - \underline{\theta}) - c_1 + \varepsilon_1(g_1 - g_0)}{3k(\bar{\theta} - \underline{\theta})} + \frac{(1 - t(g_2 - \underline{g}))(c_2 - \varepsilon_2(g_2 - g_0))}{3k(\bar{\theta} - \underline{\theta})(1 + t(g_2 - \underline{g}))} \quad (15)$$

$$q_2^* = \frac{2k(\bar{\theta} - \underline{\theta}) + c_1 - \varepsilon_1(g_1 - g_0)}{3k(\bar{\theta} - \underline{\theta})} - \frac{(1 - t(g_2 - \underline{g}))(c_2 - \varepsilon_2(g_2 - g_0))}{3k(\bar{\theta} - \underline{\theta})(1 + t(g_2 - \underline{g}))} \quad (16)$$

由式（15）、（16）得结论 4。

结论 4 政府设定的产品最低绿色度要求（即市场准入值）g_0 若发生变化，会引起两生产商市场份额的变化。并且，这种变化与成本节约率 ε_1、ε_2 的比值有关联。这种关联关系如下：

当 $\dfrac{\varepsilon_1}{\varepsilon_2} > \dfrac{1-t(g_2-\underline{g})}{1+t(g_2-\underline{g})}$ 时，g_0 越大，低绿色度产品生产商市场份额 q_1^* 越小，高绿色度产品生产商市场份额 q_2^* 越大；g_0 越小，低绿色度产品生产商市场份额 q_1^* 越大，高绿色度产品生产商市场份额 q_2^* 越小。

当 $\dfrac{\varepsilon_1}{\varepsilon_2} < \dfrac{1-t(g_2-\underline{g})}{1+t(g_2-\underline{g})}$ 时，g_0 越大，低绿色度产品生产商市场份额 q_1^* 越大，高绿色度产品生产商市场份额 q_2^* 越小；g_0 越小，低绿色度产品生产商市场份额 q_1^* 越小，高绿色度产品生产商市场份额 q_2^* 越大。

当 $\dfrac{\varepsilon_1}{\varepsilon_2} = \dfrac{1-t(g_2-\underline{g})}{1+t(g_2-\underline{g})}$ 时，g_0 无论怎样变动，两生产商市场份额 q_1^* 和 q_2^* 均不变。

证明 令 $\dfrac{\partial q_1^*}{\partial g_0} < 0$ 和 $\dfrac{\partial q_2^*}{\partial g_0} > 0$，均有 $\dfrac{\varepsilon_1}{\varepsilon_2} > \dfrac{1-t(g_2-\underline{g})}{1+t(g_2-\underline{g})}$；

令 $\dfrac{\partial q_1^*}{\partial g_0} = 0$ 和 $\dfrac{\partial q_2^*}{\partial g_0} = 0$，均有 $\dfrac{\varepsilon_1}{\varepsilon_2} = \dfrac{1-t(g_2-\underline{g})}{1+t(g_2-\underline{g})}$；

令 $\dfrac{\partial q_1^*}{\partial g_0} > 0$ 和 $\dfrac{\partial q_2^*}{\partial g_0} < 0$，均有 $\dfrac{\varepsilon_1}{\varepsilon_2} < \dfrac{1-t(g_2-\underline{g})}{1+t(g_2-\underline{g})}$。易得结论 4。证毕。

以上是通过公式推导得出的理论结论。实际上，生产商 1 的成本节约率 ε_1 往往大于生产商 2 的成本节约率 ε_2，原因很简单：生产商 1 是被动绿色供应链管理战略采取者，特别注重那些带来直接经济效益的内部环保措施（如原材料和包装物的减量化措施），这样就有 $\varepsilon_1 \geqslant \varepsilon_2$。进而，有

$$\frac{\varepsilon_1}{\varepsilon_2} \geqslant 1 \geqslant \frac{1-t(g_2-\underline{g})}{1+t(g_2-\underline{g})}$$

所以，根据结论 4，政府提高市场准入值 g_0，往往会给高绿色度产品的市场份额带来提高，这对采取主动绿色供应链管理战略生产高绿色度产品的生产商 2 是有利的。

结合式（7）和式（8），得式（17）和式（18）

$$\pi_1^* = (p_1^* - c_1 + \varepsilon_1(g_1 - g_0))(1 - q_2^*) - \beta_1(g_1 - g_0)^2 \tag{17}$$

$$\pi_2^* = \left[p_2^* - c_2 + \varepsilon_2(g_2 - g_0) + p_2^* t(g_2 - \underline{g})\right]q_2^* - \beta_2(g_2 - g_0)^2 \tag{18}$$

则

$$\pi_G^* = U_1 + U_2 + \pi_1^* + \pi_2^* - p_2^* t(g_2 - \underline{g})q_2^* \tag{19}$$

2.2　第二阶段：两生产商选择各自的最优绿色度水平

最大化 π_1^* 和 π_2^*，分别对式（17）和式（18）求 g_1 和 g_2 的一阶导数，得

$$g_1^* = g_0 + \frac{\varepsilon_t}{\varepsilon_1^2 - 9\beta_1 k(\bar{\theta} - \underline{\theta})} \times \left[c_1 - k(\bar{\theta} - \underline{\theta}) - \frac{(1 - t(g_2 - \underline{g}))(c_2 - \varepsilon_2(g_2 - g_0))}{1 + t(g_2 - \underline{g})} \right] \quad (20)$$

g_2^* 满足

$$\frac{2t(2k(\bar{\theta} - \underline{\theta}) + c_1 - \varepsilon_1(g_1 - g_0)) + \varepsilon_2}{3(1 - t(g_2^* - \underline{g}))^2} \times q_2^* - 2\beta_2(g_2^* - g_0) = 0 \quad (21)$$

2.3　第一阶段：政府确定单位产品补贴系数

为计算方便，将补贴下限 $\underline{g}$ 固定，只求补贴系数调整因子 t 的最优值 t^*。然后再进一步确定补贴系数值 r_2^*。

最大化 π_G^*，对 π_G^* 求 t 的一阶导数，可得 t^* 满足

$$\frac{2(g_2^* - \underline{g})(c_2 - \varepsilon_2(g_2^* - g_0))}{3(1 + t^*(g_2^* - \underline{g}))^2} \times (2 - (1 - t \times (g_2^* - \underline{g}))p_2^* + c_1 - \varepsilon_1(g_1^* - g_0)) +$$

$$\frac{-2(g_2^* - \underline{g})(c_2 - \varepsilon_2(g_2^* - g_0))}{3(1 + t^*(g_2^* - g_1))^2} \times q_1^* +$$

$$\frac{-2(g_2^* - \underline{g})(c_2 - \varepsilon_2(g_2^* - g_0))(p_1^* - c_1 + \varepsilon_1(g_1^* - g_0))}{3k(\bar{\theta} - \underline{\theta})(1 + t^*(g_2^* - \underline{g}))^2} +$$

$$\frac{(g_2^* - \underline{g})(2k(\bar{\theta} - \underline{\theta}) + c_1 - \varepsilon_1(g_1^* - g_0)}{3(1 - t^*(g_2^* - \underline{g}))^2} + \frac{2(g_2^* - \underline{g})(c_2 - \varepsilon_2(g_2^* - g_0))}{3(1 + t^*(g_2^* - \underline{g}))^2} \times q_2^* +$$

$$\frac{2(g_2^* - \underline{g})(c_2 - \varepsilon_2(g_2^* - g_0))(p_2^* - c_2 + \varepsilon_2(g_2^* - g_0))}{3k(\bar{\theta} - \underline{\theta})(1 + t^*(g_2^* - \underline{g}))^2} = 0 \quad (22)$$

3　算例分析

考虑到所列式子的复杂性，采用 Matlab 软件（R2009b）作为计算工具对各个公式求近似解。针对消费者环境偏好支付系数 k、政府进行补贴的绿色度水平下限 $\underline{g}$ 的变化及带来的影响进行分析，以期得到有益结论为政府相关部门及供应链最终产品生产商的决策提供参考。

3.1 消费者环境偏好支付系数 k 变化的影响分析

由表 1 知，随着消费者环境偏好支付系数 k 的增大，政府确定的单位产品补贴系数调整因子 t、生产商 1 所生产的低绿色度产品的市场份额 q_1、低绿色度产品和高绿色度产品的均衡价格比 p_1/p_2、两生产商的均衡产量的比值 q_1/q_2 以及两生产商的均衡收益比 π_1/π_2 都有减小的趋势；两类产品的价格 p_1 和 p_2、生产商 2 高绿色度产品的市场份额 q_2、两生产商 1 和 2 的收益 π_1 与 π_2 及社会总福利 π_G、生产商 2 产品的绿色度水平 g_2、政府对生产商 2 高绿色度产品的补贴系数 r_2 都呈增大的趋势；生产商 1 低绿色度产品的绿色度水平 g_1 略有减小。

表 1 对消费者环境偏好支付系数 k 的数值分析

$(c_1 = 2;\ c_2 = 3;\ \beta_1 = \beta_2 = 1;\ \bar{\theta} = 7;\ \underline{\theta} = 1;\ g_0 = 1;\ \underline{g} = 2;\ \varepsilon_1 = \varepsilon_2 = 0.5)$

k	t	p_1	p_2	q_1	q_2	g_1	g_2
0.5	0.5251	3.1449	4.3224	0.3925	0.6075	1.0654	2
0.6	0.4431	3.3454	4.7227	0.3826	0.6174	1.0638	2
0.7	0.386	3.5457	5.1229	0.3755	0.6245	1.0626	2.0001
0.8	0.3442	3.7367	5.5286	0.3682	0.6318	1.0614	2.0129
0.9	0.3153	3.904	5.9568	0.3581	0.6419	1.0597	2.0633
1	0.2934	4.0746	6.395	0.3506	0.6494	1.0584	2.1154
1.1	0.2758	4.2494	6.8403	0.3452	0.6548	1.0575	2.1658
1.2	0.2611	4.4277	7.291	0.3411	0.6589	1.0569	2.2139
1.3	0.2485	4.609	7.7455	0.3381	0.6619	1.0563	2.2595
1.4	0.2376	4.7925	8.2031	0.3358	0.6642	1.056	2.3028
1.5	0.228	4.978	8.6628	0.334	0.666	1.0557	2.3438
k	π_1	π_2	π_G	p_1/p_2	q_1/q_2	π_1/π_2	r_2
0.5	0.457931	0.10710	−1.79519	0.72758	0.646091	4.275412	0
0.6	0.522885	0.37229	−1.50059	0.70836	0.619695	1.40449	0
0.7	0.588245	0.63795	−1.2045	0.69212	0.601281	0.922078	3.86E−05
0.8	0.646987	0.90708	−0.91475	0.67588	0.582779	0.713257	0.00444
0.9	0.688948	1.18494	−0.64774	0.65538	0.557875	0.581418	0.019958
1	0.734182	1.46337	−0.38381	0.63715	0.539883	0.501704	0.033858
1.1	0.783111	1.74203	−0.12085	0.62123	0.527184	0.449538	0.045728
1.2	0.834555	2.02200	0.14229	0.60728	0.517681	0.412736	0.055849
1.3	0.888417	2.30214	0.40552	0.59504	0.510802	0.385909	0.064486
1.4	0.943988	2.58326	0.66933	0.58423	0.505571	0.365424	0.071945
1.5	1.000851	2.86535	0.93404	0.57464	0.501502	0.349294	0.078386

消费者环境偏好支付系数 k 越大，意味着消费者愿意为高绿色度产品支付更高的费用，也表明了消费者环保意识的提升。此时，市场上的企业都会受益（p_1 与 p_2，π_1 与 π_2

都增大），但生产高绿色度产品的生产商 2（采取主动绿色供应链管理战略者）更受消费者青睐，也更加有利可图，市场份额和收益较生产商 1 增加更快（k 越大，q_1/q_2 和 π_1/π_2 均持续减少），社会总福利也随之增大（π_G 增大）。生产商 2 也进一步增大产品的绿色度水平（g_2 持续增加）。此时，两类产品的价格差异有增大的趋势（p_1/p_2 变小），说明采取不同绿色供应链管理战略的企业各自专注于自己的细分市场，而非大打价格战。另外，随着 k 的增加，虽然补贴系数调整因子 t 越来越小，但是生产商 2 的产品绿色度水平 g_2 持续增加，而同时政府的补贴下限维持不变（$\underline{g} = 2$），在这种情况下，政府的单位产品补贴系数 r_2 将会增加（由 k = 0.5 时的 0 达到 k = 1.5 时的 7.8%）。

综上，随着消费者环保意识不断提升，消费者环境支付意愿持续增加。

（1）政府确定的补贴系数调整因子逐步降低。

（2）两生产商的产品价格均提高，但高绿色度产品的价格提高更快。

（3）高绿色度产品生产商（主动绿色供应链管理战略采取者）市场份额得以增加。

（4）两生产商收益均增加，但高绿色度产品生产商（主动绿色供应链管理战略采取者）收益增加速度更快。

（5）社会总福利不断增大。

3.2 政府补贴下限g变化的影响分析

由表 2 可知，随着政府补贴下限 g 的增大，两类产品的价格 p_1 和 p_2、两类产品的市场份额以及价格比、市场份额比均变化不大（两类产品的市场价格略有降低）；单位产品补贴系数调整因子 t 不断增大，但单位产品补贴系数呈减小趋势，由 $\underline{g} = 2$ 供应链管理战略的生产商 1 其收益影响不大（略有减小），但采取主动绿色供应链管理战略的生产商 2 的收益大大减少，甚至达到亏损的状态（当 $\underline{g} = 3$ 时）；同时，采取被动绿色供应链管理战略的生产商 1 其产品绿色度水平 g_1 略有下降。

由此有，随着政府补贴下限的提高，

（1）政府的补贴系数调整因子逐渐提高。

（2）高绿色度产品的市场份额略有增加，但影响不大。

（3）采取被动绿色供应链管理战略企业的产品绿色度略有下降，但不明显；采取主动绿色供应链管理战略企业的产品绿色度提升相对较大。

（4）采取被动绿色供应链管理战略企业收益略有下降，但采取主动绿色供应链管理战略企业收益下降明显。

（5）采取主动绿色供应链管理战略企业的市场份额略有增加，但不明显。

表2　产品绿色度水平补贴下限g的数值分析

$(k = 1.5;\ c_1 = 2;\ c_2 = 3;\ \beta_1 = \beta_2 = 1;\ \bar{\theta} = 7;\ \underline{\theta} = 1;\ g_0 = 1;\ \varepsilon_1 = \varepsilon_2 = 0.35)$

$\underline{g}$	t	p_1	p_2	q_1	q_2	g_1	g_2
2	0.2322	5.0092	8.9057	0.3359	0.6641	1.0392	2.4223
2.1	0.2452	5.0065	8.8734	0.3356	0.6644	1.0392	2.4892
2.2	0.2587	5.0037	8.8399	0.3353	0.6647	1.0391	2.5581
2.3	0.2727	5.0008	8.8054	0.3349	0.6651	1.0391	2.629
2.4	0.2874	4.9977	8.7698	0.3346	0.6654	1.039	2.7018
2.5	0.3026	4.9946	8.7333	0.3343	0.6657	1.039	2.7764
2.6	0.3184	4.9914	8.6959	0.3339	0.6661	1.039	2.8526
2.7	0.3348	4.9881	8.6576	0.3335	0.6665	1.0389	2.9304
2.8	0.3518	4.9847	8.6185	0.3331	0.6669	1.0389	3.0096
2.9	0.3693	4.9812	8.5785	0.3327	0.6673	1.0388	3.0902
3	0.3874	4.9776	8.5379	0.3323	0.6677	1.0388	3.1721

$\underline{g}$	π_1	π_2	π_G	p_1/p_2	q_1/q_2	π_1/π_2	r_2
2	1.013	2.8095	0.72661	0.5624	0.5057	0.3608	0.098
2.1	1.0120	2.5934	0.5297	0.5642	0.50511	0.3902	0.0954
2.2	1.0102	2.3609	0.3173	0.5660	0.5044	0.4278	0.0926
2.3	1.0080	2.11217	0.08911	0.5679	0.5035	0.4772	0.0897
2.4	1.0060	1.8455	−0.1559	0.5698	0.5028	0.5451	0.0867
2.5	1.0041	1.5612	−0.4182	0.5719	0.5021	0.6431	0.0836
2.6	1.0018	1.2596	−0.6974	0.5739	0.5012	0.7953	0.0804
2.7	0.9995	0.9397	−0.9944	0.5761	0.5003	1.0636	0.0771
2.8	0.9972	0.6013	−1.3093	0.5783	0.4994	1.6582	0.0737
2.9	0.9948	0.2438	−1.6428	0.5806	0.4985	4.0795	0.0702
3	0.9924	−0.1326	−1.9949	0.5830	0.4976	−7.4803	0.0666

4　结束语

　　本文综合考虑了政府补贴、产品绿色度水平、产品竞争、消费者环境偏好等因素，建立了政府与采取不同绿色供应链管理战略的生产商间的三阶段博弈模型，并且针对模型进行了理论分析，又通过算例作进一步的详细分析，我们有如下建议：

　　针对政府：要努力培育提高消费者的环保意识，这可能在短期内"吃力不讨好"，但却是使各方共赢的长远之计。要对消费者环境偏好支付系数进行跟踪调研，与企业界、学术界合作通过调研访谈，分析消费者环境偏好支付系数值及其动态变化，为政府部门与供应链生产商提供相关信息参照。要科学制定补贴下限：在高绿色度产品生产企业的边际生产成本较高及消费者环保意识较低的情况下，政府应适当调低补贴下限，以保证采取主动绿色供应链管理战略的生产商有利可图和产生尽可能大的社会总福利；当消费者环保意识进一步提升，且因市场份额扩大带来规模经济效应促使高绿色度产品边际生产成本进一步降低时，政府可以考虑提高补贴下限。正如2010年5月出台的《关于调整高效节能空调推广财政补贴政策的通知》即规定2010年6月1日起2级能效空调将不再享受财政补贴，将节能空调补贴下限提高到了1级能效空调。要科学制定市场准入水平：政府应综合考虑行业环保技术成熟度、市场需求、企业的承受能力等多方面的因素确定市场准入水平。我国空调行业在2009年国家"节能产品惠民工程"的政策推动下逐步实现高效空调的规模化生产，市场上4级、5级空调也逐渐面临淘汰，在此情况下，国家于2010年3月才顺势发布了新的《房间空气调节器能效限定值及能效等级》强制性国家标准，该标准提高了空调产品的能效准入门槛，原来的3级成为空调销售的入门级。

针对采取主动绿色供应链管理战略的生产商：随着消费者意识的不断提升，应逐步加大环保研发力度，并充分发挥营销的作用，突出强化自己的绿色环保形象，以与竞争对手形成差别化竞争优势；但在消费者意识较低时，不宜大量投资提高产品绿色度，而应积极与上下游企业开展合作以尽可能降低绿色研发成本和环保零部件的采购成本，从而减少绿色度提升所需的投入[20-22]。国内海尔等生产商即将供应商能否加入自己的设计研发阶段作为筛选评价供应商的重要因素，海尔变频节能空调等产品的推出即是变频压缩机供应商加入海尔设计阶段共同研发带来的成果，这种与供应商紧密环保合作的做法大大降低了海尔的研发和采购成本。

针对采取被动绿色供应链管理战略的生产商：消费者环保意识不断提高的情况下，应该保持产品的绿色度，适当提高价格。在政府调高补贴下限时，应当保持产品的绿色度，适当调低价格。

需要说明的是，本模型假定博弈各方处在完全信息的条件下，不完全信息的情况将是以后模型改进的方向。另外，消费者每增加一个环境满意度愿意支付一定的费用k，假设k是固定的，实际上k可能是变动的；而消费者环境满意度我们假设为服从均匀分布，实际上也可能是其他分布类型。这些都是将来可能的研究方向。

参考文献：

[1] Zhu Q. H., Sarkis J., Geng Y. Green Supply Chain Management in China: Pressures, Practices and Performance [J]. International Journal of Operations and Production Management, 2005, 25 (5): 449-468.

[2] Sarkis J. Greening the Supply Chain [M]. Berlin: Springer, 2006.

[3] 朱庆华，窦一杰. 绿色供应链中政府与核心企业进化博弈模型 [J]. 系统工程理论与实践，2007, 12 (12): 85-89.

[4] Hall J. Environmental Supply Chain Dynamics [J]. Journal of Cleaner Production, 2000, 8 (6): 455-471.

[5] Koplin J., Seuring S., Mesterharm M. Incorporating Sustainability into Supply Management in the Auto-

motive Industry: The Case of the Volkswagen AG [J]. Journal of Cleaner Production, 2007, 15 (11-12): 1053-1062.

[6] Vachon S., Klassen R. D. Environmental Management and Manufacturing Performance: The Role of Collaboration in the Supply Chain [J]. International Journal of Production Economics, 2008, 111 (2): 299-315.

[7] Bowen F. E., Cousins P. D., Lamming R. C., et al. The Role of Supply Management Capabilities in Green Supply [J]. Production and Operations Management, 2001, 10 (2): 174-189.

[8] Zhu Q. H., Dou Y. J., Sarkis J. A Portfolio-based Analysis for Green Supplier Management Using the Analytical Network Process [J]. Supply Chain Management: An International Journal, 2010, 15 (4): 306-319.

[9] Zhu Q. H., Sarkis J. Relationships between Operational Practices and Performance a mong Early Adopters of Green Supply Chain Management Practices in Chinese Manufacturing Enterprises [J]. Journal of Operations Management, 2004, 22 (3): 265-289.

[10] Zhu Q. H., Sarkis J. The Moderating Effects of Institutional Pressures on Emergent Green Supply Chain Practices and Performance [J]. International Journal of Production Research, 2007, 45 (18-19): 4333-4355.

[11] Hammond D., Beullens P. Closed-loop Supply Chain Network Equilibrium under Legislation [J]. European Journal of Operational Research, 2007, 183 (2): 895-908.

[12] Albared L., Lozano J. M., Tencati A., et al. The Changing Role of Governments in Corporate Social Responsibility: Drivers and responsibilities [J]. Business Ethics: A European Review, 2008, 17 (4): 347-363.

[13] Steurer R. The Role of Government in Corporate Social Responsibility: Characterizing Public Policies on CSR in Europe [J]. Policy Sciences, 2010, 43 (1): 49-72.

[14] 李艳波, 刘松先. 信息不对称下政府主管部门与食品企业的博弈分析 [J]. 中国管理科学, 2006, 14: 197-200.

[15] 张保银, 汪波, 吴煜. 基于循环经济模式的政府激励与监督问题 [J]. 中国管理科学, 2006, 14 (1): 136-141.

[16] Mitra S., Webster C. Competition in Remanufacturing and the Effect of Government Subsidies [J]. International Journal of Production Economics, 2008, 111: 287-298.

[17] 刘红旗, 陈世兴. 产品绿色度的综合评价模型和方法体系 [J]. 中国机械工程, 2000, 11 (9): 1013-1016.

[18] 王桂萍, 贾亚洲, 周广文. 基于模糊可拓层次分析法的数控机床绿色度评价方法及应用 [J]. 机械工程学报, 2010 (3): 141-147.

[19] D'Aspremont C., Jacquemin A. Cooperative and Noncooperative R&D in Duopoly with Spillovers [J]. American Economic Review, 1988, 78 (5): 1133-1137.

[20] 叶飞, 徐学军. 供应链伙伴特性、伙伴关系与信息共享的关系研究 [J]. 管理科学学报, 2009, 12 (4): 115-128.

[21] 葛泽慧, 胡奇英. 上下游企业间的研发协作与产销竞争共存研究 [J]. 管理科学学报, 2010, 13 (4): 12-22+56.

[22] 鲁其辉, 朱道立. 供应链中产品与信息质量改进的战略联盟策略研究 [J]. 管理科学学报, 2010, 13 (10): 79-88.

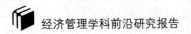
A game model for green supply chain management based on government subsidies

ZHU Qing-hua   DOU Yi-jie

(School of Business Management, Dalian University of Technology, Dalian 116024)

Abstract: This paper establishes a three-stage game model by considering products' green degree and government subsidies. The first stage is that the government determines the subsidies coefficient; the second stage is that manufacturers with various green strategies in supply chains determine their own products' green degree; The third stage is that manufacturers in supply chains determine their own products' prices. Further, a numerical case is presented to test the effects of the variation of different factors. The results provide insights into the decision-making of governments and companies.

Key words: green supply chain management; government subsidies; green degree; game model

基于解释结构模型法的绿色供应链影响因素分析 *

刘　玫

（郑州航空工业管理学院，河南郑州　450015）

【摘　要】 在阐述绿色供应链研究现状的基础上，利用解释结构模型找出影响绿色供应链实施效果各因素之间的层级关系，并提出提高实施效果的对策和措施，以期为科学系统地发展绿色供应链提供一些启示。

【关键词】 绿色供应链；解释结构模型；影响因素

随着我国经济的快速发展，能源与环境问题日益凸显，我国企业（尤其是制造业）在发展壮大的同时承受着越来越大的环境压力。来自国内外的绿色消费需求、政府环保法规及激烈的市场竞争使这些企业陷入了前所未有的经营困境。如何加强我国企业的环境管理，树立绿色企业形象成为了这些企业提升竞争优势、谋求可持续发展所面临的首要问题。然而，单个企业的环境管理并不能生产出绿色产品，这需要所有企业在产品的整个生命周期内一致实施环境管理才能取得成效。因此人们将环境管理整合到供应链管理中去，绿色供应链就是在这种背景下产生的。

1　绿色供应链研究现状

绿色供应链（Green Supply Chain）的概念是由密歇根州立大学的制造研究协会（MRC）于 1996 年首次提出的，旨在综合考虑制造业供应链中的环境影响和资源优化利用，也就

---

* 本文选自《科学管理研究》2011 年第 12 期。

基金项目：航空科学研究基金项目（2009ZG55018）；河南省科技厅项目（092400430069）。

作者简介：刘玫（1957-），女，郑州航空工业管理学院管理科学与工程学院副教授，研究方向为物流管理。

是说在实施供应链管理的同时注重对环境的保护,强调环境与经济的协调发展,它是绿色制造与供应链的学科交叉。关于绿色供应链管理的确切定义,目前理论界还没有一个统一的表述,一般认为"绿色供应链是一种在整个供应链内综合考虑环境影响和资源利用效率的现代管理模式,它从产品生命周期的角度出发,综合考虑包括产品原材料获取、产品设计与制造、产品的销售与运输、产品使用以及产品回收再利用的整个过程;通过绿色技术与供应链管理手段,实现产品生命周期内环境负影响最小,资源、能源利用率最高和供应链系统整体效益最优的目标。

实施绿色供应链是可持续发展的一个重要环节,绿色供应链管理模式由于对环境问题的重视而受到众多学者和企业管理者的青睐。哈佛大学教授 Nazli Choucri 曾经说过:"如果一个企业想要在竞争激烈的全球市场中有效发展,它就不能忽视日益明显的环境信号,继续像过去那样经营。对各个企业来说,接受这一责任并不意味着经济上的损失,因为符合并超过政府和环境组织对某一工业的要求,能使企业减少物料和操作成本,从而增强其竞争力。实际上,良好的环境行为恰似企业发展的动力而不是障碍。"可以说,这段话深刻地揭示了绿色供应链对企业的重要性。在绿色供应链管理发展以前,尽管有些企业也十分重视环境问题,但他们仅仅采取措施提高他们自己企业的环境绩效而不考虑其他企业。

事实上,企业经常由于其供应商的环境问题而影响其整体的环境绩效。因此为了可持续发展,企业将环境问题融入其经济发展的战略中,同时也要关注供应商的环境绩效。许多已经致力于绿色供应链管理的企业已经做到这一点,例如福特汽车公司要求其每一个供应商到所有工厂都要获得有关环境管理系统的第三方认证;为帮助供应商建立环境管理系统,福特公司还向供应商提供培训及有关环境方面的研讨会,从而使其成为世界一流的企业并获得环境优良的目标。他山之石,可以攻玉,这些国内外其他行业领域的绿色供应链管理实践,同样可以为我国企业所借鉴。

近年来,国内外研究者开始以绿色供应链管理的思想来研究如何提高制造业对环境的相容性问题,与此同时绿色供应链已经在工业制造界开始了积极的实践,但是由于政策体制还不够完善等各方面的原因,绿色供应链在我国的发展还存在许多问题。

2　解释结构模型法简介

解释结构模型法(Interpretative Structural Modeling Method,ISM 方法)是美国 J. 华费尔特教授于 1973 年为分析复杂的社会经济系统有关问题而开发的一种方法。其特点是把复杂的系统分解为若干子系统(要素),利用人们的经验和知识以及电子计算机的帮助,最终构建一个多级阶梯的机构模型。ISM 属于概念模型,它最大的好处是可以将系统中各要素之间的复杂、零乱关系分解成清晰的多级递阶的结构形式,从而把模糊不清的思想、看法转化为直观的具有良好结构关系模型,具有启发性。ISM 广泛适用于认识和处理各类社会经济系统的问题，从能源、资源等国际性问题到地区开发、少年的不端行为、交通事故等国内范围的问题，以及企业、个人范围的问题等等。此方法是一种是用于分析和揭示复杂关系结构的有效方法。

构建 ISM 的主要工作步骤：①设定关键问题及选择影响系统的因素；②根据各因素之间的相关性建立可达矩阵；③对可达矩阵进行级间划分；④建立解释结构模型。

3 基于解释结构模型法的绿色供应链实施影响因素分析

绿色供应链管理所追求的是经济利益和绿色利益即环境利益双丰收，以至达到社会的可持续发展。这里的绿色效益包括环境保护和资源优化利用。而要达到这样的目标首先要考虑的是各种影响因素。以下是经过调查，对我国发展绿色供应链存在的障碍所做的分析，共找出了十三条制约因素，运用解释结构模型找出关键因素，然后对其进行分析。

3.1 影响我国绿色供应链实施的因素（见表1）

表 1 影响因素表

因素编号	因素名称
S_1	企业的绿色环保观念仍然不太强
S_2	企业缺乏有效的交流和沟通
S_3	实施绿色供应链的技术知识欠缺
S_4	实施绿色供应链会带来财务负效应
S_5	企业缺乏复合型人才
S_6	绿色供应链的研究与应用实践脱节
S_7	政府和领导重视不够、不能积极参与
S_8	供应链方面的法律还不完善
S_9	缺乏有效的供应链激励机制
S_{10}	环境标准与税费制度仍不完备
S_{11}	消费者对绿色消费理念仍非常淡薄
S_{12}	废弃物输送、处理问题
S_{13}	企业的核心价值观不同

3.2 确定各导致因素之间的相关性

系统中这 13 个因素是有机地联系在一起的，而这些因素之间又是相互影响的，将这种影响关系用矩阵，即邻接矩阵（A）表示。矩阵的元素 $a_{ij} = 1$ 表示因素 S_i 对 S_j 有直接影响，$a_{ij} = 0$ 表示因素 S_i 对 S_j 无影响，见表2。

表 2 各因素相关关系表

	S_1	S_2	S_3	S_4	S_5	S_6	S_7	S_8	S_9	S_{10}	S_{11}	S_{12}	S_{13}
S_1	0	1	1	0	1	1	0	0	0	0	1	1	1
S_2	0	0	1	0	0	1	0	0	0	0	0	0	1
S_3	0	0	1	0	0	0	0	0	0	0	0	0	0
S_4	1	0	0	0	1	1	0	1	1	1	0	0	1
S_5	0	0	0	0	0	0	0	0	0	0	0	0	0
S_6	0	0	0	0	0	0	0	0	0	0	0	0	0
S_7	1	0	1	0	1	1	0	1	0	1	1	1	1
S_8	0	0	0	0	0	0	0	0	0	0	0	1	0
S_9	0	1	1	0	1	1	0	1	0	0	0	1	1
S_{10}	0	1	1	0	1	1	0	0	0	0	0	1	1
S_{11}	0	0	1	1	1	1	0	0	0	0	0	1	0
S_{12}	0	0	0	0	0	0	0	0	0	0	0	0	0
S_{13}	0	0	0	0	0	0	0	0	0	0	0	0	0

3.3 根据相关性建立可达矩阵

邻接矩阵反映了要素之间的直接关系，可达矩阵反映的是要素之间还存在间接关系。如 S_i 对 S_j 有影响，S_j 对 S_k 有影响，那么 S_i 对 S_k 有间接影响。矩阵的元素 $a_{ij}=1$ 表示因素 S_i 对 S_j 有直接或间接的影响，否则 $a_{ij}=0$，具体结果见表3。

表 3 可达矩阵

$$
\begin{bmatrix}
1 & 1 & 1 & 0 & 1 & 1 & 0 & 0 & 0 & 0 & 1 & 1 & 1 \\
0 & 1 & 1 & 0 & 0 & 1 & 0 & 0 & 0 & 0 & 0 & 0 & 1 \\
0 & 0 & 1 & 0 & 0 & 0 & 0 & 0 & 0 & 0 & 0 & 0 & 0 \\
1 & 0 & 0 & 1 & 1 & 1 & 0 & 1 & 1 & 1 & 0 & 0 & 1 \\
0 & 0 & 0 & 0 & 1 & 0 & 0 & 0 & 0 & 0 & 0 & 0 & 0 \\
0 & 0 & 0 & 0 & 0 & 1 & 0 & 0 & 0 & 0 & 0 & 0 & 0 \\
1 & 0 & 1 & 0 & 1 & 1 & 1 & 1 & 0 & 1 & 1 & 1 & 1 \\
0 & 0 & 0 & 0 & 0 & 0 & 0 & 1 & 0 & 0 & 0 & 1 & 1 \\
0 & 1 & 1 & 0 & 1 & 1 & 0 & 1 & 1 & 0 & 0 & 1 & 1 \\
0 & 1 & 1 & 0 & 1 & 1 & 0 & 0 & 0 & 1 & 0 & 1 & 1 \\
0 & 0 & 1 & 1 & 1 & 1 & 0 & 0 & 0 & 0 & 1 & 1 & 0 \\
0 & 0 & 0 & 0 & 0 & 0 & 0 & 0 & 0 & 0 & 0 & 1 & 0 \\
0 & 0 & 0 & 0 & 0 & 0 & 0 & 0 & 0 & 0 & 0 & 0 & 1
\end{bmatrix}
$$

3.4 对可达矩阵进行级间划分

（1）有关概念。可达集：要素 S_i 可以到达的要素集合定义为要素 S_i 的可达集，用 R（S_i）表示，由可达矩阵中第 S_i 行中所有矩阵元素为 1 的列所对应的要素组成；先行集：可以到达要素 S_i 的要素计划定义为要素 S_i 的前因集，用 A（S_i）表示，由可达矩阵中第 S_i 列中的所有矩阵要素为 1 的行所对应的要素组成；一个多级递阶结构的最高级要素集（即第一层要素），是指除了可以到达自己本身外，不能到达其他要素的要素组成的集合。其可达集 R（S_i）中只包含它本身的要素集，即 R（S_i）= R（S_i）∩A（S_i），找出最高级要素集后，即可将其从可达矩阵中划去相应的行和列，接着，再从剩下的可达矩阵中继续寻找新的最高级要素（第二层要素）。依次类推，可以找出各层要素集。

表 4 第一级的可达集与先行集

S_i	R（S_i）	A（S_i）	R∩A
S_1	1，2，3，5，6，11，12，13	1，4，7，9	1
S_2	2，3，6，13	2，9，10	2
S_3	3	1，2，3，7，9，10	3
S_4	1，4，5，6，8，9，10，13	4，11	4
S_5	5	1，3，4，5，7，9，10，11	5
S_6	6	1，2，6，7，9，10，11	6
S_7	1，3，5，6，7，8，10，11，12，13	7	7
S_8	8，12	7，8，9	8
S_9	2，3，4，5，6，8，9，12，13	9	9
S_{10}	2，3，4，5，6，10，12，13	7，10	10
S_{11}	5，6，11，12	7，11	11
S_{12}	12	1，7，9，10，11，12	12
S_{13}	13	1，7，9，10，13	13

该级有 S_5、S_6、S_{12}、S_{13} 的 R（S_i）∩A（S_i）= R（S_i），因此第一层要素为 {S_3 S_5 S_6 S_{12} S_{13}}，划去可达矩阵中所对应的行和列，得到第二层因素集 {S_2 S_8 S_{11}}；同理可以得到第三层要素集合 {S_1 S_{10} S_9}；最底一层要素集合 {S_4 S_7}。

（2）建立解释结构模型：如图 1 所示。

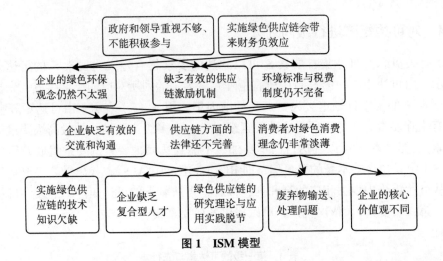

图 1   ISM 模型

4   总   结

由图 1 可见，政府部门在绿色供应链的实施上扮演着重要的角色，政府的态度直接关系到绿色供应链在中国能否成功的实施和发展。政府部门制定的各项政策对企业以及社会的行动具有一定的指导作用。这种指导作用在绿色供应链的倡导方面同样重要。为了使供应链活动绿色化，政府有必要制定交通规划和基础建设方面的政策，合理配置资源，减少环境污染。具体包括交叉发展道路与铁路，建立都市中心环状道路，通过合理规划交通流线，减少交通阻塞，以提高配送运输的效率。政府可以通过制定相应的优惠政策，发挥指导作用，鼓励企业选择合适的运输方式，实行联合运输，最终通过有限的交通量来提高物流效率，减少环境污染。鼓励企业开展共同配送也是政府政策的重要内容之一。发展绿色供应链，除了需要良好的法制和政策环境以外，还必须有技术上的保障，即还要以有利于环保和生态平衡的技术创新即绿色技术的选择为前提。绿色技术的应用，不仅可以使产品生产中尽量减少原材料和能源的消耗，减少有害于环境的副产品的产生，而且可以使产品在使用期终结时也容易被处置，将其对环境的影响减少到最小程度。由于企业可以调动的资源有限，仅仅依靠企业自身的力量很难完成这一工作。所以，绿色供应链技术的开发和应用，也需要政府给予各个方面的鼓励和支持。绿色供应链受到政府政策性扶植的时候，更离不开政府的宏观调控政策，加强政府在生态与经济协调发展上的综合管理和宏观调控职能，加大对物流专业人才的培养力度，同时对群众进行绿色物流的教育和引导，从一个大的方向来促进绿色物流的实施和发展，我相信绿色供应链一定能在全国范围内开展起来。

只靠政府的积极行动是不够的，企业也要给予密切的配合，企业应提高领导者的决断能力和创新能力，促使企业管理人员研究相关成功企业的经验，规范自身物流活动，应用先进技术，积极开展物流外包业务，同时，要加强政府引导，调整税制结构，提高企业排污成本，加强用户环境保护意识。从全民族的利益出发，积极地配合政府实施绿色供应链。提高物流的效率，降低对环境的污染。首先企业应该做的是，引进专业物流人才，提高物流管理水平，建立现代绿色供应链的硬件设施和软件设施，提高供应链的技术化和信息化，促进绿色供应链的发展。企业的建立是为了赚取利润，凭空的宣传是不够的，要让他们觉得实施绿色供应链无论长远还是现在都是有利的，所以就要认真地分析利益分配存在问题，进行改进，制定一个让经营者和消费者都接受的政策，让我们共同促进绿色供应链的发展。

参考文献：

［1］陈乐. 绿色供应链风险问题研究［J］. 中国集体经济，2009（11）：112–114.

［2］王能民，汪应洛，杨彤. 绿色供应链管理的研究进展及趋势［J］. 管理工程学报，2007（2）：45–47.

［3］孙向东，尹小勇. 解释结构模型在中国疯牛病风险识别中的应用研究［J］. 广西农业生物科学，2001（12）：267–270.

［4］王秀红. 主体隐性知识转化的解释结构模型研究［J］. 情报杂志，2006（2）：49–51.

［5］花明，程蕾. 基于解释结构模型的民营第三方物流企业成功因素研究［J］. 改革与战略，2009（3）：129–132.

［6］陈亚青，韩云祥. 解释结构模型在航空事故分析中的应用［J］. 灾害预测与防治研究，2009（11）：4–6.

Influencing Factors Analysis of Green Supply Chain Based on the ISM

LIU Mei

(Zhengzhou Institute of Aeronautical Industry Management，Zhengzhou 450015)

Abstract：Based on the research status of green supply chain，the relationship among the influencing factors of the green supply chain has been found and some suggestions for improving implement have been put forward in this paper by using the Interpretive Structure Modeling（ISM）so that some enlightenment for scientific and systematic development of green supply chain can be provided.

Key words：green supply chain；interpretive structure modeling（ISM）；influencing factor

绿色供应链中基于 AHP 和 TOPSIS 的
供应商评价与选择研究 *

罗新星　　彭素华

（中南大学商学院，湖南长沙　410083）

【摘　要】基于绿色供应链的内涵，采用 AHP 和 TOPSIS 相结合的方法，提出了一个多层次绿色供应链中供应商评价与选择模型，结合算例验证了该模型的可行性。

【关键词】绿色供应链；AHP；TOPSIS；供应商评价与选择

1　引言

为了缓解经济发展所面临的资源与环境压力，供应链发展的趋势之一是绿色供应链。近些年来，国内外许多学者都开始从事这方面的相关研究[1,2]。而在建立绿色供应链的过程中，很关键的一个环节就是选择合适的供应链合作伙伴，尤其是选择符合可持续发展战略的供应商。因为供应商作为绿色供应链的上游企业，它在保护环境和节约成本方面的作用能够通过供应链传递到下游的各个环节，从而在实施绿色供应链管理时发挥关键性的作用。因此，在绿色供应链管理过程中，如何建立一套科学有效的供应商评价和选择体系是一个很有理论和实践价值的研究课题。

* 本文选自《软科学》2011 年 2 月第 25 卷第 2 期。

基金项目：国家自然科学基金项目（90818014）；湖南省软科学重点项目（S2007Z263）。

作者简介：罗新星（1956–），男，湖南桃源人，教授、博士生导师，研究方向为供应链管理、管理信息系统等；彭素华（1985–），女，湖南株洲人，硕士研究生，研究方向为供应链管理。

2 绿色供应链环境下构建供应商评价与选择模型的必要性

2.1 绿色供应链的内涵

首次提出绿色供应链概念的是密歇根州立大学制造研究协会（MRC），它旨在综合考虑制造业供应链中的环境影响和资源优化利用[3]。目前关于绿色供应链的定义还没有一个统一的表述，本文综合前人的研究[4-9]，界定绿色供应链是一种在整个供应链中综合考虑环境影响和资源效率的现代管理模式，它以绿色制造理论和供应链管理技术为基础，涉及供应商、制造商、分销商、零售商和用户，其目的是使得产品从物料获取、加工、包装、仓储、运输、使用到报废处理的整个过程中，对环境的负面影响最小、资源利用效率也最高。绿色供应链管理不仅要求企业内部实施严格的环境管理制度，而且也需要上下游企业的紧密配合，将环境保护因素纳入供应链管理中来，实现经济绩效和环境绩效的双丰收。因此，供应商评价与选择是绿色供应链管理中的重要一环，企业通过这个环节可以对供应商进行有效的监督和控制，及时对供应商体系进行调整，从而实现经济效益和社会效益。

2.2 供应商评价与选择的研究现状

对供应商的评价研究最早、影响最大的是 Dickson。他通过对采购代理人和采购经理调查结果的分析，得到了 23 项供应商绩效评价准则[5]。Ellram 提出厂商在供应商选择时，除了要考虑成本、质量、交货期等一般的量化标准之外，还应考虑目标一致性、管理相容性等软指标[6]。Patton 提出的七项评价准则，分别是价格、质量、交货期、销售支援、设备与技术、订货情况、财务状况等[7]。

从国内的研究状况来看，张平、吴春旭从企业经济情况、环保所带来的社会价值以及环保所需资金三个角度考虑，建立绿色供应链合作伙伴评价指标体系。李树丞、胡芳根据绿色供应链的内涵和环境管理标准 ISO14001 系列，设计出了包含绿色指标在内的供应商评价指标体系[8]。上述这些文献关于供应商选择的评价指标大多数局限于传统的供应商选择的几个指标，仅仅只考虑了成员企业的经济效益，忽略了企业行为对环境的影响。有的即使加入环境保护这一指标，也只是在传统的指标基础上机械地加入，没有对环保因素进行具体的界定与量化。因此，本文从绿色供应链内涵出发，在分析前人研究成果的基础上，提出了基于 AHP-TOPSIS 的供应商评价与选择模型。

3 绿色供应链中基于 AHP-TOPSIS 的供应商评价与选择模型

3.1 供应商评价指标体系的构建

绿色供应链中供应商评价指标体系不仅应该关注传统的经济指标,如产品质量、价格、准时交货和生产能力等,在此基础上还应该考虑环境管理指标,关注与重视环境过程的提高,要求供应商具有环保和资源意识,而且对环境影响和资源效率等进行有效管理。根据王能民等提出的在绿色供应链环境下供应商评价指标体系的设计原则[9],我们不能用一套评价指标体系去评价所有的企业,至少在环境管理指标这个因素方面必须针对特定的行业进行特定的分析。本文结合已有研究成果,根据绿色供应链的内涵,构建了一个具体的多层次绿色供应链中供应商评价指标体系,见图 1。

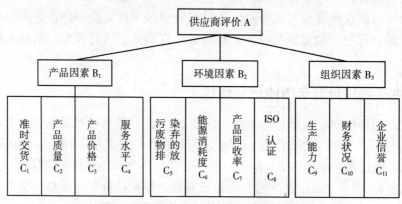

图1 绿色供应链中供应商评价指标体系

在图 1 构建的供应商评价指标体系中,将经济指标和环保指标划分为三个层次:产品因素、环境因素以及组织因素。其中,环境因素包括 4 个子指标:污染废弃物的排放、能源消耗度、产品回收率、是否通过 ISO14000 认证。其中前 3 个子指标属于定量指标。污染废弃物的排放用来衡量供应商在生产所提供产品过程中对环境的负面影响度,可以用单位产品有毒废弃物的排放量大小来量化;能源消耗度用来衡量供应商的资源利用程度,可以用单位产品的能源消耗成本来量化;产品的回收率是衡量一个企业是否具备绿色供应链理念的显著标志,这里是指供应商对其所提供的产品(对制造企业来说就是原材料或者半成品)的负责程度,可以用产品回收数量占总提供产品数量的比例来衡量。ISO14000 认证是定性指标,在计算过程中可以用 1 和 0 来分别表示通过认证和未通过认证。以上四点,作为环境子因素分析的一般指导,在具体的企业分析中,还要根据实际的需要进行选择。

3.2 采用 AHP 确定指标权重

目前，对供应商评价与选择的研究方法很多，如采购成本法和作业成本法（ABC 法）、线性加权法、层次分析法（AHP）、数据包络法（DEA）、逼近理想求解的排序法（TOP-SIS）、模糊综合评价法等[10]。这些评价方法各有优劣，如 AHP 能充分利用专家的主观意见，但是过分依赖其主观判断。而 TOPSIS 的评价结果不受人为因素影响，而且计算简单，容易理解，但不能反映决策者的偏好。因此本文选取 AHP 和 TOPSIS 相结合的方法对供应商进行评价与选择。首先，采用层次分析法（AHP）确定各指标的权重；其次，运用 TOPSIS 法对供应商进行综合评价选择。

绿色供应链环境下的供应商评价是一个典型的多层次多指标的综合评价问题。AHP 方法用排序向量表示不同因素的相对重要性，应用其进行供应商选择可分为四个基本步骤：

（1）建立目标决策问题的层次结构模型。层次结构模型中一般包括目标层 A、准则层 B、分准则层 C 及方案层 P。

（2）构造两两判断矩阵和层次单排序。由专家结合实际问题，采用 Delphi 法和 1~9 标度法来构造出各层因素之间的两两判断矩阵。

（3）层次单排序。设 B 层准则数为 n，运用和积法对 $A - B_i$ 的判断矩阵 $\bar{A}$ 每一列归一化，得到正规化矩阵 $\{\bar{a}_{ij}\}_{n \times n}$。其中：

$$\bar{a}_{ij} = a_{ij} / \sum_{i=1}^{n} a_{ij}(j = 1,\ 2,\ \cdots,\ n) \tag{1}$$

求正规化判断矩阵的每行之和，有：

$$W_i = \sum_{j=1}^{n} \bar{a}_{ij}(i = 1,\ 2,\ \cdots,\ n) \tag{2}$$

再对向量 $W = (w_1,\ w_2,\ \cdots,\ w_n)^T$ 进行归一化，得：

$$W^{(1)} = (w_1^{(1)},\ w_2^{(1)},\ \cdots,\ w_n^{(1)})^T \tag{3}$$

同理可得，分准则层 C 对准则层 B_i 的相对权重分别为：

$$W_i^{(2)} = (w_{1i}^{(2)},\ w_{2i}^{(2)},\ \cdots,\ w_{ti}^{(2)},\ \cdots,\ w_{mi}^{(2)})^T \tag{4}$$

其中 $i = 1,\ 2,\ \cdots,\ n$；$t = 1,\ 2,\ \cdots,\ m$，m 为准则层 B_i 中的准则数目。由式（4）得到分准则层 C 相对于准则层 B 的相对权重为：

$$W^{(2)} = (w_1^{(2)},\ w_2^{(2)},\ \cdots,\ w_t^{(2)},\ \cdots,\ w_n^{(2)})^T \tag{5}$$

（4）进行一致性检验。判断矩阵的一致性指标为：

$$C.R = \frac{C.I}{R.I}$$

其中，单排序一致性指标 $C.I = \frac{\lambda_{max} - n}{n - 1}$，R.I 为随机一致性指标（取值见文献 [7]）。

一般而言，只要 $C.R \leqslant 0.1$，就认为判断矩阵的一致性可以接受，否则调整判断矩阵。

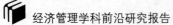

（5）层次总排序。层次总排序即分准则层相对于目标层而言的，其综合权重为：

$$W^{(0)} = W^{(2)} \cdot W^{(1)} = (W_0^{(0)}, \ W_2^{(0)}, \ \cdots, \ W_m^{(0)})$$

以此作为 TOPSIS 评价的权重系数。

3.3 运用 TOPSIS 进行供应商评价选优

逼近理想求解的排序法（TOPSIS，Technique for Order Preference by Similarity to Ideal Solution）是求解多目标决策问题的一种非常有效的方法。其基本思想是先选定一个正理想解和负理想解，然后找出与正理想解距离最近且与负理想解距离最远的方案作为最优方案。TOPSIS 法中引入相对贴近度来权衡两种距离的大小，判断解的优劣。

（1）对上述 P 个供应商 m 项评价指标所确定的判断矩阵 $X = (x_{ij})_{p \times m}$ 进行归一化，得到归一化判断矩阵 $Y = (y_{ij})_{p \times m}$；

（2）构造加权规范决策矩阵 $Z = (z_{ij})_{p \times m}$，其中：$z_{ij} = W_j \cdot y_{ij} (j = 1, 2, \cdots, m)$，式中 W_j 由 AHP 得到的综合权重系数确定；

（3）确定评价对象的正理想解 S^+ 和负理想解 S^-，其中：

$$S^+ = \{(\max_i z_{ij} \mid j \in J_1), \ (\min_i z_{ij} \mid j \in J_2)\}$$

$$S^- = \{(\min_i z_{ij} \mid j \in J_1), \ (\max_i z_{ij} \mid j \in J_2)\}$$

$$(i = 1, 2, \cdots, p; \ j = 1, 2, \cdots, m)$$

式中 J_1 为效益型指标，J_2 为成本型指标。

（4）评价对象对正负理想解的距离分别为：

$$D_i^+ = \sqrt{\sum_{j=1}^m (z_{ij} - S^+)^2} \ (i = 1, 2, \cdots, p)$$

$$D_i^- = \sqrt{\sum_{j=1}^m (z_{ij} - S^-)^2} \ (i = 1, 2, \cdots, p)$$

（5）相对贴近度的计算和供应商的选择。各方案与正负理想解的相对贴近度为：

$$\eta_i = D_i^- / (D_i^+ + D_i^-)$$

根据 η_i 值的大小排序，η_i 越接近于 1，则方案越优，即相对应的供应商就越合适（其中 $0 \leq \eta_i \leq 1$）。

4 算例应用

假设 R 公司产品的某一主要部件有 4 家供应商（记为 S）负责供应，为了建立长期的合作伙伴关系，故使用本文提出的评价模型和方法对他们进行评价与选优。

4.1 采用 AHP 确定指标权重

（1）建立绿色供应链中供应商评价指标体系，如图 1 所示。

（2）构造判断矩阵，进行层次单排序以及一致性检验。具体步骤如下：

判断矩阵 A–B（一级评价指标体系）

A	B_1	B_2	B_3
B_1	1	3	5
B_2	1/3	1	3
B_3	1/5	1/3	1

$W^{(1)} = (0.7166, 0.2014, 0.082)^T$

$\lambda_{max} = 3.0542$，C. I $= 0.027$

R. I $= 0.58$，C. R $= 0.047 \leqslant 0.1$

判断矩阵 B_1–C（二级评价体系）

B_1	C_1	C_2	C_3	C_4
C_1	1	3	5	8
C_2	1/3	1	3	5
C_3	1/5	1/3	1	3
C_4	1/8	1/5	1/3	1

$W_1^{(2)} = (0.5678, 0.2593, 0.1194, 0.0535)^T$

$\lambda_{max} = 4.079$，C. I $= 0.026$

R. I $= 0.9$，C. R $= 0.029 \leqslant 0.1$

判断矩阵 B_2–C（二级评价体系）

B_2	C_5	C_6	C_7	C_8
C_5	1	3	5	8
C_6	1/3	1	3	5
C_7	1/5	1/3	1	3
C_8	1/8	1/5	1/3	1

$W_2^{(2)} = (0.2946, 0.5447, 0.1172, 0.0434)^T$

$\lambda_{max} = 4.324$，C. I $= 0.110$

R. I $= 0.9$，C. R $= 0.098 \leqslant 0.1$

判断矩阵 B_3–C（二级评价体系）

B_3	C_9	C_{10}	C_{11}
C_9	1	3	5
C_{10}	1/3	1	3
C_{11}	1/5	1/3	1

$W_2^{(2)} = (0.7166, 0.2014, 0.082)^T$

$\lambda_{max} = 3.0542$，C. I = 0.027

R. I = 0.58，C. R = 0.047 ≤ 0.1

可见，各层判断矩阵均满足一致性检验。

$W^{(2)} = (W_1^{(2)}, W_2^{(2)}, W_3^{(2)})^T$

（3）层次总排序。由此可得到综合权重：

$W^{(0)} = (0.4026, 0.1858, 0.0854, 0.0383, 0.0593, 0.1097, 0.0236, 0.0087, 0.0588, 0.0165, 0.0067)^T$

以此作为 TOPSIS 评价的权重系数。

4.2 运用 TOPSIS 进行供应商评价选优

在图 1 评价指标体系中，除产品价格、污染废弃物的排放和能源消耗度指标为成本型指标，其余均为效益型指标。

（1）表 1 为 4 个候选供应商的评价指标值。

表 1 候选供应商评价指标值表

编号	C_1	C_2	C_3	C_4	C_5	C_6	C_7	C_8	C_9	C_{10}	C_{11}
S_1	0.99	0.92	990	0.85	0.21	842	0.42	0.32	50	0.82	0.8
S_2	0.84	0.81	920	0.92	0.13	718	0.49	0.42	40	0.92	0.9
S_3	0.86	0.88	880	0.96	0.42	792	0.32	0.28	56	0.88	0.7
S_4	0.91	0.96	950	0.89	0.09	618	0.67	0.70	60	0.93	0.9

（2）将指标判断矩阵 X 归一化，得到矩阵 Y，利用 AHP 确定的综合权重 $W^{(0)}$ 构造加权决策矩阵 Z。

0.1107	0.0479	0.0226	0.0090	0.0147	0.0293	0.0052	0.0022	0.0143	0.0038	0.0016
0.0939	0.0422	0.0210	0.0097	0.0091	0.0269	0.0061	0.0022	0.0114	0.0043	0.0018
0.0962	0.0458	0.0201	0.0102	0.0293	0.0310	0.0040	0.0022	0.0160	0.0041	0.0014
0.1018	0.0500	0.0217	0.0094	0.0063	0.0224	0.0083	0.0022	0.0171	0.0043	0.0018

（3）计算评价对象的正理想解 S^+ 和负理想解 S^-，分别为：

$S^+ = (0.1107, 0.0500, 0.0226, 0.0102, 0.0293, 0.0083, 0.0022, 0.0171, 0.0043,$

0.0018）

$S^- = $（0.0939，0.0422，0.0210，0.0090，0.0063，0.0040，0.0022，0.0114，0.0038，0.0014）

（4）确定 4 个供应商在各指标上到正、负理想解的距离，并计算各供应商与理想解的相对贴近度。结果见表 2。

表 2　候选供应商评价结果

	S_1	S_2	S_3	S_4
D_i^+	0.0155	0.0284	0.0160	0.0262
D_i^-	0.0212	0.0058	0.0254	0.0133
η_i	0.5777	0.1696	0.6135	0.3367

（5）供应商排序与选优。由表 2 相对贴近度的大小可知，供应商的排序为$S_3 > S_1 > S_4 > S_2$，因此，企业应选择供应商 S_3 为最佳供应商合作伙伴，其次是供应商 S_1 和 S_4，S_2 则可以不在考虑范围之内。

5　结　论

本文构建了一个多层次绿色供应链中供应商评价指标体系，将经济指标和环境指标纳入其中，兼顾了企业的经济效益和社会效益。然后，通过采用 AHP 和 TOPSIS 相结合的方法对候选供应链进行评价与选优。最后，通过一个算例验证了该模型的可行性，为绿色供应链中的核心企业选择合适的供应商提供了一种行之有效的方法。

参考文献：

［1］Beam on B M. Designing the Green Supply Chain［J］. Logistics Information Management，1999（4）：332-342.

［2］李武威. 基于绿色供应链的供应商评价研究［J］. 企业管理，2007（5）：38-40.

［3］刘光复，刘志峰，李钢. 绿色设计与绿色制造［M］. 北京：机械工业出版社，1992.

［4］张平，吴春旭. 绿色供应链管理中合作伙伴的评价与选择［J］. 价值工程，2005（2）：44-46.

［5］Dickson. An Analysis of Vendor Selection Systems and Decisions［J］. Journal of Purchasing，1966（2）：28-41.

［6］L M Ellram. The Supplier Selection Decision in Strategic Partnerships［J］. Journal of Purchasing and Materials Management，1990（4）：8-14.

［7］李树丞，胡芳. 基于模糊多层次综合评价的绿色供应商选择［J］. 湖南大学学报，2006（3）：137-140.

［8］Patton. Use of Human Judgment Models in Industrial Buyers' Vendor Selection Decisions［J］. Industrial

Marketing Management，1996（2）：135–149.

　　［9］王能民，孙林岩，汪应洛. 绿色供应链管理 ［M］. 北京：清华大学出版社，2005：159–160.

　　［10］彭勇行. 管理决策分析 ［M］. 北京：科学出版社，2000.

Research on the Vendor Evaluation and Selection Based on AHP and TOPSIS in Green Supply Chain

LUO Xin–xing　　PENG Su–hua

(School of Business Central South University，Hunan 410083)

Abstract：Based on the connotation of green supply chain，this paper presents amodel for the evaluation and selection of the green supplier with the combination of AHP and TOPSIS. At last，an example is given to evaluate the feasibility of themodel.

Key words：green supply chain；AHP；TOPSIS；evaluation and selection of the supplier

供应链金融解困中小企业融资难的优势分析 *

夏泰凤　　金雪军

(浙江大学经济学院，浙江杭州　310027)

【摘　要】中小企业在扩大就业、活跃市场、稳定社会和国民经济结构布局等方面起着难以替代的作用，中小企业融资难问题已经成为限制中小企业发展的一个最重要的因素。运用银企信贷动态博弈模型理论，本文认为降低银企交易成本和实施有效的动产质押是解决中小企业融资难的有效路径，作为一种全新金融服务创新模式，供应链金融在解困中小企业融资难方面具有重要作用。

【关键词】中小企业融资；动态博弈；交易成本；供应链融资

1　引言

中小企业的大量存在是一个不分地区和发展阶段而普遍存在的现象，是经济发展的内在要求和必然结果。中小企业在世界各国经济发展中占有重要地位，它在保障充分就业、维持市场竞争力、确保经济社会运行稳定、优化国民经济结构布局等方面发挥着难以替代的作用。据统计，我国中小企业占全部企业总数的 99%，创造的最终产品和服务的价值占我国 GDP 的 50.5%，解决就业量占我国城镇总就业量的 75% 以上，提供的产品、技术和服务出口约占我国出口总值的 60%，完成的税收占我国全部税收收入的 43.12%，[①] 中小企业已构成了我国经济的一个重要层面。

中小企业在发展过程中常常会遇到市场难以解决的资金短缺问题，资金短缺已经成为

---

* 本文选自《商业研究》2011 年 6 月第 410 期。

作者简介：夏泰凤（1981-），女，山东聊城人，浙江大学经济学院博士研究生，研究方向：金融经济学；金雪军（1958-），男，浙江绍兴人，浙江大学经济学院教授，博士生导师，研究方向：金融经济学。

① 数字来源：解析我国中小企业发展现状 [N].经济日报，2002-07-02.

制约中小企业发展的瓶颈。与大企业相比，中小企业利用信贷途径融资的难度更大，中小企业融资难问题一直是困扰中小企业发展的难题。关于中小企业信贷融资难的原因归纳起来有以下观点：①由于信息不对称导致的中小企业融资难。由于金融机构与中小企业之间的信息不对称，使得银行难以有效识别优质中小企业，从而导致银行对中小企业信贷量不足（贺力平，1999）；当银行面临信息不对称问题时，银行要求中小企业提供担保、抵押等方式来降低逆向选择和道德风险的影响。一般认为，中小企业受处置成本和资产专用性程度等多种因素的影响，在清算时其价值损失相对较大，所以在贷款中所面临的抵押要求也更加严格（郭田勇，2003）。②缺乏中小金融机构导致的中小企业融资难。国内部分学者在西方学者提出的"小银行优势"假说基础上，基于银行组织结构的视角对我国中小企业信贷融资难问题进行了分析，认为缺乏一个完善的中小金融机构体系是造成我国中小企业银行融资难的根本原因（林毅夫、李永军，2001；张捷，2002）。李志赟基于小银行比大银行向中小企业贷款更具信息优势等假设前提，在银行业垄断的模型中引入中小金融机构后发现中小企业可获信贷和社会整体福利都得到增加（李志赟，2002）。③中小企业金融支持服务模式缺失导致的中小企业融资难。解决中小企业融资难要建立相应的中小企业金融支持体制，提高金融服务功能和支持力度，增加对中小企业的资金投放。目前，国有商业银行与中小企业在融资体制安排上不对称，是制约中小企业金融支持的主要因素，金融体制改革中出现的体制转换裂缝硬化了对中小企业的政策歧视，不利于中小企业金融支持措施的落实（王朝弟，2003）。供应链金融是基于观点①和观点③提出解决中小企业融资难的方案设计，在弱化信息不对称的同时为中小企业融资输入全新理念和独特视角，构建全新的中小企业金融服务模式，使中小企业通过信贷市场融资不再可望而不可即。供应链金融对解困中小企业融资难、创新银行中小企业金融服务模式具有很大现实意义和理论价值。

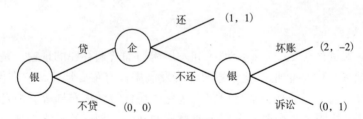

图1 完美信息下的银企动态博弈

2 银企信贷动态博弈模型

尽管改革开放以来中小企业融资渠道发生了多元化变化，但是由于中小企业自身底子薄、自有资金少、民间融资等各种融资渠道不太畅通，中小企业无力进入正规的资本市场进行直接融资，同时少量的财政资金基本上都流向了国有大型企业，专为中小企业提高信用担保的含有财政拨款在内的担保体系刚刚起步。因此，在当前的体制和制度框架下，我国中小企业的外源融资主要是依赖间接融资，而在间接融资中主要还是依赖于银行贷款。中小企业和银行发生信贷关系，是一个动态的博弈过程，需要动态地分析中小企业违约、银行诉讼等过程来考察中小企业信贷融资难的主要原因及其解决路径。

当中小企业向银行申请贷款后，中小企业和银行之间形成一个动态的博弈过程。动态博弈过程需满足以下三个假设：①双方的行为是顺序发生的，即银行是根据中小企业的行为选择是否放贷；②下一行动选择之前，所有以前的行为都是可以被观察到的，即银行可以观察到中小企业的经营状况、信用记录及违约状况等信息；③每一可能的行为组合下参与者的收益都是共同知识，即中小企业和银行对于自身采取的行为所获得的收益有准确的认识。中小企业从可行集 A_1 中选择一个行动 a_1，当银行观察到 a_1 之后从可行集 A_2 中选择一个行动 a_2，假设中小企业和银行的收益分别为 $u_1(a_1, a_2)$ 和 $u_2(a_1, a_2)$，许多经济问题都符合这种博弈。[①] 当在博弈的第二阶段银行选择自己的行动时，假设中小企业已选择了行为 a_1，那么银行面临的决策问题可以用下式表示：$\max\limits_{a_2 \in A_2} u_2(a_1, a_2)$。假定对 A_1 中的每个 a_1，银行的最优化问题只有唯一解，用 $R_2(a_1)$ 表示，就是银行对企业的行为的反应（或最优反应）。由于中小企业可以预测到银行每一个可能的行为 a_1 所作出的反应，这样企业在决定是否审贷时要解决的问题可以归结为：$\max\limits_{a_1 \in A_1} (a_1, R_2(a_1))$。假定企业的这一最优化问题同样有唯一解，表示为 a_1^*，我们称 $(a_1^*, R_2(a_1^*))$ 是这一博弈的解。当中小企业向银行提出贷款申请时，银行的行动集有两种选择：贷与不贷，而银行的行动集是基于中小企业的经营状况、信用等级、抵押物状况等已知信息。若银行拒绝放贷，则整个动态博弈中止；若银行同意贷款，则银行下一步的行动集由企业还贷行为决定，如中小企业按时还贷，则博弈中止实现银企双赢；如中小企业违约，银行面临两个行为集：银行可以采取容忍态度，承担坏账损失；也可以进行追究，请求补偿。

（1）完美信息下的银企动态博弈。假设信贷市场具有完美、完全信息、交易费用为零，即具有完善的中小企业金融服务体系，中小企业担保抵押手续简便，且费用低廉；若企业发生违约，高效的司法体系会迅速地对银行进行补偿，而且费用极低。运用博弈树描述银企扩展式的动态博弈，如图1所示。银企动态博弈有四种情况，当中小企业向银行申请贷款时，银行考核中小企业的状况，若银行拒绝放贷，则博弈中止，银行和中小企业的收益都为零，收益集为（0，0）；若银行同意放贷，则银行视企业的还贷行为进入博弈的第二个阶段。若银行贷款后，企业按时足额地归还贷款及利息，则博弈中止，银行和中小企业实现了共赢，收益集为（1，1）。若银行贷款后，企业违约，这时银行有两个选择集，若银行采取容忍态度，不追究企业的责任，则企业获得利润2，银行损失本金-2，收益集

---

① 参与者2的可选择行为空间 A_2，可以允许依赖于参与者1的行为 a_1。这种依赖性可以表示为 $A_2(a_1)$，或者可以合并到参与者2的收益函数中，对那些给定 a_1 时不可行的 a_2，令 $u_1(a_1, a_2) = -\infty$。

为（2，－2）；若银行进行诉讼，企业由于不履行责任而受罚，所获利润为0，银行利益得到补偿，收回本金1，收益集为（0，1）。显然，经过利益的权衡，若企业发生违约，理性的银行在容忍和诉讼的选择上，必然会选择诉讼，而理性的企业在违约和还款的选择上，必然选择还款。因此，在完美信息下银企动态博弈的纳什均衡是银行放款，企业履约，实现银企共赢。

（2）非完美信息下的银企动态博弈。现实经济生活是有"摩擦"的，如中小企业担保或抵押可能不足；司法体系效率不高等因素会造成银行在追究违约行为时产生高额的交易费用和漫长的等待时间。在交易费用较高的条件下，银企博弈格局将发生变化，如图2所示。若企业发生违约行为，银行进行追究时要付出高昂的交易费用，假设交易费用为0.5，则银行追回补偿后的总收益为0.5。若司法效率低下，在诉讼处理的时间内假定企业运用贷款取得收益为1.5。重新考虑银企博弈格局，此时博弈的均衡状态发生了改变。在不完美信息下，企业更倾向于违约，而银行为了较少损失，必然采取少贷或不贷的策略。此时的纳什均衡是银行拒绝放贷，企业和银行双方一无所获，导致中小企业融资难。

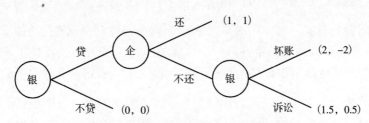

图2　不完美信息下的银企动态博弈

通过分别对完美信息下和不完美信息下的银企动态博弈进行分析，在有完善的中小企业金融服务体系、有良好的担保抵押体系或高效的司法制度下，能有效降低银企交易成本，获得银企共赢；反之，高昂的交易成本和低效的司法制度将增加银企交易成本，加剧中小企业融资难。因此在缓解中小企业融资难问题时，只能从降低交易成本、促进银企信息沟通入手，才能取得效果。供应链金融作为商业银行的一种新的金融服务模式，在降低交易成本、减弱信息不对称度、增强风险控制能力等方面具有独到的优势。近年来供应链金融在国际银行业应运而生，成为商业银行新的重要业务增长点。

3　供应链金融：中小企业融资新视角

《欧洲货币》杂志最近将供应链金融定义为过去几年中"银行交易性业务中最热门的话题"，并断言该业务的需求在未来几年将持续增长（Laurence Neville，2008）。据统计，通过供应链金融解决方案配合下的收款方式改进、库存盘活和延期支付等举措，美国最大的 1000 家企业在 2005 年减少了 720 亿美元的流动资金需求（Hackett-REL，2006）。与此相似，2007 年欧洲最大的 1000 家上市公司从应收账款、应付账款和存货等三个账户中盘活了 460 亿欧元的资金（Julian Lewis，2007）。UPS 发布的年度《亚洲商业监察》报告显示，2005 年我国中小企业有近 11 万亿元的存货、应收账款。来自于中国人民银行的调查结果表明，国内动产抵押情况严重落后于经济发展现实。一方面大量动产资金闲置与广大中小企业融资困难的现实同时并存，造成尖锐矛盾；另一方面，不动产资源枯竭与担保过分依赖不动产的矛盾造成了以下后果：①担保资源更加稀缺，信贷环境趋紧；②企业更加依赖不动产获得融资，金融机构更加依赖房地产，加大了银行风险；③缺乏不动产的中小企业贷款更难。由此可见，广大中小企业迫切的融资需求是推动供应链金融发展的动力，国内银行业在供应链金融领域的创新实践也方兴未艾。以深圳发展银行为代表，越来越多的银行将供应链金融纳入自身的市场定位和竞争策略体系。供应链金融这一命题的出现，启动了关于中小企业融资、银行业变革、产业竞争等一系列老问题的新思维。

根据 Michael Lamoureux（2008）的定义，供应链金融是一种在核心企业主导的企业生态圈中，对资金的可得性和成本进行系统性优化的过程。这种优化主要是通过对供应链内的信息流进行归集、整合、打包和利用的过程中，嵌入成本分析、成本管理和各种融资手段而实现的。根据 Aberdeen（2007b）的解释，供应链金融的核心就是关注嵌入供应链的融资和结算成本，并构造出对供应链成本流程的优化方案。而供应链金融的解决方案，就是由提供贸易融资的金融机构、核心企业自身，以及将贸易双方和金融机构之间的信息有效连接起来的技术平台提供商组合而成。供应链金融是指在对供应链内部的交易结构进行分析的基础上，运用自偿性贸易融资的信贷模型，并引入核心企业、物流监管公司、资金流导引工具等新的风险控制变量，对供应链的不同节点提供封闭的授信支持及其他结算、理财等综合金融服务。在过去的几年中，供应链金融在全球化的市场日益受到关注的原因主要有两个：首先是企业降低成本的压力与全球原材料、能源和人力资源成本不断提高之间的矛盾，核心企业仅仅关注外包的区域选择，已不足以应对竞争的挑战。其次，降低成本的需求引起了核心企业对上游企业延长账期、对下游企业压货的冲动，这些策略的有效实施必须以不提高上下游企业成本为基础，因此有计划的供应链金融策略成为一种选择。

供应链金融与传统银行融资的区别在于：供应链金融对供应链成员的信贷准入评估不是孤立的，对中小企业放贷的评估重点在于它对整个供应链的重要性、地位，以及与核心企业既往的历史；供应链金融中银行提供的信贷是基于真实的贸易背景，严格控制资金挪用，并引入核心企业的资信作为辅助手段控制授信风险；供应链金融还强调授信还款来源的自偿性，即引导销售收入直接用于偿还贷款。如图 3 所示，在供应链金融中，银行面对的不再是单一的企业，而是一个供应链条上的企业，传统信贷中银行与中小企业是一对一的信贷关系，在供应链金融中变为一对多的信贷关系。提供供应链金融服务的银行，"独霸"了整个供应链的金融服务，规模性金融服务大大降低了信贷的交易成本。中小企业也因为核心企业的支持，得到了在单一状态下无法得到的优惠贷款，实现了核心企业、供应商、分销商多方共赢。

传统融资模式中银行和供应链成员的关系：

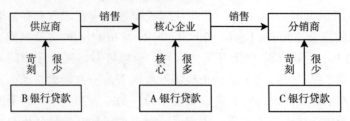

供应链融资模式中银行与供应链成员的关系：

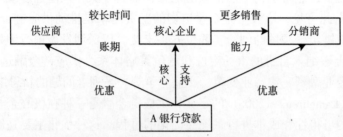

图 3　供应链融资模式与传统融资模式比较

资料来源：高杰. 供应链金融的分析与警示，载中国资金管理网.

供应链金融具有长期稳定性、信贷整体性、融资外包性、风险易控性的特点，前三个特点能很好地解决融资过程中融资交易成本过高的问题，后一个特点能很好地解决融资风险问题。①长期稳定性。供应链金融的运作是依据整个供应链中各企业之间的交易活动设立的，它可以随着供应链的生产周期一起运转。银行通过短期的资金运行成长期的业务关系，从而囊括整个供应链的金融服务，节约交易成本。②信贷整体性。供应链金融信贷融资整体性体现在融资主体的范围上，它涉及了供应链上几乎所有的企业。在信贷结构上，供应链金融不仅提供众多短期融资的方案，还提供了长期融资的形式，其融通资金几乎都以供应链中物流、信息流和资金流为依据进行整体性分配。③融资外包性。在供应链金融的设计中，引入了融资服务机构，由它代理供应链中的中小企业进行融资安排。当各中小企业有融资需求时，只要符合相应设计的条件，就可以迅速得到资金，从而可以大大降低融资所产生的交易成本，并提高融资效率。④风险易控性。在供应链金融业务中，银行能够很好地对真实性交易进行预测和确认，并且在发放贷款后，能直接控制资金的去向和物流的去向，保证资金的安全。既然中小企业融资难的根源是银企信息不对称造成的逆向选择、道德风险和高交易成本，因此要满足中小企业融资需求，破解中小企业信贷融资难的问题，就必须降低银行和中小企业间的信息不对称。在供应链金融业务管理中通过协调物流、信息流和资金流，能够很好地缓解信息不对称问题和降低融资的交易成本，中小企业融资的可行性问题得到了很好的解决。

4　供应链金融的优势分析

供应链金融作为一种全新的金融服务模式，具有传统信贷融资无法比拟的优势。它契合了中小企业资金需求的特点，将中小企业、银行、物流企业三者的创新巧妙结合起来，中小企业突破了传统融资瓶颈，解困融资难问题；银行实现了融资模式创新，更好地助推金融市场的发展；物流企业探索了全新的业务延伸方式，为中小企业和银行业搭建了畅通的金融之桥。供应链金融立足于中小企业融资难的根源，在优化信息不对称、节约交易成本、降低信贷风险等方面具有独特的优势。

4.1　整合金融资源，实现多方共赢

供应链金融作为中小企业融资的创新模式，有效整合了金融资源。银行实现了模式创新，扩大了银行的业务范围，将中小企业纳入银行的服务对象；物流企业探索业务创新，实现了业务增值和新的发展方向，为中小企业和银行之间搭建起金融服务的桥梁；通过供应链融资中小企业顺利实现了资金融通。

现代金融对物流的支持主要体现在结算手段和服务方面，从而保证物流、信息流和资金流的高效、统一，以完成资金流的归集。物流企业与银行通过资金流紧密联系在一起，与物流企业建立资金结算体系成为银行介入物流企业的突破口，这也将为银行带来更丰富的中间业务收入。银行作为物流供应链上资金流动的连接节点，在同物流企业合作时不仅可以与其建立长期稳定的业务关系，还可以提供延伸服务，拓展与物流企业相联系的上下游优质企业，使得生产厂商、物流企业、零售商或最终消费者的资金流在银行体系内部实现良性循环，从而开拓出新的客户群。通过供应链金融，有望为银行培养、发展一批优质的中小企业客户群，改变银行对大客户依存度过高的现状。供应链金融使物流企业的业务领域向金融领域延伸，也带来了金融业和物流业互补发展的良机，为物流企业开创了新的发展空间和业务方向。

物流企业的存在延长了银行的服务之手，物流企业的管理、控制和服务水平直接成为供应链金融业务开展方式、灵活性、融资效率、风险管理的核心，表现出不同于传统银行业务的特色，真正形成了银行—物流企业—借方企业的三方契约关系。供应链金融作为一种新的金融产品和创新，有效地缓解了长期以来存在的中小企业抵押融资难的问题。通常来说，企业向银行申请贷款的模式是以固定资产来抵押的，而往往中小企业由于自身规模的不足使得其可供抵押的固定资产非常少，这在一定程度上制约了银行向中小企业发放贷款。而在供应链金融模式下除了能以固定资产作抵押以外，还可以拿流动资产如原材料、产成品等来抵押。这一方面实现了中小企业资金的顺利融通；另一方面在实现融资的同时加速了资金的周转，提高了资金的利用效率。

4.2 加强信息传递，弱化信息不对称

供应链金融摆脱了传统融资思维，它既是一种行销模式，又是一种风险管理的模式。供应链金融不是静态看单个企业，是通过审视整个产业链条的风险管控模式，解决了银行传统融资过程中的信息不对称问题。在对中小企业开展的存货质押融资中，银行需要扮演贷款人和贷后监管人的双重角色，如果将银行的监管职能外包给现场监管的物流企业，并将银行的职能重点放在信贷决策和回收贷款方面，则从银行、物流企业和中小企业的三者关系中，可以取得博弈意义上的单阶段最优解。

由于信息透明度不高，导致银行对中小企业申请贷款的筛选成本过高，这使得银行面临中小企业过高的逆向选择和道德风险。将物流企业引入信贷结构，变两方模式为三方模式，委托—代理关系变为双层次，这在很大程度上优化了银行对授信企业的信息不对称，有利于信贷交易的达成。在供应链金融模式运作中，物流企业作为独立的动产监管方的介入，通过其强大的信息平台和标准的监管流程，保证对符合银行要求的总数量或总价值动产进行监管。独立的第三方动产监管对于银行和中小企业而言，充当了一个信号传递者的角色，从而有效降低了小企业与银行之间的信息不对称程度。

物流企业无论是监管信息的及时反馈还是贷款企业的真实状况，在对于融资中小企业的选取上都比银行更有优势。物流企业拥有丰富的监管经验和特定的专业知识，能够从专业的角度识别中小企业的风险，能够在信息不对称的环境下挑选到高质量的信贷对象。信息共享和信用整合是物流企业培育供应链金融服务能力的挖掘点。通过建立信息共享系统，在交易前，物流企业通过掌握大量行业的交易信息，使银行贷前的筛选成本大大降低了，由此银行信贷动机就会加强。在交易中，物流企业可以提供给银行等贷款机构动产质押商品定期的商品价值报告，帮助银行和客户确定抵押商品的范围和估价、建议抵押乘数、抵押金额、贷款期限和变现等级等内容，从而提高银行风险管理决策的科学性。物流企业在长期的经营中，对货物的信息，如库存数量、销售数量、价格波动信息、企业信息等信息搜寻成本较低，可以通过多种方式对中小企业进行信用整合。

4.3 节约交易成本，降低信贷风险

中小企业融资难的问题根源之一就在于信贷交易的成本往往高于以利差为主的交易收益，其中最主要的成本包括信息成本和监督成本。供应链金融模式下，物流企业的引入，得益于其专业化的技能、实地监管的便利以及对物流的占有性控制，可以有效地降低这两项成本，使得中小企业融资的收益—成本比明显改善。

供应链金融通过专业的金融机构操作方式以及独立的第三方动产监管方式等，均提高了该模式的标准化程度和复制的可能性。同时通过先进的信息平台和标准化的流程设计，解决不同市场主体对风险和收益的差异化需求，降低融资风险。这些条件都为彻底解决中小企业融资难问题提供了实施推广的可能性。供应链金融依托实体经济中供应链上的真实交易关系，利用交易过程中产生的应收账款、存货以及未来的货权作为质押品，为供应链

上下游中小企业提供一系列融资产品，可以有效降低整个供应链的融资成本。供应链金融引入新的风险控制技术和营销模式，通过引入核心企业和物流监管合作方两个变量，降低信贷委托代理的信息不对称问题。通过对物流、资金流控制的结构化操作模式设计，以及核心企业的信用捆绑技术，有效隔离和屏蔽了中小企业的信用风险。通过结合贸易背景的资金特定化使用控制，以及授信自偿性手段的运用，有效控制了中小企业信贷资金的安全性。通过立足核心企业的"团购"式销售模式，中小企业融资中成本—收益不对称问题得以解决。由于这些新的风险控制技术的运用，相比传统的信贷模式，中小企业不再是高风险客户群体，而是变成了和大企业风险水平相当而收益水平更高的客户群体。供应链金融实现了从中小企业生产的静态考察向动态经营考察的飞跃，风险防范方式实现了从实物担保向供应链中物权控制的飞跃，实现了从管制大企业融资向关注与大企业配套的中小企业融资的飞跃，解决了中小企业融资难问题。

参考文献：

［1］陈晓红，陈建中. 中小企业供应链融资 ［M］. 北京：经济科学出版社，2008.

［2］"供应链金融"课题组. 供应链金融——新经济下的新金融 ［M］. 上海：远东出版社，2009.

［3］［美］罗伯特·吉本斯. 博弈论基础（中译本）［M］. 北京：中国社会科学出版社，1999.

［4］金雪军，陈杭生. 桥隧模式——架通信贷市场与资本市场的创新性贷款担保运作模式 ［M］. 杭州：浙江大学出版社，2007.

［5］徐洪水. 金融缺口和交易成本最小化：中小企业融资难题的成因研究与政策路径 ［J］. 金融研究，2001（11）.

［6］陈荣. 物流金融业务合作框架构建 ［J］. 商业时代，2008（8）.

［7］李娟，徐渝，冯耕中. 基于存货质押融资的联盟式银行职能外包最优决策研究 ［J］. 运筹与管理，2007（2）.

［8］Aberdeen Group. The 2008 State of the Market in Supply Chain Finance ［Z］. 2007b.

［9］Lamoureux Michael A Supply-Chain Finance Prmie ［EB/OL］. 2008，http：//www.Sourcingwiki. com/ index. php /A_Supply_chain_Finance_prmier.

The Advantage of Supply-chain Finance in Solving SMEs Financing

XIA Tai-feng   JIN Xue-jun

（College of Economics，Zhejiang University，Hangzhou 310027）

Abstract： Small-and-medium sized enterprises play an irreplaceable role in aspect of employment expansion, market activity, social stability and economic structural layout. The difficulty of financing became an important factor to lim it the development of small-and-medium sized enterprises. This paper dem onstrates lowing transaction cost and effective chattelm ortgage are effective paths to solve the difficulty by establishing the dynamic game model. The paper interprets the supply-chain finance has unique charm in solving financing difficulty as a new model of financial services innovation.

Key words: small-and-medium sized enterprises financing; dynamic game; transaction cost; supply-chain financing

供应和需求不确定条件下物流服务供应链
能力协调研究 *

王晓立　　马士华

(华中科技大学管理学院，湖北武汉　430074)

【摘　要】为解决物流能力供应和需求不确定环境下，物流服务集成商和供应商能力采购和投资的协调问题，建立了 Stackelberg 主从博弈下物流服务集成商和供应商的决策模型，提出了基于收益共享的能力采购费用补偿协调机制，给出了实现供应链协同以及帕累托改进的合约参数设计和取值区间。数值分析进一步验证了该协调机制的有效性，以及供应和需求波动对决策双方行为的影响。研究结果表明，物流服务集成商通过调节合约参数取值能有效协调供应和需求随机环境下物流服务供应链的采购和投资风险。

【关键词】供应链管理；供应不确定；契约协调；物流服务集成商

引 言

随着经济全球化的发展以及 JIT 和精细生产方式的推广，制造领域的企业之间在生产、配送等环节协同运作的程度不断加深，随之而来的是企业物流运作复杂性的增强，仅靠众多分散的单个物流组织已很难再满足企业全球化运营的需要。由于物流服务供应链 (Logistics Service Supply Chain，LSSC) 能有效整合各个分散的物流组织，为客户企业提供集成化的物流服务[1,2]，增强客户企业的竞争优势，因而 LSSC 已经成为当前供应链管理研究的热点。

Wu[3] 和 Spinler[4] 针对由于需求和供应价格波动给能力购买双方带来的风险问题，

＊ 本文选自《运筹与管理》2011 年 4 月第 20 卷第 2 期。
基金项目：国家自然科学基金资助项目（70672040）。
作者简介：王晓立（1979–），女，湖北襄樊人，博士研究生，研究方向为供应链与物流管理。

提出了基于期权的灵活性能力采购合约。陈娟[5]等建立了基于外部柔性能力协作的服务系统能力投资决策模型，研究了收益共享的能力协作模式对决策和收益的影响。李果等[6]研究了物流需求不确定和决策点的可选择性环境下节点企业物流能力的投资决策，建立了多段随机规划和实物期权的物流能力柔性价值决策模型。崔爱平等[7]研究集成商与分包商在 Stackelberg 主从博弈下物流能力的订购与投资决策问题，提出了一种基于期权契约的能力协调机制。在上述研究中，文献[5~7]主要解决的是需求数量波动情况下 LSSC 能力协调与优化问题，但没有将供应的随机因素考虑进去。Wu[3]和 Spinler[4]在研究中虽然考虑到了供应的不确定，但仅局限于供应成本波动方面。事实上受服务网络的影响，供应商的能力也会呈现出供应数量的不确定性[8]。针对这种情况，本文研究了供应和需求数量不确定情况下的 LSSC 能力协调问题，提出了一种基于收益共享的能力采购费用补偿合约。研究结果表明：在供应和需求不确定环境下批发价以及期权合约都不能实现 LSSC 能力协调，而基于收益共享的能力投资费用补偿合约则能有效解决此类问题，实现 LSSC 收益最大化。

1　基本模型

1.1　问题描述

考虑一个由单供应商和单集成商组成的 LSSC 系统，假设每一单位物流服务需求需要一单位物流服务能力满足。供应商初始供应能力为 Y，这部分能力为公用能力，用来满足包括集成商在内的所有物流市场服务需求。在决策期初，供应商还需要对物流能力进行投资，以完成集成商的物流配送任务，新增的物流能力数量为 k。由于能力的扩充需要一定的时间，因此在决策期初集成商需要根据对服务需求 D 的预测确定能力采购数量 Q。假设 $D \sim U[a, b]$，均值为 μ_D，标准差为 σ_D，密度函数和分布函数分别为 $f(x)$，$F(x)(x \geq 0)$。供应商为了尽可能减少在能力扩充期间初始物流能力的闲置，会将这部分能力向其他客户销售。在集成商下订单时，供应商并不能确定在决策期末（即在集成商的物流服务需求实际发生时），初始能力的剩余数量 y 的大小，仅能知道 $y \sim U[\alpha, \beta]$，均值为 μ_S，标准差为 σ_S，密度函数和分布函数分别为 $g(y)$、$G(y)$。因此在决策期末供应商所拥有的物流能力数量为 k + y，y 的随机变化导致了决策期末供应商能力供应数量的不确定，受此影响供应商对集成商的最终交付能力数量为 $\min\{Q, k + y\}$。

为便于讨论，下面给出相关参数的假设：

ω：能力采购单价；c_1：供应商单位物流能力的投资成本；c_2：供应商单位能力的运作成本；p：集成商在物流服务市场上单位能力售价；s_1：物流能力采购不足时，集成商承担的单位能力损失；s_2：能力供应不足时集成商对供应商收取的单位能力惩罚费用。

假设上述所有的价格和成本都是外生的并且满足 $c_1 + c_2 < \omega < p + s_1$ 和 $\alpha + \beta < 4\mu$，供应商和集成商之间信息对称，均为风险中性。

1.2 集成式供应链最优决策

为分析分散决策情况下集成商的能力采购策略对 LSSC 效益造成的影响，并验证之后提出的协调机制的有效性，本文首先研究集成式供应链情况下的最优决策。供应链的期望收益 $\prod_I^c$ 表达式为

$$\prod_I^c = (p - c_2)\min\{Q, k + y, D\} - c_1 k - s_1(D - \min\{Q, k + y\})^+ \tag{1}$$

由于 y 在 $[\alpha, \beta]$ 上服从均匀分布，因此 $\prod_I^c$ 具体可写为

$$\prod_I^c = \frac{\beta - Q + k}{\beta - \alpha}(p + s_1 - c_2)(Q - \int_0^Q F(x)dx) + \frac{1}{\beta - \alpha}\int_\alpha^{Q-k}(p + s_1 - c_2)[k + y -$$
$$\int_0^{k+y} F(x)dx]dy - c_1 k - s_1 \mu_D \tag{2}$$

可证明当 $Q = \beta + k$ 时，$\prod_I^c$ 是关于 Q 和 k 的联合凹函数，此时存在最优的物流能力采购数量 Q^c 和投资数量 k^c。对 $\prod_I^c$ 分别求 k 和 Q 的一次导数并令其等于零，得到

$$\frac{\partial \prod_I^c}{\partial k} = \frac{1}{\beta - \alpha}\int_\alpha^{Q-k}(p + s_1 - c_2)[1 - F(k + y)]dy - c_1 = 0 \tag{3}$$

$$\frac{\partial \prod_I^c}{\partial Q} = \frac{\beta - Q + k}{\beta - \alpha}(p + s_1 - c_2)[1 - F(Q)] = 0 \tag{4}$$

求解上述式（3）和式（4）可知：$Q^c = \beta + k^c$，k^c 需满足

$$\int_\alpha^\beta F(k^c + y)dy = \frac{(\beta - \alpha)(p + s_1 - c_2 - c_1)}{p + s_1 - c_2} \tag{5}$$

2 批发价合约下双方最优决策

分散式决策下，集成商在供应链中占据采购决策的主导地位，供应商根据集成商的采购量决定能力投资的大小，该过程构成一个 Stackelberg 博弈，下面将采用逆向推导法分析批发价合约下供应商和集成商的最优决策。

2.1 供应商的最优能力投资决策

假设供应商在批发价合约下的期望收益为 $\prod_s^w$，它的决策问题为

$$\max \prod_s^w(k) = \omega\min\{Q, k + y\} - c_2\{Q, k + y, D\} - c_1 k - s_2(Q - k - y)^+ \tag{6}$$

由于 $\prod_s^w$ 是关于 k 的凹函数，对式（6）求 k 的导数并令其等于零，可得到供应商的最优能力投资量 k^w 满足

$$\frac{1}{\beta-\alpha}\int_{\alpha}^{Q-k^w}\left[(\omega-c_2+s_2)+c_2F(k^w+y)\right]dy=c_1 \qquad (7)$$

假设式（7）可写成 $k^w=\Psi(Q)$。

2.2 集成商的最优能力订购数量

假设集成商的期望收益为 $\prod_{b}^{w}$，它的决策问题为

$$\max\prod_{B}^{w}(Q)\ \text{s. t.}\ k^w=\Psi(Q)$$
$$=p\min\{Q,\ k^w+y,\ D\}-\omega\min\{Q,\ k^w+y\}+s_2\{Q-k^w-y\}^+-$$
$$s_1(D-\min\{Q,\ k^w+y\})^+ \qquad (8)$$

由于 $\prod_{B}^{w}$ 是 Q 的凹函数，对式（8）中的 Q 求导并令其等于零可得到集成商的最优能力订购数量 Q^w 满足式（9）

$$\frac{\beta-Q+k^w}{\beta-\alpha}\left[p+s_1-\omega-(p+s_1)F(Q)\right]+$$

$$\frac{\beta-Q+k^w}{\beta-\alpha}s_2+\frac{\partial k^w}{\partial Q}\int_{\alpha}^{Q-k^w}\left[p+s_1-\omega-s_2-(p+s_1)F(k^w+y)\right]\frac{1}{\beta-\alpha}dy=0 \qquad (9)$$

根据本文对 LSSC 达到协同状态的最优结果的分析，并结合式（7）、式（9），可得到结论 1。

结论 1 在批发价合约下，供应商的最优物流能力投资量 k^w 和集成商的最优能力订购数量 Q^w 不能使供应链达到协同。

3 协调机制设计

由结论 1 可知，批发价合约下供应链的整体收益要小于集成式供应链下的收益水平。批发价合约不能使 LSSC 实现协同的主要原因是由于没有采取有效的风险协调机制，以降低供应链中各企业的物流能力采购和投资风险。为此本文提出了基于收益共享的能力采购费用补偿合约以调节决策双方的采购和投资风险，相关的决策顺序如下：

（1）决策期初集成商以批发价 ω 向供应商提出数量为 Q 的物流能力。

（2）供应商在接到订单 Q 后，对物流能力投资数量 k 进行决策。

（3）在决策期末，集成商分配 $1-\delta(0\leqslant\delta\leqslant1)$ 比例的销售收益给供应商；同时在集成商采购的物流服务能力没有充分利用的情况下，供应商需向集成商支付一定数量的补偿费用 $\varepsilon(b)$，其中 b 为单位物流能力采购补偿价格并且 $b\leqslant\omega$，$\varepsilon(b)$ 的具体表达式为

$$\varepsilon(b)=\begin{cases}b(Q-D)^+ & \text{if}\ y\geqslant Q-k\\ b(k+y-D)^+ & \text{if}\ y<Q-k\end{cases}$$

在这一协调机制下，最终的博弈均衡是使供应商的能力投资额达到 LSSC 系统最优水

平，同时保证集成商与供应商的利润至少保持在实行批发价合约的收益水平。下面对集成商的最优合约参数进行求解。

3.1 供应商的最优能力投资决策

假设供应商在协调机制下的期望收益为 $\prod_S$，它的决策问题为

$$\max_k \prod_S = (1-\delta)p\min\{Q, k+y, D\} - c_2\min\{Q, k+y, D\} + \omega\min\{Q, k+y\} - c_1 k - \varepsilon(b)$$

(10)

可以证明 $\prod_S$ 是关于 k 的凹函数，此时存在关于供应商物流能力投资数量 k^* 的最优解。令 $\dfrac{\partial \prod_S}{\partial k} = 0$，可得到 k^* 满足

$$\frac{1}{\beta - \alpha} \int_\alpha^{Q-k} \{(1-\delta)p - c_2 + \omega - [(1-\delta)p - c_2 + b]F(k+y)\}dy = c_1$$

(11)

3.2 集成商的最优能力订购数量

假设集成商在协调机制下的期望收益为 $\prod_B$，它的决策问题可表示为

$$\max_{Q,\delta,b} \prod_B \quad \text{s. t. } k = k^c, \ Q = Q^c$$

$$\prod_B = \delta p\min\{Q, k+y, D\} - \omega\min\{Q, k+y\} - s_1(D - \min\{Q, k+y\})^+ \varepsilon(b)$$

(12)

可以证明 $\prod_B$ 是关于 Q 的凹函数，由 $\dfrac{\partial \prod_B}{\partial Q} = 0$ 可以得到

$$\text{当} \int_\alpha^\beta F(k^* + y)dy = \frac{(\beta - \alpha)(\delta p + s_1 - \omega)}{\delta p + s_1 - b}$$

(13)

式（13）成立时，有 $Q^* = \beta + k^*$ 成立。

因此为了实现供应链的协同，使 $k^* = k^c$，$Q^* = Q^c$ 成立，根据式（5）和式（13）可得到 LSSC 实现协同的充分条件为

$$\frac{\delta p + s_1 - \omega}{\delta p + s_1 - b} = \frac{p + s_1 - c_2 - c_1}{p + s_1 - c_2}$$

(14)

通过上面的分析，可推出结论 2：

结论 2 当新合约中的参数满足式（14），即 $b = \dfrac{(\omega - c_1\delta)p + (\omega - c_1)s_1 - \omega c_2}{p + s_1 - c_1 - c_2}$ 时，物流服务供应链达到协同。

此外当 LSSC 达到协同时，有 $Q^c = \beta + k^c$，$k^* = k^c$ 成立，因此可得到供应链实现协同时的必要条件。

结论 3 物流服务供应链达到协同的必要条件

$$\frac{(1-\delta)p + \omega - c_1 - c_2}{(1-\delta)p + b - c_2} = \frac{p + s_1 - c_2 - c_1}{p + s_1 - c_2}$$

(15)

证明 当 $Q^c = \beta + k^c$，$k^* = k^c$ 成立时，式（11）可简化为

$$\int_\alpha^\beta F(k^c + y)dy = \frac{[(1-\delta)p + \omega - c_1 - c_2](\beta - \alpha)}{(1-\delta)p - c_2 + b}$$

根据式（5）可知结论 3 成立。证毕。

将式（15）化简得到

$$b = \frac{(\omega - c_1\delta)p + (\omega - c_1)s_1 - \omega c_2}{p + s_1 - c_1 - c_2}$$

由结论 2 和结论 3 可得到结论 4。

结论 4 物流服务供应链实现协同的充要条件为

$$b = \frac{(\omega - c_1\delta)p + (\omega - c_1)s_1 - \omega c_2}{p + s_1 - c_1 - c_2}$$

4 数值分析

下面首先对基于收益共享的能力采购费用补偿合约协同的有效性进行验证。假设在决策期末物流服务需求服从 [0，300] 均匀分布，$p = 90$，$\omega = 50$，$c_1 = 30$，$c_2 = 10$，$s_1 = s_2 = 20$，并且在 [20，40] 上服从均匀分布。

在批发价合约下 $Q^w = 170$，$\Pi_B^w = 1954$，$k^w = 140$，$\Pi_S^w = 2918$。而在集中决策时 $Q^c = 220$，$k^c = 180$，$\Pi_I^c = 5244$。上述结果表明 $\Pi_B^w + \Pi_S^w < \Pi_I^c$，即批发价合约不能实现供应链的协同，降低了系统的整体收益。而在基于收益共享的能力采购费用补偿合约下，$\Pi_S = 11392 - 9443\delta$，$\Pi_B = 9443\delta - 6148$。因此在采用协调机制后，LSSC 相对于批发价合约下的系统新增收益为

$$\Delta\Pi = \Pi_S + \Pi_B - (\Pi_S^w + \Pi_B^w) = 372$$

同时为了满足参与约束条件 $\Pi_S \geqslant \Pi_S^w$、$\Pi_B \geqslant \Pi_B^w$ 同时成立，δ 应在 [0.858，0.897] 上取值时并且 $b = (440 - 270\delta)/7$。并且集成商可以通过调节 δ 取值，影响协同后系统新增收益的分配，如图 1 所示。当 $\delta = 0.859$ 时，供应商获得了协同后供应链系统全部的新增收益。随着 δ 的增大，供应商新增收益逐渐减少，而集成商协同后的新增收益逐渐增加。当 $\delta = 0.897$ 时，集成商新增收益达到最大，此时供应商的新增收益为零。

此外为了研究基于收益共享的能力采购费用补偿合约参数对供应商和集成商的投资、采购风险的影响，本文分别对供应波动和需求波动情况下的供应商和集成商的期望收益，以及 δ 和 b 的取值进行了数值分析。σ_S 和 σ_D 的取值情况如表 1 和表 2 所示。δ 的取值采用了 $\Pi_B/\Pi_I = \Pi_B^w/(\Pi_S^w + \Pi_S^w)$ 来计算。该表达式意味着供应链各成员在协同后获得的新增收益比例与批发价下供应链各成员间收益分配比例相同，即 $\dfrac{\Pi_B - \Pi_B^w}{\Pi_B^w} = \dfrac{\Pi_S - \Pi_S^w}{\Pi_S^w}$，因此由该式确定的 δ 值一定满足决策双方的参与约束条件。

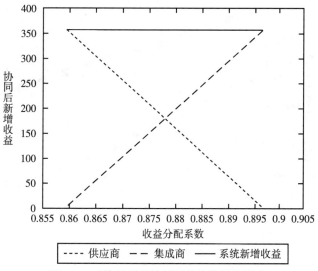

图1 δ 对协同后系统新增收益分配的影响

表1 物流能力供应标准差取值（$\mu_S = 30$）

	σ_S										
X~U[0，300]	2.887	4.330	5.773	7.217	8.66	10.104	11.547	12.990	14.434	15.877	17.320

表2 物流服务需求标准差取值（$\mu_D = 50$）

	σ_D										
Y~U[20，40]	14.434	21.651	28.868	36.084	43.301	50.518	57.735	64.952	72.169	79.386	86.602

从数值分析的结果，可以得出以下结论：

（1）与批发价情况下相比，供应商和集成商的收益减少趋势随 σ_S、σ_D 的增加在采用协调机制后有所减缓，如图2和图3所示。这说明供应商和集成商在新合约下的能力投资和采购风险要低于批发价合约下的情况。

（2）集成商可针对需求和供应不同的变化情况对合约参数进行调节，实现风险共担。如图4和图5所示，在需求参数保持不变而 σ_S 逐渐增加的情况下，δ 不断增大，b 逐渐减少；但在能力供应参数保持不变而 σ_D 增加的情况下，δ 不断减少，b 逐渐增大。这说明当 σ_S 增加时，LSSC 中主要承担风险的是供应商，集成商可以通过降低 b 来分担供应商的投资风险，同时为了调节自身风险集成商可通过增加 δ 来实现。当需求波动率增加时，情况则正好相反。

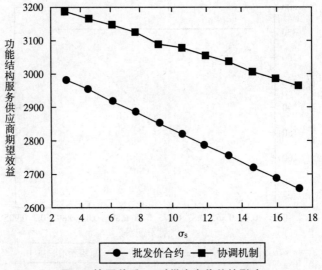

图 2　协同前后 σ_S 对供应商收益的影响

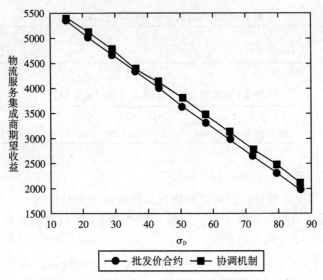

图 3　协同前后 σ_D 对集成商收益的影响

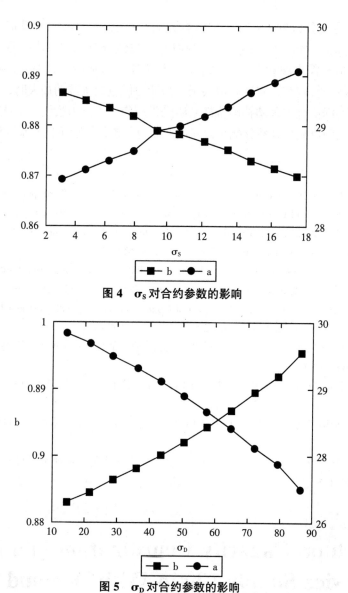

图 4 σ_S 对合约参数的影响

图 5 σ_D 对合约参数的影响

5 结语

  在 LSSC 中物流能力的协调与优化已成为十分重要的决策问题。本文对由一个供应商和一个集成商组成的单周期 LSSC 系统，在物流能力供应和需求不确定环境下的采购和投资协同问题进行了研究。为了协调风险实现供应链协同，提出了基于收益共享的能力采购费用补偿合约。通过分析发现：在采取该合约后，LSSC 能力采购和投资数量、供应商和集成商的收益都得到改善，实现了 LSSC 的协同。数值分析也进一步揭示了收益共享和补偿价格参数与供应和需求波动之间的关系。结果表明，集成商可针对需求和供应不同的变化情况对合约参数进行调节，实现风险共担。当能力供应数量波动加大时，集成商可通过增加收益分配系数，降低能力采购补偿价格来激励供应商扩大能力投资；当能力需求数量波动情况明显时，集成商可减少收益分配系数并增加能力采购补偿购价格，来降低自身的风险。

参考文献：

［1］Stefansson Gunnar. Collaborative Logistics Management and Role of Third-party Service Providers ［J］. International Journal of Physical Distribution & Logistics Management，2006，36（2）：76-92.

［2］Win Alan. The Value a 4PL Provider can Contribute to an Organization ［J］. International Journal of Physical Distribution & Logistics Management，2008，38（2）：674-684.

［3］Wu D. J.，K leindorfer P. R.，Zhang J. E. Optimalbidding and Contracting Strategies for Capital-in Tensive Goods ［J］. European Journal of Operational Research，2002，137（3）：657-676.

［4］Spinler S.，Huchzermeier A. The Valuation of Options on Capacity with Cost and Dem and Uncertainty ［J］. European Journal of Operational Research，2006，171（3）：915-934.

［5］陈娟，周乐，季建华，邵晓峰. 基于外部柔性能力协作的服务系统能力投资决策 ［J］. 系统工程理论与实践，2008（6）：59-64.

［6］李果，马士华. 分布式供应链节点企业物流能力柔性价值研究 ［J］. 管理科学，2009，22（2）：40-48.

［7］崔爱平，刘伟. 物流服务供应链中基于期权契约的能力协调 ［J］. 中国管理科学，2009，17（2）：59-65.

［8］刘伟华，季建华，包兴. 物流服务供应链两级能力合作的协调研究 ［J］. 武汉理工大学学报，2008，30（2）：149-153.

Research on Capacity Coordination in a Logistics Service Supply Chain With Demand and Supply Uncertainties

WANG Xiao-li　MA Shi-hua

(School of Management，Huazhong University of Science and Technology，
Wuhan 430074)

Abstract：In order to solve logistics service integrator's capacity sourcing and service provider's investment coordination problem with demand and supply uncertainties, we analyze logistics service integrator and service provider's strategies model under Stackelberg leader-follower game, and give a sourcing expenses reimbursement based on revenue sharing contract. The optimal contract parameter and intervals that can realize supply chain coordination and Pareto improvement are illustrated. A numerical example is further given to confirm the effectiveness of the contract and the effects of supply and dem and volatility on the decision-maker strategy. The results show that the logistics service integrator can effectively coordinate investment and sourcing risk by ad justing contract parameter in terms of supply and demand volatility.

Key words: supply chain management; supply uncertainty; contract coordination; logistics service integrator

供应链信息工厂：一种供应链信息
共享的新架构 *

李晓翔[1,2]   刘春林[2]   谢阳群[3]

(1. 安徽大学商学院，合肥　230039；2. 南京大学商学院，南京　210093；

3. 淮北煤炭师范大学，淮北　235000)

【摘　要】为了提高供应链中信息共享的程度、满足各个企业的信息需求、增强供应链中企业间的协作，本文试图探索一种新的供应链信息共享的架构——供应链信息工厂。本文基于国内外最新的研究动态，探讨了供应链信息工厂的构件和建立过程中所可能遇到的问题，这些将为未来供应链信息系统的建设提供新的思路。

【关键词】信息供应链；信息工厂；信息共享；数据仓库

如何实现信息共享？从目前来看，信息共享依赖于信息资源和信息系统的整合与集成。但是存在一个问题：现有的应用中数据和信息面向特定主题的而被处理，现有的信息管理方式也仅从信息生产链末端（信息产品）入手，以面向可能的应用，不同组织、不同部门的系统主题不同，其中所存储的数据和信息也被按照不同的主题而存储，它们往往具有不同的存储方式。因此，当前系统之间实现信息资源的共享时就要求助于系统之间的接口技术。众多的接口连同系统之间的信息流形成了日益庞杂的"蛛网"型信息架构，而这反过来又限定了信息系统的整合和发展方向。更重要的是，信息系统中面向特定主题的信息往往经过不可恢复性的处理，不再具有转换价值，信息系统和信息技术的应用形态只能依赖于原有的模式发展，形成了信息系统的"烟囱式"架构（Stovepipe Architecture）。这

* 本文选自《情报理论与实践》2011 年第 34 卷第 5 期。

基金项目：南京大学研究生科研创新基金项目"基于信息工厂的供应链信息共享研究"（2009CW04）；安徽大学211 文科青年基金项目"供应链信息共享与绩效关系实证研究：基于信息工厂理论"（02303304）；国家软科学研究计划项目"基于信息工厂理论的供应链信息模型和信息共享效用研究"（2010GXQ5D338）；国家自然科学基金项目"基于不同决策模式的应急供应问题建模与协调机制研究"（70872046）的研究成果。

作者简介：李晓翔（1982-），男，安徽大学博士生；刘春林（1970-），男，南京大学商学院教授；谢阳群（1962-），男，淮北煤炭师范大学教授。

样的结果除了降低未来信息共享的可能性收益之外，还面临一个无法回避的问题，即新的信息技术的应用。因为原有系统的数据和信息面向特定主题而被处理，无法随意地迁移至新的信息系统之中，所以信息技术的应用受到原有数据和信息的限制。处于不同供应链层级的企业如何与它们的上游和下游企业，甚至竞争对手进行信息共享？如上所述，不同企业的信息系统面向不同的主题和应用，它们所存储的数据和信息也经历了相应的处理和转换。组织之间共享库存信息、生产信息时，可能需要两个组织间建立专门的信息传递管道，可是一家企业与多家企业，甚至多家企业相互之间共享信息时，信息传递管道就日益繁杂。而且，不同系统中存储的信息由于在进入系统时就已被实施面向对象的处理，可能无法被其他系统所用，这些因素降低了信息的效用。由此可以看到，当前供应链信息共享等方面的信息资源管理模式需要变革。供应链信息工厂就是一种供应链信息共享的新架构。

1　研究现状

1.1　供应链信息共享模式和信息系统整合研究

目前的研究认为供应链信息共享和信息系统整合的逻辑是：基于信息技术的业务流程本身要求将信息技术能力镶嵌于组织的流程中，一个良好的信息整合平台不等同于单个构件之间简单的联合，它需要将数据、应用和各种流（Flow）进行实时衔接。关于供应链信息共享模式和信息系统整合的研究可以分为如下几个方面：

（1）供应链信息系统整合的分类研究。Sahin 和 Robinson 给出了若干信息整合分类的维度，包括信息在供应链上合作企业之间信息共享的程度、交易各方决策制定时的协调程度等[1]。这些分类强调并非所有的信息系统都能够得到相同的效用，因此并没有一种适用于所有供应链整合目标的单一解决方案。Ravi 等认为企业可以与供应链上的合作伙伴共享的信息包括：①事件信息，例如订单、生产状况；②产品信息，例如在产数量和库存数量；③作业流程信息，例如运输、配送状况；④结果信息，例如运营绩效、收入和销售[2]。Speier 等把供应链整合分为业务活动协调、买卖双方实时沟通、买卖双方建立伙伴关系、供应链上多层企业建立伙伴关系 4 个层面，并把信息系统整合程度由低到高分为信息系统链接、信息共享、信息协作和信息同步 4 个层次[3]。Subramani 把信息整合分为两类，即支持资源利用或自动化工作（例如加快实体流、资金流，增加效率，实现更有效的控制）、支持情报提供或探索式工作（例如风险承担、实验和创新）[4]。

（2）供应链信息系统整合策略研究。Lee 等认为在整合初期，供应链上各个企业致力于短期合作关系的建立，即建立数据单向推送机制[5]。信息共享在这个层面上只体现于供应链运作所需的 7 类初始数据，即库存量、销售数据、订单状态、销售预测、产品和交货计划、绩效指标和生产能力。而 Handfield 和 Nichols 认为战略层面的供应链整合体现于点对点沟通的实现，在这种高度集成的供应链环境下，初始数据显然不能满足需求，共享的信息还应当涵盖产品、客户、供应商、流程、竞争和市场等方面，这个层面的供应链信息系统要求能够支持不同的共享数据和数据传送方式，且信息系统必须与供应链架构相匹配[6]。Defee 和 Stank 认为信息系统与供应链架构匹配时，必须考虑架构的关键因素，即技术整合、沟通、标准化、决策流程、指标和回报体系[7]。

（3）供应链数据研究。利用信息系统促进供应链企业之间的协调，其中最重要的因素为数据的集成。数据准确性被认为是成功实现 MRP 和 ERP 的关键因素。而应用 RFID（电子标签技术）中数据时，往往会因为数据遗漏、数据歧义和数据量过大等问题而造成数据不能得到有效利用。因此，Dursun 等认为供应链当前必须重点关注数据的预处理、建模和自动化处理等问题[8]。RFID 中的数据不仅仅是改变单个仓库的业务流程，而是要从整个供应链的角度去解决业务流程问题。数据整合不仅是系统实现的问题，而且还关系到供应链运营。Raman 等指出 16%的断货是由于向客户传递错误的数据造成的，这使企业利润减少了 25%[9]。除此之外，供应链上下游企业之间以及系统之间数据的传输误差将导致产品的错误订购。例如，耐克公司把每季度 8000 万至 1 亿的收入损失归咎于其订单处理系统中的 i2 技术失误。

1.2 信息工厂研究

W. H. Inmon 于 20 世纪末先后提出了企业信息工厂（Corporation Information Factory，CIF）、政府信息工厂（Government Information Factory，GIF）的概念[10]。自从 W. H. Inmon 首次创造性地提出企业信息工厂的概念之后，企业界和学术界就纷纷开始对信息工厂的实现问题不断进行探索，试图采用信息工厂的模式进行信息管理。信息工厂是这样一种架构，即能够满足所有信息需求和请求。它囊括了数据和处理、活跃型数据和不活跃型数据、操作型处理和信息型处理、网络通信、数据粒度、数据的多维处理、数据整合、跨部门的访问数据、元数据、数据安全等。目前企业信息工厂已经成为指导新一代企业数据仓库建设的纲领和思维框架，例如我国的蓬天信息系统有限公司在数据仓库和决策支持系统的设计过程中就利用了企业信息工厂的思想，而 SAP 公司的 SAPBW 系列软件也越来越接近企业信息工厂架构。而美国则是最早进行政府层面信息工厂实践的国家。早在 1996 年美国国会就通过 Clinger-Cohen 法案，明确指出政府部门缺乏展现以及协调和管理整个信息系统建设、使用、维护的总体框架。针对法案要求，1999 年美国各级政府部门 CIO（Chief Information Officer）组建委员会，出版了企业架构的评测标准及实践指导文档，称为联邦企业架构框架（Federal Enterprise Architecture Framework，FEAF），为各级联邦政府的信息机构设置提供参考标准，支持政府层面信息工厂的建立。随后美国各级政府部门陆续发布各自的企业架构，如美国财政部的财政部企业架构框架（Treasury Enterprise Architecture Framework，TEAF）、美国国防部的国防部企业架构（Department of Defense Architecture Framework，DODAF）、美国环保局架构环境保护局企业架构（Environmental

Protection Agency Architecture Framework，EPAF）等。这些法案和架构为特定层面的政府机构整合信息系统特供了依据。在"9·11"恐怖袭击事件之前，美国政府需要的是高效率、一致性地处理信息，而"9·11"事件之后，美国政府意识到需要更大程度上跨越政府部门的界限共享和整合数据，更多地关注国家安全。因此，美国政府在 2001 年 9 月 15 日因为"9·11"事件而着手构建自身的政府信息工厂。但是，截至目前，美国政府联邦层面的政府信息工厂似乎仍然没有得到完全的实现[11-12]。

2 关于供应链信息工厂的初步设想

Lee 在 2000 年首次明确提出供应链信息共享的内涵，并指出整合后的供应链信息系统应当具有支持节点之间信息传递的结构，但是，关于供应链信息共享模式和信息系统整合的含义，学术界至今没有一个统一的界定。目前，得到研究者普遍认可的信息共享模式有三类：信息传递模式、信息集中模式和综合模式。其中信息传递模式是指供应链中各个企业之间进行点对点的信息传递，信息直接从发出方传递至接收方；信息集中模式是将供应链的共享信息集中在一个公共数据库中，各个企业根据权限对其进行操作；综合模式是点对点模式和信息集中管理模式的综合，通常以一个主要的信息平台为核心进行构建。这些模式本身仅仅是从技术层面提高了信息对企业决策的支持，以信息平台模式为例，其最终仍需要从各个企业数据库中抽取数据和信息至公共数据仓库中，这样仍然无法解决数据和信息面向特定主题的问题。而综合模式，仅仅提供了类似于信息工厂的自动化数据存储系统，全面质量管理等企业和其他组织的优秀管理思想和方法仍无法引入到数据和信息管理领域中。从研究现状来看，全局的数据模型、支持不同的应用和多样化信息需求以及支持信息管理活动与业务流程的相对分离等，是供应链信息共享模式和信息系统整合模式的发展趋势，而供应链信息工厂则是这种趋势的具体体现。

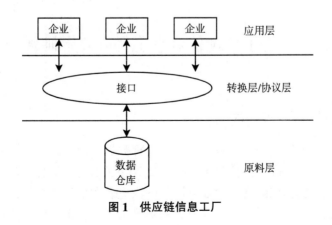

图 1 供应链信息工厂

图 1 给出了关于供应链信息工厂的架构。主要包括：①数据仓库。作为供应链信息工厂的"核心"，数据仓库的根本任务是按照一定的逻辑存储数据和信息，为整个供应链提供稳定的数据来源和数据存储；为企业用户的决策系统、数据挖掘工具和 OLAP 工具等提供所需的数据和信息支持，并且数据的粒度、主题和结构都能满足所需的标准；支持信息消费者实时信息查询。为了减少数据仓库的造价和缓解存储系统、访问系统的压力，数据仓库还可以采用备用存储作为其扩展组件，以利用尽可能低的成本存储海量的备用数据。②接口。接口首先扮演转换层的角色，转换层根据企业级数据结构和转换逻辑改造、重组、集成数据原料和初始信息。数据经过转换层后传递到数据仓库系统中。值得强调的是，这里的转换层必须考虑到不同组织和供应链信息工厂之间的协议。供应链中同一层级的企业之间存在竞争关系，如果一方担心竞争对手获知自己信息会给自己造成不利影响，那么它就不会将所有数据原料放置于供应链信息工厂中，这将降低信息工厂的效用，因此为了避免这种情况出现，接口还起到协议层的作用，即控制企业用户对某些数据的访问权限。③应用层。应用层主要是指供应链上的各个企业，它们同时扮演数据原料提供者和信息产品消费者。供应链信息工厂的运转需要不断与外部环境进行数据或信息的交换，它必须要创建有效的信息传递界面，实现积极而持续的输入和输出。

相对于现有的供应链管理系统而言，供应链信息工厂具有如下优势：①从供应链全局的视角构建数据模型、定义数据架构，这使得供应链拥有关于自身数据的整体试图，在供应链范围内构建了一致性框架，实现了各个信息系统之间的互通性。②供应链信息工厂作为相对独立的信息产品生产者，而并非依附于某个核心企业的业务流程，因此能够有效地识别各种数据和信息的价值，并能为供应链中的各个企业提供所需数据。③相关数据在数据仓库中存储，减少了冗余数据的存在。④数据仓库能够提供最细粒度的数据，信息消费者可以通过转换层抽取自己所需的数据原料至前台，实现了对于数据和信息的拉动式生产，从而增加了信息产品生产的灵活性以及生产过程的可控性。而且由于提供了最低粒度的数据，这也支持新系统或者新应用的加入。供应链本身是不断变化的，企业不断地加入或者离开，供应链信息工厂的这种功能和其开放性能够很好地支持企业成员的变化。

3　关于供应链信息工厂的若干问题

3.1　供应链信息组织的成立

供应链信息工厂能够以一致、集成的方式处理数据和信息。它变革了组织与其信息系统之间的关系，即信息系统不再依附于组织，成为相对独立的信息产品生产者，信息活动均在此进行；其他的机构或部门作为数据原料的供应者和信息产品的消费者，不再直接单独设置专门的信息部门，不再需要完成所有的信息活动。这造成信息活动的集中化和专业化，使得专门从事供应链信息管理的组织应运而生。供应链信息组织管理供应链信息工厂，确保企业用户的信息需求能够得到满足，在供应链内部，信息资源的效用得到最大化和充分发挥。供应链中的企业将根据供应链信息工厂所提供的信息安排和组织生产、进行分工与协作，整个供应链将基于信息工厂而实现自组织和自调整，实现基于信息的供应链运营模式的再造。

当然，信息组织的出现将重构供应链的运营模式。现有供应链管理系统同样是整合上下游企业的信息资源，但是整个过程仍然由企业自己控制，即企业可以自主决定是否共享某种信息。而供应链信息工厂的出现则实现对供应链中所有企业数据和信息的统一管理，它构成企业数据和信息的统一来源。信息对于当前企业至关重要，尤其对于供应链中的核心企业，是否愿意将数据和信息交由信息组织统一管理，就值得商榷。

3.2 供应链数据仓库的构建

供应链信息工厂的核心构件即为供应链数据仓库，它存储着具有全局视角、最低粒度的数据。因此，建立供应链数据仓库首先要解决的问题就是如何确定最低粒度数据和全局性数据架构。因此，如果建立供应链数据仓库时，除了要拥有支持海量存储和访问的技术支持之外，还需要尽可能详细地获知现有企业最低粒度的数据架构，数据仓库中的数据原型包括：收集所有企业内部的信息条目（包括信息系统、各种报表以及对各部门信息需求和信息供给的访谈）、信息粒度（更新时间、精确程度）等。供应链内企业数据是动态的，随着时间的推移可能会出现新的数据类别。为了避免数据仓库成为"烟囱式"，在构建数据架构之初就应当保留适当的冗余空间，以支持未来新的数据维度的出现。数据和信息在供应链数据仓库中一次性存储，也可以减少企业所普遍面临的信息超载等现象，即不再采用目前常见的"推送式"，而应为"拉动式"——信息在没有需求时，将不存在，而只有数据和信息原料，信息系统中将不会重复存储加工后的数据或信息。

3.3 从契约联盟到信息联盟

现有模式下，供应链企业之间基于契合或合同而形成联盟，进而产生相应的协作。在供应链信息工厂模式下，各个企业都致力于建设和维护信息工厂的运营，所需的原料也来自于此，这样基于信息工厂而在供应链整体层面形成互惠的共同体。从目前的研究来看，信息共享和系统整合与企业绩效以及供应链绩效之间存在正相关关系，供应链信息工厂作为信息系统的未来发展趋势也实现了信息的充分共享。借助于数据仓库，供应链信息对各个企业的可见性显著增加，即供应链中的信息需求者对诸如购买、生产、分销之类的关键活动和流程都能有着即时、准确的理解，信息的可见性是增进企业间协作的基础，并能够支持业务流程的改善和战略性组织结构的调整。因此，供应链信息联盟中的企业整体将从中获益。信息在企业间充分共享，这种共享给供应链所创造的价值在企业间如何分配？这同样是实现供应链信息工厂亟待解决的问题。

大量学者对供应链信息安全进行了研究，Smith 等从供应链环境、信息技术威胁、信息技术弱点等方面对供应链信息风险进行了定量研究，指出当前整合模式下，供应链整合程度越高，其面临的信息风险就越大[13]。供应链信息工厂模式下，如何追求风险和获益之间的平衡，这同样是个亟须解决的问题。

4 结束语

大量研究认为供应链信息共享对资源分配决策、过程整合、风险管理和需求变动响应具有积极作用，并证实完全信息共享是最优的信息共享策略，部分研究也证实信息共享对供应链的结构优化和绩效改善起到了较大的推动作用[14-15]。如何才能实现供应链信息完全共享？基于此，本文在回顾研究现状的基础上，提出了关于供应链信息工厂的初步设想，并就供应链信息工厂的实现过程中可能存在的问题进行了探索。但是，真正实现供应链信息工厂还需要理论和技术的进一步发展，希望本文能对当今的企业管理者以及行业协会等提供一些有益的启示。

参考文献：

[1] Funda S., Jr. Robinson P. Information Sharing and Coordination in Make-to-order Supply Chains [J]. Journal of Operations Management, 2005, 23 (6): 579-598.

[2] Patnayakuni R., et al. Relational Antecedents of Information Flow Integration for Supply Chain Coordination [J]. Journal of Information Management System, 2006, 23 (1): 13-19.

[3] Cheri S., et al. The Role of Information Integration in Facilitating 21st Century Supply Chains: a Theory-based Perspective Preview [J]. Transportation Journal, 2008, 47 (2): 21-38.

[4] Mani R. S. How do Suppliers Benefit from it Use in Supply Chain Relationships [J]. MIS Quarterly, 2004, 28 (1): 45-71.

[5] Lee H. L., et al. Information Distortion in a Supply Chain: the Bullwhip Effect [J]. Management Science, 1997 (43): 546-558.

[6] Handfield R. B., et al. Introduction to Supply Chain Management [M]. Prentice Hall: Upper Saddle River, 1999.

[7] Clifford D. C., et al. Applying the Stralegy-structure-performance Paradigm to the Supply Chain Environment [J]. International Journal of Logistics Management, 2005, 16 (1): 28-50.

[8] Delen D., et al. RFID for Better Supply-chain Management through Enhanced Information Visibility [J]. Production and Operations Management, 2007, 16 (5): 613-624.

[9] Rrman A., et al. The Achilles' Heel of Supply Chain Management [J]. Harvard Bus. Rev., 2001, 79 (25).

[10] Inmon W H 等. 企业信息工厂 [M]. 刑国庆等译. 北京：电子工业出版社，2004.

[11] 李晓翔，谢阳群. 关于企业信息工厂的几个问题 [J]. 情报学报，2007 (4): 38-43.

[12] 李晓翔，谢阳群. 关于政府信息工厂的若干思考 [J]. 中国图书馆学报，2007 (3): 612-619.

[13] Smith G. E., et al. A Critical Balance: Collaboration and Security in the it-enabled Supply Chain [J]. International Journal of Production Research, 2007, 45 (11): 2595-2613.

[14] Huang B., Seyed M., Iravani R. Production Control Policies in Supply Chains Withselective-information Sharing [J]. Operations Research, 2005, 53 (4): 662-674.

[15] Ketzenberc M. E., et al. Value of Information in Closed Loop Supply Chains [J]. Production and Operations Management, 2006, 15 (3): 393-406.

Information Factory for the Supply Chain: A New Architecture for Information sharing in the Supply Chain

LI Xiao-xiang   LIU Cun-lin   XIE Yang-qun

(School of Business, Anhui University, Hefei   230039;

School of Business, Nanjing University, Nanjing   210093;

Huaibei Normal University, Huaibei   235000)

Abstract: For improving the information sharing level in the supply chain, meeting the information need of each enterprise, and strengthening the cooperation among enterprises in the supply chain, this paper attempts to explore a new information sharing architecture for the supply chain, namely, information factory for the supply chain. Based on the latest research trend both at home and abroad, this paper discusses the component parts of the information factory for the supply chain and the problems which may be confronted with during the construction process, which will provide new ideas for the construction of the information system for the supply chain in future.

Key words: information supply chain; information factory; information sharing; data warehouse

绿色供应链绩效评价指标体系研究 *

张 培

（燕山大学经济管理学院，河北秦皇岛 066000）

【摘 要】目前，国家面临着能源紧缺、生态环境恶化的问题，保护环境，节约资源成为 21 世纪最重要的使命。因此，我国加强绿色供应链管理，进行供应链绩效评价具有重大意义。本文首先概述了绿色供应链管理及绩效评价的内涵，其次简述了构建绿色供应链评价指标体系的原则，最后设计出绿色供应链绩效评价指标体系。

【关键词】绿色供应链；绩效评价；指标体系

1 引言

随着人们保护环境、节能减排意识的增强，企业供应链上的诸多问题逐渐显现。产品出口受到了"绿色化"程度的严重影响。绿色供应链管理是一种新兴的企业战略管理模式，因此受到学术界、企业以及政府的高度重视。在推行供应链管理绿色化的过程中，如何评估绿色供应链管理系统是一个亟待解决的问题。绿色供应链的绩效评价是绿色供应链管理的一个重要方面。它利用科学、准确、真实的绩效评价指标体系，来帮助我们了解绿色供应链上各节点企业的运行情况和存在的不足，为实施有关流程的改进提供依据，同时也有利于政府制定相应的管理政策。

---

* 本文选自《中国商界》2010 年第 7 期。

2 绿色供应链管理及其绩效评价的内涵

2.1 绿色供应链管理

绿色供应链的研究开始于 1996 年，美国国家科学基金 （NSF） 资助密歇根州立大学制造研究协会 （MRC），进行了有关环境负责制造的研究，并提出了绿色供应链的概念。此项研究提出了制造业中资源优化利用和环境影响的问题，目的在于使供应链中环境影响因素最小，资源利用率最高。绿色供应链管理研究还处在刚开始发展的阶段，目前还没有确切定义。本文认为绿色供应链管理就是在供应链管理中考虑和强化环境因素，具体说就是通过上、下游企业的合作以及企业各部门的沟通，从产品设计、材料选择、产品制造、产品销售以及产品回收的全过程中考虑环境整体效益最优化，同时提高企业的环境绩效和经济绩效，从而实现企业和所在供应链的可持续发展。

2.2 绿色供应链绩效评价

绿色供应链绩效评价是从整个供应链的角度出发，利用构建好的指标体系，通过数量统计和运筹学等方法进行定量或定性分析，在一定时期内对绿色供应链现状进行客观评价，其评价结果可用于绿色供应链的改进和完善。

3 绿色供应链绩效评价指标体系的构建原则

为了有效评价企业绿色供应链，在构建指标体系时应遵循如下原则：

3.1 科学性原则

绿色供应链评价指标体系应建立在科学、合理的基础上，能充分反映企业绿色供应链的内在机制，指标的含义必须简单、明了，测算方法标准，统计计算方法规范，能全面、综合地反映其管理目标的实现程度。

3.2 可操作性原则

指标体系要反映绿色供应链的发展现状和趋势，为政策制定和科学管理服务，因此指标体系的构建要考虑可操作性，每一个指标要有明确的对象和边界，不能太抽象、太概念化；各个指标之间要有明确界面，内涵不可相互重复或彼此重叠；另外指标要易于量化、易于数据收集，具有可评价性。

3.3 可比性原则

绿色供应链是一个复杂且具有层次结构的系统，它由若干子系统组成。因此，描述与评估其发展状况和程度，应在不同层次上采用不同的指标。指标尽可能采用通用的名称、概念与计算方法，以利于进行横向和纵向比较。

3.4 关键性原则

由于衡量绿色供应链的指标比较多，研究中不能一一列举出来，所以本文选取了关键指标进行研究。

3.5 动态性原则

考虑到供应链系统跨时域的特点，绩效评价也需要通过一定的时间尺度才能得到反映，因而指标的选择要求充分考虑动态变化的特点，要能较好地描述与衡量未来的发展趋势，指标必须有时间概念，即要表明出数据的时间。

3.6 经济性原则

在绩效评价过程中，由于人、财、物的支出，必然会产生一定的成本。通常情况下，成本越高，评价结果就越精确，但是当成本大于收益时，评价就失去了意义。因此设计指标时，必须权衡收益与成本。

3.7 定性指标与定量指标相结合的原则

指标体系应尽可能量化，但对于一些难以量化、其意义又很重要的指标，也可以用定性指标来描述。定性的指标也应该有量的概念，至少可以用权重来量化，可以输入数据，进行运算和分析。

4 绿色供应链绩效评价指标体系的构建

由于绿色供应链系统的复杂性，表现出来的功能、服务目标、系统要素及外部环境都是千差万别的，因而在评价绿色供应链时，应该根据具体情况制定评价准则。本文根据 ISO14001 环境管理认证、绿色供应链管理的研究成果以及专家的意见，主要从经济、运营、客户服务、环境以及创新发展五方面，构建绿色供应链绩效评价指标体系。

4.1　经济性能指标

经济性能指标在绿色供应链绩效评价中占有重要地位，它能够直观地显示出供应链中经济绩效水平的高低。供应链上各节点企业的持续盈利是实施供应链战略的主要目标，而供应链的竞争价值又是供应链绩效评价所要考虑的首要问题之一。因此，绿色供应链的经济指标应尽可能地包含供应链在一定时期内的经营成果，其指标主要包括利润增长率、现金周转率、总资产报酬率、回收再生成本、废弃物处理费、污染治理成本。

4.2　运营性能指标

运营性能指标是保证企业进行日常运行的重要指标，企业的运营能力高，才能创造更多价值。它既要包括企业内部的供货能力，也要有企业信息资源共享能力，实施绿色供应链管理可以对企业的运营环境产生巨大影响，其主要表现在企业所生产的产品、企业的生产过程以及企业与供应链上各节点企业之间的关系等方面，其评价指标包括库存水平、原料及产品即时供货能力、设备的自动化程度、信息共享程度以及产品不合格率。

4.3　客户服务性能指标

从客户的角度来看绿色供应链的运作，衡量标准可以转化为衡客户服务性能指标，这些指标反映了顾客对于供应链的要求。绿色供应链中各节点企业为了获得经济绩效，就必须创造出让客户满意的产品和服务。客户服务是供应链绩效评价中一个很重要的方面，它是供应链整体绩效的外部表现，其主要指标有订单总循环周期、订单完成比率、客户响应时间认同率、缺货频率、交货准确率和客户满意度。

4.4　环境性能指标

绿色供应链在运行的过程中会对外部环境产生影响。环境绩效是绿色供应链绩效评价系中最具特色的一个方面，同时也是区别于传统供应链绩效评价的一个重要方面，它反映了绿色供应链各组成要素对环境的友好程度，主要包括以下指标：污染物排放量、"三废"排污达标率、能源消耗率、废弃物回收利用率以及生产清洁化程度。

4.5　创新发展性能指标

供应链之间的竞争日趋激烈，各节点企业不仅要加强管理改善流程，而且还要通过产品和服务的创新，来提高供应链的竞争力。产品和服务的创新有助于提高企业其他方面的绩效，只有这样供应链才能保持可持续发展。绿色供应链的创新发展绩效可通过以下几个指标来评价：新产品开发率、新产品收入比率、科研人员比率以及员工培训总人时增长率。

5 结束语

绩效评价是绿色供应链管理的一个重要方面，为了了解整个供应链的运行情况就要对其进行客观、准确的评价，在此基础上对发现的问题进行改进，以提高整个供应链的运行水平。而科学、全面的指标体系是绩效评价的关键所在，本文参考了众多学者的研究，提出了绿色供应链绩效评价指标体系。在具体的操作中，企业应该根据自己的实际需要进行调整，使其更具科学性和操作性。

参考文献：

[1] 张华伦，冯田军，董红果. 绿色供应链管理的绩效评价 [J]. 决策参考. 2006（4）.

[2] 方青，邓旭东. 绿色供应链绩效评价指标体系的研究 [J]. 物流平台. 2006（10）.

[3] 朱庆华，赵清华. 绿色供应链管理及其绩效评价研究 [J]. 科研管理. 2005（4）.

[4] 徐团结，王朔，潘海青. 绿色供应链管理及其绿色度评价 [J]. 巢湖学院学报. 2006（2）.

[5] 王富华，温宏博. 绿色供应链综合绩效评价指标体系构建 [J]. 商业经济. 2009（26）.

Assessment Indicator System of Green Supply Chain Performance

Zhang Pei

(School of Economics and Business Management, Yanshan University, Qinhuangdao 066000)

Abstract: At present, the government has to deal with a lot of problems such as the lack of energy and the worsen of the ecological environment. Furthermore, environment protection and resource economization become the most important mission in the 21 century. Thus, it is meaningful to implement green supply chain management and supply chain performance evaluation. This paper explains the meanings of green supply chain management and performance evaluation.

Key words: Green Supply chain; Performance Evaluation; Index System

供应链伙伴间信息共享对运营绩效的间接作用机理研究——以关系资本为中间变量 *

叶 飞 薛运普

(华南理工大学工商管理学院，广东广州 510640)

【摘 要】构建了以关系资本中的信任及关系承诺等维度为中间变量的供应链伙伴间信息共享对企业运营绩效间接作用机理的理论模型。以广东省珠三角地区 141 家制造企业为调查对象，利用结构方程模型对供应链伙伴间信息共享、关系资本（信任与关系承诺）与运营绩效之间的关系进行实证研究。研究结果发现，供应链伙伴间信息共享与运营绩效之间存在两条间接作用路径，即"信息共享→信任→运营绩效"和"信息共享→信任→关系承诺→运营绩效"，这表明供应链伙伴间信息共享的确可以以关系资本中的信任与关系承诺等维度为中间变量而间接地作用于企业运营绩效。

【关键词】供应链；信息共享；运营绩效；关系资本；信任；关系承诺

1 引言

网络经济时代，"信息"已经成为供应链管理中最为重要的资源之一，可以说供应链伙伴间能否进行有效的"信息共享"已经成为供应链管理成败的关键。供应链伙伴间的信息共享可以有效地降低牛鞭效应，减少供应链管理中的信息失真和信息风险问题，从而可以有效地提升供应链的运营绩效。

目前，国内外已有不少学者采用数学建模与仿真的方法研究了供应链伙伴间信息共享

* 本文选自《中国管理科学》2011 年 12 月第 19 卷第 6 期。
基金项目：国家自然科学基金资助项目（70971042）；广东省高等学校人文社会科学创新团队项目（08JDT-DXM63002）；华南理工大学中央高校基本科研业务费资助项目（2009SM0030，2009ZM0240）。
作者简介：叶飞（1974–），男（汉族），江西进贤县人，华南理工大学工商管理学院，博士，教授，博士生导师，研究方向：物流、供应链管理。

对企业运营绩效的影响，并得到一些有价值的结论与启示。例如，在国外，Lee 和 So 等（2000）[1] 研究了由一个制造商和一个销售商构成的两层供应链系统，市场需求为非平稳的 AR（1）模型。研究结果表明，只要单独共享销售商处的实时市场需求信息就可以大幅度减少制造商的平均库存和运营成本，降低牛鞭效应。Chen 等（2000）[2] 证明了通过共享需求信息可以有效地减少牛鞭效应。Iyer 和 Ye（2000）[3] 研究了零售促销情境下的信息共享价值问题，研究发现共享促销信息可以提升制造商利润。Simchi-Levi 和 Zhao（2000）[4] 研究了一个有限时域（Finite Time Horizon）模型来探讨信息共享对绩效的影响。研究结果显示，在保持服务水平不变的前提下，制造商通过信息共享能够减少库存成本。Zhao（2002）[5] 在此研究基础上进一步探讨了一个具有生产能力约束及无限时域（Infinite Time Horizon）的两层供应链系统的信息共享价值问题。研究结果表明，随着时间推移信息共享的总价值在不断增加，但增加速度却在减慢。另外，该研究还发现信息共享对订单满足率并没有显著影响。Xu 等（2001）[6] 比较了制造商与销售商在无信息共享和有信息共享情况下双方订单的波动与安全库存的变化，解析分析和数值仿真都说明了信息共享是有价值的。Cheung 等（2002）[7] 分析了如何通过信息共享达到整车运输和在 N 个销售商之间调整库存的价值。研究发现通过信息共享实施的整车运输和库存调整都对供应链系统有一定的价值。Kwon 和 Suh（2004）[8] 发现供应链伙伴间信息共享可以减少不确定性行为。Wu 等（2008）[9] 分析了多级供应链中信息共享对库存水平与期望成本的影响，研究结果表明分销商与制造商的库存水平及期望成本均随着信息共享水平的增加而减少。Chen 和 Lee（2009）[10] 研究了信息共享与订单变动控制问题，研究发现信息共享与订单延迟策略相结合可以有效地改善供应链绩效。

在国内，同样有很多学者对供应链伙伴间信息共享价值问题进行了深入研究。例如，张钦等（2001）[11] 构建了一个包含一个供应商和零售商的两级供应链，研究了在需求模型 ARIMA（0，1，1）下牛鞭效应的量化和信息共享的价值问题，其研究结果表明信息共享能给供应商带来减少牛鞭效应，减少现有平均库存以及降低成本等好处。陶文源和寇纪松等（2002）[12] 发现信息共享降低了整个供应链的不确定性，提高了供应链的效率，但是成本较高的供应商并没有效益。万杰等（2003）[13] 的研究表明利用信息共享的方式可以控制牛鞭效应，但不能完全清除牛鞭效应。申悦等（2005）[14] 研究了两个零售商间存在 Bertrand 竞争时，零售商与供应商间的信息共享价值问题。研究结果表明，信息共享总能使得供应商获益，但会使零售商收益减少，零售商并不会自愿地向供应商共享其成本信息。张欣和马士华（2007）[15] 利用数学建模方法分析了信息共享与协同合作在供应商与制造商的不同策略组合下对该供应链收益的影响。结果表明，信息共享能够降低成本，但主要收益来自系统的协调决策，而且这些收益并不是均匀地在各成员间进行分配的，而是随策略的不同而不同的。郝国英等（2007）[16] 的研究表明，当零售商与制造商均采用一阶平滑指数预测方法预测需求，且顾客实际需求为一阶自回归过程时，信息共享可以有效地降低生产商的订货量和平均库存，但缺货期望值却会有所增加。然而，对于零售商来讲，信息共享对它的订货量、平均库存和缺货期望值均没有显著影响。李娟等（2008）[17]

的研究表明制造商与零售商共享信息能够降低订单不确定性波动的大小，从而缓解系统上的牛鞭效应。邹细兵等（2008）[18]考虑了一个由制造商和零售商所构成的双重销售渠道的供应链系统的信息共享价值问题，结果表明信息共享在制造商处所产生的价值总为正数，而在零售商处所产生的价值并不是总为正数。关旭等（2010）[19]在基于 Supply Hub的运作模式下，研究了 N 个配套供应商对单个制造商的单周期准时供货模型，研究结果表明配套供应商之间通过一定程度的信息共享能够有效降低成本和提高服务水平。

总的来看，国内外学者利用数学建模的方法已对供应链伙伴间信息共享与运营绩效之间关系问题做了大量研究。最近，国内外也有一些学者开始利用实证研究方法来探讨供应链信息共享水平与运营绩效之间关系。例如，Zhou 等（2007）[20]通过实证分析发现信息共享对供应链绩效存在显著影响。Paulraj 等（2008）[21]也发现跨组织之间信息沟通对供需方运营绩效产生显著正向影响。Klein（2007）[22]通过实证分析发现供需方实时数据交换对绩效有着明显的直接影响。Krause 等（2007）[23]验证了信息共享对采购绩效有显著的正向影响。叶飞和徐学军（2009）[25]、叶飞（2006）[24]分别采用多元回归分析和结构方程模型（SEM）的方法分析了供应链伙伴间信息共享水平与运营绩效之间关系，实证结果表明供应链伙伴间作业信息共享对企业运营绩效有显著的正向影响。

然而，以上的研究均只考虑供应链伙伴间信息共享对企业运营绩效的直接影响，而忽略了信息共享对运营绩效的间接影响。事实上，供应链伙伴间信息共享不仅可为企业运营绩效带来显著的正向影响，而且还可以通过伙伴间的关系资本而间接地作用于企业运营绩效。比如，Ghosh 和 Fedorowicz（2008）[26]运用多案例研究方法总结出零售商与供应商之间的信息共享有助于构建彼此之间的信任机制。Lee 和 Kim（1999）[27]认为企业间沟通与信息共享可以增进伙伴间相互谅解并提升伙伴关系。Kwon 和 Suh（2004）[8]认为信息共享是企业之间构建伙伴关系不可缺乏的因素。由此可见，供应链伙伴间信息共享的确有可能是企业间关系资本形成中的关键因素之一。据此，我们初步以信息共享与关系资本之间是一种相互促进的螺旋上升关系。本文将从社会资本理论中的关系资本视角来探讨供应链伙伴间信息共享是否可以关系资本为中介而间接地作用于企业运营绩效。本文研究的重要性体现在两个方面：一是可以更全面地了解供应链伙伴间信息共享价值，突破以往文献对供应链伙伴间信息共享价值的片面认识，从一个全新视角来认识供应链伙伴间信息共享价值；二是可以进一步弄清楚信息共享与关系资本之间关系到底如何？是信息共享影响到关系资本形成，还是关系资本会影响到信息共享水平？通过本文的研究及文献[25]的研究成果，我们可以对这些问题有个更为清楚的认知和回应。

2 理论基础与概念界定

2.1 信息共享

信息论创始人 Sannon 认为，"信息是不确定量的减少"、"信息是用来消除随机不确定性的东西"，而供应链伙伴间信息共享则是指在特定交易过程或合作过程中，不同伙伴企业之间的信息交流与传递[25]。供应链上可供分享的信息种类繁多，且分类的标准也非常复杂。例如，Bensaou（1997）[26] 将信息划分为：采购信息、生产控制信息、质量信息、工程信息、运输信息和支付信息等 6 种类型。Chen 和 Chen（1997）[27] 认为共享的信息包括：生产排产信息、生产排产变动信息、设计数据信息、工程变化信息、质量信息、送货信息及成本信息等。Seidmann 和 Sundararajan（1998）[31] 将供应链中可共享的信息划分为四个层级：订单处理信息、作业信息、策略性信息与竞争性信息。Handfield 和 Nichols（1999）[29] 将供应链共享信息划分为：顾客信息（包括顾客预测信息、销售历史信息、POS 数据信息和促销计划信息）、供应信息（包括生产线信息、生产提前期信息、能力信息和生产计划信息）、库存信息（包括库存水平信息和库存成本信息）。Lee 和 Wang（2000）[30] 将信息共享的类别划分为：库存水平、销售数量、订单状态跟踪、生产/送货信息等。Li 等（2006）[34] 将信息共享划分为交易信息、运作信息和战略信息等三个层次。Gao 等（2006）[35] 提出供应链各节点企业常常共享的信息主要包括：订单信息、生产状态、生产计划和预测信息。Li 和 Lin（2006）[36] 在其实证研究中用三种信息来度量伙伴间信息共享水平，即需求变动信息、专有信息和有关核心业务流程的商业知识。Zhou 等（2007）[20] 用顾客信息、信息共享支持技术、制造商信息与信息质量等四个维度来度量信息共享水平。除此之外，还有许多其他分类标准及度量方法，在此不一一列举。综合前人的研究成果，本文将用"与合作伙伴分享订单处理信息（IF1）"、"与合作伙伴分享物料或产品库存量信息（IF2）"、"与合作伙伴分享生产能力规划信息（IF3）"、"与合作伙伴分享生产排产信息（IF4）"、"与合作伙伴共享订单预测信息（IF5）"等 5 个指标来测量供应链伙伴间信息共享水平。

2.2 关系资本

目前理论界对社会资本（Social Capital）并没有统一的定义，但可以将社会资本的定义大致归纳为三大类：①以 Coleman（1988）[34] 为代表的资源学说，他们认为社会资本是从关系网络或社会结构中所获取的资源；②以 Portes（1998）[35] 为代表的能力学说，他认为社会资本是通过关系网络获取稀缺资源的能力；③以 Burt（1992）[36] 及 Putnam（1995）[37] 为代表的网络学说，他们认为网络中的信任、规范、结构洞等是社会资本的来源。以上三种学说分别从资源、资源获取方式及可获性等角度来分析社会资本的内涵。相比而言，本文更倾向于接受 Burt（1992）[36] 及 Putnam（1995）[37] 为代表的网络学说，并采用 Nahapiet 和 Ghoshal（1998）[38] 测量社会资本的方法。Nahapiet 和 Ghoshal（1998）[38] 用三个维度来测量社会资本，即结构资本维度、关系资本维度与认识资本维度等。其中，关系资本维度是指人们经过一段时间互动而发展出来的人际关系，如尊重与友谊关系，其包括信任、关系承诺、义务等内容。根据 Nahapiet 和 Ghoshal（1998）[38] 对于关系资本的定义，我们认为供应链伙伴间的关系资本，是企业与其供应链成员之间经过一段时间社会性交互连接而形成的伙伴关系。这种伙伴关系也可理解为企业与其供应链上下游成员在往来过程中所形成的信任与彼此愿意维持长久关系的意愿。据此，本研究将用信任与关系承诺等 2 个维度来衡量供应链伙伴间的关系维度水平。其中，信任是指合作伙伴间具有诚实和相互体谅的信念，这种信念可减少彼此沟通的成本，以及相互的猜忌，避免做出伤害对方的投机行为，从而有利于提升企业的运营绩效。另外，关系承诺也是建立长期合作伙伴关系的关键因素，这是因为关系承诺强调以长远的眼光来看待彼此关系，使企业相互信任而不发生机会主义行为。正如 Morgan（1994）[39] 的观点，他认为关系承诺将有助于交易伙伴之间的合作。相反，关系承诺的减少可能会使得交易伙伴产生放弃长期合作的想法[40]，从而对企业运营绩效产生负面影响。

依据供应链伙伴间信任的定义，本文用 4 个指标来衡量供应链信任，即"我们与合作伙伴有高度的信赖关系（CR1）"、"我们相信合作伙伴会遵守承诺（CR2）"、"我们相信合作伙伴在制定重大决策时会考虑对本公司的影响（CR3）"与"我们相信合作伙伴会将本公司的利益放在至关重要的位置（CR4）等。另外，依据关系承诺的内涵，本文用 3 个指标来度量供应链伙伴间关系承诺，即"我们承诺将来不会轻易中断合作关系（CR5）"、"我们希望双方的合作关系继续维持下去（CR6）"与"我们未来将会主动与合作伙伴续约（CR7）"。

2.3 运营绩效

企业运营绩效是供应链伙伴间信息共享结果的最终体现。在运营管理领域，成本、顾客服务、柔性、交货期、质量与创新等指标常被学者们用来评估或度量企业运营状况。例如，Wheelwright（1984）[44] 曾主张用成本、品质、柔性及交货期等指标来评估企业运营绩效。Swamidss 和 Newell（1987）[45] 也提出用成本、质量、柔性与可靠性等指标来衡量制造商绩效。Vickery（1991）[46] 认为应从成本、质量、柔性、交货期及新产品等角度来衡量制造商绩效。Gelders 等（1994）[47] 提出用价格、质量柔性及可靠性等来衡量制造策略的绩效。Ramdas 和 Spekman（2000）[48] 曾用库存、时机、订单履行、品质、顾客焦点及顾客服务 6 个指标来衡量供应链绩效。Pyke 等（2000）[49] 以成本、质量、交货期和柔性等四种竞争优势来衡量制造商绩效。Scanell 等（2000）[50] 则以成本、质量、柔性和创新等四个指标来探讨汽车制造商绩效。Paulraj 和 Lado 等（2008）[21] 在其实证研究中曾从供应方绩效与购买方绩效等两个维度来衡量买卖双方的关系绩效，其中用质量、成本、数量柔性、排产柔性、交货准时性、交货可靠性/一致性及快速反应等指标来测量供应方绩效，用生产成本、数量柔性、交货速度、交货可靠性、顾客订单快速反应及顾客抱怨的快速回应等指标来测量购买方绩效。Nyaga 和 Whipple 等（2009）[51] 的实证研究中则用订货周期缩短、订单处理准确率改善、准时交货率的改善及增加预测准确率等四个指标来衡量供应链绩效。

依据以上学者的研究。本文拟用成本、服务水平与创新等三个维度来衡量企业运营绩效。其中针对成本绩效，本研究用"总成本下降（PF1）"、"制造成本下降（PF2）"与"库存成本下降（PF3）"3 个指标来衡量；针对服务水平绩效，我们用"提升订单满足率（PF4）"、"提高准时配送率（PF5）"与"降低缺货率（PF6）"等 3 个指标来衡量。创新绩效则用"缩短产品生产提前期（PF7）"、"缩短新产品上市时间（PF8）"、"增强现有产品新功能（PF9）"及"改善产品质量（PF10）"4 个指标来衡量。

3 理论假设

3.1 信息共享与关系资本之间关系

不少学者都认为关系资本中信任与关系承诺等两个维度均会对供应链伙伴间信息共享水平产生显著的正向影响。例如，Münch（1993）[52] 指出，如果没有合约对成员间行为进行规定，那么彼此间的相互信任便更是一个成功的关键因素，当双方在互动过程中得到互惠的时候，彼此之间便会建立起信任关系，从而促进彼此间的信息分享行为。Kim 和 Mauborgent（1997）[53] 认为，当人们建立了相互信任关系时，他们将会非常愿意共享彼此的信息。叶飞和徐学军（2009）[25] 也曾利用结构方程模型方法验证了信任对供应链伙伴间信息共享行为有显著的正向影响。另外，关系承诺也是建立长期合作伙伴关系的关键因素，这是因为关系承诺强调以长远的眼光来看待彼此关系，使企业相互信任而不发生机会主义行为，进而有效地提升伙伴间信息共享水平。

然而，极少有学者验证了供应链伙伴间信息共享行为是否会对关系资本中的信任与关系承诺等维度产生显著的正向影响。事实上，供应链伙伴间信息共享行为同样有可能会对关系资本中的信任与关系承诺等维度产生显著的正向影响。首先，从交易成本理论角度来看，环境不确定性会增加供应链伙伴间的交易成本，进而对供应链伙伴间信任与关系承诺水平产生负面影响。然而，供应链伙伴间信息共享则可有效地降低环境不确定性，从而可以有效地减少供应链伙伴间因环境不确定性而带来的高额交易成本，因而可以增加供应链伙伴间相互信任水平，并可进一步提高彼此间的关系承诺水平。其次，从社会交换理论角度来看，信息共享是供应链伙伴间的一种重要资源交换行为，这种交换行为将会使得交换双方的关系更为密切，进而提升交换双方的相互信任与关系承诺水平。因此，从社会交换理论视角来看，供应链伙伴间信息共享同样有可能会对信任与关系承诺产生正面影响。最后，从社会资本理论来看，供应链伙伴间信息共享可以视为社会资本中的结构资本，并且这种结构资本可能会对关系资本产生一定的正向影响。因此，从社会资本理论视角来看，供应链伙伴间信息共享行为将可能会对关系资本产生显著的正向影响。基于上述分析，我们从交易成本理论、社会交换理论与社会资本等理论视角提出以下假设：

假设1：供应链伙伴间信息共享对关系资本中的信任维度会产生显著的正向影响（H1a）；

假设2：供应链伙伴间信息共享对关系资本中的关系承诺维度会产生显著的正向影响（H1b）。

3.2 关系资本中的信任与关系承诺之间关系

关系资本中的信任通常是履行承诺的前提，承诺是信任的结果，信任程度的高低会影响到关系承诺的质量。一般认为，当交易双方的信任程度很高时，双方的合作关系将是稳定的与持久的，因而双方的关系承诺也会提高；反之，当交易双方的信任程度很低，双方的合作关系将会是短暂的与临时的，因而交易双方不会做出关系承诺。McDonald（1981）[54] 就认为不信任将会降低伙伴关系的承诺程度。Achrol（1991）[53] 与 Morgan 和 Hunt（1994）[42] 均认为信任是关系承诺的重要影响因素。在国外已有不少学者以实证的方式探讨了信任与关系承诺之间相关性。例如，Moorman 等（1992）[56] 就以实证的方式研究了信任与关系承诺之间相关性，其结果发现信任对关系承诺有显著的正向影响。Sharma 和 Patterson（1999）[43] 在消费者与专业服务的研究中发现信任与承诺的假设是显著的。Wong 和 Sohal（2001）[57] 的实证研究表明信任与关系承诺之间路径系数达到 0.33（p < 0.001）。Kwon 和 Suhn（2004）[8]、Lai 等（2007）[57] 的研究也都发现信任与关系承诺显著正向相关性。Nyaga 和 Whipple 等（2009）[51] 在其研究中同样发现信任与关系承诺之间存在显著的正向关系。其中，从来自于采购方的调查数据来看，信任对关系承诺的作用路径系数高达 0.477；从来自于供应方的调查数据来看，信任对关系承诺的作用路径系数达到 0.147。当然，在国外也有少数学者发现信任与关系承诺并不存在显著关系。例如，Craig 等（2002）[59] 的研究表明信任对关系承诺的影响并不显著。在中国台湾，同样也有一些学者研究了信任与关系承诺之间的相关性。比如，蔡坤宏和谢昇绂（2005）[60] 在验证海运承运商与托运商之间关系时发现信任对关系承诺的作用路径系数达到 0.43（p < 0.01）。吴志明和朱素玥等（2006）[61] 通过对中国台湾 216 份有效样本的实证分析发现，现信任对关系承诺的作用路径系数高达 0.50（p < 0.01）。在国内，也有少数学者验证了信任与关系承诺之间的作用关系。例如，潘文安和张红（2006）[60] 验证了信任与关系承诺之间存在显著的正向影响。叶飞和徐学军（2009）[24] 的实证研究也发现供应链伙伴关系中的信任对关系承诺有显著的正向作用。据此，本文为了更全面地了解供应链伙伴间信息共享对企业运营绩效的间接作用效果将重新验证信任与关系承诺之

间关系，并提出以下假设：

假设 3：供应链关系资本中的信任对关系承诺有显著的正向影响（H2）。

3.3 关系资本中的信任与关系承诺对运营绩效的影响

关系资本中的信任对企业绩效的促进作用是多方面的。首先，相互信任可以减少供应链伙伴间的代理问题，减少不必要的激励与监督，因而减少了供应链伙伴间交易成本；其次，供应链伙伴间相互信任可以提高整条供应链的快速反应能力与减少牛鞭效应，进而有助于提升企业的运营绩效。例如 Handfield（1993）[63]、Handfield 等（1998）[64]与 Handfield 和 Nichols（2002）[65] 的研究就分别发现供应链伙伴间相互信任可以减少订货周期，增加柔性及改进顾客服务水平。又如，Handfield 等（2002）[66] 的实证研究再次表明供应链伙伴间的相互信任水平会正向地影响到供应链反应水平。Craig 等（2002）[66]也实证了采购商对供应商的信任将有助于买卖双方的合作，进而对供应商的绩效产生正向影响。最近一些学者的研究也再次证明信任与企业绩效之间存在显著的正向影响关系。如 Nyaga 和 Whipple 等（2009）[51] 的研究就表明了供应链伙伴间的相互信任对供应商与采购商的绩效都有非常显著的正向影响。Lun（2009）[69] 发现制造商与供应商之间的信任关系对供应链绩效有显著的正向影响。Sodhi 和 Son（2009）[66] 同样发现信任对供应链效率有非常显著的正向影响。Liu 和 Luo 等（2009）[67] 证实了信任对关系绩效有显著的正向影响。上述众多研究均表明，关系资本中的信任维度的确有可能会对企业运营绩效产生显著的正向影响。

另外，关系承诺也是合作关系的关键要素，它对合作绩效同样会产生显著的正向影响。例如，Fynes（2005）[70] 研究并验证了供应链关系质量对设计质量存在着显著的正向影响，而关系承诺是构成供应链关系质量的重要内容，这意味着关系承诺对设计质量也应该存在一定的正向影响。Krause 等（2007）[23] 证实了承诺对采购绩效有显著的正向影响。Taylor 等（2008）[71] 以韩国工业机器人产业为例，验证了关系承诺对商业绩效有显著的正向作用。Sheu 和 Hu（2009）[72] 发现关系承诺与渠道绩效之间存在显著的正相关。然而，也有一些学者给出了关系承诺对企业绩效作用不显著的证据。例如，Craig 等（2002）[57] 的研究就发现关系承诺对合作绩效并没有显著的作用。基于上述的分析，本文提出以下两个假设：

假设 4：供应链关系资本中的信任对企业运营绩效有显著的正向影响（H3a）；

假设 5：供应链关系资本中的关系承诺对企业运营绩效有显著的正向影响（H3b）。

在上述分析基础上，我们提出本文的理论模型，如图 1 所示。

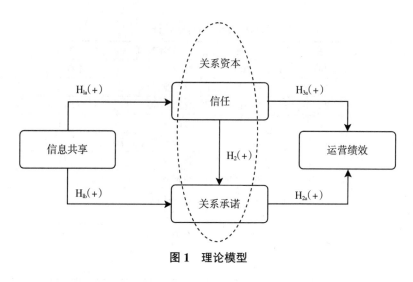

图1　理论模型

4　实证研究设计

4.1　问卷设计

为保证测量工具的效度与信度，本文尽可能使用国内外已使用过的量表。并且，为了消除文化差异，本文通过小样本预测试，删除一些信度与效度较低的问项。修正后的测量量表中，信息共享测量量表共包括 5 个问项；供应链关系资本中的信任测量量表共包括 4 个问项，而关系承诺测量量表则包括 3 个问项；企业运营绩效的测量量表包括 3 个维度 10 个问项。测量量表的打分方式用 Likert 5 点尺度，受访者要求根据公司实际情况从"非常不同意"到"非常同意"作出评价。

4.2　研究样本

本文主要探讨供应链伙伴间信息共享对关系资本的直接影响程度与对企业运营绩效的间接影响程度，而具有明显的供应链伙伴关系的产业为制造业，因此本文以制造业为研究母体，调查对象主要为制造业中汽车业、电脑及周边设备业、家电业、机械业、化工业、食品业、设施通信业、纺织业等类型的企业，调查范围为广东省珠三角地区。本研究共发放了 365 份问卷，回收有效问卷为 141 份，有效回收率为 38.63%。样本基本特征如表 1 所示。

经济管理学科前沿研究报告

表 1　样本的基本特征

样本特征	数量	比例	样本特征	数量	比例
1. 员工规模：	总数：141	总数：100%	3. 行业：	总数：141	总数：100%
50 人以下	16	11.35%	汽车业	10	7.09%
51~150 人	23	16.31%	化工业	15	10.64%
151~300 人	11	7.80%	食品业	11	7.80%
301~500 人	16	11.35%	电脑及周边设备业	29	20.57%
500 人以上	75	53.19%	家电业	17	12.06%
2. 资本额：	总数：141	总数：100%	机械业	10	7.09%
500 万元以下	12	8.51%	设施通信业	7	4.96%
501 万~1000 万元	11	7.80%	纺织业	5	3.55%
1001 万~5000 万元	26	18.44%	其他	37	26.24%
5001 万元~1 亿元	21	14.89%			
1 亿元以上	71	50.35%			

4.3　因子分析

尽管本文的测量量表多为国外学者已经使用过的量表，考虑到跨文化差异，本文还是对各变量进行探索性因子分析（EFA）。首先，针对供应链信息共享的 5 个问项进行主成分因子分析，取特征值大于 1 的 1 个因素，并以最大变异法进行转轴。检验结果显示 KMO（Kaiser–Meyer–Olkin）值为 0.792，且 Bartlett 球形检验结果拒绝了相关系数为单位矩阵的原假设（显著性为 0.000），说明供应链信息共享的 5 个问项适合做因子分析，萃取的 1 个因素能解释全部变异的 56.81%（见表 2）。其次，针对供应链关系资本的 7 个问项进行主成分因子分析，取特征值大于 1 的两个因素，并以最大变异法进行转轴。检验结果显示 KMO 值为 0.760，且 Bartlett 球形检验结果拒绝了相关系数为单位矩阵的原假设（显著性为 0.000），说明关系资本 7 个问项适合进行因子分析，所萃取的两个因素能解释全部变异的 61.49%（见表 3）。最后，针对企业运营绩效的 10 个问项进行主成分因子分析，检验同样

表 2　信息共享的因子分析与信度检验

问项	均值	方差	因子载荷	Cronbach's alpha
INF1	3.624	0.579	0.614	
INF2	3.723	0.730	0.779	
INF3	3.176	0.705	0.855	0.808
INF4	3.738	0.638	0.784	
INF5	3.894	0.596	0.716	
特征值			2.84	
解释变异			56.81%	
KMO			0.792	
Bartlett 球形检验		卡方值为 230.21；自由度为 10；显著性为 0.000		

182

表 3　关系资本的因子分析与信度检验

问项	均值	方差	因子载荷		Cronbach's alpha
			信任	关系承诺	
RC1	3.532	0.465	0.709	0.246	0.805
RC2	3.468	0.679	0.817	0.137	
RC3	3.596	0.628	0.782	0.086	
RC4	2.936	0.674	0.788	0.226	
RC5	4.028	0.356	0.287	0.680	0.628
RC6	3.723	0.544	0.161	0.761	
RC7	3.390	0.744	0.071	0.781	
特征值			2.515	1.790	
累积解释变异			35.92%	61.49%	
Kaiser–Meyer–Olkin	0.760				
Bartlett 球形检验	卡方值为 272.43；自由度为 21；显著性为 0.000				

说明这 10 问项适合进行因子分析，并可以萃取 3 个特征值大于 1 的因素（见表 4）。根据旋转后的因子载荷的大小，问项 INF1~INF5 可归为同一因素，并根据题意将该因素命名为信息共享；问项 RC1~RC4 可归为同一因素，并命名为信任；问项 RC5~RC7 可归为同一因素，命名为关系承诺；问项 PF1~PF3 可归为同一因素，命名为成本绩效；问项 PF4~PF6 可归为同一因素，命名为服务绩效；问项 PF7~PF10 可归为同一因素，命名为创新绩效。

表 4　运营绩效的因子分析与信度检验

问项	均值	方差	因子载荷			Cronbach's alph
			成本绩效	服务绩效	创新绩效	
PF1	3.865	0.503	0.705	0.439	0.117	0.757
PF2	3.695	0.585	0.788	0.006	0.369	
PF3	3.872	0.526	0.814	0.272	−0.045	0.819
PF4	3.745	0.506	0.165	0.801	0.173	
PF5	3.858	0.394	0.250	0.761	0.173	
PF6	3.844	0.433	0.165	0.822	0.197	
PF7	3.603	0.670	−0.019	0.150	0.891	0.800
PF8	3.291	0.665	0.114	0.132	0.848	
PF9	3.433	0.719	0.181	0.243	0.608	
PF10	3.851	0.528	0.238	0.414	0.583	
特征值			2.001	2.433	2.529	
累积解释变异			20.12%	44.33%	69.63%	
Kaiser–Meyer–Olkin	0.846					
Bartlett 球形检验	卡方值为 581.25；自由度为 45；显著性为 0.000					

4.4　样本信度与效度检验

本文以 Cronbach's alpha 系数来检验有关变量的信度。一般认为 alpha 值介于 0.7 至 0.8 属于高信度值；若低于 0.35，则应该拒绝。本文变量的信度具体如表 2~表 4 所示，各变量的 Cronbach's alpha 值大多在于或接近 0.7，这表明本研究的变量具有较好的信度。

本文主要是以结构化问卷作为研究工具进行资料收集，所有变量的测量量表大多引自于国内外学者曾经使用过的量表。而且在量表设计过程，曾多次与企业人员和研究人员就量表的内容和形式进行了较深入的研讨，量表最终稿是根据他们的意见修订而成。因此，本文所使用的量表符合内容效度的要求。

考虑到跨文化因素的影响，本文还使用 AMOS7.0 软件对样本数据进行验证性因子分析（CFA），结果如表 5 所示。该验证性因子分析模型的卡方值 = 286.93，自由度 = 194，近似误差方根 = 0.058，非规范适配指标 = 0.907，比较适配指标 = 0.922 及残差均方根 = 0.041，上述指标均表明该验证性因子分析模型是完全可以接受的，可以用于验证各变量的结构效度。从表 5 可以看出，本研究除了问项 IF1 的因子载荷略小于 0.5 之外，其余 21 个因子载荷均大于 0.5，且各问项的 T 值均大于 2.0，这表明研究的各变量具有较好的结构效度。而且，表 2~表 4 因子分析结果也表明本文的测量量表具备较好的结构效度。因此，本文收集的数据可以进行进一步的分析。

表 5　验证性因素分析（CFA）

潜变量	问项	标准载荷	标准差	T 值	P 值
信任	RC1	0.658	—	—	—
	RC2	0.774	0.194	7.325	***
	RC3	0.671	0.180	6.599	***
	RC4	0.753	0.192	7.191	***
承诺	RC5	0.686	—	—	—
	RC6	0.602	0.211	5.128	***
	RC7	0.537	0.237	4.768	***
信息共享	INF1	0.492	0.092	5.700	***
	INF2	0.689	0.099	8.407	***
	INF3	0.846	—	—	—
	INF4	0.756	0.091	9.350	***
	INF5	0.598	0.091	7.111	***
成本绩效	PF1	0.783	0.130	7.935	***
	PF2	0.612	0.133	6.495	***
	PF3	0.745	—	—	—
服务绩效	PF4	0.698	0.121	8.093	***
	PF5	0.862	0.109	9.777	***
	PF6	0.771	—	—	—

续表

潜变量	问项	标准载荷	标准差	T 值	P 值
	PF7	0.818	0.252	6.476	***
创新绩效	PF8	0.804	0.231	5.857	***
	PF9	0.562	—	—	—
	PF10	0.676	0.231	5.857	***

5 结构方程分析与假设检验

5.1 结构方程模型的构建

本文拟采用 AMOS 7.0 统计分析软件来验证信息共享、关系资本（信任与关系承诺）与运营绩效之间的作用关系。根据结构方程模型（SEM）的建模要求，首先需要建立信息共享、信任、关系承诺与运营绩效之间的测量模型。在测量模型中，信息共享作为潜变量时，由 5 个观测变量构成（INF1，INF2，INF3，INF4，INF5）；信任作为潜变量时，由 4 个观测变量构成（RC1，RC2，RC3，RC4）；关系承诺作为潜变量时，由 3 个观测变量构成（RC5，RC6，RC7）；运营绩效作为二阶潜变量时，成本绩效、服务绩效与创新绩效均为一阶潜变量，其中成本绩效由 3 个观测变量构成（PF1，PF2，PF3），服务绩效也由 3 个观测变量构成（PF4，PF5，PF6），而创新绩效则是由 4 个观测变量构成（PF7，PF8，PF9，PF10）。因此，本文的测量模型共有 22 个问项构成，具体如图 2 所示。

5.2 整体理论模型的评价

由表 6 中的数据可以看出，χ^2/df 值为 1.59，小于理想参考值 3.0；RMSEA 的值为 0.065，不仅远小于可接受参考值 0.1，更小于严格的标准参考值 0.08；RMR 则等于严格标准参考值 0.050；CFI，IFI，NFI，NNFI 不仅均大于最低标准参考值 0.8，而且大于更严格的标准参考值 0.900；PNFI 值则大于可以接受参考值 0.500。总体而言，本文的结构方程模型各项拟合指标值绝大多数达到了可以接受的水平，模型的整体拟合情况较好。

5.3 假设检验结果

利用 AMDS 7.0 统计分析软件进行整体分析后，得到标准路径系数如图 3 所示。由图 3 可知，本文提出的 5 个假设中有 4 个得到支持，1 个未能得到支持。其中，信息共享对信任作用的标准系数为 0.480（p < 0.001），即假设 H1a 得到支持。相比而言，信息共享对关系承诺作用的标准系数为 0.202（p > 0.05），即假设 H1b 未能得到支持。信任对关系承

经济管理学科前沿研究报告

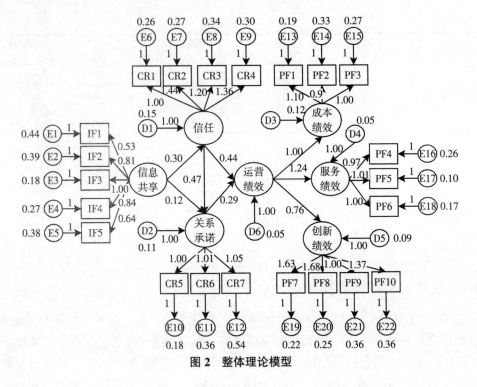

图2　整体理论模型

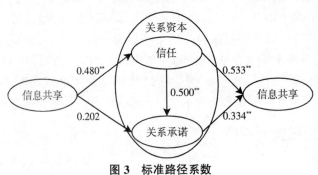

图3　标准路径系数

注："**"表示 $p < 0.01$，"*"表示 $p < 0.05$。

诺与运营绩效均有非常显著的正向影响（$p < 0.01$），即假设 H2 与假设 H3a 均得到支持。另外，关系承诺对运营绩也存在较显著的正向影响（$p < 0.05$）。因此，根据上述的分析可知，信息共享同运营绩效之间存在两条作用路径，即"信息共享→信任→运营绩效"和"信息共享→信任→关系承诺→运营绩效"。

6　讨论与管理含义

6.1　信息共享对关系资本中信任与关系承诺的影响

大多数相关研究只关注关系资本中的信任与关系承诺对供应链伙伴间信息共享的影响。例如，Li 和 Lin（2006）[33] 研究了供应链伙伴间相互信任程度对信息共享水平与信息质量的影响程度。Zhao 等（2008）[73] 研究了规范性关系承诺（Normative Relationship Commitment）与工具性关系承诺（Instrumental Relationship Commitment）对顾客整合（Customer Integration）的影响，其中，顾客整合涵盖了信息共享内容。叶飞和徐学军（2009）[25] 研究了信任与关系承诺对供应链伙伴间信息共享水平的影响程度，研究结果发现信任对信息共享水平有显著的正向影响，而关系承诺对信息共享水平则没有产生显著的正向影响。然而上述的研究均忽视了信息共享对信任与关系承诺的反作用。因此，区别于传统研究，我们认为信息共享也可能会对信任与关系承诺产生显著的正向影响，并通过实证研究来验证这种假设。

表 6　结构方程模型整体拟合度（N = 141）

	χ^2	df	χ^2/df	PMSEA	RMR	CFI	IFI	NNFI	PNFI
主要拟合指标	318.53	201	1.59	0.065	0.050	0.901	0.904	0.886	0.675
参考值			< 3.0	< 0.080	< 0.050	> 0.900	> 0.900	> 0.90	> 0.5

首先，本文的实证研究结果表明供应链伙伴间信息共享水平的提升的确有助于提高相互信任水平。这意味着我国企业可以通过提升供应链上下游伙伴间信息共享水平来提高彼此之间相互信任水平，进而更好地构建供应链伙伴关系，以克服目前我国大多企业之间相互信任水平不高的困境。进一步结合文献［25］的研究，我们可以发现信息共享与信任之间可能是一种互动的、相互促进的螺旋上升的关系，即供应链伙伴之间相互信任将有利于促进彼此之间的信息共享程度，而供应链伙伴间信息共享水平的提升又会进一步增强彼此之间的信任。

其次，本文的实证研究结果表明，供应链伙伴间信息共享水平对关系承诺并没有显著的正向影响（p > 0.05），即该假设没有得到支持。我们认为供应链伙伴间信息共享对关系承诺作用不显著的原因之一可能与信息共享内容有关。本文探讨的信息共享内容主要以作业层面的信息为主，这种作业层面的信息属于较低层次的信息，而这种低层次的信息往往很难让伙伴做出较高水平的关系承诺。但是，供应链伙伴间信息共享水平却可以通过关系资本中的信任维度直接作用于关系承诺。Chen 等（2011）[74] 的实证结果也同样表明信任在信息共享水平与关系承诺之间扮演一个中间变量作用，并认为供应链伙伴间信息共享的确是构建信任与关系承诺的一个不可或缺因素。

6.2　关系资本中信任对关系承诺的影响

信任与关系承诺之间关系一直是理论研究的焦点问题。国外已有不少学者探讨了信任与关系承诺之间的作用关系，并已形成"信任—关系承诺"理论。但基于中国情境下的信任与关系承诺之间作用关系的实证相对较少。本文再次验证了中国情境下信任与关系承诺之间存在显著的正向影响（$p < 0.001$），这表明供应链伙伴间信息共享尽管不能对关系承诺产生直接作用，但可以以信任为中介而间接地作用于关系承诺。

6.3　关系资本中信任与关系承诺对企业运营绩效的影响

应该说，已经有较多学者验证了信任对企业绩效的作用机制。例如，Handfield 等（2002）[64] 的研究就表明了企业间的相互信任会显著地影响到供应链反应水平。潘文安、张红（2006）[60] 的研究也验证企业间的相互信任有助于提升企业合作绩效。本文的实证分析再次验证了供应链伙伴间信任会企业运营绩效产生显著的正向影响，这将意味着供应链伙伴间的信任将可以在信息共享与企业运营绩效之间充当中间变量的作用，即信息共享将可以以信任为中介而间接地影响到企业运营绩效，同时也进一步表明供应链伙伴间构建相互信任机制的重要性。

同样，关系承诺与绩效之间关系也颇受国内外学者的关注。当然，在过去研究中并不是所有研究都支持关系承诺对绩效有显著的正向影响假设。例如，Yang 等（2008）[72] 的实证研究结果表明关系承诺对供应链联盟关系稳定性具有显著的正向影响。然而，Craig 等（2002）[57] 的研究并没有发现关系承诺对企业合作绩效有显著的正向影响。本文的研究结论则支持关系承诺对企业运营绩效有显著的正向影响这一假说。该研究结论表明加强供应链伙伴间关系承诺将有助于提升企业运营绩效。另外，该研究结论也意味着信息共享将可以以信任和关系承诺为中介而间接地作用于企业运营绩效。

6.4　信息共享对企业运营绩效的间接影响

信息共享与企业运营绩效之间关系一直是供应链管理研究中最为热点话题之一，并出现大量研究成果。例如，Lee 等（2000）[1] 用数学建模的方法探讨市场需求信息共享与运营企业绩效之间关系，研究结果表明市场需求信息共享可以大幅度减少制造商的平均库存和运营成本，降低牛鞭效应。Iyer 和 Ye（2000）[3] 研究了零售促销情境下的信息共享价值问题，发现共享促销信息可以提升制造商利润。Simchi-Levi 和 Zhao（2000）[4] 的研究结果显示，在保持服务水平不变的前提下，制造商通过信息共享能够减少库存成本。然而，传统的研究大多只关注信息共享对企业运营绩效的直接作用，而忽视了信息共享的间接价值。与传统相关研究不同的是，本文侧重于探讨信息共享对企业运营绩效的间接作用机制，并发现了两条间接作用路径的存在，即"信息共享→信任→运营绩效"与"信息共享→信任→关系承诺→运营绩效"，这表明供应链伙伴间信息共享不仅可以直接作用于企业运营绩效，而且可以以信任及关系承诺为中介而间接地作用于企业运营绩效。

7　结语

本研究利用结构方程模型探讨了供应链伙伴间信息共享、以关系资本（信任和关系承诺）与企业运营绩效之间关系，并得到一些有意义的结论。首先，研究发现供应链伙伴间信息共享可以以信任为中介而间接地作用于企业运营绩效，这表明加强供应链伙伴间信息共享不仅可以有效地提升我国企业间相互信任水平而且可以有效地提高我国企业的运营绩效。其次，研究还发现供应链伙伴间信息共享可以以信任为中介间接地作用于关系承诺，并再通过关系承诺而间接地作用于企业运营绩效。

基于上述两点主要结论并结合过去有关供应链伙伴间信息共享价值的研究结论，我们可以知道供应链伙伴间信息不仅可以直接影响到企业运营绩效，而且可以通过关系资本（信任与关系承诺）而间接地作用于企业运营绩效，因而本文的研究结论一方面可以进一步丰富人们对供应链伙伴间信息共享价值的认识，另一方面可以更清楚认识到供应链伙伴间信息共享与信任之间是一种相互促进的螺旋上升关系。

本研究的未来研究方向主要体现在以下几个方面：①可以进一步探讨不同产业的供应链伙伴间信息共享的间接价值，例如可以探讨高科技制造业与传统制造业供应链伙伴间信息共享的间接价值分别如何。②供应链伙伴间信息共享内容问题。本文考虑的信息共享内容侧重于作业层面信息，实际上供应链伙伴间可共享的信息类型较多，比如策略层面信息与财务方面的信息，因而将来还可以进一步考察其他类型信息共享的间接价值。③本文主要以关系资本为中间变量来探讨供应链伙伴间信息共享的间接价值，但是供应链伙伴间信息共享是否还可以通过其他中间变量作用于企业运营绩效？该问题的深入分析将可以更为全面地了解供应链伙伴间信息共享价值。

参考文献：

［1］Lee H. L., S. O., K. C, Tang C. S. The Value Information Sharing in Two-level Supply Chain ［J］. Management Science, 2000, 46（5）: 626-643.

［2］Chen F, Drezner J. K. R., Smichi-Levi D. Quantifying the Bullwhip Effect in a Simple Supply Chain: The Impact of Forecasting, Lead Times, and Information［J］. Management Science, 2000, 46（3）: 436-443.

［3］Iyer A. V., Ye J. Assessing the Value of Information Sharing in a Promotional Retail Environment ［J］. Manufacturing & Service Operations Management, 2000, 2（2）: 128-143.

［4］Simchi-Levi D., Zhao Y. The Value of Information Sharing in a Two-stage Supply Chain with Production Capacity Constraints ［Z］. Working paper, Northwestern University, Evanston, IL.2000.

［5］Zhao Y. The Value of Information Sharing in a Twostage Supply Chain with Production Capacity Constraints: the Infinite Horizon Case ［J］. Manufacturing & Service Operations Management, 2002, 4（1）: 21-24.

［6］Xu K., Dong Y., Evers P. T. Towards Better Coordination of the Supply Chain ［J］. Transportation Research Part E: Logistics and Transportation Review, 2001, 37 (1): 35-54.

［7］Cheung K. L., Lee H. L. The Inventory Benefit of Shipment Coordination and Stock Rebalancing in a Supply Chain ［J］. Management Science, 2002, 48 (2): 300-306.

［8］Kwon I. W. G., Suh T. Factors Affecting the Level of Trust and Commitment in Supply Chain Relationships ［J］. Journal of Supply Chain Management, 2004, 40 (2): 4-14.

［9］Wu Y. N., Cheng T., Edwin C.. The Impact of Information Sharing in a Multiple-echelon Supply Chain ［J］. International Journal of Production Economics, 2008, 115 (1): 1-11.

［10］Chen L., Lee H. L.. Information Sharing and Order Variability Control under a Generalized Demand Model ［J］. Management Science, 2009, 55 (5): 781-797.

［11］张钦, 达庆利, 沈厚才. 在 ARIMA(0, 1, 1) 需求下的牛鞭效应与信息共享的评价 ［J］. 中国管理科学, 2001, 9 (6): 1-6.

［12］陶文源, 寇纪淞, 李敏强. 信息共享对供应链的影响 ［J］. 系统工程学报, 2002, 17 (6): 486-490.

［13］万杰, 李敏强, 寇纪淞. 需求信息预测与处理中的牛鞭效应分析与控制 ［J］. 管理工程学报, 2003, 17 (4): 28-32.

［14］申悦, 瑞峰, 吴甦, 刘丽文. 零售商 Bertrand 竞争下的供应链成本信息共享价值 ［J］. 清华大学学报 (自然科学版), 2005, 45 (11): 1581-1584.

［15］张欣, 马士华. 信息共享与协同合作对两级供应链的收益影响 ［J］. 管理学报, 2007, 4 (1): 32-39.

［16］郝国英, 孔造杰, 韩海彬. 供应链中信息共享对各环节库存的影响研究 ［J］. 系统工程理论与实践, 2007, 27 (9): 131-135.

［17］李娟, 黄培清, 顾锋. 供应链上相关信息的共享激励及共享价值分配 ［J］. 系统管理学报, 2008, 17 (1): 78-86.

［18］邹细兵, 王丽亚. 双重销售渠道的供应链中的信息共享价值 ［J］. 上海交通大学学报, 2008, 42 (11): 1839-1841, 1846.

［19］关旭, 马士华, 周奇超. 需求时间不确定下的多供应商配套供货模型研究 ［J］. 中国管理学, 2011, 19 (2): 79-87.

［20］Zhou H., Jr W. C. B. Supply Chain Practice and Information Sharing ［J］. Jouranl of Operations Management, 2007, 25 (6): 1348-1365.

［21］Paulraj A., Lado, A. A., Chen I., J. Inter-organizational Communication as a Relational Competency: An-tecedents and Performance Outcomes in Collaborative Buyer-supplier Relationships ［J］. Journal of Operations Management, 2008, 26 (1): 45-64.

［22］Klein R. Customization and Real Time Information Access in Integratede Business Supply Chain Relationships ［J］. Journal of Operations Management, 2007, 25 (6): 1366-1381.

［23］Krause D. R., Handfiel R. B., Tyler B. B. The Relationships Between Supplier Development, Commitment, Social Capital Accumulation and Performance Improvement ［J］. Journal of Operations Management, 2007, 25 (2): 528-545.

［24］叶飞. 供应链伙伴关系、信息共享与企业运营绩效关系 ［J］. 工业工程与管理, 2006, 11 (6): 89-95.

［25］ 叶飞，徐学军. 供应链伙伴关系间信任与关系承诺对信息共享与运营绩效的影响［J］. 系统工程理论与实践，2009，29（8）：36–49.

［26］ Ghosh A., Fedorowicz J. The Role of Trust in Supply Chain Governance［J］. Business Process Management Journal, 2008, 14（4）：453–470.

［27］ Lee J. N., Kim Y. G. The Effect of Partnership Quality on Its Outsourcing Success：Conceptual Framework and Empirical Validation［J］. Journal of Management Information Systems, 1999, 15（4）：29–61.

［28］ 蔡淑琴，梁静. 供应链协同与信息共享的关联研究［J］. 管理学报，2007，4（2）：157–162.

［29］ Bensaou M. Interorganizational Cooperation：The Role of Information Technology an Empirical Comparison of US and Japanese Supplier Relations［J］. Information Systems Research, 1997, 8（2）：107–124.

［30］ Chen S., Chen R. Manufacturer-supplier Relationship in a JIT Environment［J］. Production and Inventory Management Journal, 1997, 38（1）：58–65.

［31］ Seidmann A., Sundararajan A. Sharing Logistics Imformation across Organizations, Information Technology and Industrial Competitiveness［M］. Information Technology and Industrial Competitiveness：How IT Shapes Competition.Kluwer Academic Publishers, 1998.

［32］ Handfield R. B., Nichols E. L. Introduction to Supply Chain Management［M］. Prentice-Hall, Englewood Cliffs, NJ, 1999.

［33］ Lee H. L., Whang S. Information Sharing in a Supply Chain［J］. International Journal of Manufacturing Technology and Management, 2000, 1（1）：79–93.

［34］ Li J. Q., Sikora R., Shaw, M.H., et al. A Strategic Analysis of Inter Organizational Information Sharing［J］. Decision Support Systems, 2006, 42（1）：251–266.

［35］ Gao J., Lee J. D., Zhang Y. A Dynamic Model of Interaction between Reliance on Automation and Cooperation in Multi-operator Multi-automation Situations［J］. International Journal of Industrial Ergonomics, 2006, 36（5）：511–526.

［36］ Li S. H., Lin B. S. Accessing Information Sharing and Information Quality in Supply Chain Management［J］. Decision Support Systems, 2006, 42（3）：1641–1656.

［37］ Coleman J. S. Social Capital in the Creation of Human Capital［J］. Americal Journal of Sociology, 1988, 94（Supplement）：S95–120.

［38］ Portes A. Social Capital：Its Origins and Applications in Modern Sociology［J］. Annual Review of Sociology, 1998, 24（1）：1–24.

［39］ Burt R. S. Structural Holes：The Social Structure of Competition［M］. Cambridge.M.A：Harvard University Press, 1992.

［40］ Putnam R. D. Bowling Alone：Americal's Declining Social Capital［J］. Journal of Democracy, 1995, 6（1）S：65–78.

［41］ Nahapiet J., Ghoshal S. Social Capital, Intellectual Capital, and the Organization Advantage［J］. Academy of Management Review, 1998, 23（2）：242–266.

［42］ Morgan R. M., Hunt S. D. The Commitment-trust Theory of Relationship Marketing［J］. Journal of Marketing, 1994, 58（3）：20–38.

［43］ Sharma N., Patterson P. G. The Impact of Communication Effectiveness and Service Quality on Relationship Commitment in Consumer, Professional Services［J］. Journal of Services Marketing, 1999, 13（2）：151–170.

［44］ Wheeelwright S. C. Manufacturing Strategy: Define the Missing Link ［J］. Strategy Manufacturing Journal, 1984, 5（1）: 77-91.

［45］ Swamidss P. M., Newell W. T. Manufacturing Strategy, Environmental Uncertainty and Performance: a Path Analytic Model ［J］. Management Science, 1987, 33（4）: 509-524.

［46］ Vikery S. K. A Theory of Production Competence Revisited ［J］. Decision Science, 1991, 22（3）: 635-643.

［47］ Gelders L., Mannaerts P., Maes J. Manufacturing Strategy, Performance Indicators and Improvement Programs ［J］. International Journal of Production Research, 1994, 23（4）: 797-805.

［48］ Ramdad K., Spekman R. E. Chain or Shackles: Understanding what Drives Supply-chain Performance ［J］. Interfaces, 2000, 30（4）: 3-21.

［49］ Pyke D., Robb D., Farkey J. Manufacturing and Supply Chain in China: A Survey of State, Collective, and Privately-owned Enterprise ［J］. European Management Journal, 2000, 18（6）: 34-50.

［50］ Scanell T. V., Vickery S. K., Droge C. L.. Upstream Supply Chain Management and Competitive Performance in the Automotive Supply Industry ［J］. Journal of Business Logistics, 2000, 21（1）: 23-51.

［51］ Gilbert N. N., Judith M. W., Lynch D. F. Examining Supply Chain Relationships: Do Buyer and Supplier Perspectives on Collaborative Relationships Differ ［J］. Journal of Operations Management, 2010, 28(2): 101-114.

［52］ Münch R.. Sociological Theory: From the 1850s to the Present ［M］. Chicago: Nelson Hall Publishers, 1993.

［53］ Kim W. C., Mauborgne R. A. Fair Process: Managing in the Knowledge Economy ［J］. Harvard Business Review, 1997, 75（4）: 65-75.

［54］ McDonald G. W. Structural Exchange and Marital Interaction ［J］. Jouranl of Marriage and Family, 1981, 43（4）: 825-839.

［55］ Achrol R. Evolution of the Marketing Organization: New Forms for Turbulent Environments ［J］. Journal of Marketing, 1991, 55（4）: 77-93.

［56］ Moorman C., Zaltman G., Deshpande R. Relationships between Providers and Users of Marketing Research: the Dynamics of Trust within and between Organizations ［J］. Journal of marketing research, 1992, 29（3）: 314-329.

［57］ Wong A., Sohal A. An Examination of the Relationship between Trust, Commitment and Relationship Quality ［J］. Industrial Marketing Management, 2002, 32（1）: 34-50.

［58］ Lai K. L., Bao Y. Q., Li X. T. Channel Relationship and Business Uncertainty: Evidence from the Hong Kong Market ［J］. Industrial Marketing Management, 2008, 37(6): 713-724.

［59］ Craig R. C., Marianne M. Social Responsibility and Supply Chain Relationships ［J］. Transportation Research Part E: Logistics and Transportation Review, 2002, 38（1）: 37-52.

［60］ 蔡坤宏, 谢昇纮. "信任—关系承诺" 理论之实证研究——以海运承揽运送业为例 ［J］. 行销评论, 2005, 2（3）: 277-312.

［61］ 吴志明, 朱素玥, 方文昌. 供应链关系中信任与承诺影响因素之研究——交易成本及社会交换理论观点 ［J］. 资讯管理学报, 2006, 13（S）: 91-118.

［62］ 潘文安, 张红. 供应链伙伴间的信任、承诺对合作绩效的影响 ［J］. 心理科学, 2006, 29（6）: 1502-1506.

［63］Handfield R. A Resource Dependence Perspective of Just-in-time Purchasing［J］. Journal of Operations Management, 1993（11）: 289-311.

［64］Handfield R., Krause D., Scannell T., Monczka R. An Empirical Investigation of Supplier Development: Reactive and Strategic Processes［J］. Journal of Operations Management, 1998, 17（1）: 39-58.

［65］Handfield R., Nichols E. Supply Chain Redesign［M］. Prentice-Hall, Upper Saddle River, NJ. 2002.

［66］Handfield R., Bechtel C. The Role of Trust and Relationship Structure in Improving Supply Chain Responsiveness［J］. Industrial Marketing Management, 2002, 31: 367-382.

［67］Panayides P. H., Lun Y. H. V. The Impact of Trust on Innovativeness and Supply Chain Performance ［J］. International Journal of Production Economics, 2009, 1（22）: 35-46.

［68］Sodhi M. M. S., Son B. G. Supply-chain Partnership Performance［J］. Transportation Research Part E: Logistics and Transportation Review, 2009, 45（6）: 937-945.

［69］Liu Y., Luo Y. D., Liu T. Governing Buyer-supplier Relationships through Transactional and Relational Mechanisms: Evidence from China［J］. Journal of Operations Management, 2009, 27（4）: 294-309.

［70］Fynes B., Voss C. The Impact of Supply Chain Relationship Quality on Quality Performance［J］. International Journal of Production Economics, 2005, 96（3）: 339-354.

［71］Taylor C. R., Kim K. H., Ko E. et al. Does Having a Market Orientation Lead to Higher Levels of Relationship Commitment and Business Preformance? Evidence from the Korean Robotics Industry［J］. Industrial Marketing Managemen, 2008, 37（7）: 825-832.

［72］Sheu J. B., Hu T. L. Channel Power, Commitment and Performance Toward Sustainable Channel Relationship［J］. Industrial Marketing Management, 2009, 38（1）: 17-31.

［73］Zhao X., Huo B., Flynn B. B., et al. The Impact of Power and Relationship Commitment on the Integration between Manufacturers and Customers in a Supply Chain［J］. Journal of Operations Management, 2008, 26（3）: 368-388.

［74］Chen J. V., Yen D. C., Rajkumar T. M., Tomochko N. A.. The Antecedent Factors on Trust and Commitment in Supply Chain Relationships［J］. Computers Standards & Interfaces, 2011, 33（3）: 262-270.

［75］Yang J., Wang J., Wong C. C. W, Lai K. H. Relational Stability and Alliance Performance in Supply Chain［J］. Omega, 2008, 36（4）: 600-608.

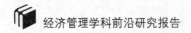
The Indirect Mechanism of Information Sharing Among Supply Chain Partners on Operational Performance—the Mediating Role of Relational Capital.

YE Fei　XUE Yun-pu

(School of Business Administration, South China University of Technology, Guangzhou, 510640)

Abstract: The theoretical model of relationship between supply chain information sharing and operational performance with the mediating role of relational capital (trust and commitment) in a supply chain is proposed and empirically tested using data collected from 141 manufacturing companies in Pearl River Delta. The results show that there are two indirect paths in the relationship between information sharing and operational performance, the first one is "information sharing-trust-operation performance", the other one is "information sharing-trust-relationship commitment-operation performance", which provide evidence that there is indirect positive impact of information sharing on operation performance with the mediating role of trust and commitment constructs in relational capital theory.

Key words: Supply Chain; information sharing; operational performance; relational capital; trust; commitmen

供应链协同创新的绩效测评及其应用研究 *

李　刚

（中南民族大学管理学院，湖北武汉　430074）

【摘　要】科学地测度与评价供应链企业间协同创新的绩效是供应链管理的一个重要内容。文章从创新能力、协同性、收益性和客户满意度4个方面建立了供应链协同创新绩效评价指标体系，探讨各评价指标的测度，并采用将模糊数学与层次分析法相结合的模糊层次综合评价法进行了评价。

【关键词】供应链；协同创新；绩效测评；模糊层次综合评价法

1　引言

随着市场环境的日益复杂多变，市场竞争已不再仅限于企业层面的竞争，而扩展到供应链之间的竞争。创新活动也是如此，已不再局限于企业内部，供应链企业间的协同创新日益增多并逐步显现其重要性[1]。通过协同创新，可以充分发挥成员企业各自的优势，实现资源共享，缩短创新周期，降低创新风险，更好地满足客户的个性化需求，从而提高成员企业以及整个供应链的核心竞争力[2]。因此，供应链协同创新是企业发展的需要，也是适应市场环境快速变化的需要。

供应链协同创新的绩效高低决定了供应链企业的收益，是供应链成员企业选择是否进一步合作的依据。因此，科学地测度与评价供应链企业间协同创新的绩效成为一个重要的基础性工作。目前，国内外学者已对供应链绩效评价进行了较多研究，在评价指标体系的设置、评价方法和模型的构建方面取得了较为丰富的研究成果，但专门针对供应链协同创新的绩效评价成果较少。

* 本文选自《中国科技资源导刊》2011年3月第43卷第2期。

基金项目：中南民族大学引进人才基金项目（YSZ08008）。

作者简介：李刚（1975–），男，中南民族大学讲师，博士，主要研究方向：供应链管理、创新管理。

在供应链绩效评价指标体系的设置方面，国外学者 Rajat Bhagwat 等确立了客户满意度、生产能力、交货能力以及财务状况等 4 个方面的指标[3]；Severine Blanc 提出从各参与方的满意度、战略、商务流程、运作能力及回报等 5 个方面研究供应链绩效[4]；Lummus 等从供应链流程入手，指出供应链绩效评价指标包括供应、转换、交运、需求管理[5]；美国供应链协会推荐的供应链绩效关键评价指标包括交货的可靠性、供应链的响应性、柔性、成本和资产管理效率等 5 个方面。国内学者马士华等[6]、范国锋等[7]结合供应链运作的特点与平衡记分法，从客户角度、供应链内部流程角度、未来发展性角度和财务价值角度等 4 个方面构造了评价指标体系；张天平[8]从战略层、战术层和营运层等 3 个方面设立了评价指标；汪方胜[9]结合 SCOR 模型从供应链运营成本、响应能力、柔性、可靠性、企业的运营绩效等 5 个方面构建了评价体系。也有学者对供应链协同的绩效评价指标体系进行了研究，张翠华等[10]从信息流、业务流、资金流、客户服务和系统适应性等 5 个方面选择了 23 个指标建立协同绩效评价指标体系；彭志忠[11]从战略协同、业务策略协同和信息技术协同等 3 个方面设立供应链协同绩效评价指标体系；贾瑞霞等[12]从财务、客户满意度、系统协作度和可持续发展能力等 4 个维度构建供应链协同管理的绩效评价指标体系。

在供应链绩效评价的方法方面，目前的研究主要有数理统计法（包括主成分分析、因子分析、聚类分析等）、模糊综合评价法、层次分析法、灰色关联法、数据包络分析法、神经网络算法以及以上方法的组合评价方法[13]。如张义娟等[14]用主成分分析法，陈冬冬等[15]用因子分析法，张天平[8]用模糊综合评价法，黄崇珍等[16]用数据包络分析法，李沛[17]用神经网络算法分别对供应链绩效进行评价。

供应链协同创新的绩效评价必须突出供应链企业的协同性、创新性、收益性等特点。

（1）协同性：供应链企业间协同创新的关键在于供应链上的所有成员企业要在产品设计、产品制造、产品运输、市场营销等整个产品生命周期上实现协同。在整个创新过程中，制造商负责产品的总体创新开发，供应商负责配套零部件的创新开发，销售商为供应商、制造商提供不断变化的市场需求信息，并站在顾客角度对产品创新提出一些建议，使供应商、制造商更好地把握创新方向。只有整个供应链协同起来进行创新，才能最大限度地提高供应链的总收益。可以说，没有协同，就没有供应链创新的绩效。因此，供应链的协同水平与供应链创新绩效紧密相关，是衡量供应链创新绩效的重要标志之一。

（2）创新性：各企业为共同抓住某一市场机会而组建供应链，在围绕创新项目开展协作的过程中，各企业资源共享，互通有无，密切协作，在实现创新项目的市场价值的同时，使各成员企业以及整个供应链的创新能力都得以提升。因此，供应链企业的创新能力与供应链创新绩效紧密相关，也是衡量供应链创新绩效的标志之一。

（3）收益性：供应链企业以适应市场变化、快速响应客户需求为出发点，通过供应商、制造商、销售商、物流服务提供商和客户在产品设计、产品制造、产品运输、市场营销等进行全方位的协同创新，最终目标是提高成员企业的收益。收益性是供应链协同创新绩效的最直接特点。

以上关于供应链绩效评价指标体系和方法的研究对开展面向供应链协同创新的绩效评价具有积极的借鉴意义，但供应链协同创新的绩效不是一般意义上的供应链绩效，现有的供应链绩效评价指标体系无法反映出供应链协同创新的特点。因此，有必要对面向供应链协同创新的绩效评价进行专门研究。本文试图建立一套面向供应链企业协同创新的绩效评价体系，为供应链企业间协同创新的持续改进提供科学参考。

2 评价指标体系

2.1 体系的设置

由于供应链协同创新的绩效必须突出协同性、创新性、收益性等特点，因此，可以在借鉴已有的关于供应链协同性、收益性指标设置基础上，增加供应链创新能力与创新成果方面的指标，从而通过综合考虑创新能力、成员企业间的协同程度、创新成果的收益性、客户满意度等多方面内容反映供应链协同创新的绩效特点（见图1）。

（1）创新能力评价：围绕供应链创新过程设置创新能力的评价指标，主要包括创新机会把握能力、创新资源投入能力、新产品制造能力、新产品上市速度。

①创新机会把握能力。供应链协同创新始于创新机会的识别，供应链成员企业因为某种创新机会的存在而产生合作的愿望。为把握这一机会，供应链成员企业组成联盟，积极开展项目筹划，制定协同创新方案活动使合作顺利进行。因此，这一指标包括了创新机会识别能力和创新项目筹划能力两个方面。

②创新资源投入能力。供应链创新活动的开展离不开资源的投入，包括人力资源、财力资源、物质资源、技术资源、信息资源等。相应的评价指标主要有：研发人员比例、创新经费投入、创新设备投入、专利技术投入、信息共享率等。

③新产品制造能力。主要包括零部件供应能力、装配制造能力、检测与质量控制能力。

④新产品上市速度。本指标反映供应链（企业）抓住市场机遇，并对市场需求作出快速反应的创新能力。新产品上市速度指标采用供应链联盟中相应时间的统计值（从开始研发到新产品上市的时间）。

（2）协同性评价：协同性评价指标主要包括战略协同性、业务流程协同性和信息协同性[18]。

①战略协同性。供应链协同创新活动要取得成功，各成员企业首先必须在创新战略上达成一致。各成员的战略匹配程度越大，其协同效果越好，供应链取得创新成功的机会越大。战略协同程度可通过战略匹配度来衡量，战略匹配度是一个定性指标，可通过专家评分法来确定。

②业务流程协同性。要将正确的产品（或者服务）在正确的时间和地点，以正确的数

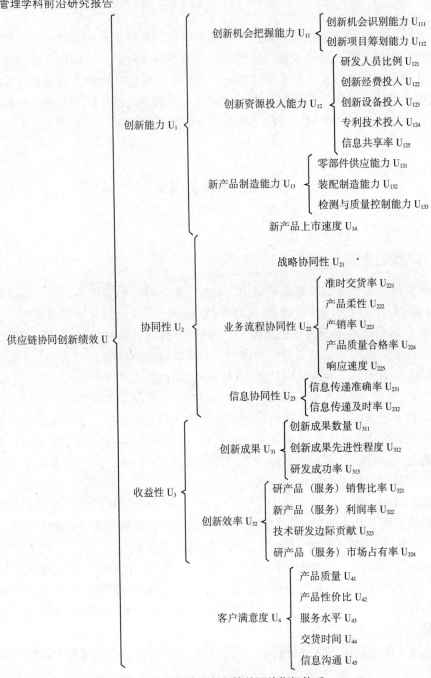

图 1　供应链协同创新绩效评价指标体系

量送达顾客（包括供应链联盟中的上、下游客户）手中与供应链联盟业务流程密切相关，同时，这个指标也在一定程度上反映供应链联盟相邻企业节点之间的合作密切程度。主要包括：准时交货率、产品柔性、产销率、产品质量合格率、响应速度等指标。

　　③信息协同性。在供应链创新过程中，信息传递是否准确、及时，会对创新活动产生

影响。其中，传递的信息是否准确，反映了信息处理的质量。只有依据正确的信息才能作出正确的决策。在供应链中，信息准确率越高，说明协同程度越高。为了提高对市场需求变化的反应能力，必须提高供应链的敏捷性，因此，信息传递及时率也是反映供应链协同程度的一个指标。如果信息传递不及时，则可能由于信息传递延误而造成决策上的失误，从而影响供应链节点企业合作的满意度。因此，在协作过程中，供应链企业应该在传递时间上达成协议，即多长时间应该传递一次信息，超过规定的时间传递的信息就列入不及时的信息行列。

（3）收益性评价：该指标是对供应链协同创新所取得的创新成果和创新效率进行评价。

①创新成果评价。主要包括创新成果数量、创新成果先进性程度、研发成功率等指标。

②创新效率评价。主要包括新产品（服务）销售比率、新产品（服务）利润率、技术研发的边际贡献、新产品（服务）市场占有率等指标。

（4）客户满意度评价：供应链协同创新的最终目的是满足顾客需求，提高快速响应顾客需求的能力。顾客价值是指消费者/最终顾客通过购买产品（包括核心产品和形式产品）或者接受服务（延伸产品）获得的价值，它是供应链整体绩效的重要组成部分，而顾客满意度是顾客价值的集中反映。对于顾客满意度，通过调查问卷的方式进行测评。主要包括产品质量、产品性价比、服务水平、交货时间、信息沟通等指标。

2.2 指标的测度

在供应链协同创新绩效评价指标体系中，存在定量和定性两种不同属性的指标。对于不同属性的指标，分别采取不同的测度方法。对于定量指标的测评数据，一般可以通过统计方法获取（表 1）。对于定性指标的判断，可以通过问卷调查、访谈或专家观察等方法获得信息，在信息收集、汇总、整理之后，综合判断绩效水平（见表 2）。

表 1　定量指标计算公式

指标	计算公式
研发人员比例 U_{121}	研发人员比例 $= \dfrac{研发人员数量}{员工总数} \times 100\%$
创新经费投入 U_{122}	创新经费投入强度 $= \dfrac{供应链创新经费}{销售收入}$
信息共享率 U_{125}	信息共享率 $= \dfrac{供应链中共享数据量}{节点企业数据总量} \times 100\%$
准时交货率 U_{221}	准时交货率 $= \dfrac{准时交货次数}{总交货次数} \times 100\%$
产品柔性 U_{222}	产品柔性 $= \dfrac{新产品品种类}{产品各类总数} \times 100\%$
产销率 U_{223}	产销率 $= \dfrac{某时期某节点已销售产品数}{某时期某节点已生产产品数} \times 100\%$
产品质量合格率 U_{224}	产品质量合格率 $= \dfrac{合格产品数量}{提供的产品总数} \times 100\%$

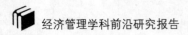

指标	计算公式
响应速度 U_{225}	平均响应时间 $= \dfrac{\sum \text{解决问题所需时间}}{\sum \text{节点间不协调问题}} \times 100\%$
信息传递准确率 U_{231}	信息传递准确率 $= \dfrac{\text{信息准确传递的次数}}{\text{总传递次数}} \times 100\%$
信息传递及时率 U_{232}	信息传递及时率 $= \dfrac{\text{信息及时传递的次数}}{\text{总传递次数}} \times 100\%$
创新成果数量 U_{311}	用"专利拥有数"表示
研发成功率 U_{313}	研发成功率 $= \dfrac{\text{研发成功数量}}{\text{立项总数量}} \times 100\%$
新产品（服务）销售比率 U_{321}	新产品（服务）销售比率 $= \dfrac{\text{新产品（服务）销售额}}{\text{产品（服务）销售总额}} \times 100\%$
新产品（服务）利润率 U_{322}	新产品（服务）利润率 $= \dfrac{\text{新产品（服务）利润额}}{\text{创新投资总额}} \times 100\%$
技术研发边际贡献 U_{323}	技术研发边际贡献 $= \dfrac{\text{销售收入增加额}}{\text{R\&D 经费}}$
新产品（服务）市场占有率 U_{324}	新产品（服务）市场占有率 $= \dfrac{\text{新产品（服务）利润额}}{\text{同类产品（服务）销售总额}} \times 100\%$

表 2　定性指标的测度特征量

指标	测度特征量
创新机会识别能力 U_{111}	根据从出现市场机遇到发现市场机遇的时间统计值判断
创新项目筹能力 U_{112}	供应链联盟组建的敏捷性创新方案可行性
创新设备投入 U_{123}	创新设备与供应链现阶段所处的创新实际的密切度 创新设备本身的技术先进性
专利技术投入 U_{124}	投入创新活动的已有专利技术数量和先进性程度
零部件供应能力 U_{131}	零部件供应商的资质、配套性
装配制造能力 U_{132}	设备水平先进程度、工人技术等级适应性、标准化强度
检测与质量控制能力 U_{133}	检测与质量控制制度与系统完备性
新产品上市速度 U_{14}	根据从开始研发到新产品上市的时间统计值判断
战略协同性 U_{21}	战略匹配度
创新成果先进性程度 U_{312}	成果在行业中所处的技术水平
客户满意度 U_4	根据问卷调查结果判断

3　评价方法

模糊层次综合评价法是将模糊数学与层次分析法相结合的一种系统评价方法，它能比较好地解决多指标的综合评价问题。由于供应链协同创新绩效评价属于多层次、多指标评价，因此，本文采用模糊层次综合评价法进行评价。

（1）因素集的确定：供应链协同创新绩效评价的因素集 U 由 3 个层次的因素构成（见表 1）。

（2）指标的无量纲化处理：在供应链协同创新绩效评价指标体系中，有定性指标和定量指标之分。由于量纲不同，无法直接进行比较。因此，为了便于最终评价值的确定，需要对各指标进行无量纲化处理。

①对定性指标的处理。对于定性指标，采用德尔菲法对它们进行评分，评分的依据是被评价供应链的该项指标与同类供应链标准水平的比较，分值范围为 $[0, 1]$，分为 5 个档次：很好、好、一般、差、很差，对应分值为 $(0.8~1]$、$(0.6~0.8]$、$(0.4~0.6]$、$(0.2~0.4]$、$[0~0.2]$。

②对定量指标的处理。定量指标的实际值可以根据相关资料计算出来。由于定量指标中既有总量指标又有比率指标，存在不同的量纲，因此应对其进行无量纲化处理。借用模糊数学中有关隶属函数的思路[19]，构造下列无量纲化处理函数：

对于正指标（即指标值越大越好），有：

$$
y = \begin{cases} 1 & x \geqslant \max x \\ \dfrac{x - \min x}{\max x - \min x} & \min x < x < \max x \\ 0 & x \leqslant \max x \end{cases}
$$

对于逆指标（即指标值越小越好），有：

$$
y = \begin{cases} 1 & x \leqslant \min x \\ \dfrac{\max x - x}{\max x - \min x} & \min x < x < \max x \\ 0 & x \geqslant \max x \end{cases}
$$

（3）运用层次分析法确定各级指标权重：运用层次分析法确定各指标权重的步骤包括：[20] ①结合专家意见采用 9 级标度法构造判断矩阵；②采用特征根法求解判断矩阵，得出指标权重 W；③进行一致性检验。

（4）建立评价等级集：确定各项评价指标统一的评语等级 V_m（$m = 1, 2, 3, 4, 5$），即 $V_m =$（很好，好，一般，差，很差）。

（5）构造隶属度综合评价矩阵：对于定性指标和定量指标，分别计算其隶属度。对于定性指标可通过模糊评判法进行，求得它们对各个等级的隶属度。其方法是：参加评判的人数为 Q 人，认为指标为很好、好、一般、差、很差的人数分别为 Q_1、Q_2、Q_3、Q_4 和 Q_5，则该指标的隶属度集合为 $(Q_1/Q，Q_2/Q，Q_3/Q，Q_4/Q，Q_5/Q)$。对于定量指标，可通过隶属函数进行。

对于正指标，有：

$$v_1(u) = e^{-25\,(y-0)(y-0)\ln2}$$
$$v_2(u) = e^{-25\,(y-1/4)(y-1/4)\ln2}$$
$$v_3(u) = e^{-25\,(y-2/4)(y-2/4)\ln2}$$
$$v_4(u) = e^{-25\,(y-3/4)(y-3/4)\ln2}$$
$$v_5(u) = e^{-25\,(y-1)(y-1)\ln2}$$

对于逆指标，有：

$$v_1(u) = e^{-25\,(y-1)(y-1)\ln2}$$
$$v_2(u) = e^{-25\,(y-3/4)(y-3/4)\ln2}$$
$$v_3(u) = e^{-25\,(y-2/4)(y-2/4)\ln2}$$
$$v_4(u) = e^{-25\,(y-1/4)(y-1/4)\ln2}$$
$$v_5(u) = e^{-25\,(y-0)(y-0)\ln2}$$

式中，y 为各指标无量纲化的值。

然后，对得出的隶属函数进行归一化处理。由此便可构造出模糊隶属度综合评价矩阵 R。

（6）模糊综合评价结果：对于多层次的综合评价问题，模糊综合评价过程是由低层次向高层次逐步进行的，即用上一级评价的结果作为变换矩阵再进行运算。

第 1 层次的模糊综合评价：$B = W \cdot R$。

4　应用实例

本文评价的对象是以某汽车制造企业为核心的汽车供应链，即由原材料及零部件供应商、整车制造企业、销售商和最终客户等构成的供应链系统，且各成员之间通过协调、合作以及信息的共享实施供应链协同创新项目（见图 2）。

根据上述方法，对以某汽车制造企业为核心的汽车供应链协同创新绩效进行评价。样本数据通过收集统计数据、财务数据和通过问卷调查等方法获取。由 10 人（5 位供应链各成员企业高管人员、2 位客户代表、3 位咨询专家）组成评价小组。具体评价过程如下：

（1）用层次分析法确定各级指标权重。以 W_{11} 的计算为例，采用 9 级标度法构造判断矩阵，然后求解该判断矩阵，得 $W_{11} = (W_{111}, W_{112}) = (0.33, 0.67)$。由于该矩阵阶数为 2，不需要进行一致性检验。

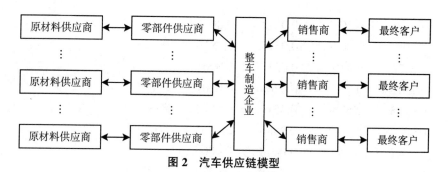

图2 汽车供应链模型

同理，求得：

$W_{11} = (0.321, 0.257, 0.094, 0.222, 0.106)$

$W_{13} = (0.278, 0.496, 0.226)$

$W_{22} = (0.272, 0.078, 0.236, 0.245, 0.169)$

$W_{23} = (0.5, 0.5)$

$W_{31} = (0.333, 0.333, 0.333)$

$W_{32} = (0.25, 0.25, 0.25, 0.25, 0.5)$

$W_1 = (0.167, 0.167, 0.333, 0.333)$

$W_2 = (0.4, 0.4, 0.2)$

$W_3 = (0.33, 0.67)$

$W_4 = (0.2, 0.2, 0.2, 0.2)$

$W = (0.261, 0.209, 0.272, 0.258)$

并通过一致性检验。

（2）构建隶属度综合评价矩阵。

$$R_{11} = \begin{bmatrix} 0.3 & 0.4 & 0.3 & 0 & 0 \\ 0.2 & 0.4 & 0.3 & 0.1 & 0 \end{bmatrix}$$

$$R_{12} = \begin{bmatrix} 0.6134 & 0.3453 & 0.0404 & 0.0009 & 0 \\ 0.7218 & 0.2635 & 0.0146 & 0.0001 & 0 \\ 0.3 & 0.2 & 0.3 & 0.2 & 0 \\ 0.3 & 0.4 & 0.2 & 0.1 & 0 \\ 0.3527 & 0.4539 & 0.1923 & 0.0011 & 0 \end{bmatrix}$$

$$R_{13} = \begin{bmatrix} 0.2 & 0.4 & 0.3 & 0.1 & 0 \\ 0.3 & 0.4 & 0.1 & 0.1 & 0.1 \\ 0.2 & 0.3 & 0.3 & 0.1 & 0.1 \end{bmatrix}$$

$$R_{22} = \begin{bmatrix} 0.6312 & 0.3067 & 0.0620 & 0.0001 & 0 \\ 0 & 0.0009 & 0.0575 & 0.4810 & 04606 \\ 0.6676 & 0.3108 & 0.0215 & 0.0001 & 0 \\ 0.7515 & 0.2518 & 0.0266 & 0.0001 & 0 \\ 0.0715 & 0.5736 & 0.3510 & 0.0038 & 0.0001 \end{bmatrix}$$

$$R_{23} = \begin{bmatrix} 0.0804 & 0.4845 & 0.3980 & 0.0368 & 0.0003 \\ 0.5092 & 0.4454 & 0.0448 & 0.0006 & 0 \end{bmatrix}$$

$$R_{31} = \begin{bmatrix} 0.2165 & 0.4024 & 0.3538 & 0.0272 & 0.0001 \\ 0.3 & 0.4 & 0.2 & 0.1 & 0 \\ 0.2046 & 0.4584 & 0.3356 & 0.0014 & 0 \end{bmatrix}$$

$$R_{32} = \begin{bmatrix} 0.6642 & 0.3180 & 0.0177 & 0.0001 & 0 \\ 0.5402 & 0.1444 & 0.0752 & 0.1583 & 0.0819 \\ 0.6885 & 0.3104 & 0.0010 & 0.0001 & 0 \\ 0.7245 & 0.2356 & 0.0218 & 0.0180 & 0.0001 \end{bmatrix}$$

$$R_4 = \begin{bmatrix} 0.3 & 0.3 & 0.4 & 0 & 0 \\ 0.2 & 0.4 & 0.3 & 0.1 & 0 \\ 0.3 & 0.2 & 0.3 & 0.2 & 0 \\ 0.3 & 0.4 & 0.2 & 0.1 & 0 \\ 0.2 & 0.3 & 0.3 & 0.2 & 0 \end{bmatrix}$$

（3）进行综合评价。

$B_{11} = W_{11}R_{11}$

$\quad = (0.233,\ 0.4,\ 0.3,\ 0.067,\ 0)$

$B_{12} = W_{12}R_{12}$

$\quad = (0.5146,\ 0.3343,\ 0.1097,\ 0.0414,\ 0)$

$B_{13} = W_{13}R_{13}$

$\quad = (0.2496,\ 0.3774,\ 0.2008,\ 0.12,\ 0.0722)$

$B_{22} = W_{22}R_{22}$

$\quad = (0.5181,\ 0.3155,\ 0.0923,\ 0.0382,\ 0.0359)$

$B_{23} = W_{23}R_{23}$

$\quad = (0.2948,\ 0.4650,\ 0.2214,\ 0.0187,\ 0.0001)$

$B_{31} = W_{31}R_{31}$

$\quad = (0.2401,\ 0.4199,\ 0.2962,\ 0.0428,\ 0)$

$B_{32} = W_{32}R_{32}$

$\quad = (0.6544,\ 0.2521,\ 0.0289,\ 0.0441,\ 00205)$

$B_1 = W_1R_1$

$\quad = (0.3079,\ 0.3815,\ 0.2352,\ 0.0514,\ 0.0240)$

$$B_2 = W_2R_2$$
$$= (0.4262, 0.3392, 0.1612, 0.0590, 0.0144)$$
$$B_3 = W_3R_3$$
$$= (0.5177, 0.3075, 0.1171, 0.0473, 0.0137)$$
$$B_4 = W_4R_4$$
$$= (0.26, 0.32, 0.3, 0.12, 0)$$
$$B = WR$$
$$= (0.3773, 0.3367, 0.2087, 0.0686, 0.013)$$

若采用百分制，赋予评价等级加权向量为 $V = (100, 80, 60, 40, 20)$，则以该汽车制造企业为核心的汽车供应链协同创新绩效评价得分为80.19，表明其绩效评价等级为"好"。

5 结 论

由于供应链协同创新绩效评价指标体系中既有定性指标又有定量指标，本文采用模糊层次综合评价法对其进行评价，比较好地解决了多指标的综合评价问题。根据得出的评价结果，可以与供应链过去的协同创新绩效评价数据进行比较，能反映出绩效的改进程度；也可以与同行业竞争者供应链的绩效进行比较，找出差距，挖掘本供应链深层次的问题和矛盾，使供应链的协同创新绩效得到改进；也可以用此评价体系和评价方法来筛选优秀的供应商，将绩效评价得分高的供应链上的供应商确定为被选对象。需要注意的是，在应用本文提出的评价指标体系的过程中，要结合所评价供应链的性质、所属行业及其成员企业特点等具体情况进行指标的合理调整以及权重的确定，使其更具适用性。

参考文献：

[1] Chapman R. L., Corso M. From Continuous Improvement to Collaborative Innovation: The Next Challenge in Supply Chain Management [J]. Production Planning & Control, 2005, 16 (4): 339–344.

[2] 张旭梅，张巍，钟和平等. 供应链企业间的协同创新及其实施策略研究 [J]. 现代管理科学，2008 (5): 9–11.

[3] Zhang Xumei, Zhang Wei, Zhong Heping, et al. A Study on the Collaboration Innovation among Supply-chain Enterprises and Its Implementation Strategy [J]. Modern Management Science, 2008 (5): 9–11.

[4] Rajat Bhagwat, Milind Kumar Sharma. performance measurement of supply chain management: a balanced scorecard approach [J]. computers & industrial engineering, 2007 (8): 43–62.

[5] Severine Blanc. Evolution Management towards Interoperable Supply Chains Using Performance Measurement [J]. Computers in Industry, 2007 (7): 720–732.

[6] Lummus P. R., Vokurka R. J., Alber K. L. Strategic Supply Chain Planning [J]. Production and In-

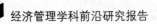

ventory Management Journal, 1998（Third Quarter）: 49-58.

　　[7] 马士华，谭勇，龚凤美. 工业企业物流能力与供应链绩效关系的实证研究 [J]. 管理学报，2007
（4）: 493-500.

　　[8] 范国锋，张坤. 基于平衡记分卡和模糊综合评判的供应链绩效评价 [J]. 价值工程，2008（6）: 79-81.

　　[9] 张天平. 供应链绩效指标模糊综合评价模型 [J]. 统计与决策，2009（22）: 68-70.

　　[10] 汪方胜. 供应链绩效评价体系和评价模型研究 [J]. 物流科技，2008（5）: 24-26.

　　[11] 张翠华，周红，赵淼，等. 供应链协同绩效评价及其应用 [J]. 东北大学学报：自然科学版，2006，27(6): 706-708.

　　[12] 彭志忠. 供应链协同绩效评价体系实证效应分析 [J]. 中国流通经济，2008（9）: 30-33.

　　[13] 贾瑞霞，李云. 供应链协同管理绩效评价体系的构建 [J]. 北方经济，2010（1）: 28-29.

　　[14] 王新宇，杨帆. 供应链绩效评价常用方法研究 [J]. 中国商贸，2009（21）: 48-49.

　　[15] 张义娟，刘洪滨，姜建敏. 基于主成分分析的供应链绩效评价指标体系研究 [J]. 中外企业家，2009(7): 35-37.

　　[16] 陈冬冬，彭其渊. 基于因子分析法的供应链绩效评价 [J]. 统计与决策，2009（6）: 180-181.

　　[17] 黄崇珍，梁静国. 复合 DEA 在供应链绩效测评中的应用研究 [J]. 商业研究，2008（10）: 47-50.

　　[18] 李沛. 基于 BP 网络的供应链绩效评价模型研究 [J]. 重庆与世界，2008（4）: 75-77.

　　[19] 周荣辅，赵俊仙. 供应链协同效果评价指标体系的构建 [J]. 统计与决策，2008（13）: 64-66.

　　[20] 秦寿康. 综合评价原理与应用 [M]. 北京：电子工业出版社，2003: 94-95.

　　[21] 杜栋，庞庆华，吴炎. 现代综合评价方法与案例精选 [M]. 2 版. 北京：清华大学出版社，2008: 12-17.

Study on Performance Measurement and Evaluation of Supply Chain Collaboration Innovation and Its Application

LI Gang

(School of Management, South-Central University for Nationalities, Wuhan, 430074)

Abstract: Performance measurement and evaluation on supply chain collaboration innovation in a scientific way is an important part of the supply chain management. The paper sets up an index system of performance evaluation from four aspects including innovation capability, collaboration level, profitability and customer satisfaction degree. Then, the methods to measure and calculate the indexes are discussed. Finally, the paper makes an evaluation of the performance of supply chain collaboration innovation using the method of fuzzy hierarchy comprehensive evaluation which combines fuzzy mathematics with AHP.

Key words: Supply chain; collaboration innovation; performance measurement and evaluation; fuzzy hierarchy comprehensive evaluation

...

...

第二节

英文期刊论文精选

【文章名称】An Exploratory Study of Procurement Strategies for Multi-Item RFQs in B2B Markets: Antecedents and Impact on Performance

【期刊名称】Production and Operations Management

【作者】Tobias Schoenherr, Vincent A. Mabert

【出版时间】2011 年，第 20 卷，第 2 期

【内容摘要】本文研究了 B2B 市场中针对多品类报价请求的采购战略制定问题。作者依据已有文献的综述分析，提出买方采购战略的差异是由多品类报价中的战略目标的重视程度不同造成的，之后作者提出了一个采购战略的理论模型，认为环境条件会影响对战略目标的强调程度，并最终影响采购绩效，并认为环境变量包括采购物品重要性、市场不确定性、供应可得性、买方议价能力、采购经验、与供方打交道的经验等。作者通过网络向采购专家收集了 825 份完整可用的问卷，其中量表采用的是评分加总式量表。作者首先对 11 个战略目标陈述进行因子分析，得到四个潜在的战略目标，即采购效率（指创造一个更为简单流畅的采购环境，使采购中花费的人力最小化）、采购价格（指获得又有的采购价格）、打包采购（发现能够一次性同时提供多品类产品的供应商）以及供应稳定（指减少供应风险，强化供需双方合作）。在此基础上，运用聚类分析，作者提取了实现采购目标的三种战略：战略采购（Strategists）、机会主义采购（Opportunists）与响应式采购（Responders）。其中战略采购对采购战略、采购价格、打包采购以及供应稳定四个目标都非常看重；机会主义采购在四个采购目标上有明显的区分，根据不同情况会作出不同选择；而响应式采购则最为重视采购价格这一战略目标。之后作者检验了环境变量对采购战略的影响以及三种采购战略对买方感知绩效的影响。结果发现，环境变量的确对采购战略有显著影响，当采购的物品越重要、有更多的供应商存在、买方议价能力越强、与供应商打交道的经验越多时，买方越能追求其战略目标。根据实证检验结果，作者绘制了环境变量与战略选择之间的关系图，并且指出环境变量能够有效预测三种不同采购战略的选择。此外，强调追求战略性采购目标的战略采购能够比另外两种采购战略获得更好的绩效。本文对于采购战略的相关研究是一个有效的补充。

【文章名称】Matching Product Architecture and Supply Chain Configuration

【期刊名称】Production and Operations Management

【作者】Sezer Ulku, Glen M. Schmidt

【出版时间】2011 年，第 20 卷，第 1 期

【内容摘要】近年来，OEM 厂商开始逐渐将产品子系统的开发交给供应商完成，而这要求模块化结构（Modular Architecture）的应用，也就是分散供应链（Decentralized Supply Chain）。然而作者也指出存在采用一体化结构（Integral Architecture）的产品制造过程，即集中供应链（Centralized Supply Chain）的存在。作者认为，产品模块化的程度实际上是在产品绩效与产品开发过程的复杂度之间进行取舍，产品模块化程度越高，各个开发团队就越能独立开发，开发复杂度越低，但可能损失产品绩效；相反，如果产品越一体化，就越要求不同开发团队之间有大量的沟通与互动，开发难度越大，但产品绩效可能越好。作者设定了三种情境：内部开发（OEM 厂商完全能够控制产品部件的质量），合作外包（OEM 与供应商是合作关系）以及竞争外包（OEM 与供应商是竞争关系）。在三种情境中，作者试图识别三种情境下最优产品结构与最优产品模块绩效。基于数学模型的推导，作者发现，产品开发能力与产品一体化程度之间存在对应关系：当产品开发能力强时，最优产品一体化程度越高；当产品开发小组之间合作能力越强时，最优产品一体化程度越高。此外，当产品需求量较大，并无须分解为小的产品模块时，最优的产品结构倾向于一体化。而模块化在产品生产中发挥了缓冲作用，它将产品自系统之间的互动进行分离，从而弥补了产品开发过程中由于合作沟通不畅、供应商关系欠佳以及供应商能力不足导致的缺陷。最后，模型发现产品结构的选择不仅取决于供应链构型，还取决于企业、市场以及产品自身的特征。对于复杂产品，高度的模块化不是产品开发外包的前提条件。在分散供应链中，OEM 厂商与其供应商之间的关系性质会影响产品结构的选择：当双方为对抗关系时，更有可能选择模块化产品；而当双方为合作关系时，更有可能选择一体化产品，即实际上外包可以实现内部开发所能实现的高度一体化产品。这一研究为外包生产提供了新的研究结论。

【文章名称】Co-opetition, Distributor's Entrepreneurial Orientation and Manufacturer's Knowledge Acquisition: Evidence from China

【期刊名称】Journal of Operations Management

【作者】Yuan Li, Yi Liu, Heng Liu

【出版时间】2011 年

【内容摘要】该论文将合作和各种类型的冲突看作是制造商和分销商供应链中的"竞合"因素,从而提供了一个检验合作与冲突作用的概念模型,将合作、建设性和破坏性冲突、分销商 EO 和制造商知识吸收(MKA)结合起来。从理论角度,也就是这种竞合观点来看,该论文认为供应商伙伴关系的要素可以描述为竞合,即合作行为,两种类型的冲突(建设性的和破坏性的),可能单独或者交互作用于制造商的知识获取。此外,将 EO 观点带入运营管理研究,该论文解释了分销伙伴的 EO 如何在竞合和制造商知识获取之间的关系中发挥调节作用。由此表明,通过分销商的 EO 发挥的调节作用,制造商可以改善竞合的效率,由此又会影响到知识获取。因此,该论文将制造商创业视为一种外部资源,由此创造与内部竞合能力相互补的资源,从而改善制造商的知识获取。作者给出了以下假设:①制造商和分销商之间的合作与制造商的知识获取正向相关;②制造商和分销商之间的建设性冲突与制造商的知识获取正向相关;③制造商和分销商之间的破坏性冲突与制造商的知识获取正向相关;④合作和建设性冲突之间的交互与制造商的知识获取互补;⑤合作和破坏性冲突之间的交互对制造商知识的获取有害;⑥分销商 EO 正向调节合作对制造商知识获取的作用;⑦分销商 EO 正向调节建设性冲突对制造商知识的获取;⑧分销商 EO 正向调节破坏性冲突对制造商知识获取的作用。作者用了中国的制造和分销供应链的 225 份双边数据验证了这一概念模型,结果表明合作和冲突的类型对制造商知识获取既有单独的作用又有交互作用。最重要的是,结果表明了分销商的创业导向正向调节竞合因素和制造商知识获取之间的关系。由此揭示了加强分销商的创业导向会提高竞合效率,同时影响制造商的知识获取,而且也强调了供应链管理和创业研究领域之间的交叉分析重要性。

【文章名称】The Moderating Effects of Technological and Demand Uncertainties on the Relationship between Supply Chain Integration and Customer Delivery Performance

【期刊名称】International Journal of Physical Distribution & Logistics Management

【作者】Boon-Itt S., Wong C. Y.

【出版时间】2011 年，第 41 卷，第 3 期

【内容摘要】供应链整合是供应链研究领域中一个重要的话题，以往研究主要集中于对供应链整合的内涵进行界定，以及对供应链整合的影响进行探究。其中，有学者证明了不同的供应链整合会对企业的交货绩效产生积极影响，然而也有学者指出，这种作用需要考虑到情境的作用——即在不同情况下，不同的供应链整合对于供应链绩效的作用不同。因此，本文主要从情境理论的角度出发，考察环境不确定性对于供应链整合对交货绩效影响的调节作用，并通过实证检验模型的有效性。供应链整合是企业内部的不同部门、企业外部的供应商以及客户进行合作，通过对信息流和物流的协调，来实现共同的目标。内部整合打破了不同部门之间的障碍，促进了沟通和信息的流动，因此有利于交货绩效的提高；供应商整合通过与供应商建立良好关系，提高产品质量和信息质量，从而促进交货绩效的提高；而客户整合使得企业同样通过改进与客户进行信息共享和交流的机制促进交货绩效的提高。环境不确定性作为外生条件，影响着供应链整合三个维度对于交货绩效的作用，其中技术不确定性主要来源于产品的复杂性和新颖性，提高了交货不及时的可能；而需求不确定性意味着客户产生的需求无法根据传统的订单信息进行预测，同样会影响货物交付的时间和质量；供应链整合并不直接作用于环境不确定性，而是通过减轻后者的不利影响提升企业的交货绩效。用于检验假设的数据来源于对泰国汽车产业的问卷调查，调查对象为一级供应商，所有题项来源于成熟文献，并通过了效度和信度检验，无响应偏差和共同方法偏差在本研究中均不显著。分层回归的结果显示：内部整合和供应商整合均对交货绩效有着显著的正向影响；技术不确定性负向调节内部整合对交货绩效的影响，正向调节供应商整合对交货绩效的影响；需求不确定性对内部整合和供应商整合对交货绩效的影响均存在负向调节作用；客户整合的主效应和调节效应均不显著。之所以产生这样的结果，主要是由于客户整合对绩效的影响通常是间接的，会被内部整合所中介，这一解释也来源于已有研究的结论。而技术不确定性对供应商整合主效应的正向调节作用，可以通过考虑泰国汽车产业的具体情况得到解释：汽车产业的飞速发展和对技术更新的追求，必然要求更多的供应商整合，以减轻技术不确定性的不利影响；此外，另外三组负向调节作用意味着环境的不确定性不利于供应链整合发挥积极作用。因此，本文的研究主要产生了以下启示：①内部整合、供应商整合和客户整合作为供应链整合的三个维度，对交货绩效的作用并不相同，客户整合可能不产生直接作用，还需进一步检验；②供应商整合在技术不确定性高的环境下能够对交货绩效产生积极影响，但在需求不确定性高的环境下则无法实现同样的作用；③内部整合在技术不确定性高和需求不确定性高的环境中对交货绩效的积极作用减弱，因此较为稳定的环境有利于内部整合发挥作用；④结果也拓展了情境理论在供应链整合领域的应用。

【文章名称】A Model of Supply Chain and Supply Chain Decision-making Complexity

【期刊名称】International Journal of Physical Distribution & Logistics Management

【作者】 Manuj I., Sahin F.

【出版时间】2011 年，第 41 卷，第 5 期

【内容摘要】在竞争的环境中，供应链本身所具有的多重功能性、动态性和全球化等特征，共同导致了供应链的复杂性。与此同时，供应链中庞杂的数据、变量和关系的存在，导致了供应链决策的复杂性。二者有一定的联系，但并不相同：前者主要和供应链中的结构要素相关，而后者涉及人的感知和决策过程等因素。本文的目的在于基于访谈和二手数据，通过扎根理论的方法厘清供应链复杂性的内涵、来源以及结果，并将其和供应链决策复杂性进行区分。供应链是一个复杂适应系统，决定其结构和范围的要素都可以被看作是供应链复杂性的来源，如产品数量、供应商数量和联接程度等；而供应链决策复杂性有两个方面，一方面是客观的复杂性，关乎决策所需信息的数量及结构，另一方面是被感知的复杂性和对人的解决问题技能的感知有关。通过对 11 位管理者进行半结构化深度访谈，理论饱和完全形成，经过严谨的数据收集和编码过程，本文构建了一个关于供应链复杂性和供应链决策复杂性的理论模型：供应链复杂性是指供应链中各种活动、交易和过程的结构、类型和规模，和对所有这些受到的限制以及发生的不确定性；供应链决策复杂性是指管理供应链时决策者遇到的困难，包括定义问题、收集数据、分析问题、实施解决方案和控制等。供应链复杂性的前因变量包括：供应链规模和结构（以及网络规模和结构）、客户预期、环境状况、全球化和组织重构五个变量，这些变量会正向作用于供应链复杂性；供应链复杂性正向作用于供应链决策复杂性，其中调节变量分为战略性调节变量和人的感知性调节变量两类，前者包括范围和边界管理、文化的定位、整合、协作和关系管理、削减非增值步骤、信息系统战略和知识管理五种战略，后者包括经验、培训和问题理解能力三个部分；结果变量是"不希望出现的后果"，具体包括更高的总成本、更高的交易成本、更长的周期、原材料质量不一致、更差的交货绩效、更低的存货周转率、更高的不确定性和更大的备用容量要求等八个表现，供应链复杂性和供应链决策复杂性都对这些结果变量有正向作用；然而，在供应链决策复杂性对结果变量的影响中，存在着策略性的调节变量，包括实施缓冲措施和采用灵活的人力两个方面。本文结合供应链理论、复杂性理论和感知过程三方面的理论，在实地研究的基础上，综合访谈资料，建立了一个包括供应链复杂性、企业战略和人的感知能力等变量的全模型，并探索了供应链复杂性方面的新概念，为更好地理解供应链复杂性提供了帮助，为企业管理者从战略和人力各方面应对供应链复杂性及供应链决策复杂性提出了建议。

【文章名称】The Important Role of Change Management in Environmental Management System Implementation

【期刊名称】International Journal of Operations & Production Management

【作者】 Shannon K. Ronnenberg, Mary E. Graham, Farzad Mahmoodi

【出版时间】2011 年

【内容摘要】目前很多企业逐渐重视在商业和生产过程中对环境造成的影响，从而实行了环境管理系统（EMS）。本文的目的在于验证企业在实施环境管理时，变化管理（Change Management）是否对其环境绩效形成正面的影响。首先需明确一个概念：环境管理系统（EMS）被定义为总体管理系统的一部分，包括了开发、实施、达成、回顾，以及保持环境政策时的组织性实践、程序、流程和资源。当公司在运营上引入环境绩效因素后，运营系统会随之改变，从而需要对运营管理行为进行改变。根据 Lewin 的变化模型，变化管理是一个动态的过程，并将其形容为"解冻—行动—再冷冻"的过程。然而，对这个动态过程的变化管理的研究则是目前学界所缺失的。作者根据对以往理论的梳理，首先，将环境管理系统与全面质量管理（TQM）进行综合考量，提出关于变化管理流程的假设。H1：对环境管理系统的变化管理实施程度越高，越有利于企业感知环境绩效。然后，作者根据 Lewin 的三步变化模型又提出假设。H2：对环境管理系统的 a "解冻"、b "行动"、c "再冷冻"的实施程度越高，越有利于企业感知环境绩效。本文利用的是小样本数据。在 2002 年针对 53 名相关受访者进行的问卷调查中，回收问卷 31 份，回收率为58.5%，分别来自 17 家工厂的 26 位男性和 5 位女性。而未回收问卷的原因是这部分受访者所在的工厂缺乏环境管理系统。调查分四步进行：①个人背景信息；②工厂背景信息；③ISO14001 的问题；④EMS 信息。因变量为专业人员对未来环境绩效和工厂排放标准的看法；独立变量为作者设定的 18 项指标，以对应 Lewin 的变化模型；控制变量为工厂规模和 ISO14001 现状。作者在方法上运用了相关性矩阵、描述性统计和分层回归的方式对假设进行验证，其结果是：①在环境管理系统中利用变化管理技术的程度越高，将越有利于环境绩效，但要对企业规模和许可现状进行控制；②检验不支持假设 2a、部分支持假设2b、支持假设 2c。企业环保是企业社会责任的重要部分。随着压力的增加，环境绩效已成为企业进行商业扩展的重要部分，很多企业都在引进并升级环境管理系统。本文则通过组织发展和变化管理模型的视角，对传统的环境管理模型进行了补充。实证结果表明，在环境管理系统实施过程中，进行大量的变化管理有利于企业未来的环境绩效；此外，还对Lewin 的三步变化管理的环境绩效感知的影响提供了部分支持。"解冻"对环境绩效没有明显影响；企业中管理高层会对环境绩效积极"行动"，而雇员并没有很强的环境绩效意识；在"再冷冻"环节中，人力资源管理因素和组织文化对环境管理系统实施的成功起到重要作用。

【文章名称】Role of Manufacturing Flexibility in Managing Duality of Formalization and Environmental Uncertainty in Emerging Firms

【期刊名称】Journal of Operations Management

【作者】Pankaj C. Patel

【出版时间】2011 年

【内容摘要】该论文认为组织结构正规化的提升会让创业企业设置稳定的规范和过程，由此来提升他们存活的可能性。但是，创业企业所处的不确定和动态的任务环境需要更多的柔性的组织结构。这种相悖的结构观点是从任务环境和制度环境相抗衡的需求中产生的。该论文认为制造柔性可以从制度环境中拆解出任务环境所需的活动，因此能够同时解决柔性和刚性的结构。创业企业就能够通过将其结构正规化而达到制度环境的要求，同时用制造柔性来满足任务环境的需求。

作者主要综述了权变理论在运营管理领域的应用，在运营领域权变理论是解释内部运营结构和环境需求之间关系的常用工具，企业为了适应，会基于其规模、范围、情境等运营特征来做出调整。之后，基于对环境不确定性、制造柔性、企业正规化的综述，提出了多个假设：①企业正式化和环境不确定之间的匹配正向影响创业企业的绩效，换句话说，企业正规化水平越高，环境不确定性越高，就会正向影响企业绩效；②企业正规化和环境不确定性之间的一致性对创业企业绩效的影响会被制造柔性加强。

作者对 167 家新型的高科技制造企业进行了问卷调研，其中自变量包括正规化程度、环境不确定性、制造柔性，因变量包括运营收益增长率、资产回报增长率，控制变量包括企业年限、生产流量。对数据的分析，作者运用了多项式回归来检验一致性，也就是对交互项和平方项都考虑进来。结果表明，正规化的结构与制造柔性相一致的时候会导致较高的绩效。也就是说在面对环境不确定的时候，正规化的提高可以发展充足的规范，从而对环境做出持续的有效的响应。但是，创业企业又必须保持足够灵活来应对变化环境的要求。面对这一博弈，本文作者通过三个构成部分之间的匹配来深入探讨：环境不确定性、正规化、制造柔性。而且作者发现了环境不确定性和正规化之间是完美互补的，当这两个维度一致的时候，创业企业就会获得高绩效，而在不确定的环境中创业企业正规化不足的时候，绩效就会下降。最优的组合也就出现在每个维度都在最高水平的时候。总之，环境不确定性的增加必须要与正规化的提升相一致。

【文章名称】Supply Chain Flexibility in an Uncertain Environment: Exploratory Findings from Five Case Studies

【期刊名称】Supply Chain Management: An International Journal

【作者】Candace Y. Yi, E.W.T. Ngai, K-L. Moon

【出版时间】2011 年

【内容摘要】本文通过文献综述和探索性案例研究，目的在于总结和检验不同供应链组织在何种不同的环境不确定境况下，采用何种不同的柔性战略。在供应链环节愈发不可预测的背景下，风险来源不仅局限于组织内部，还有外部，其中包括供应商、运营系统、客户，以及竞争者。通过文献综述，作者总结了四种柔性战略，即落后战略（Laggard）、敏捷战略（Agile）、保守战略（Conservative）、积极战略（Aggressive）。这四种战略需根据企业所处的具体环境进行甄选和实行，从而通过两种方式进行供应链反应：降低不可预测性和增强供应链柔性。柔性（Flexibility）被定义为企业在生产和运营过程中对不可预知的市场变化的反应能力，而企业可以通过柔性能力的四个维度建立供应链柔性战略，这四个维度为采购（Sourcing）、运营系统（Operating system）、分销（Ditribution）和组织（Organizational）的柔性能力。采购柔性通过对不同能力维度的综合考量，可建立上述四种柔性战略。采购柔性意为对所需的原料和服务的采购具备掌控力，并能根据需求变化对采购过程施加影响；运营系统柔性是指通过提供多样复合的产品和服务以有效应对需求变化的能力；分销柔性是指面对动态的市场状况时，有能力适应并影响原料、半成品、成品，以及服务的流动状态；组织柔性是指对组织架构和系统的管理掌控能力，尤其强调在不可预测状态中。这其中，采购柔性和运营系统柔性是最广泛被采用的战略对策。作者通过对五个服装行业的深入调查和访谈，提出在该行业中，不确定性时间往往发生在企业外部。作者还总结了不同特性的供应链企业和所处不同的环境下，通常采取的柔性战略组合。根据环境不可预测性和供应链柔性程度这两个维度的组合，作者提出了上述的四种柔性战略，即落后、敏捷、保守和积极的战略。当两个维度的程度都低时，为保守战略；当两个都为高程度时，为敏捷战略；当前者高而后者低时，为落后战略；当前者低而后者高时，为积极战略。被调查的五个企业一般都会根据所处的不同环境情况制定相应战略，有三个企业选择敏捷战略，两个企业选择了保守战略，但为了今后的发展，有两个企业选择向积极战略过度；没有企业选择落后战略。由此作者得出如下命题：①低水平的供应链的不可预测性导致企业倾向于保守型柔性战略；②高水平的供应链的不可预测性导致企业倾向于敏捷型柔性战略；③积极柔性战略会被主动采用并通过对企业运营系统的重组来减少环境部确定性；④积极柔性战略会被主动采用并通过建立新的机会以增强企业的供应链柔性。

【文章名称】Knowledge Synthesis and Innovative Logistics Processes: Enhancing Operational Flexibility and Performance

【期刊名称】Journal of Business Logistics

【作者】Grawe S. J., Daugherty P. J., Roath A. S.

【出版时间】2011 年，第 32 卷，第 1 期

【内容摘要】本文主要研究的是知识综合与创新性物流流程对企业运营灵活性和绩效的影响。作者认为，知识只有被有效地整合才能产生价值，即知识综合。知识综合又包括交换和结合。关于知识如何交换、结合与影响企业绩效的研究经常在战略管理领域看到，但却鲜有在物流与供应链领域研究知识的文章。本文就是试图解释知识综合对企业物流流程与运营继而绩效的影响。本文选用了资源基础观和知识基础观作为理论基础。从资源基础观和知识基础观出发，作者认为，知识是企业获取竞争力的核心动力，企业进行整合与交换知识的目的就是为企业的目标服务，物流创新被视作是服务的创新，而其本质是想法或行为的创新，知识综合在物流流程创新中起重要作用。所以，文章的假设一：知识综合对创新性物流流程有正向关系。运营灵活性是一种可以在短期迅速改变和重新组织安排工作程序的能力。企业必须随时准备处理新的知识，对市场变化做出迅速的调整和反应。所以，假设二：知识综合与运营灵活性有正向关系。长期的竞争优势需要企业不断的革新升级的能力。这种能力来源于持续的创造性。创新性的物流流程能够使企业具备这种快速反应并解决问题的能力。所以，假设三：创新性的物流流程与运营灵活性有正向关系。假设四：运营灵活性与物流绩效有正向相关关系。本文的模型：本文采用调查问卷的形式收取问卷，分两步收集数据，第一步用网页形式的问卷分发给供应链管理经理人，共收集到 59 份回应，占比 44.6%；第二步采用定制化的面板问卷发送给具有和第一步相同特征的对象，共回收 134 份，占比 22.3%。数据采用 SAS 的 CALIS 程序进行分析，测量模型运用 CFA 极大似然法进行估计，理论模型运用 SAS 的 CALIS 进行分析。最终结果显示，所有假设都得到了支持。统计检验结果表明，知识是企业的一种核心资源，它可以推动企业的核心能力的发展。企业可以通过运用知识来增强竞争力。本文的理论价值：首先，创造了一个新的概念——知识综合；其次，连接了两种视角：资源基础观和知识基础观；最后，本文为供应链领域内的创新和创新性流程研究积累了实证研究结果。本文的不足之处在于：第一，采用调查问卷的方式不能够非常深入地对新的概念和关系进行解释，未来的研究可以尝试用其他的测量方面来深入分析这些概念和关系；第二，本文缺乏对"物流绩效"这一构念的硬性测量工具，未来的研究可以尝试去建立这样的测量工具。

【文章名称】Supply Chain Resilience in the Global Financial Crisis：An Empirical Study

【期刊名称】Supply Chain Management：An International Journal

【作者】Uta Jüttner，Stan Maklan

【出版时间】2011 年

【内容摘要】供应链弹性（Supply Chain Resilience，SCRES）、供应链脆弱性（Supply Chain Vulnerability，SCV）和供应链风险管理（Supply Chain Risk Management，SCRM）这三个概念及其关系是本文论述的重点。供应链弹性是指开发一种适应能力以应对不可预测事件，从而导致供应链中断时，尽快从中恢复或强化。供应链弹性的适应能力主要着眼于当供应链中断到来时的"可知性"、"可反应性"和"可恢复性"。通过文献综述，作者建议从能力层面对结构性弹性因素进行剖析，并将这些能力从基础和过程的视角综合分析。这些能力包括灵活性、速度、透明度和协作。①"灵活性"（Flexibility）字面定义为容易弯曲而不易打破，是弹性的固有部分，可以保证当风险事件导致的环境变化发生时，其产生的影响可以通过供应链的有效反应所吸收。灵活性设计需要贯穿于供应链构架之内，并从战略流程上构成各级组织间的交互作用。②"速度"（Velocity）特指在时间上，对动机、行动或操作的快速和迅捷。与灵活性相比，速度尤其强调在供应链对中断危机的反应和恢复中，有针对性的效率，而非泛指的有效性状态。速度作为供应链弹性能力的一部分，贯穿了风险事件前、中、后的三个阶段。③"透明度"（Visibility）强调一种在供应链各实体间的可感知性，这种可感知性通过在供应链中有效的信息传递达成。这些信息主要包括端对端订单、库存、运输、分销，以及各环节的环境变化，其目的是致力于当供应链中断时的有效回应和恢复。④"协作"（Collaboration）首先要基于供应链透明的前提下，相关企业对信息的共享和风险的共担。这种能力可以防止机会主义行为，从而阻止了供应链中的个体行为产生的对整个系统反应的负面影响。针对供应链弹性同供应链脆弱性和供应链风险管理的关系，作者认为：①供应链脆弱性越高，则风险发生时造成的负面影响越大；而降低供应链风险的负面影响也是供应链弹性的关键目的之一，因此，当供应链弹性通过确保能从风险事件中快速恢复时，就同时降低了供应链脆弱性。②供应链风险管理行为分三种，即控制风险概率、解决风险影响和加强对风险的知识管理，从而降低供应链脆弱性。③根据具体的风险战略和行为的目标，无论供应链脆弱性还是供应链弹性，都要通过供应链风险管理来影响。作者通过对三个纵向案例研究供应链弹性对外部风险的抵抗意义，来论证当国际金融危机到来时，上述概念之间所处的关系及应对策略。通过对三个企业及所处供应链的纵向案例研究，数据涵盖了 2007~2009 年国际金融危机导致经济衰退的这一期间。通过整合分析，对供应链弹性进行了界定，并探索了其与供应链风险管理和脆弱性的关系。在全球经济衰退的背景下，在不同行业的跨国供应链中不同处境的企业，通过建立符合自身的供应链弹性战略，灵活运用四种弹性能力（灵活性、速度、透明度、协作），降低其自身的脆弱性，以避免受供应链中断等风险的业务波及，从而减少损失，并保持在今后尽快恢复的潜力。

【文章名称】Information Technology as an Enabler of Supply Chain Collaboration: A Dynmic-capabilites Perspective

【期刊名称】Journal of Supply Chain Management

【作者】Fawcett S. E., Wallin C., Allred C., Fawcett A. M., Magnan G. M.

【出版时间】2011 年，第 47 卷，第 1 期

【内容摘要】本文的研究主题是 IT 技术对供应链管理，特别是供应链成员间协作的影响。作者认为，在过去二十年，虽然大部分公司都引进了 IT 技术设备来改善公司管理，但都没有能够利用这项新兴的技术建立起企业特有的一种供应链管理能力。在绝大多数企业中，IT 技术都没有真正发挥作用，没有成为增强企业竞争力的动力。作者认为 IT 技术的引用在绝大多数企业中并不成功主要原因有两点：①绝大部分企业没有意识到 IT 技术已经不再是一项稀有的资源，任何有钱买得起的企业都有能力引进；②IT 技术虽然普遍被引用，但是不同的适用方法却造成了截然不同的竞争力。本篇文章的目的就在于解释 IT 技术是如何影响公司的供应链管理绩效的，进而解释为什么一些公司做得比其他很多公司都好。文章以资源观作为基础理论。文献回顾显示，先前的研究主要观点是"占有稀缺资源"是企业获得竞争优势的根源。随着资源理论的发展，如何利用好资源获取竞争优势这一观点渐渐地形成一个新的资源观研究分支，作者承接了 Newbert 最近提出的动态能力视角，把 IT 技术看作是企业动态能力的催生剂，来研究 IT 技术对企业绩效和竞争优势的影响。文章的假设是：运用 IT 技术来建立供应链联接能力的能力与企业的高运营绩效和顾客满意度正相关；信息共享的文化与企业的高运营绩效和顾客满意度正相关；供应链联接能力与信息共享的文化是动态的企业供应链协作能力的前因；一个动态的供应链协作能力与运营绩效和顾客满意度正相关；动态的供应链协作能力正向调节供应链联接、信息共享文化和运营绩效、顾客满意度的关系；运营绩效、顾客满意度与利润增长正向相关。文章采用调查问卷与案例研究相结合的方式，分两个时间段进行了纵贯研究，在每一时间段的问卷调查后都辅之以案例访谈来更进一步地加深分析，两次调查一共相隔了 6 年。最终收到了 702 份有效问卷，回收率 14.69%，多群组结构方程模型方法被用来检测假设。统计检验结果显示，所有的假设全部得到支持。这个结果表明，企业占有稀缺的、有价值的、不易模仿和不可替代的资源是企业获取竞争优势的必要条件而非充分条件，这与 Newbert 的论点相一致。供应链联接性与信息共享文化作为形成企业动态协作能力的要因，对绩效产生了很大的影响。具体来说，IT 的联接效能是一种非常有价值的、稀缺的能力；企业共享信息的意愿会促进绩效；过去，IT 更多的是被认为用来获得生产效率，而现在的研究表明，企业现在运用 IT 更多的是为了建立更好的合作与取得更高的顾客满意度。今后的研究可以从管理者的功能视角差异出发，来寻求不同的功能视角对 IT 在供应链中充当角色的影响。

【文章名称】 Retail Promotions and Information Sharing in the Supply Chain: A Controlled Experiment

【期刊名称】 International Journal of Logistics Management

【作者】 Tokar T., Aloysius J. A., Waller M. A., Williams B. D.

【出版时间】 2011 年, 第 22 卷, 第 1 期

【内容摘要】 促销是现代社会常用的商业手段之一, 其目的在于加速产品销售, 以及扩大企业知名度、提升企业形象等。多数关于促销的研究主要考察消费者对促销的反应以及货架管理等内容, 即针对供应链终端的研究。除此之外, 关于整条供应链对促销的反应, 则鲜有研究涉及。本文从供应链角度出发, 将促销看作零售者和其供应商整合的结果, 研究信息的共享如何影响供应链对促销的反应。本文主要设计了两个实验来研究信息共享在供应链对促销进行反应时产生的作用。实验一的被试是 30 名美国大学本科生, 内容是一个类似报童游戏的实验, 由被试扮演零售者, 实验大约 60 分钟。销售共有 25 轮, 除第 15 轮因促销使需求量变为 16 单位之外, 其他每轮的需求量都是 4 单位; 订货提前期为 4 轮, 包括供应商 2 轮的反应时间和 2 轮的货运时间; 每名零售者的初始条件相同, 有 8 单位的库存、两个 4 单位的未交货订单和两个 4 单位的在途货物; 根据实验事先约定的每单位库存成本和每单位缺货成本, 被试的目标是达到总成本最小, 但所有被试不能彼此交流。实验者将被试根据促销信息情况随机分为四组: 第一组完全了解促销时间和数量; 第二组只知道促销时间, 以及销售数量的分布区间; 第三组只知道销售数量, 以及促销时间的分布区间; 第四组完全不知道促销时间和数量。本文对第 5~15 轮共 330 个数据进行了分析, 结果显示: 第一组和第二组的总成本无显著差异, 第四组的总成本和其他三组有显著差异, 以及促销时间和促销数量的组间差异显著, 证明了信息共享在本试验中产生了作用。实验二和实验一类似, 但被试是美国一家产品制造企业各部门的 76 名高层管理者, 内容为一个类似于啤酒游戏的实验, 实验大约 2 个小时; 被试在供应链中扮演工厂、分销商、批发商和零售商四个角色, 其他所有条件和实验一相同, 被试的目标是达到每条供应链的总成本最小, 并同样不能彼此交流。实验者将所有供应链随机分为四组, 分组标准与实验一相同。本文在实验后对第 5~15 轮共 836 个数据进行了分析, 结果显示: 只有第四组和第一组的总成本存在差异, 以及促销数量的组间差异显著, 证明了在供应链中, 仅仅进行信息共享远远不够, 各部分之间的协调更应该得到重视。本文通过实验研究, 对各种干扰因素进行了严格控制, 得到的结果具有一定说服力。在现实中, 同一个促销活动也会引起供应链中不同角色甚至企业中不同部门之间的冲突, 不同利益主体之间应该相互协调和配合。促销信息的内容和时效性都会对供应链的成本产生影响, 而信息过多也会影响企业的订货决策, 因此, 为了保证每一个阶段的最优决策, 供应链企业对于信息的内容、时间和用途都应仔细斟酌。此外, 供应商的稳定性也是企业在为促销活动进行订货决策时需要考虑的因素之一。

【文章名称】Customization of the Online Purchase Process in Electronic Retailing and Customer Satisfaction: An Online Field Study

【期刊名称】Journal of Operations Management

【作者】Sriram Thirumalai, Kingshuk K. Sinha

【出版时间】2011 年

【内容摘要】该论文研究了电子零售中在线购买过程的客户化。作者探讨了两种客户化：一是决策客户化，即将传递给客户的信息客户化以帮助他们决策；二是交易客户化，即为每一位客户的购买交易实现客户化。决策过程包含了对需求和产品的识别，以满足客户的需求，也有研究学者称之为需求定位，也就是通过产品信息来识别客户的需求，当客户评价各种产品信息后，最终得到一系列能够满足他们需求的产品，另外客户也会评价从哪里购买产品，基于价格、保证、可得性、递送时间、支付选择和信誉等。而交易过程则包含了产品购买的各种活动，例如购买和递送，产品服务和评价，也就是客户实施购买行为，同时也会发生与购买相关的服务交互。基于此，作者给出了两个假设：一是客户对提供决策客户化的零售商的决策过程满意度要高于不提供决策客户化的零售商；二是客户对提供交易客户化的零售商的交易过程满意度要高于不提供交易客户化的零售商。对于假设的检验，作者运用了三角测量的方法：一是从在线的实地研究中获得的关于客户化的一手数据，包含了对 422 家零售商购买过程的直接观察和文本分析，例如对决策客户化的测度中使用了哑变量，1 表示个人决策帮助，例如获得个人推荐，而 0 表示没有，同时交易客户化也使用了哑变量，1 表示个人网站账户，其中保存了很多购买信息，而 0 表示没有；二是对在线购买过程客户满意度的二手数据收集，也还是从这 422 家电子零售商公开的资源中获得，具体的指标包括下订单的容易性、产品选择、产品信息、产品价格、网站绩效、运输、按时送达、订单追溯、产品达到期望、客户支持。最后作者使用了 MANOVA 来分析数据，结果表明决策客户化是通过个体化的产品推荐与决策过程的客户满意度正向相关；而交易客户化，目的是让交易过程个体化、便捷，与交易过程的客户满意度也是正向相关。此外，结果也表明决策客户化和交易客户化与对在线交易过程的整体满意度相关联。

【文章名称】Understanding the Relationships between Internal Resources and Capabilities, Sustainable Supply Management and Organizational Sustainability

【期刊名称】Journal of Supply Chain Management

【作者】Paulraj A.

【出版时间】2011 年，第 47 卷，第 1 期

【内容摘要】本文的研究主要探讨企业的特殊资源与能力与企业可持续供应管理以及企业的可持续绩效之间的关系。作者认为，先前的大部分关于可持续供应链管理及可持续绩效的研究都主要是基于外部利益相关者的压力这一视角，少有研究从企业内部资源和能力的视角来探讨可持续问题。本文的目的就在于从资源观的角度出发，建立起企业资源和能力与可持续性之间的关系模型。期间作者引入了"环境创业"的概念—— 一种考虑了环境和社会需求的创业导向概念，作者认为它是一种稀缺的、有价值的、不易模仿和不可替代的能力，它会影响企业的可持续供应管理能力。另外，从资源观、资源优势理论和战略管理的关系视角出发，作者认为，关系能力也是影响企业可持续供应管理的重要前因，根据文献，作者选取战略采购作为代表企业关系能力的自变量。可持续供应管理，在本文中也被视为是一种企业的稀缺的、有价值的、不可替代和不易模仿的关系能力，它会影响企业的可持续绩效。根据理论推理，作者列出了文章的模型。本文的假设为：①环境创业与可持续供应管理正向相关；②环境创业与可持续绩效正向相关；③战略采购与可持续供应管理正向相关；④战略采购正向调节环境创业与可持续供应管理；⑤可持续供应管理与可持续绩效正向相关；⑥可持续供应管理正向调节战略采购、环境创业这二者与可持续绩效的关系。文章运用调查问卷的形式进行实证研究，通过电子邮件和网页的形式分发和收集数据，处在公司战略层并主管采购的经理人员被定位为调查对象，最终收到有效问卷145 份，有效回收率 11.25%，构念大多是沿用已有的研究的测量工具进行测量，其中只有"可持续供应管理"和"可持续绩效"被作为二级构念处理（如模型所示）。作者利用LISREL 软件的结构方程模型方法对模型进行了检验，结果显示，假设①②③⑤⑥都得到了支持，而假设④没有得到支持。根据检验结果，文章的结论显示：除了外部利益相关者压力，企业的核心能力也可以对企业的可持续绩效产生重要影响。可持续供应管理（SSM）作为一种关系能力，在企业的核心资源与能力和企业可持续绩效之间起到正向调节的作用。假设④没有得到支持，说明单独战略采购这一项功能不能完成使企业可持续发展的目标，企业除了要发展核心能力外，还必须发现战略伙伴，管理战略伙伴进行合作并使战略伙伴达到企业制定的可持续性标准，才能取得社会地位以及声誉等可持续绩效的成功。未来的研究可以在核心资源和能力这条路线上多发掘前因变量，还可以多多关注关系能力这一方面的变量。另外，也可以考虑加入经济维度（除了社会维度和环境维度），把"可持续供应管理"与"可持续绩效"作为三维构念来处理。

【文章名称】Institutional Entrepreneurship Capabilities for Interorganizational Sustainable Supply Chain Strategies

【期刊名称】International Journal of Logistics Management

【作者】Peters N. J., Hofstetter J. S., Hoffmann V. H.

【出版时间】2011 年，第 22 卷，第 1 期

【内容摘要】伴随着竞争全球化的趋势，可持续不再只是单个企业关注的重点，而逐渐扩展到整个供应链中，它主要包括两种应对制度环境的不同战略：服从战略和开拓战略，后者可以表现为对自愿可持续活动的创造。这种组织对制度的创造和变革是制度创业的观点之一，与此同时，企业也需要一定资源来支持自愿可持续活动的开展，本文选择将制度创业和资源基础观两方面理论进行融合，在组织间开拓性可持续供应链战略的情境下进行研究，总结并提出实施战略所需的关键性资源。从制度主义的研究角度出发，组织需要积极地使用资源，获取合法性，才能保证长期发展，即保持可持续性。组织可以被看作"制度创业者"，即创造一种新的定义系统，将不同制度结合在一起，通过将制度环境整合进自身的战略中和投入用于引起制度变革的资源，他们实现组织目标，赢得发展。和资源基础观相一致的是，为了实现组织间共同的可持续，组织所搜寻和投入的资源同样具有稀缺、有价值、难以模仿和不可替代四种特征，但其边界扩展到了组织之间。通过占有和使用这些资源，联结的组织得以改变现有制度，定义新的制度，实现组织共同的可持续战略。本文通过理论抽样选择了 5 家实施自愿可持续活动并已经成功实现了制度变革的企业作为对象，采用探索性案例研究方法，对访谈和二手数据进行整理和归纳，提出了关于实施组织间可持续战略需要投入的关键资源的命题。5 家案例企业都受到了来自规范的压力，或主动地寻求制度变革，将利益相关者加入可持续活动中，并建立了保障措施和机制，谋求组织的长远发展。透过制度创业和资源基础观的视角，本文提出了 6 种关键性的资源。①外部利益相关者整合能力：为了增强活动的可行性，企业需要和外部利益相关者特别是非营利组织以及供应商进行合作，借鉴有利的经验，建立和保持基于信任的关系，以提高方案实施的成功率。②跨部门整合能力：企业将相关部门整合进活动中，争取各方支持，并获得必要的知识和技能；特别是"守门人"角色的设立，使组织既能实时把握外部动向，又能协调内部力量，传递活动信息，保证可持续活动的效率和效能。③松散耦合业务单元管理能力：根据制度主义者的观点，组织在获得合法性的同时为了维持日常运营，需要保持内部结构的松散耦合。因此，企业将负责制度变革的部分与运营分开，可以避免其受到来自高层和外部的压力，为在激进创新和渐进改革之间寻找平衡提供了可能。④供应链实施能力：对供应链进行重构之后，企业与供应商及客户形成战略性合作关系，可持续活动可以直接通过供应链得以实施；与此同时，通过建立各种机制鼓励供应链伙伴尤其是主导企业的参与和配合，有助于形成协调性网络，促进可持续战略的有效实施。⑤流程改进能力：组织通过对现有经济活动与供应链流程的识别、分析和改进，实现持续性优化，以提升在经济、技术、环境和社会等各方面绩效。这种复杂和难以模仿的能力不仅能够保障可持续供应链战略的成功实施，更能为企业创造长久的经济利润。⑥文化管理

能力：企业从意识层面出发，对环保等行为做出诠释，通过感召得到现有和潜在利益相关者的信任和支持，以证明可持续战略的可行性与可靠性；组织对各种条约、结构和协议进行整合，构建独特的文化资本和社会资本，有利于可持续活动的顺利开展。

本文以非常严谨的案例研究方法，基于制度创业和资源基础观两种理论视角，以开拓性的组织间可持续战略为情境，将可持续发展的主题拓展到组织之间，辨别了 6 种关键性的资源，即 6 种具有稀缺性、有价值、难以模仿和不可替代，并能够为组织带来制度变革的重要能力。根据研究结论，企业对关键性能力的挖掘和利用，能够使已有供应链的发展更加可持续，并能够更有效地履行对社会和环境的承诺。

【文章名称】Transaction Cost and Institutional Drivers of Supplier Adoption of Environmental Practices

【期刊名称】Journal of Business Logistics

【作者】Tate W. L., Dooley K. J., Ellram L. M.

【出版时间】2011 年，第 32 卷，第 1 期

【内容摘要】这篇文章的研究主题是企业采取环境友好措施的影响因素。无论是在实践界还是在学术研究领域，环境友好措施或者环境因素都越来越受到重视，越来越多的商业协会和政府组织对企业提出了环境影响报告的要求和标准，研究学者更发现环境措施会给企业带来成本上的优势。作者认为，先前的研究揭示了企业实施环境策略主要是基于买方的影响或者是企业领导者个人的价值取向，但是，先前的研究只能解释采用环境措施的先行企业的行为，而后采用环境措施的企业的行为在以往的研究中没有得到很好的解释。作者认为可以从交易成本经济学和制度理论的视角来进一步解释企业的环境行为。文章主要运用了理论推理分析的方法来阐述假设。首先，作者认为，从交易成本经济学出发，交易成本的来源主要在于专有资产、不确定性以及交易的频繁程度。具体到本研究中，作者认为，信息的搜寻成本、讨价还价成本以及监管成本是影响供应商采取环境策略的主要因素，所以作者的观点是：①供应商采取环境措施的倾向性与它感知到的信息搜寻成本呈反向关系；②供应商采取环境措施的倾向性与它感知到的讨价还价成本呈反向关系；③供应商采取环境措施的倾向性与它感知到的监管成本呈反向关系；④如果供应商认为采取环境措施所发生的交易成本是维持与买方关系的成本的必要部分时，它更倾向于采取环境措施。从制度理论出发，作者认为，企业的行为不都是经济理性逻辑的结果，企业的行为更要满足与它相关的外部社会环境和法律的要求。许多企业已经建立起了制度和价值准则，那么它就会寻求用这种制度和准则来向自己的供应商伙伴施压。具体到被研究中，强制性同构、规范性同构以及模仿性同构是影响供应商采取环境措施的主要因素。作者的主要观点是：①随着在某一细分市场中越来越多的现有的和潜在的买方企业要求实施某一项环境措施，供应商会更倾向于采取这项措施；②如果供应商的买方或者顾客所属的行业联盟鼓励某一项环境措施的实施，那么它会更倾向于采取这个措施；③如果某一供应商的竞争者也加入到某一项环保措施的实施活动中，那么它会更倾向于也采取这项措施。本文的理论意义在于，运用交易成本理论使得对供应商环境行为的分析上升到了买卖双方的层面，而运用制度理论使得对供应商环境行为的研究可以以供应商为基础来进行，扩展了研究视角。本文的管理实践意义在于，两种理论视角都为管理者提供了对供应商行为的解析，管理者可以运用此两种理论，通过引导、教育或强制等手段，防止供应商发生不必要的叠加成本或是施压于供应商，从而达到降本增效的目的。以后的研究可以多发展量表和问卷，通过实证检验来验证和发展本文的结论。

【文章名称】A Resource Dependence Theory Perspective of ISO 9000 in Managing Organizational Environment

【期刊名称】Journal of Operations Management

【作者】Prakash J. Singh，Damien Power，Sum Chee Chuong

【出版时间】2011 年

【内容摘要】全世界大概有 900000 个组织注册了 ISO 9000 质量管理标准。虽然数量在增长，但是很少有研究提供理论支持。以理论为基础的解释能够提高对标准的理解和接受，同时也让我们清楚标准对企业的益处。因此，该论文的作者应用资源依赖理论来证明组织所用的标准是作为他们管理组织环境的一种工具。资源依赖理论认为组织从他们所处的环境中获得资源，资源依赖理论的基本假设就是组织很少能够自我获得充足的战略性重要资源，因此会依赖于其他组织。同时，组织会减少不确定性，通过布局与其他组织的关系来管理这种依赖性。与此一致，组织会应用标准来达到以下目的：一是改变他们的内部流程以适应环境；二是改变他们的组织环境；三是如果有可能的话同时做到前两点。因此，标准会促进内部和外部流程来适应他们的环境。基于以上分析，作者得出了理论模型和假设：①内部流程基于 ISO9000 的程度会正向作用于运营绩效；②客户关系基于 ISO9000 的程度会正向作用于运营绩效；③客户关系基于 ISO9000 的程度与内部流程基于 ISO9000 的程度之间正向相关；④供应商关系基于 ISO9000 的程度会正向作用于运营绩效；⑤供应商关系基于 ISO9000 的程度与内部流程基于 ISO9000 的程度之间正向相关；⑥注册 ISO9000 的组织的客户关系和供应商关系正向相关。作者对 1053 个工厂进行了问卷调研，对内部流程、客户关系、供应商关系、运营绩效等进行了测度。结构方程的结果表明客户关系和供应商关系都对内部流程有正向显著作用，而客户关系和内部流程对运营绩效的作用都不显著，只有供应商关系对运营绩效的作用显著。也就是说 ISO9000 自身对组织的效应并没有显现出来，而是通过企业组织的资源交互来获得绩效的。该结论为 ISO9000 标准的注册和运作提供了理论基础。

【文章名称】Antecedents and Consequences of Combinative Competitive Capabilities in Manufacturing

【期刊名称】International Journal of Operations & Production Management

【作者】Nan（Chris）Liu，Aleda V. Roth，Elliot Rabinovich

【出版时间】2011 年

【内容摘要】本文主要探讨了在制造企业中的综合竞争力问题。作者通过对企业战略制定中，权衡模型（Trade-off Model）和积累模型（Cumulative Model）概念的考察，论述了在制造企业中不同境况下塑造企业竞争力的途径。制造企业的竞争能力主要包括四个方面，即质量（Quality）、交货（Delivery）、柔性（Flexibility）和成本（Cost）。思考不同的制造运营单位（Manufacturing Business Units，MBUs）应如何根据自身的情况，针对制定企业战略中在能力积累和能力权衡中予以选择的问题；并论述了如何通过不同的战略影响企业绩效和竞争力的塑造。竞争发展理论将战略制定的两部分，即权衡和积累模型联系在一个理论框架下，两种模型会出现在创新周期的不同阶段。制造战略的主要逻辑在于分辨竞争能力和制造选择，以建立和支持制造运营单位的竞争力。这些选择包括：战略定位、供应链结合强度、生产计划和控制系统（PPCS），以及先进制造技术（AMT）。基于对这些选择的论述，作者提出了以下假设。H1：伴随长期的战略定位，制造运营单位倾向于实现积累能力大于对能力的权衡；H2：供应链结合强度高的制造运营单位，倾向于实现积累能力大于对能力的权衡；H3：越是致力于达成 PPCS 能力的制造运营单位，越倾向于实现积累能力大于对能力的权衡；H4a：越是致力于达成 AMT 能力的制造运营单位，越倾向于实现积累能力大于对能力的权衡；H4b：致力于获取 AMT 能力和实现积累能力两者关系的强度，在规模较小制造运营单位中要大于较大的制造运营单位；H5：实现积累能力的制造运营单位的绩效要好于实现权衡的单位。针对以上假设，作者提出了一个理论模型，并搜集了大量样本，利用分层回归的方式对模型进行验证。在作者设计的理论模型中，战略定位、供应链结合强度、PPCS、AMT 作为各自独立的自变量，都对积累模型有正相关关系，其中制造运营单位的规模为自变量 AMT 的负向调节变量，而积累模型又作为中介变量，对制造运营单位绩效成正相关。对假设 H1~H4b 的检验的结果：假设 H1（$p < 0.05$）、H4a（$p < 0.01$）和 H4b（$p < 0.05$）都得到了验证，假设 H2（$p < 0.10$）的正相关性较弱，假设 H3 不显著；同时 HI 统计结果也支持假设 H5。本文既通过实证对积累模型的实践性因素提供了支持，又将之与制造运用单位的盈利能力结合起来。这些因素包括长期战略定位、高度的供应链结合强度和先进制造技术（AMT）。尤其是通过实践的视角扩展了世界级制造（WCM）的传统观念，并与竞争发展理论（CPT）的实践结合起来。本文主张制造运营单位为了获取积累模型的收益而发展上述实践因素，并向其投入更多的资源。

经济管理学科前沿研究报告

【文章名称】Controversial Role of GPOs in Healthcare-Product Supply Chains

【期刊名称】Production and Operations Management

【作者】Qiaohai（Joice）Hu, Leroy B. Schwarz

【出版时间】2011年，第20卷，第1期

【内容摘要】在医疗产品供应链中，集团采购组织（Group Purchasing Organizations，GPOs）的作用存在很大争议。GPOs通过以下几个途径获得收入：合同管理费（Contract Administration Fees，CAFs）、会员会费、向配送商收取的管理费以及各种服务费，其中最主要的收入就是合同管理费。许多关于GPOs的批评就是针对合同管理费的，例如生产厂家抱怨他们为缴纳合同管理费不得不对产品制定高价。另外一些学者则指出GPOs的采购合同中包含"安全港"条款，对签订合同的制造商存在保护行为，取消这种"安全港"条款能够大量节约支出。此外，也有学者质疑GPOs是否真的能够帮助医院获得最低采购价格，以及GPOs是否会对制造商的产品创新或产品质量带来不利的影响。为了探究这些质疑是否正确，作者采用霍特林双寡头模型对以上以及其他争议进行了检验。模型中涉及两个提供相互竞争但非同质的产品，购买者是一个在（0，1）范围内密度为1的连续集，制造商1位于0，制造商2位于1。通过数学模型的推导，作者发现：①通过GPOs进行采购能够降低医疗产品的价格（只有一个垄断制造商的状况除外），因为GPOs能够降低医疗服务提供商与制造商的交易费用，同时能够激化制造商之间的竞争。这一结果不受偏好不对称的影响。②更低的医疗产品价格本身并不能作为GPOs反竞争行为的证据，因为GPOs的确能够通过激化竞争降低价格。③由于GPOs加剧了医疗产品制造商之间的价格竞争，制造商缺乏对已有产品进一步改进或创新的动力。④取消"安全港"条款事实上不会对任何一方的成本收益造成任何影响，也不会缓解GPOs带来的制造商创新懈怠问题。由于数学模型对现实进行了简化和抽象，因此以上结果必须结合实际情况进行解读。首先，模型中只有一个GPOs，而实际上存在数百个GPOs，并且这些GPOs之间的存在价格竞争，因此有理由相信GPOs的确能够降低产品价格。其次，尽管现实中GPOs能够享受规模经济，但模型中并未将其作为会员数量或合同中资金的函数。这样会导致GPOs收取更高的CAF，增加制造商的利润，但对医疗服务提供商的成本却不会改变。最后，模型中假设所有医疗服务提供商都是同质的并采购单一产品，而且采购途径是单一的，这些均不符合事实，有待于进一步研究。

【文章名称】The Roles of Worker Expertise, Information Sharing Quality, and Psychological Safety in Manufacturing Process Innovation: An Intellectual Capital Perspective

【期刊名称】Production and Operations Management

【作者】Jung Young Lee, Morgan Swink, Temyos Pandejpong

【出版时间】2011 年，第 20 卷，第 4 期

【内容摘要】为了应对包括产品生命周期变短以及科技的不断进步，制造商需要持续进行生产过程的创新，即 MPI。MPI 包括所有设计与实施新生产流程或改变现有生产流程的所有必须活动。然而相比产品开发的成功要素，MPI 的成功要素的相关研究较为缺乏，因此作者希望通过这一研究探究 MPI 的成功要素。已有研究指出，知识性资源（Knowledge-based Resource）能够提升创新能力，而组织学习（Organizational Learning）探讨了组织如何利用知识应对环境变化、保持竞争优势，而智力资本（Intellectual Capital）是这两类文献中都涉及的构念。作者指出，智力资本包括三个维度，人力资本（即在员工大脑中的知识）、结构资本（嵌入在运营过程和系统中）以及社会资本（表现在文化和社会结构层面）。为了进一步研究，作者针对性地识别了三种具体的智力资本，包括员工专业知识（对应人力资本）、知识分享质量（对应结构资本）以及团队心理安全（社会资本），其中团队心理安全这一层面较少被研究。之后作者提出了一系列假设，包括：员工专业知识与 MPI 项目中的技术绩效正相关；信息分享质量与 MPI 项目中的技术绩效正相关；团队心理安全 MPI 项目中的技术绩效正相关；MPI 项目中员工专业知识正向影响知识分享质量；MPI 项目中信息分享质量正向影响团队心理安全；MPI 项目中团队心理安全正向影响信息分享质量，并形成了两个竞争性模型。作者通过在线形式向美国北部的制造企业的中高层管理人员收集了 179 份有效问卷，运用结构方程模型对假设进行了验证。结果发现，员工专业知识虽与 MPI 项目的技术绩效不相关，但会正向影响信息分享质量。信息分享质量与团队心理安全都与 MPI 项目技术绩效正相关，而且信息分享质量会正向影响团队心理安全。这一结果表明，员工专业知识事实上不是直接对 MPI 项目的技术绩效产生影响，而是通过影响信息分享质量与团队心理安全进而对技术绩效产生影响。此外，与已有文献不同，本文指出信息分享质量与团队心理安全高度相关。本研究为如何在项目中更有效地积累智力资本提供了借鉴。

第三章　物流供应链管理学科 2011 年出版图书精选

第一节

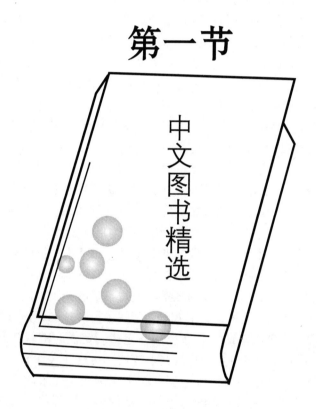

中文图书精选

【书名】供应链项目管理——一种结构化、合作式与可测度的方法
【作者】詹姆斯·B.艾尔斯
【出版社】天津：南开大学出版社
【出版时间】2011 年
【内容简介】供应链管理需要一种新的方法来完成传统的管理工作，而"结构化、合作式与可测度"的管理模式将取代向下属公司口述指令的形式。这一方法把项目管理和供应链管理的知识与实践融合在一起。该书分为三大篇章来展开。第一篇"供应链管理的执行——基本概念"介绍了环境的变化将如何影响供应链管理以及应对这种变化所需的供应链管理技能。具体阐述了供应链和供应链管理的定义；影响供应链变革驱动力的因素，以及由 PESTEL 驱动的产品创新、流程创新和供应链创新间的互动关系；供应链管理的五项任务是设计供应链以获得战略优势，实施合作关系，打造供应链伙伴关系，管理供应链信息，缩减供应链成本。第二篇"项目管理与供应链管理"侧重介绍了项目管理的知识和实践，介绍了其分析和文档化的结构方法。讨论了项目管理的"成熟度模型"，它是用来衡量项目进度的一个工具。此外，还介绍了由美国全国性组织颁布的项目管理和供应链管理的标准和有关项目管理的知识领域，包括项目管理的范围、项目实践管理、项目成本管理、项目质量管理等方面。之后阐述了支持供应链项目的两个可用工具：美国供应链协会的《供应链运作参考模型》（SCOR 模型）和美国供应链管理专业委员会的六卷《供应链管理流程标准》。在此基础上阐述了模型在供应链项目中的作用，这些模型具有很大价值，但过于依赖模型则存在风险。接着，该书介绍了作为供应链改进重要使能者的 IT 项目，介绍了其失败的五大根源和避免这些失败的产业工具。第三篇"供应链管理项目流程"将前两篇的概念、工具与实施变革的项目模板整合。首先讨论了供应链管理成熟度模型，它可以测度以供应链管理追求竞争力提升的准备与能力。接着介绍了供应链管理知识和实践转化为执行供应链项目流程的过程，其形式是基于《项目管理知识体系指南》的模板。进一步介绍了如何使用供应链战略的工具和技术，包括制定供应链行动章程、制订项目计划、设计活动系统、调整组织、制定合作战略、控制变更这几大环节。之后，该书描述了实现公司内部功能与供应链战略相协调的流程，重点阐述了谋求内部合作和人事改善项目；介绍了打造供应链伙伴关系所需的跨企业行动的项目流程；采取以流程为中心的方法，改进供应链流程和系统。该书作为对《供应链管理手册》的补充，以实施流程为重点，具有很高的实践指导价值。

【书名】基于价值网的汽车制造业供应链协同管理研究

【作者】孙清华

【出版社】北京：中国经济出版社

【出版时间】2011 年

【内容简介】我国逐渐成为汽车制造大国之一，但物流成本居高不下的现状却使得整个行业的利润较低。降低物流成本、提高行业利润的现实需求使得对汽车制造供应链的协同管理研究显得尤为重要。该书对我国汽车制造业整体情况进行了数据分析，选择了价值网、复杂系统、协同学、系统动力学和博弈论等多个领域的理论和方法，对我国汽车制造业供应链协同进行深入分析，构建了基于价值网的汽车制造业供应链协同管理模型、汽车制造业供应链的协同随机价值模型以及汽车供应链协同信息重要模型，并且进行了实证研究。该书的具体研究内容包括以下几个方面：第一，汽车制造业供应链协同管理研究机理。分析了协同的驱动因素和支持因素，进行了供应链系统的协同特质分析、自组织分析、序参量分析、散耗结构分析和生态位分析。第二，随着供应链的网络化发展，简单的价值链管理模式已经不适用，必须提升至价值网管理模式。该书介绍了其运行机制、汽车供应链协同管理策略与效益研究、基于价值网的汽车制造业供应链协同效益预测。第三，提出基于价值网理论的汽车供应链协同管理模型，介绍了该模型的构成要素、构建基础，从宏观管理的角度看主要涉及战略协同、信息协同、信任保障协同、业务协同、利益分配协同、文化协同和标准协同等。还介绍了基于价值网的汽车制造业供应链协同信息资源模型，包括信息资源价值分析和模型介绍。第四，基于价值网的汽车制造业供应链协同管理实施策略。包括协同采购管理策略、协同运输实施策略、协同仓储实施策略以及协同支撑体系。第五，构建了协同管理的评价体系。该书就构建汽车制造业供应链协同零部件供应商评价体系、汽车制造业供应链协同绩效评价机制进行分析，并建立多级动态模糊综合评价模型，对供应链的协同绩效进行评价。第六，该书基于前文所研究内容，选取一个典型的汽车制造企业进行实证分析。从企业背景的描述出发，调研了山东某汽车制造业的供应链发展阶段和供应链管理现状，建立了符合该企业实际的供应链协同模型，并采用数据分析方法，论证了取得的良好效果。

【书名】竞争与合作——数学模型及供应链管理

【作者】葛泽慧，孟志青，胡奇英

【出版社】北京：科学出版社

【出版时间】2011 年

【内容简介】企业与企业之间总是处在竞争与合作之中，该书将这一理念用于研究企业管理，特别是企业间的合作研发、供应链管理，同时也研究了竞争的数学模型。该书的研究成果主要从以下四方面展开：第一，研究了供应链管理中的竞争与合作。首先给出供应链管理的定义，并在此定义下建立一个供应链管理框架，研究供应链管理中的竞争与合作，以及怎样与供应商建立深层的合作关系。之后讨论了基于利他性的供应链管理，在供应链各参与者的目的函数中引入利他性，研究利他系数对均衡策略、均衡策略下各参与者利润的影响。研究发现，作为供应链博弈的领导者，其利他性应该高于跟随者。研究完利他性，该书研究了基于公平性的供应链管理。首先，介绍在博弈者效用中引入公平性的 Fehr 和 Schmit（1999）的工作，其次，介绍将公平性效用引入到供应链管理中的 Cui，Raju 和 Zhang（2007）的工作。研究结果表明，当供应链成员都关注公平时，制造商仅通过高于自身边际成本的批发价就能协调该供应链，以达到效用最大化。第二，提出了竞争与合作的一类数学模型，以及相应若干各种解的概念。这类基于竞合的博弈问题，也被称为交叉决策问题。首先，针对通常的博弈问题，提出与 Nash 均衡解不同的 s-最优均衡解的概念，讨论其存在性与计算问题。其次，提出 2 人之间的一类交互决策问题，考虑了竞争因素与合作因素，并讨论其最优解。之后研究一般的 m 人交叉决策问题，证明了判断最优均衡解的两个定理。最后，还讨论了凸交叉规划的 s-最优均衡解集。第三，研究了竞合现象下的研发管理。该书引入虚拟局中人的概念借以揭示企业的合作动机，诸如长期声望、利他动机、对集体利益的关注、公平等人文观念是构成虚拟局中人的重要形成因素。通过分析虚拟局中人与真实局中人共同参与的博弈，来体现企业的竞争动机与合作动机共存，并进一步研究两种共存的动机如何影响企业决策。第四，介绍互补企业间的竞合。该书从了解、分析互补企业，竞争的手段（刚力与柔力），合作的手段这三部分来讨论互补企业的管理。并以微软与英特尔的竞合为例进行具体阐述。该书研究广泛存在于企业间的竞合关系，具有很高的现实意义。

【书名】农产品供应链管理研究

【作者】李季芳

【出版社】北京：经济科学出版社

【出版时间】2011 年

【内容简介】农产品流通是我国商品流通这个木桶中最短的一根木条，因此，借助供应链管理理论和先进经营管理方式对发展农村经济有着重要意义。该书的主要内容有以下几个方面：第一，介绍了农产品供应链及供应链管理相关理论研究。包括供应链及供应链管理基本原理，供应链战略伙伴理论分析，供应链的核心企业理论分析，战略伙伴企业和核心企业的关系，还介绍了基于核心企业的供应链管理分析模型。第二，对我国农产品供应链管理进行分析。首先分析其现状，指出我国的农产品产业已形成完整的产业链体系，但其供应链体系基本上处于一种以批发市场为界的断裂状态。之后分析了我国农产品供应链的四种结构形式，指出目前除了专业化社会配送农产品供应链形式外，其他三种类型的农产品供应链形式基本上都是一条以批发市场为核心的断裂的链，其资金流和信息流都是断流。在此基础上分析了我国农产品供应链管理的特点、难点和问题。第三，分析美国和日本农产品流通体系，比较两国农产品供应链管理经验，梳理总结其发展进程反映的一般规律及政府层面所采取的政策措施，为我国构建农产品供应链管理实践提供借鉴参考。第四，在针对我国供应链管理现状和借鉴国外经验的基础上，提出了解决我国农产品供应链断链的基本思路，构建了比较适合我国国情的五种类型的核心企业主导的农产品供应链管理模式，探讨了农产品供应链管理有效运行的对策措施。第五，研究了农产品供应链管理模式有效运行的对策措施。论述了供应链节点企业和政府应采取怎样的措施以保证上述五种类型的供应链管理模式有效运行。主要从树立现代流通与营销新理念、介绍农产品供应链设计原则与步骤、核心企业建设、战略伙伴协作、信息管理平台建设、生产计划方式制定、库存管理与控制、配送网络设计、绩效评价体系构建、政府创造良好的环境与条件这几大方面进行具体论述。作者通过调研获得大量翔实的一手资料，总结归纳出我国农产品供应链管理的现状，并与美日农产品供应链管理进行分析比较，构建了基于核心企业的农产品供应链管理理论框架，丰富和发展了我国农产品供应链管理理论，同时也具有巨大的实践指导意义。

【书名】农业产业集群的优化升级——供应链管理视角

【作者】赵霞，吴方卫

【出版社】上海：上海财经大学出版社

【出版时间】2011 年

【内容简介】农业产业集群作为推进农业产业化、提高农业竞争力的有效方式，已成为我国农业产业化的重要实践形式。供应链管理方法可以将从田头到餐桌之间的各个环节有机集成，对集群成员进行优化组合，提高农业产业集群供应链网络系统的运行效率。该书以农业产业集群的供应链网络系统为切入点，探讨了供应链集成下农业产业集群的优化升级问题，研究主要由以下几大方面具体展开：第一，描述了我国一些区域农业产业化发展的情况，发现我国农业还存在很大发展空间。通过对选取的 8 个案例分析发现我国农业产业集群发展中普遍存在的问题关键是由于不适当的集群治理方式导致的。通过探讨农产品特点以及供应链管理方法的优势，可以看出供应链管理方法能有效解决我国农业产业集群发展中存在的问题。第二，介绍了供应链网络，它是供应链管理与农业产业集群融合的客观基础。首先通过相关概念分析，描述供应链集成下农业产业集群的特殊性质；其次以陕西渭北苹果集群为例，分析农业产业集群所具有的客观的供应链网络；最后仍以陕西渭北苹果集群为例，分析农业产业集群的供应链生产、组织过程。第三，介绍了供应链管理与农业产业集群的一般分析框架。首先介绍一般分析性框架建设的基本思想，其次从供应链管理角度，确定 4 个维度的相关变量，最后以众多案例研究文献为基础，给出相关变量在生命周期各个阶段的赋值，建立一般分析性框架，刻画农业产业集群动态演变的一般特征。第四，介绍用于农业产业集群的优化升级的不确定性应对模型。首先描述农业产业集群网络链运作过程中的不确定性应对问题；其次利用供应链管理决策过程中的不确定因素作为改善集群网络链绩效的驱动因素，建立不确定性应对模型；最后以马陆葡萄产业集群为例，利用不确定性应对模型，针对出现的不确定性表现，选择有效的网络链重构策略。第五，介绍另一个用以农业产业集群优化升级的空间配置模型。针对农产品集群供应链网络结构，综合考虑集群供应链网络中农产品的初级生产、初级加工、完成品加工、配送环节，以最小化运输成本和生产成本为目标，建立集群供应链网络空间配置优化的混合整数规划模型。第六，介绍用以农业产业集群优化升级的利益分配模型。从供应链管理视角，将成员间利益分配问题转化为集群内供应链成员的利益分配问题，利用供应链协调的收益共享合同作为利益分配机制。将利益分配问题分解为基于收益共享合同的供应链协调问题和收益共享系数确定问题。

【书名】 生态供应链管理方略

【作者】 计国君

【出版社】 厦门：厦门大学出版社

【出版时间】 2011 年

【内容简介】生态供应链是一种全新的管理理念，强调用整体的、系统的观点来看待问题，是对原有供应链的整体优化，它以供应链管理技术为基础，涉及供应商、制造商、分销商、零售商、物流商等企业和最终用户构成的网络，同时站在整个社会的角度，关注从原材料采购、产品制造、分销、运输、仓储、消费到回收处理的整个供应链过程，使得整个供应链对外界环境产生的不良影响降至最低，资源利用效率最高，并使整个供应链的经济效益和社会效益最优。该书从环境意识供应链设计的关键活动出发，主要包括四方面内容。第一，探讨了基于再造的不确定需求下产品回收模式，关注于再造闭环供应链及其回收模式、不确定需求下无价差时再造回收模式、不确定需求下有价差时再造回收模式、再造产品定价策略、WEEE 回收条例有效实施问题、回收条例约束下的再制造供应链决策等。第二，研究了集群供应链管理的策略。利用现代供应链理论，设计和归纳出集群供应链的总体组织架构，并分析了驱动集群供应链高效运作的四个驱动因素；利用量子物理学理论论证了集群供应链实际上是一个具有"波粒二象性"的组织，这样的组织结构决定了集群供应链研究的核心问题是如何集成；利用博弈论得到的集群供应链分工制度也会随着交易成本和利益的变化而不断地集成；引入了热力学第二定律的相关内涵，分析得出集群供应链系统具有的耗散结构特征，并探讨其熵增对内部经营运作绩效和环境绩效所带来的影响。第三，生态供应链协调管理最基本的问题就是对生态供应链管理环境下的合作关系进行分析。该书着力于生态供应链管理的基本内涵，针对生态供应链合作关系，分别探讨了生态供应链的供求关系构建、工业共生关系构建、渠道合作关系构建等内容。第四，介绍了面向产品创新的生态供应链协调机制。具体研究了生态产品创新过程中，生态供应链成员企业之间，多周期产品之间纵、横向的协调问题，分析了政府监管法规和支持政策对生态供应链的影响。研究成果对我国现代制造企业的建设和发展，对我国政府可持续发展战略的制定和实施具有现实的参考价值和指导意义。

【书名】不确定环境下的供应链管理

【作者】蔡建湖

【出版社】北京：科学出版社

【出版时间】2011 年

【内容简介】该书的研究以库存决策为核心，综合分析不确定环境下两级供应链的决策问题，研究主要应用契约来协调与优化供应链性能。从经典的报童模型出发，对季节性商品的库存决策问题进行了详细论述，在此基础上提出了季节性商品两级供应链库存决策模型，建立了一个完整的研究框架。并讨论了不确定环境下供应链的运作机制，剖析其特点，总结出不确定环境下供应链的建模与优化规律。之后，该书讨论了零售商管理库存（RIM）和供应商管理库存（VMI）这两种基本的供应链模型。首先，RMI 模式下的库存决策问题，分批发价外定与内定两种情况讨论，研究了回收契约在优化供应链性能中所发挥的作用，在此基础上提出了一种新的包含三个契约参数的回收契约模型，得到了使供应链实现帕累托改进的最优集。当批发价内定时，建立了供应商与零售商之间的 Stackelberg 博弈模型并求得均衡解。其次，对 VIM 模型进行了详细论述，分析了 VIM 环境下供应链成员的决策过程，并引入一个综合模型讨论优化问题。分析了需求与价格相关时的 VIM 模型，构建了成员之间的竞争模型并进行了优化。在现实的生产活动中，通过以收益分享契约的形式来建立供应商和零售商之间的交易模式是十分常见的。该书综合比较分析了这种契约在 RIM 和 VIM 模式下对供应链性能的影响。并提出了基于收益分享契约的 VIM 模型，建立了零售商与供应商之间的 Stackelberg 博弈模型，求得均衡解。进一步引入剩余补贴策略，使得在不损害供应链成员期望利润的基础上实现对供应链的协调，具有很高的实际应用价值。在讨论的传统回收契约的基础上，该书引入了订购量柔性契约和批发价柔性契约，研究表明这两种柔性契约可以在协调供应链的同时实现供应链整体利润在成员间的任意划分，也具有很大的实用价值。该书接着讨论了库存运转策略在供应链管理中的应用，研究表明通过库存运转调节零售商之间库存平衡是优化供应链性能的重要手段。此外，存在季节中补货机会这一条件也被纳入到模型研究中，分别讨论了 RIM 和 VIM 两种模式下的补货模式运作机制，论证了优化供应链性能的可行性。之后，该书分析了供应商向零售商提供提前订购机会的情况对供应链竞争结构的影响，分析了存在多个零售商时的供应链成员之间的动态博弈模型。该书还研究了装配系统的库存决策问题，引入两次生产模式，分析在两次生产模式下供应商对库存的最优决策。论证了两次生产模式对装配系统性能所产生的积极作用。最后研究了基于承诺契约的库存决策问题，分析了零售商向供应商提供购买量承诺契约时，供应链成员的最优决策。全书对季节性商品两级供应链库存决策问题进行了全面透彻的研究，具有很强的理论指导意义和实际应用价值。

【书名】 不确定环境下供应链采购管理优化方法与应用分析

【作者】 关志民

【出版社】 北京：经济科学出版社

【出版时间】 2011 年

【内容简介】 在供应链中，采购系统是一个非常重要的环节，是决定供应链核心竞争力的最关键因素，该书通过对不确定环节下供应链采购的供应商选择和采购额度优化分配问题的研究，得出以下几方面的研究结果：第一，针对当前供应链环境下的新变化和新需求，构建了将供应商的信息化水平、环境保护意识与措施、合作的兼容性等因素同时纳入评价指标的综合评价体系，并提出了一种由 FAHP 和模糊多指标群决策方法组成的组合优化多指标决策模型。第二，针对不确定环境下供应链采购的供应商选择混合型多指标决策问题，首先建立了一个由 10 个因素组成的评价指标体系；其次在信息不完全的假设条件下，分别提出了一种基于 TOPSIS 的供应商选择混合型多指标决策模型和基于优属度的供应商选择混合型多指标决策方法。第三，在评价指标体系具有区间数型特征的假设条件下，研究了基于优属度的供应商选择问题。首先对主客观组合赋权法进行了研究，给出了主观权重的群决策计算方法，客观权重的基于相离度的多目标非线性数学规划计算方法，以及组合权重的基于理想点的多目标数学规划计算方法；其次提出了正负相离度的计算方法与步骤；最后研究了基于正负相离度的优属度值计算及其排序方法。第四，针对物流服务采购的物流服务商选择的优化问题，基于问卷调查获得的数据，通过统计分析的方法建立了 4PLS 评价指标体系，构建了基于 ANP 的 4PLS 优选模型。第五，针对单产品采购供应商选择好定量分配的优化决策问题。首先建立了一个适用于单产品采购的多目标混合整数随机规划模型；其次针对决策目标的模糊性给出了一个模糊多目标混合整数规划模型以及与之等价的清晰混合整数规划模型；最后提出了最大最小算子求解算法。第六，研究了随机需求和无价格折扣的多产品采购决策问题。首先建立了一个多目标混合整数随机规划模型；其次建立模糊多目标混合整数规划模型并将其转化为与之等价的清晰多目标混合整数规划模型；最后针对各人的不同偏好，提出求解该问题的加权最大满意度方法。第七，研究了随机需求与价格折扣并存条件下的采购决策。包括单产品采购的供应商选择和订货量分配的优化决策问题，多产品采购的供应商选择和订货量分配的优化决策问题，多产品多周期的采购供应商选择和订货量分配的优化决策问题。第八，研究了一个模糊需求和价格折扣并存条件下的单周期单产品采购决策问题。建立了一种用于解决该类问题的模糊多目标混合整数规划模型，提出求解该模型的两阶段算法。第九，针对现实研发业务外包活动中各个研发外包服务提供商的重要程度往往并不相同的实际情况，建立了一个面向重要研发外包服务提供商选择与研发服务额度分割决策的多目标数学规划模型。该书的研究不但适应供应链采购管理理论发展的需要，也能给企业实际运作提供科学的决策手段。

【书名】模糊随机供需环境下的供应链库存管理

【作者】李丽

【出版社】北京：科学出版社

【出版时间】2011 年

【内容简介】库存优化问题是当前国内外研究的一个热点，企业所面临的竞争日趋激烈，在尽可能缩减费用的同时还要保证对顾客需求的快速响应。作者在详细分析国内外研究现状的基础上，着重讨论了含有模糊随机参数的不确定环境下的供应链库存问题，运用供应链管理的基本理论、模糊随机理论以及数学规划理论，研究模糊随机供应和需求环境下的供应链库存决策模型，为企业优化供应链库存成本提供借鉴和参考。研究主要从以下四方面具体展开：第一，介绍模糊随机变量及模糊随机规划理论。包括对相关概率论知识的梳理和模糊随机规划模型的介绍和求解方法。第二，将 EOQ 模型中的市场需求和准时到货率刻画为模糊随机变量，提出模糊随机环境下的一系列订货量模型。首先，对 EOQ 模型进行扩展，将 VMI 中的需求刻画为模糊随机变量，提出具有模糊随机 ADI 的、具有预算资金及库存空间约束的 VMI 订货量模型。其次，考虑缺货风险，提出不发生缺货的模糊随机事件的新测度方法。针对管理者设置的不发生缺货的置信水平决策合理的订货量以最小化库存成本，并通过计算示例分析了补给周期供给水平（Cycle Service Level，CSL）对订货量的影响。之后对 EOQ 模型进行进一步扩展，将准时到货率也刻画为模糊随机变量，提出模糊随机供需环境下的 VMI 模式的订货量模型，使得模型更适合现实环境。最后，为解决一般情形下的模糊随机问题，该书建立了供需平衡的 VMI 模糊随机机会约束订货量模型。第三，研究供应链下信息共享问题，首先分析了供应链物流供需不平衡产生的根源，接着重点研究 VMI、JMI 及 CPFR 供应链管理下库存控制方法中的信息共享问题，分析这几种方法中的信息共享技术道德应用和信息流特点。之后分析了电子商务下供应链信息系统的新特点，以便针对具体原因采取相应措施。此外，还提出基于熵的信息组织分析法，分析了信息成本的构成和影响信息价值的因素。第四，构建了电子商务的和谐营销模型，指出企业优化交易成本的途径。首先论述了电子商务中供应链的需求与供给管理，以消除需求的不确定性。之后分析了电子商务模式下供应商和购买者信息成本的构成及竞争博弈行为过程，构建了电子商务的和谐营销模型。根据交易成本理论，以电子商务中的B2B 模式为例，提出了面向 B2B 电子商务销售方解决方案的交易成本构成。

【书名】供应链风险研究

【作者】刘永胜等

【出版社】北京：知识产权出版社

【出版时间】2011 年

【内容简介】《供应链风险研究》是北京物资学院刘永胜教授等八位博士合著的成果。内容共分 11 章，各章在对国内外最新相关研究成果进行综述的基础上，分专题深入研究了供应链风险问题，涉及供应链风险分析评价、供应链风险评价指标体系、供应链操作风险、供应链信息分析、供应链财务风险、供应链金融风险、供应链人力资源风险、供应链合作伙伴关系风险以及供应链风险管理案例等。适用于物流、管理等专业的高年级本科生和研究生学习使用，也可供相关专业的教师、研究人员、企业管理人员阅读和参考。

【书名】风险视角的供应链设计优化模型和相关问题评价研究

【作者】钟昌宝

【出版社】北京：中国矿业大学出版社

【出版时间】2011 年

【内容简介】供应链风险管理已经引起理论界和企业界的重视，同时许多供应链风险案例也表明，一旦某种供应链风险真的发生，往往会给供应链造成不可逆转的损失，甚至造成供应链彻底崩溃，因此不考虑供应链风险的供应链设计与优化是有缺陷的。另外因供应链物流系统是供应链成功与否最关键也是最难实现的因素之一，更是其"瓶颈"，所以很大程度上供应链的设计优化效果可通过对其物流系统进行评价得以检验。因此针对风险视角的供应链设计优化模型和相关问题评价展开研究不仅具有较好的理论意义，而且对实践工作还具有一定的指导价值。论文主要创新和结论如下：①借鉴金融工程中条件风险价值理论，分别提出了供应网络条件风险价值、分销网络条件风险价值的概念和计算公式，并用之度量供应网络和分销网络风险水平，算例结果说明该方法不仅能有效度量供应链中各种风险水平，而且能为风险视角的供应链设计优化决策提供必须的依据。另外为准确计算分销网络条件风险价值，给出了一种新的供应链需求点需求量预测模型—系统改进的灰色马尔科夫预测模型，该模型整合了灰色预测模型与马尔科夫模型各自的优点，算例结果说明了改进后的模型能有效提高预测精度。②构建了考虑供应风险水平的供应网络设计两阶段优化模型、考虑需求风险水平的分销网络设计多目标优化模型且能体现供应链核心企业风险偏好。前者解决的是风险损失—供应商选择—购买量组合决策问题；后者解决的是风险损失—分销中心设立—分销中心购买量—分销中心服务对象—分销点购买量组合决策问题，并应用多项式目标优化（PGP）技术来组合目标。这些工作为 CVaR 与供应链设计优化决策类问题的结合研究作了有益的探索，且算例的优化决策结果也说明了文中构建的模型能有效解决上述组合决策问题。③为提高供应链利益分配结果公平合理性，构造了一种考虑风险承担的供应链利益分配方法——正交投影熵值法。该方法有以下优点：规避了以前一些利益分配计算方法并不都满足特征函数的缺点；具有民主性；解决了多种计算结果不一致问题；解决了大规模的利益分配计算难题；体现了收益与风险成比例的原则。而且算例也说明了该方法的有效性。④引用成熟度模型和和谐管理理论评价供应链物流系统成熟度和和谐性。首先将成熟度模型与变权理论结合构造了一种新的供应链物流系统成熟度评价方法——层次变权综合熟度法，这种结合一方面不仅使评价方法更具有科学性，而且增强了方法应用的灵活性，使评价更符合实际情况；另一方面不仅可以体现对某些重要影响因素的均衡性要求，而且也可以体现对某些关键因素的激励性要求；而且实例说明了该方法的有效性。其次提出了供应链物流系统和谐性概念、和谐性分析要素及释义，并用柯西型隶属度函数计算其和谐度，更重要的是还构建了一种新的和谐性分析工具——D-C层次立体空间；且实例也说明了这些方法不仅能科学、合理地评价其和谐度，而且还能找出其不和谐因素和关键因素。

【书名】 基于供应链的产业集群升级研究

【作者】 曹丽莉

【出版社】 北京：中国社会科学出版社

【出版时间】 2011 年

【内容简介】 该书研究的内容是我国制造业产业集群的升级，研究的重点是产业集群升级的目标和具体的升级路径，研究的视角是基于全球价值链和集群内的供应链，力求构建一个集群升级的体系。基于全球价值链视角研究产业集群的升级，顺应了经济全球化的趋势，并将升级界定为"沿着价值链升级"，占领全球价值链的高端，获得整个链条上最有利润的环节。结合全球价值链的形状，该书提出我国产业集群升级的目标。在研究过程中，将实证分析与规范分析相结合，运用 SNA（社会网络分析）方法对浙江平湖光机电产业集群内网络结构现状进行实证研究，采用基于 DEA（数据包络分析）方法的超效率模型对浙江、广东、江苏、福建、山东、上海、辽宁、北京 8 个制造业密集的区域（集群）的创新效率进行比较，并对其集群升级效率进行评价。针对集群供应链上制造商与供应商之间的创新活动进行博弈分析，并确定了合作创新的影响因素。同时，还对温州鞋业产业集群、浙江平湖光机电产业集群、宝供的物流服务供应链和深圳发展银行的金融服务供应链进行案例分析。全书主要内容如下：首先是导论，阐述了选题的意义，并对全书进行总体介绍和框架性说明。第一章是文献综述，对国内外产业集群升级的研究视角进行归纳述评，提出全球化背景下，基于供应链视角的产业集群升级研究的创新性。第二章在对价值链、供应链、产业集群三者关系分析的基础上，构建了我国制造业集群升级的体系。首先分析了我国制造业集群升级的必要性，然后结合全球价值链理论，联系我国当前集群在全球价值链上的位置，提出我国产业集群升级的目标。价值链分析更倾向于是一种价值判断和目标选择，而不是一种具体的实践方法，而供应链的结构和管理模式正是价值链的具体形式的反应。本章最后基于供应链视角提出了产业集群升级的路径。第三、四、五、六章是全书的重点，围绕产业集群内的供应链网络结构、管理方法、技术创新、服务模式创新，与第二章提出的基于价值链视角的产业集群升级目标相对应，从四个方面阐述了集群升级的路径。最后第七章提出了基于供应链视角的产业集群升级的政策建议，具体包括产业集群内供应链组织续衍、集群式供应链组织构建、集群内供应链物流管理和多元供应链构建融合四个方面。

【书名】制造企业集团供应链管理模式研究

【作者】解琨

【出版社】北京：经济科学出版社

【出版时间】2011 年

【内容简介】我国是一个制造业大国，制造企业集团在全球化浪潮中如何通过供应链管理提升集团竞争力，是我国企业界和理论界关注的焦点。该书以我国制造业企业集团供应链管理模式为研究对象，在分析评述国内外研究成果的基础上，研究适用于我国制造业企业集团的供应链管理模式，并对企业集团的采购与供应商管理问题进行研究，将研究成果应用于我国机车车辆企业集团的供应链管理实践。具体而言，该书主要内容包括以下几个方面：第一，企业集团供应链管理模式的内涵与框架。企业集团供应链具有合作与竞争并存、共享资源、集团内部供应链与外部供应链并存等特殊性。并对其有效范围进行分析，不同边界对应着不同的协调手段。企业集团供应链管理具有集团总公司和集团成员企业这样一种双层结构体系，进而以供应链管理主导权作为标准将供应链管理模式划分为集团主控型、成员主控型和混合型三种基本模式。并结合 SCOR 模型的供应链绩效评价指标，得出企业集团供应链管理模式的评价指标体系，并用广义距离法对其进行定量分析。第二，企业集团供应链管理模式的选择。企业集团的不同发展阶段、成员企业的不同层次、企业集团的类型这些因素都会影响模式的选择。我国诸多企业集团的形成体系为一种先子公司后生成母公司直至企业集团的反自然特征，因此多采用集团主控型模式或混合型模式。第三，进一步研究不同模式的管理运作问题。首先，集团主控型模式，该书基于 Agent 建立了供应链系统协调模型，提出按物料的重要程度来确定企业间的供需协作方式。在这一模式下，成立企业集团跨职能团队对供应链系统集中进行监控，通过对供应商的选择、审核、认证等方式来加强对供应商的管理。该书还提出一个基于成本优化的企业集团供应链模型，对供应链系统进行优化配置，使之形成高效统一的增值链体系。其次，在研究成员主控型模式时，该书提出采用分层的协调决策中心的供应链系统结构，并研究该结构的分形特征，分析供应链的相似性，利用分形理论提出建立该模式供应链的流程。此外，还根据 SCOR 模型研究该模式的采购、生产与分销。第四，采购与供应商管理。在企业集团的供应链管理中，采购权限划分为战略层、战术层、业务层三个层次。该书提出不同供应链管理模式下采购权限的控制层次，同时提出影响采购决策的多种因素。与供应商的伙伴关系既有好处也存在风险，企业需要与之建立良好的信任关系，并应根据具体情况确定供应商参与的内容。第五，以北车集团公司为例，分析其供应链管理的特点，得出其使用的供应链管理模式，为我国企业集团供应链管理提供指导。

【书名】供应链知识流管理
【作者】张悟移，华连连
【出版社】北京：首都经济贸易大学出版社
【出版时间】2011 年
【内容简介】随着全球资源的有效配置，知识的资源价值逐渐凸显，供应链模式下的知识管理研究也就显得越发重要。该书深入研究了供应链知识流的基本概念、发展脉络以及我国目前的供应链知识研究情况，构建了 MCOEP 模型，包括供应链知识标引、供应链知识合作、供应链知识合作优化、供应链知识流动效果评价、供应链知识流模型构建五个方面，并用该模型贯穿全书的研究。第一，知识标引是知识管理中非常重要的组成部分，需要将有价值的知识以一种可视化的方式展现给读者。该书从理论到实践实现了对知识地图的构建和实施，科学选择构图要素，明确构图模型，编制专门的绘图软件，建立知识与知识、知识与人、人与人之间的关系链接，为决策者提供信息，实现企业以及行业知识的有效传承和创新。第二，促进不同企业间的知识合作是供应链知识管理的重要内容。该书介绍了基于 RBF 神经网络的知识合作选择，基于 BP 神经网络的知识合作选择，基于结合分析法的供应链知识合作伙伴选择，完全信息和不完全信息条件下知识合作伙伴选择，多人合作对策理论在供应链知识合作决策中的应用，合作伙伴选择的灰色评价模型。第三，评价只能粗略估计合作情况，仍需最优化方法以实现最佳效率。因此，该书介绍了粗糙集理论在知识合作优化方面的运用；供应链企业知识获取路径优化研究；基于知识场理论的知识优化。第四，在完成知识识别、知识合作、知识流优化的基础上，知识流动效果评价同样是重要一环。该书选择了模糊综合分析法、层次分析模型、动态 DEA 方法、BP 精神网络等方法对知识流进行评价，研究结果基本上能反映现实情况，为供应链不断改进知识流动路径和方法提供指导。第五，计划是开展所有研究工作的基础，需要构建相关模型来实现对供应链知识管理的规划设计，需要建立统一有效的供应链企业间知识流模型来指导实践活动。该书介绍了供应链企业间知识链管理模型和基于供应链核心企业的知识场势能模型。第六，供应链企业内外的知识都产生并利用于具体的业务过程，存储在企业、个人和数据库中。由此，该书对供应链知识流的研究涉及两个层面，即供应链企业业务过程及由此产生的知识流，供应链知识流模型应该是这两个层面模型的集成。利用协作图与 Petri 网对供应链知识流建模，可以具体、直观地刻画供应链知识流，对供应链企业知识管理及知识管理系统的建立具有指导意义。

【书名】中国供应链管理蓝皮书（2011）

【作者】丁俊发等

【出版社】北京：中国物资出版社

【出版时间】2011 年

【内容简介】为了普及供应链管理的基本理念，介绍国际上供应链管理理论研究的最新成果与成果实践，介绍一些企业的优秀案例，由中国物流与采购联合会，北京中物联物流规划研究院牵头编写了该书，填补了国内空白。该书主要有六大部分内容构成。第一，国际供应链管理发展综述。首先介绍绿色供应链管理，讨论其起源、优势、障碍与动力，分析绿色设计、绿色经营、绿色采购和绿城供应链管理架构，讨论政府与国际组织发挥的作用，之后以苹果公司为例阐述绿色供应链管理实践。其次介绍了供应链金融发展的相关知识。再次介绍了可视化可跟踪供应链管理，分析其技术支撑和应用实例。最后介绍了虚拟供应链管理。第二，供应链流程标准与绩效考量。首先介绍了供应链管理的概念、流程与结构。其次介绍了绩效与绩效考量的概念、理论和方法。最后还讨论了企业战略供应链绩效考量框架，以 EMBARQ 物流公司为案例讨论供应链流程评估。第三，中国供应链管理发展综述。首先，讨论了中国供应链管理发展的外部环境与内在因素，如中国经济的快速发展、加入 WTO 后快速融入世界经济、政府推动、人才教育等。其次，分析了不同类型企业和典型行业的供应链管理现状与问题。第四，介绍了供应链金融的相关知识。首先对全球视角下的供应链金融做了概述，其次对比分析了国内外供应链金融的差异，最后还介绍了供应链金融的业务范式，包括其产品构成和营销模式。在此基础上分析了解决中小企业融资难的典型样本。第五，分析了"十二五"中国的供应链管理。首先分析了我国供应链管理发展的宏观环境，其次讨论了我国供应链管理的七大关键点，最后阐述了我国供应链管理发展所需的体系保障。第六，通过 26 个典型案例介绍成功经验和其中的供应链管理思想。该书融理论与实践为一体，是研究供应链管理的必备工具。

第二节

英文图书精选

【书名】Supply Chain Simulation

【作者】Francisco Campuzano，JosefaMula

【出版社】Springer

【出版时间】2011 年

【内容简介】供应链是指从原材料采购到制成中间品以及最终产品并将其配送给顾客的过程，是一个非线性的动态复杂系统。供应链仿真是一种能够合适地表示供应链的模型，由于受现实组织中成本等各种条件的约束，供应链管理的过程可以在模型中展开，以此来研究及推测现实社会中供应链的性能与绩效。本书主要任务是在介绍供应链仿真概念框架的基础上，分析系统动力学方法在供应链仿真中的应用。作者首先介绍了分析模型与基于仿真的模型，指出了应用供应链仿真模型的必要性，进而综述了供应链仿真模型的特征以及主要类型并介绍了供应链仿真技术。系统动力学在模拟动态业务系统方面具有有效性，同时，系统动力学建模软件 Vensim 能够结合系统动力学概念与离散事件仿真来代表供应链活动及不确定性，并能够根据供应链结构及其要素间的关系分析其绩效，因此本书以系统动力学以及 Vensim 仿真软件为基础研究供应链动力学问题。供应链管理涉及从原材料到最终顾客之间关键业务流程的整合，并能够为顾客以及其他利益相关者增加价值。书中给出了一个包括供应链网络结构、供应链业务流程以及供应链要素三个供应链管理组成部分的供应链模型概念框架，以此为基础，提出了一系列供应链仿真步骤。牛鞭效应是需求信息在供应链中传递时被扭曲的一种现象，本书详细分析了需求预测修正、批量订货、限量供应和短缺博弈以及价格浮动与促销等造成这种现象的四个原因，描述了运筹学、过滤理论、控制理论、系统动力学以及 Ad-hocacy 五种测量牛鞭效应的方法，同时分析了供应链结构与牛鞭效应之间的关系，指出供应链的层级数以及供应链成员之间信息共享的程度都会对牛鞭效应产生影响。在介绍基于系统动力学的仿真模型的应用之前，本书对系统动力学的相关概念进行了阐述。书中对系统循环图、流程图以及系统动力学工具进行了详细描述，介绍了构建基于系统动力学的仿真模型的步骤以及保证其有效性的重要测试。此外，指出了传统供应链、简化供应链、网购供应链、电子销售供应链以及供应商管理库存等仿真需要识别的各种因素。运用上述的理论知识，本书首先在仓库管理方面进行了供应链仿真设计，分析了不同情况下供应链管理实践中存在的问题及解决措施。其次，通过利用系统循环图对传统供应链进行了仿真设计，在 APIOBPCS 模型的基础上，识别了在传统供应链中需求管理所应考虑的主要变量。最后，介绍了如何利用 Vensim 仿真软件对整个传统供应链进行基于系统动力学的仿真，企业决策者可以利用它作为政策模拟分析的理论依据，并根据仿真预测的结果来实时调整供应链策略从而避免因为盲目、主观决策而带来的损失。

【书名】Supply Chain Engineering

【作者】Marc Goetschalckx

【出版社】Springer

【出版时间】2011 年

【内容简介】大多数组织都有其供应链支持其目标的实现，虽然不同行业供应链之间在其目标、约束条件以及决策等方面会存在不同，但供应链计划与设计都是以系统工程方法与原则为基础的。系统工程方法包括有三个组成部分：数据、模型与求解算法，本书的重点就是基于系统工程方法论的供应链与物流系统的工程计划与设计。第一章是关于供应链的基本介绍，其中对物流与供应链的概念进行了界定，阐述了物流的重要性以及信息技术等在物流中的应用，从战略、战术以及运作三个层次阐述了物流规划及设计问题，指出规划层次越高，规划问题的复杂性以及数据不确定性越高。第二章综述了工程设计方法的概念与特征，介绍了工程设计的七个步骤。此外，工程设计技术对于设计高效供应链是至关重要的，本章主要介绍了工程设计的建模技术，模型的选择、模型保真度和准确性以及模型验证在设计过程中是非常重要的。书中介绍了供应链模型的组成部分，包括时间周期、地理位置、产品、设施、顾客、供应商、运输工具、运输渠道以及情境等，并给出了构造不同供应链的元模型；通过不同的描述形式对模型进行了分类，例如物理模型、数学模型、确定型（随机）模型、演绎/推理模型等，分析了建模技术的优缺点以及对建模中距离的表示方法；大多数供应链计划与设计问题不能通过人工解决，因此本章对各种求解算法及其特征进行了介绍。本书之后的章节可以粗略地分为四部分，第一部分是关于数据的管理，因为只有建立在有效的分析与设计基础上，供应链才能够有效运作，这一部分主要围绕预测的方法与技术展开，对将来情况的预测对于组织的计划活动是必需的。第三章对预测进行了分类，阐述了其特征，并介绍了定性（主观）预测与定量（客观）预测方法，其中包括回归、时间序列分析、自相关数据的预测模型等，方法的选择是以正确判断变量数据的性质为前提的，此外本章还对预测质量及预测软件进行了介绍。第四章对时间序列分析进行了详细介绍，阐述了时间数列的特征，对常量数据、趋势数据以及季节性数据的特征以及预测模型的选择进行了详细介绍，并进行了举例说明。第二部分围绕运输系统的设计展开，第五章对运输服务的特征及绩效测量等进行了论述，介绍了管道、铁路、公路、内河运输、海运、联运、空运等运输方式及特征，此外还介绍了 FOB、FCA、CIF、BOL、FTZ 等运输协议，接下来的四章对单路线运输网络、多路线运输网络、单一交通工具的往返路线等运输方式进行了介绍，并根据不同的运输网络进行了车辆路线规划与调度的分析。第三部分即第十章对库存进行了界定定义，根据不同原因，库存可以被划分为不同类型，例如在途库存、安全库存、季节库存等，库存会增加成本，因此需要制订合理的库存计划，本章针对独立需求系统以及相关需求系统分别进行了库存计划的设计，其中包括连续检查库存、固定周期检查库存等补货策略，安全库存的策略、批量订货模型以及供应商管理库存等库存管理方法，并介绍了其假设条件以及计算公式等。第四部分是同时考虑采购、生产、运输、库存等的供应链网络系统及基础设施的设计，其中，第十一章对供应链系统进行了综述，界定了供应链系统的定义，阐述了供应链系统设计的目的（例如提高服务质量、节约成本等）、供应链系统的主要组成部分（产品、供应商、运输设施、运输渠道等）及特征，介绍了帕累托分析方法、供应链战略配置的类型及其优缺点以及信息技术的应用等；第十二章介绍了供应链设计的八大原则及主要供应链模型的特征，同时提出了一系列复杂的供应链规划与设计模型，其中包括分销渠道选址模型、战术性的供应链计划模型、连续选址模型、离散的供应链模型、Geoffrion & Graves 模型以及 Arc-based 与 Path-based 的多级战略计划模型等；第十三章介绍了目前供应链模型的发展趋势，分别论述了单一国家的供应链与全球供应链系统模型的特征及设计，其中介绍了转让价格及主要的转让定价方法等，本章最后对供应链的鲁棒性及其评价做了详细介绍。

【书名】Advances in Maritime Logistics and Supply Chain Systems

【作者】Ek Peng Chew, Loo Hay Lee, Loon Ching Tang

【出版社】World Scientific Publishing Co. Pte. Ltd.

【出版时间】2011 年

【内容简介】近年来，海上物流与供应链取得了巨大的增长，海上运输成为国际贸易的重要部分，同时成为许多国家经济增长的重要因素。一些新兴经济体开发更多的新港口，应用在全球的海上物流网络中。海上物流的格局正在迅速发生变化，这也产生了许多值得深入研究的问题，特别是有关海上物流与供应链的主题引起了学术界和产业界的巨大关注。本书是关于海上物流与供应链研究的论文集，反映了目前海上物流与供应链领域的发展，介绍了海上物流与供应链系统中关于港口竞争力与决策支持的定量研究方法。本书共选择了 13 篇有代表性的文章，论文研究涉及了两个主要领域。第一个领域是关于区域发展与绩效分析，包括以下文章：①亚洲海上贸易的演变与港口城市的发展（X. J. Yang等）。文章首先回顾了亚洲地区从 13 世纪到"二战"后海上贸易的发展，接着介绍了亚洲地区一些主要港口城市的发展，分析了港口竞争力与发展的影响因素，例如港口位置、港口效率、多方式运输网、海上贸易战略与制度环境等，指出亚洲地区海上贸易产业前景良好，尽管目前油价有所上升，但是其将来良好的经济趋势将会继续。②海上物流的近期发展（Loo Hay Lee 等）。文章介绍了当前经济危机中海上物流的发展，集装箱航运行业的发展趋势表现在四个方面：第一，最大集装箱的容量与平均容量都在提升；第二，转运处理已在全球变得越来越重要；第三，全球集装箱码头运营商在不断增加他们的市场份额；第四，班轮公司采取更严格的措施来减少成本以及稳定运费率。③不断变化的环境下中国香港港口发展的场景分析（Abraham Zhang & George Q. Huang）。在 19 世纪 90 年代与 20 世纪初，中国香港港口是世界上最繁忙的集装箱港口，然而近年来，由于来自大陆港口日益激烈的竞争，其经济增长放缓，文章分析了不断变化的业务环境下中国香港港口发展的一些场景，以了解商业环境因素之间的关系以及利用混合整数规划模型分析潜在的迁移趋势。④亚太地区港口竞争力分析模型（Chew Ek Peng 等）。文章从港口效率、港口连通性以及不同因素对单个港口的影响三个视角提出了港口竞争力的分析模型，分别使用数据包络分析技术、港口连通性分析框架以及网络流模型对上述三个视角进行实证检验。⑤港口吞吐量是港口输出吗（Wayne K. Talley）？本书研究了在港口的经济成本函数中，港口吞吐量否港口输出的问题，研究结果表明不是，文章提出了港口吞吐量的比率，即在货物交换总时间内货物交换的比率，作为测量的港口输出的指标。⑥一个海事集群模拟与基准测试的框架：在比雷埃夫斯海事集群的应用（Vassilios K. Zagkas & Dimitrios V. Lyridis）。文章提出了一个用于海事集群建模与基准测试的框架，作者研究了有助于发展公司网络在特定地区建立关键海事部门决策的因素，此外基于主体建模技术被应用到模拟海事集群的网络构建过程及其生命周期管理，本研究洞察了企业集群的生存战略，分析了新进入者进入集群的最佳时机以及集群的整体管理。⑦汽车供应链中经销商的绩效评价策略（Min Chen等）。文章提出了由财务状况、顾客满意度、内部流程以及自主创新四个维度的标准组成

经济管理学科前沿研究报告

的绩效评估策略，采用了网络分析法分析了调查数据，通过与传统绩效评估策略的比较，本研究提出的方法能够消除时间延长与利益取向等弊端。第二个领域是港口和班轮业务，包括以下文章：①通过仿真和优化的出口集装箱堆场分配策略（Wei Yan 等），集装箱的堆场管理对中断操作的效率至关重要，通过使用目标编程，本研究提出给予滚动时域策略的模型，旨在将出口集装箱进行分配到堆场，模型中应用了启发式规则与遗传算法的混合算法，同时开发了评估所提出的系统的仿真模型；②深海终端联运铁路运营的 AGVS 集成（Bernd H. Kortschak），文章研究了在深海终端铁路与其他功能的集成，提出了一个集成的 AGV 系统以提高生产力与实现更快的转运时间；③持续增加的集装箱船的规模（Simme Veldman），文章对船舶规模的经济性进行了统计分析，研究表明船舶规模的经济学表示为船舶成本函数的弹性大小，为了避免用户的成本过高，船舶规模必须在贸易量的增加与海岸线之间联系的港口数量之间做到平衡，文章得出结论船舶的规模增长会继续下去；④不确定条件下班轮船队规划的线性方法（Qiang Meng 等），文章为此问题开发了一个混合整数非线性规划模型，并进行了数值分析；⑤船舶排放、成本和权衡（Harilaos N. Psaraftis & Christos A. Kontovas），文章研究了能够影响物流供应链成本效益的各种权衡，并提出了一些评估这些权衡的模型，研究证明减速可以降低燃料成本和排放，此外在硫排放控制区的清洁能源可能导致货物从海上转到陆地，从而会使陆地产生更多的排放；⑥相对于石油生产的邮轮市场弹性研究：基于 FORESIM 仿真工具（P. G. Zacharioudakis & D. V. Lyridis），文章通过使用仿真工具 FORESIM 研究未来邮轮市场运费水平与当前市场基本面和需求驱动未来价值之间的联系，遵循系统分析，分析了影响市场水平的内部和外部参数。

【书名】 Supply Chain Optimization，Design and Management

【作者】 Ioannis Minis，Vasileios Zeimpekis，Georgios Dounias，Nicholas Ampazis

【出版社】 Business Science Reference

【出版时间】 2011 年

【内容简介】 本书是关于供应链优化、设计与管理问题的论文集，主要介绍了运用运筹学（OR）/管理科学、计算智能（CI）等方法解决供应链流程中预测、生产计划、生产与库存控制、仓库管理、运输管理与配送等重要活动的管理问题，介绍了相关的技术与具体的解决措施，旨在说明运用运筹学以及计算智能等方法在解决复杂的供应链问题方面的重要价值。本书分为三个部分，在开始这三部分之前本书第一章对目前运用自然启发（NI）的方法解决供应链管理问题的文献进行了综述，首先介绍了供应链管理的优化问题，此外在文献综述的基础上介绍了相关的自然启发的算法以及相应的自然原则，并对自然启发方法在供应链管理的应用进行了介绍及展望。本书第一部分主要集中在供应链的设计与集成方面，包括以下文章：①线性中立型的电子商务市场中的联盟增值服务：一个基于夏普利值的方法（Paolo Renna & Pierluigi Argoneto）。随着电子商务的兴起，许多研究围绕电子商务环境下的谈判及竞价等展开，很少有研究涉及联盟的方法，文章试图在线性中立型的电子商务市场中通过顾客需求与供应商计划活动之间的整合开发一个创新的联盟模型，主要解决合作伙伴的选择、顾客建议的整合以及合作伙伴之间的利益共享等联盟管理活动，文章中作者运用博弈理论中的夏普利值方法，并设计了基于多代理结构的模拟环境进行仿真实验研究电子商务市场中的联盟管理及利益共享。结果表明，在此环境中结成联盟的供应商比顾客更能受益。②过剩产能投资：竞合环境中实物期权与模糊方法的结合（Pierluigi Argoneto & Paolo Renna）。文章研究了在竞合环境下独立企业的过剩产能的运作问题，主要是两种模型下的产能投资问题：一种是公司网络间没有信息共享的情形，另一种是企业间关于产能有着周期性的信息交换。针对两种模型通过多代理结构进行了模拟和测试，结果表明在信息共享的模型中产能投资能显著减少并能获得高水平收益。③需求不确定条件下供应链网络的优化设计与运作（Michael C. Georgiadis & Pantelis Longinidis）。文章解决了在需求不确定条件下包括仓库、配送中心等多产品生产设施的供应链网络的设计问题，文章中将问题转换为混合整数线性规划问题运用标准的分支定界技术进行解决，并通过建立欧洲范围的供应链的案例研究证明了此方法的有效性及价值，研究结果从侧面也反映出了运用模型解决大规模供应链中问题的优越性。第二部分主要集中在大型供应链中的计划方面，例如预测与库存管理，主要包括以下文章：①供应链需求预测的计算智能方法（Nicholas Ampazis），在多级供应链结构中企业准确地预测顾客需求对于保持竞争力至关重要，本书运用基于 OLMAM 算法的人工智能神经网络方法以及支持向量机回归，提出了一个多元预测方法，并对奈飞公司网上电影 DVD 租赁公开数据进行了实证检验；②运用文法进化以及量子启发遗传算法的供应链订货策略（Sean McGarraghy & Michael Phelan），文章应用目前文法进化以及量子启发遗传算法两种进化算法解决供应链中的订货策略问题，进而降低供应链总成本；③报纸杂志供应链的定量风险管理模型（Dimitrios

Vlachos），供应链的全球化风险及中断成为重要问题，基于此，文章主要研究在采购不确定的随机环境中，供应链中断对最佳测定的单周期库存控制策略的影响，分析了在由于生产及配送中断导致的多个不可靠供应商的供应链系统中主要的管理方法，并从扩展产品类型、供应商数量等方面讨论了将来的研究方向；④救援配送网络：设计与运作（Soumia-Ichoua），文章主要介绍了灾害发生前紧急供应商选择以及发生后物流配送的建模与解决方法，根据是否考虑不确定性，可以分为随机与确定的两类，文章讨论了两类方法的优缺点，并强调了救援配送网络的重要性及特征。第三部分主要集中在供应链运作方面，例如仓库管理、生产调度、运输与配送等，包括以下文章：①模块化的仓库环境中估计订单选择流程的最优生产率的分析模型（Dimitrios M. Emiris & Athanasios Skarlatos），仓库管理流程中订单选择的成本高达 40%~60%，因此提高订单选择效率有利于降低成本，本文章提出了模块化的仓库环境中订单选择的分析参数模型，试图为模拟订单选择过程寻找通用的分析框架，明确订单流程的绩效测量方法，为仓库管理提供工具；②基于混合遗传算法的准时制生产的约束优化系统（Alexandros Xanthopoulos & Dimitrios E. Koulouriotis），文章研究了混合遗传算法在利用随机目标函数的约束优化问题中的应用，也就是 JIT 生产系统中优化问题的一类，并通过一个情境模拟进行方法应用的说明；③混合速递业务中的多周期路径选择（Theodore Athanasopoulos & Ioannis Minis），文章提出了一种新的方法来分配服务请求，从而能够灵活地将需求请求分配到预期路线，并通过案例研究进行了说明；④使用历史和实时数据的城市货运交通网络动态行程时间预测技术（Vasileios Zeimpekis），文章讨论了两种形成预测模型分别用历史数据和实时数据进行预测的结果，第一种是根据 K-nn 模型，应用非参数回归方法；第二种应用了插值方案，研究的目的在于探究通过模型化影响预测准确性的因素之间的相互作用。

【书名】Decision-making for Supply Chain Integration

【作者】Hing Kai Chan，Fiona Lettice，OlatundeAmooDurowoju

【出版社】Springer

【出版时间】2011 年

【内容简介】有效的供应链集成及其创造的企业间的紧密协调，是供应链管理成功必不可少的先决条件。本书为现实生活中的案例研究所演示的各种供应链集成的决策技术与工具及成功应用提供了一个深入了解的途径，书中介绍了整合供应链的不同决策工具的应用，涉及供应商选择、定价策略、多级供应链中的库存决策、基于 RFID 的分布式决策制定、运营风险问题、敏感物流节点的时间关键型决策、改善供应链集成的端到端流程建模以及改善服务传递和优化资源的使用的集成系统等方面。综上，本书是目前供应链集成领域关于分布式决策问题的研究论文集，包括以下文章：①时间窗口对越库调度遗传算法的采用；②基于多智能体范式的中小企业供应链的通用知识模型研究（JiheneTounsi 等），在考虑到组织问题和管理关系的同时，提出对供应链建模的通用模型，此知识模型有三个主要特点：可重复使用性、简单性以及通用性；③多级供应链中的整合供应商选择、定价与库存决策；④易腐食品供应链中动态跟踪的最优定价；⑤食品质量与保证中基于 RFID 的分布式决策的供应链价值识别；⑥医疗行业 FRID 技术的应用：TAM 模型的延伸；⑦敏感物流的运营风险问题与时间关键型决策；⑧供应链扰动：外包风险与不确定的成本；⑨复杂供应链网络中的产品包含资源促进决策：一个从农产到零售商的牛奶配送案例研究；⑩订单实现：供应链整合的关键因素；⑪新兴技术和服务供应链；⑫巴黎的城市交通协调。

【书名】Supply Chain Planning and Analytics
【作者】Gerald Feigin
【出版社】Business Expert Press
【出版时间】2011 年
【内容简介】每个企业都会面临确定产品或服务的正确数量与组合以及何时何地进行生产等问题，由于未来需求、生产能力、资源供应等的不确定性以及信息不对称，很好地解决此问题对企业来说具有挑战性。关于这个问题的决策实际上是一个高度复杂的平衡问题，涉及例如库存目标与客户服务水平之间、新产品与旧产品之间、直接客户与渠道合作伙伴之间的权衡以及销售、营销、运营、采购、产品开发、财务、供应商与顾客等不同目标要求之间的妥协。在不对其他参与者产生太多影响的前提下，企业灵活驾驭这个决策过程的能力在很大程度上决定了企业能否很好地应对市场环境的变化以及将来的发展前景。本书主要关注于供应链规划的复杂挑战，即公司用来满足未来需求的业务流程设置。供应链规划包括组织中的各种流程规划，例如需求计划、销售和运营计划、库存计划、促销计划、供应计划、生产计划、配送计划以及生产能力计划等。当然并不是所有的企业都涉及所有这些计划活动，此外不同企业的计划活动名称可能不同，但是他们都是为实现需求与供给的匹配而进行的努力。本书主要关注于有效组成供应链规划的三个相互联系的流程：需求计划、销售和运营计划以及库存和供应计划。如果这三个计划执行得好，企业就会实现效率与反应之间的目标平衡，相反如果实施不好将会引起供应链的一系列问题。本书介绍了这三个流程及其之间的相互联系，分析了执行这三个流程的现实挑战，同时介绍了运用分析工具及方法进行供应链规划决策制定的重要方法。针对需求计划流程，本书主要分析与解决了如下问题：从过去的销售中去除推广效果的步骤，预测产品类型的最好的统计方法是什么，对需求计划软件系统进行投资是否有价值，需求计划的管理标准是什么以及这些标准如何促进需求计划流程的改进，预测新产品的流程是什么等问题。针对销售和运营计划，本书主要分析与解决了如下问题：对于不同的产品与顾客如何决定最合适的服务水平，如何估计需求可变性与需求分布，销售与运营计划中如何使用需求预测信息、收益目标以及供应与资源约束，可以利用何种软件工具改进销售与运营计划流程等问题。针对库存与供应计划，本书主要分析与解决了如下问题：如何将销售与运营计划分解为库存与供应计划中需要的更加详细的水平，如何保证运用公式设置安全库存以满足特定的服务水平时会得到正确结果，在设置安全库存补给策略时如何处理批量限制、数量折扣以及联合订货等问题，在决定安全库存要求时如何考虑前置时间变异性，支持库存与供应计划的软件系统的主要功能是什么等问题。

【书名】Manufacturing Planning and Control for Supply Chain Management

【作者】F. Robert Jacobs，William Berry，D. Clay Whybark，Thomas Vollmann

【出版社】McGraw-Hill

【出版时间】2011 年

【内容简介】本书是一本关于制造业运作与管理的经典教材，系统地介绍了制造计划与控制的基本概念、理论体系以及运用其原理解决生产实际问题的方法和基本技能，制造业运作与控制的前沿发展等内容。本书共包括十七个章节，第一章是制造计划与控制概述，制造计划与控制系统涉及制造计划与控制的各个方面，例如管理物料、调度设备及人员、协调供应商与关键客户等，有效的制造与计划系统对产品制造企业的成功以及供应链的协调至关重要，本章给出了制造计划与控制系统的定义及其系统框架，包括从资源计划、销售与运作计划、需求管理、粗能力计划、主生产计划到详细产能计划、详细物料计划以及物料与产能计划，再到车间生产系统与供应商系统；此外，制造计划与控制系统的设计不是一蹴而就的，需要与企业需求相匹配，随着企业环境、战略、顾客需求、特定问题以及供应链机遇的不断变化而变化，同时本章介绍了制造计划与控制系统的演化过程。第二章介绍了目前被大企业普遍用来支持其制造计划与控制决策的企业资源计划（ERP）系统，本章阐述了何为企业资源计划、企业资源计划如何连接各职能部门以及制造计划与控制与企业资源计划的适应性，企业不应注重部门的局部绩效，更应看重企业作为一个集成系统的整体绩效，本章介绍了集成系统有效性的绩效评估指标，并通过展示一些企业对企业资源计划的应用，进行了使用经验分析。第三章为需求管理，主要解决企业如何将内外部顾客信息整合到制造计划与控制系统的问题，本章主要基于制造计划与控制系统的环境对需求管理进行了介绍，包括需求管理与其他制造计划与控制模块及客户的沟通（例如销售与运作计划、主生产计划等）、需求管理中的信息应用（包括信息获取与监控、顾客关系管理等）、如何提供与收集适当的预测信息、详细预测的产生与评价、预测的应用等方面。基于此，第四章主要介绍了预测的相关技术与方法。第五章主要围绕企业销售与运作计划展开，包括企业的销售与运作计划的流程、新的管理责任及实施等内容。第六章介绍了销售与运作计划的进阶研究，对数学规划方法、综合计划的分解及应用前景等进行了详细分析，并给出了 Lawn King Inc.的公司实例。第七章为主生产计划，主要包括主生产计划的活动、主生产计划技术、面向主生产计划的物料清单结构最终装配计划、主生产计划员、主生产计划的稳定性、主生产计划的管理等内容。第八章介绍了企业的物料需求计划，制造计划与控制中的物料需求计划对企业的有效生产至关重要，有效的物流需求计划需要正确地数据处理，技术问题也很关键，此外物料需求计划系统的应用的过程中还应保持系统动态性。第九章为物料需求计划的进阶研究，涉及制造订单数量的确定、缓冲的概念以及系统敏感性等方面。第十章介绍了生产计划与管理，在制造计划与控制系统中生产能力计划具有重要作用，本章主要介绍了生产能力计划与控制方法、生产能力及物料的同步计划、管理及生产能力计划/利用以及应用实例。第十一章介绍了生产作业控制的框架、技术与实例。第十二章为作业计划的进阶研究，包括基本作业计划的方法研究、新的研究成果以及具有多约束的作业计划等内容。在今天企业的运营管理中，准时制得到广泛应用，第十三章分析了制造计划与控制中的准时生产，介绍了准时生产的应用、非重复制造环境中的准时生产、企业间的准时生产、准时生产软件、管理启示等内容。第十四章为分销需求计划，供应链中的分销需求计划影响整个供应链的绩效，本章介绍了分销需求计划相关技术以及分销需求计划中的管理问题。今天社会的竞争，不再是企业间的竞争而是供应链之间的竞争，制造计划与控制必须能够提高整个供应链的绩效，这样才能具有竞争优势，第十五章围绕环境下的制造计划与控制系统展开，供应链的优化必须要有相应的制造计划与控制支持系统，此外在供应链环境下基本的制造计划与控制系统也需要不断改进。第十六章分析了库存订货点控制方法，本书最后一章为如何从战略上进行制造计划与控制系统设计，主要介绍了设计中的制造计划与控制系统设计选项、选项的选择、实践中的选择、物料需求计划和准时生产的集成、制造计划及控制与客户和供应商的集成等内容。

【书名】Fundamentals of Supply Chain Theory

【作者】Lawrence V. Snyder, Zuo-Jun Max Shen

【出版社】Wiley

【出版时间】2011 年

【内容简介】本书为供应链管理提供了权威的定量方法，强调了供应链管理的研究应该与供应链实践同步，同时本书也介绍了供应链管理领域经典模型的发展。作者强调了供应链管理的战略和战术两个层面，涵盖范围广泛，涉及从需求预测、库存管理、设施选址到流程柔性，供应链契约与拍卖等各个管理领域。介绍了关于供应链优化设计、运作和评价的现有重要数学模型以及一些研究前沿中的新兴模型，本书深入研究的供应链管理模型有：需求预测建模、确定性库存模型、随机库存模型、多级库存管理模型、不确定性条件下的库存优化与设施选址、设施选址模型以及流程柔性等。此外，作者提出了涉及多个参与者以及存在目标冲突的分散模型，主要介绍了牛鞭效应、供应链契约、拍卖等的管理。

根据上述介绍，本书共分为十二章，第一章为供应链管理的概述，介绍了供应链及供应链管理，阐述了供应链管理决策水平与供应链管理的应用，强调了供应链管理的重要性。第二章为需求预测建模，回顾了古典的需求预测方法，介绍了需求建模技术，并详细介绍了巴斯扩散模型、领先指标法与离散选择模型等重要的需求预测模型。第三章到第六章介绍了库存管理与优化的方法，其中第三章主要介绍了确定性库存模型，包括连续检查的经济批量订货模型（EOQ）与定期检查的 Wagner-Whitin 模型，对其假设条件以及数学公式等作了详细介绍。第四章则给出了随机库存模型，包括连续检查的（r，Q）的策略、定期检查零成本的基本库存策略以及定期检查零固定成本的（s，S）策略，并对如何实现策略最优进行了说明。第五章介绍了多级库存管理模型，主要有随机服务模型与保证服务模型两种。第六章围绕不确定条件下库存的优化展开，介绍了风险共担以及风险分散效应，延迟、转运等优化措施，针对供应链中存在的不确定性，提出了中断下的库存模型以及产量不确定下的库存模型。第七、八章两章介绍了设施选址的相关内容，第七章介绍了无容量限制的固定费用设施问题，提出了多级的多商品模型；第八章关注于不确定条件下的设施选址问题，介绍了风险共担的选址模型、随机鲁棒的设施选址模型以及中断的设施选址模型。第九章对供应链中过程的柔性管理进行了分析，给出了柔性设计指南，提出了过程柔性优化模型。供应链中由于存在多个参与者以及不同参与者之间存在目标冲突，因此会产生一些问题，本书的最后三章针对一些典型问题进行了分析，其中第十章介绍了供应链管理中存在牛鞭效应的原因，分析了降低牛鞭效应的方法，针对牛鞭效应提出了集中的需求系统，不同供应链成员之间由于信息不对称，且存在目标冲突，因此需要通过供应链契约实现彼此利益目标的协调；第十一章介绍了供应链契约以及博弈理论，对批发价格契约、回购契约、收入共享契约、数量柔性契约等作了详细介绍；本书最后一章对拍卖作了分析，主要介绍了英式拍卖与组合拍卖等形式。

【书名】Principles of Supply Chain Management–A Balanced Approach

【作者】Joel D. Wisner, Keah–Choon Tan, G. KeongLeong

【出版社】Cengage Learning

【出版时间】2011 年

【内容简介】本书从采购、运营、物流三个过程及其在企业内部与交易伙伴间的集成四个视角出发阐述供应链管理。全书共包括五部分，第一部分为供应链管理概述，界定了供应链及供应链管理的概念，介绍了供应链管理在降低成本、提升顾客服务水平以及提高企业竞争力等方面的重要性；回顾了供应链管理的发展历程，阐述了供应链管理的基本要素，其中介绍了例如牛鞭效应、SRM、需求预测管理、ERP 等核心概念；此外，指出了随着市场、经济、科技、政治等环境的改变，供应链管理的实践也在不断发生着变化，诸如增强供应链的响应性、供应链绿色化等成为当前供应链管理的新趋势。第二部分论述了供应链管理中的采购问题。首先，对采购管理进行了系统介绍，主要围绕采购管理在组织中的作用，采购过程（传统的手动采购系统及电子采购系统），采购决策（自制或购买决策），供应库作用，供应商选择（单一供应商或多供应商），采购组织及全球采购（原因及挑战）等问题展开；其次，在当今竞争激烈的环境下，随着企业专注于其核心竞争力，外包逐渐增加，供应商准时地提供价格便宜的优质产品与服务对企业的绩效尤为重要，好的供应商关系能够为企业带来柔性、优质、充足的原材料等利益，使双方实现共赢，因此，与供应商建立战略性的合作伙伴关系对企业至关重要，本书指出应通过建立信任、共享愿景与目标、最高管理层的承诺与支持、持续改进等方式建立供应商关系，给出了供应商评价系统与 ISO 9000、ISO 14000 等供应商认证标准，通过供应商识别程序（SCOI）识别不同供应商；最后，界定了道德采购以及可持续采购，并围绕形成道德采购与可持续采购战略、早期供应商参与、战略联盟的发展、标杆管理的成功采购实践等问题进行了介绍。第三部分包括四个章节，主要介绍了供应链管理中的运营问题，包括需求预测、资源计划系统、库存管理及供应链中精益生产与六西格玛等流程管理问题，其中涉及了协作计划、预测、CPFR、DRP、RFID 等技术及其应用。第四部分介绍了供应链管理中的配送问题，共包括四个章节。第九章回顾了美国国内物流的发展，介绍了仓库与配送、物流管理软件的应用、物流对供应链管理的作用、逆向物流以及全球货运安全、全球物流中介等全球物流问题。发现一个新顾客的成本是维持一个老顾客成本的 5 倍，因此进行有效的客户关系管理对企业来说是必要的。客户关系管理，简单来说就是建立并维持长期有利的客户关系，应通过满足顾客需求形成核心竞争力，并不断提高顾客的满意度。第十章详细介绍了CRM 在供应链管理中的作用，阐述了顾客细分、预测顾客行为、管理顾客服务能力等客户关系管理的重要工具，设计了成功进行客户关系管理的程序，并提出了客户数据安全、社交媒体、云计算等当前影响 CRM 的新问题。在配送管理中，全球设施选择决策也可以为企业创造竞争优势，据此，第十一章介绍了全球设施选址战略、设施选址影响因素、设施选址技术等，指出企业集群能够为增强企业间的协作，为企业创造机遇，并促进企业供应链的改进。不同于生产企业，服务企业的产品是无形的服务，服务逐渐成为全球经济的重要组成部分，因此对于服务供应链的管理也必然成为服务战略的主要内容。由于服务的顾客往往是服务的最终顾客，因此管理生产能力、管理等候时间、管理分销渠道、管理服务质量是服务响应物流的基础。基于此，第十二章指出服务企业必须准确地预测顾客的服务需求，通过设计能力及排队系统最快最有效地充分满足需求，利用分销系统最好地服务公司客户，并通过控制服务过程保证服务质量与客户满意。本书的第五部分是供应链管理中上述三个过程的整合问题，第十四章提出了供应链管理的整合模型，并介绍了供应链整合的障碍以及供应链管理的风险与安全问题。总之，供应链管理是企业竞争力来源之一，测量企业及供应链绩效有利于企业识别潜在问题，提升顾客满意度以及改进供应链。传统的绩效测量只注重企业的财务绩效，不能全面地反映企业的产能、弹性等能力。因此，本书最后一章指出，供应链绩效测量应该是一个包括财务、非财务、定量、定性、环境导向、顾客导向等指标的综合体系。此外，书中还给出了例如平衡计分卡、SCOR 模型等有效的绩效测量模型。

【书名】Supply Chain Coordination under Uncertainty

【作者】Tsan-Ming Choi，T.C. Edwin Cheng

【出版社】Springer

【出版时间】2011 年

【内容简介】本书是关于不确定条件下供应链协调的论文集，收录了 25 篇文章，分为 5 个部分。第一部分，供应链协调的介绍及回顾，包括以下文章：①涉及风险规避代理的供应链协调（Xianghua Gan 等），针对具有风险规避代理的供应链协调问题，界定了可以使每个代理商接受的能够实现帕累托最优的协调契约，且可以应用在风险中立的情况下，并在三种特定的情况下发展了协调契约，相应地给出了实现供应链协调的帕累托最优的解决措施，最后给出了实例研究；②"涉及风险规避代理的供应链协调（2004）"一文补充（Xianghua Gan 等），对"涉及风险规避代理的供应链协调（2004）"一文发表后出现的相关研究成果进行了回顾，并讨论了将来的研究方向；③供应链协调的研究综述：协作机制、不确定性管理以及研究展望（Kaur Arshinder 等），通过系统的文献回顾阐明了供应链协调的重要性，从不同视角对供应链协调问题进行了文献回顾，介绍了不同的供应链协调机理以及供应链协调在供应链不确定性管理中的应用的文献综述；④面向随机需求的多级库存系统的控制策略（Qinan Wang），对不确定需求条件下多级供应链系统的库存控制策略进行了文献综述，首先回顾了通过扩展单一位置的基本库存策略形成的一般策略，然后讨论了多级库存控制策略的协调补给与信息共享；⑤积极回收以及再制造的供应链模型（Xiang Li & Yongjian Li），主要介绍了价格敏感的回收和需求的集中系统问题、垂直渠道分散的供应链问题以及同业竞争的分散的供应链问题，并针对每一种问题提出了分析模型以及阐明了主要结果。第二部分，不确定条件下供应链创新性协调的分析模型，包括以下文章：①百分比偏差契约促进需求风险分担（Matthew J. Drake & Julie L. Swann），描述了在需求不确定条件下百分比偏差契约提高供应链整体绩效的创新机制，在通过数量弹性契约不能实现渠道协调的情况下，通过建立百分比契约参数实现供应链协调；②混合渠道中的增值零售商：信息不对称与契约设计（Samar K.Mukhopadhyay 等），在混合渠道中，制造商与零售商会存在渠道冲突，本书在信息完全以及信息不对称两种情形下通过不同参数进行了契约设计与比较，从而为最佳契约的选择提供了管理启示；③需求不确定条件下利用期权契约的能力管理与价格歧视（Fang Fang & Andrew Whinston），分析了垄断供应商在需求不确定以及产能有限的条件下如何利用期权契约通过价格歧视实现预期收益最大化；④动态采购、数量折扣与供应链效率（Feryal Erhun 等），通过建立模型以及数据分析论证了当供应商采用批发价格折扣契约时，供应链成员之间的多周期采购有利于提高供应链绩效；⑤多周期环境中供应商与零售商之间关系的协调：额外的订货成本契约（Nicola Bellantuono 等），基于对零售商的额外订货成本以及供应商为零售商提供的价格折扣，提出了在多周期环境下供应商与零售商之间的契约模型；⑥利用供应链契约刺激销售（Samar K. Mukhopadhyay & Xuemei Su），分析比较了产品原始生产商与销售代理商之间的两种重要契约形式在促进销售方面的作用；⑦双头垄断供应链中的价格及保修竞争

（Santanu Sinha & S.P. Sarmah），分析了在两级分销渠道中两个不同的零售商在同一市场上销售两种替代产品的协调以及竞争问题，并在零售商三种竞争的情形下通过数学模型分析了其动态竞争与协调的机理；⑧带有两次订购机会的 Newsvendor 型产品供应链协调模型（Yongwu Zhou & Shengdong Wang）。第三部分，渠道权力、谈判与供应链协调，包括以下文章：①两级供应链中通过收入共享契约的谈判（Jing Hou & Amy Z.Zeng），在两级供应链中，通过建模实证分析了供应商以及零售商在谈判过程中分别占主导地位的情况下实现供应链整体效益最大化以及双赢的收入共享契约参数的设定以及收入共享比例的范围等问题；②一个具有 Stackelberg 主导地位的供应链成员会帮助其主要对手获取更好的系统参数知识吗（Jiancai Wang 等）；③需求不确定条件下利用信用期权的供应链协调（S.Kamal Chaharsooghi & Jafar Heydari），在两级供应链中，本文提出了基于信用期权的同时协调订单数量以及在订货点的协调模型；④收益共享的寄售契约下的供应链协调（Sijie Li 等），讨论了在只有一个生产商与一个零售商只生产一种产品的供应链中，利用纳什博弈模型，开发了一个合作博弈模型实现利益共享。第四部分，供应链协调中的技术进步及应用，包括以下文章：①分散的计划算法：详细排产中的一种启发式的协同计划方法（J.Benedikt Scheckenbach），针对目前生产计划模型需要数据的完全可视性的弊端，本书提出了一种启发式的协同计划方法，在供应链不需要交换敏感数据的前提下协调大规模详细排程；②库存记录不准确，RFID 技术应用与供应链协调（H.Sebastian Heese），分析了库存记录不准确对优化库存决策和利润的影响，对比了分散式供应链以及集成供应链中的优化决策，通过成本和收益分析决定应用 RFID 技术的成本阈值，发现在集成供应链中应用 RFID 技术更容易受益；③消费品行业中基于混合整数线性规划方法的生产分配及供应链渠道网络问题（Bilge Bilgen）；④供应链中不确定条件下聚合物料流的协调问题（Liesje De Boeck & Nico Vandaele），探讨了供应链中在装配程序前产品组成部件流的协调问题，以此提高供应链绩效及其竞争优势。第五部分，实证分析和案例研究，包括以下文章：①欧洲生物能源系统及供应链：条件、能力及协调（Kes McCormick）；②在三级供应链网络中设计合同制造商的协调计划的好处（Henka Akkermans 等）；③IT 供应商管理：一种基于能力的方法（Carlos Brito & Mafalda Nogueira）；④纸浆造纸行业中评估合作战略及激励的方法（Nadia Lehoux 等）。

【书名】Demand Driven Supply Chain

【作者】Paulo Mendes

【出版社】Springer

【出版时间】2011 年

【内容简介】当今社会很多企业运用预测工具与流程以提高需求计划绩效，但是由于需求与供应之间的不匹配以及需求的不确定性等，所以通过预测并不能很好地解决库存短期问题以及提高供应链绩效。为了解决这一问题，许多企业努力将推动式供应链转变为拉动式供应链，实现基于顾客需求的生产与计划，从而更好地平衡供需之间的关系以及提高顾客满意度与供应链绩效。本书的主要目标为识别需求驱动供应链的主要组成部分，在此基础上构建结构化的整合需求驱动供应链框架。第一章为导论，介绍了本书的写作目标、贡献等，同时在分析了目前的市场与商业环境的基础上指出，实现减少库存短期以及提高供应链绩效的目标企业需要采用需求驱动的供应链。第二章对需求驱动型供应链及目前企业中评估需求驱动型供应链的方法进行了综述，并从财务与运作两个角度总结了实施需求驱动供应链的好处。第三章介绍了研究设计方法（例如定性研究、定量研究、混合方法研究）以及如何通过案例研究进行理论构建，在此基础上提出了构建需求驱动型供应链框架的研究方法，并提出了需求驱动型供应链评价框架的构建与应用两个阶段的主要步骤。第四章简要地回顾了 Lambret（2008）提出的供应链流程，有八个关键的流程，包括顾客关系管理、顾客服务管理、需求管理、订单交付、生产流程管理、供应商关系管理、产品开发与商业化以及逆向物流管理，提出了需求驱动型供应链的三个构成部分，包括需求管理、供应与运作管理、产品生命周期管理，并对其进行了详细介绍，首先需求管理的主要目标是减少需求波动以及提高运作弹性，书中对统计预测、销售与运作计划、CPFR、VMI、需求可视化等需求管理技术进行了介绍；其次供应与运作管理主要从采购、生产、物流、顾客服务以及高层管理的支持五个方面展开介绍；最后提出了产品生命周期管理流程的战略框架，包括新产品开发模型、创新产品的供应链途径、风险评估与管理、产品跟踪等。基于需求驱动型供应链的三个组成要素及不同要素中的管理方法，第五章提出了评估与构建需求驱动型供应链的五级成熟度模型，并根据不同的成熟度类别提出了相应的管理方法。第六章介绍了层次分析法及其在需求驱动的供应链评价模型中的应用。第七章介绍了作者开发的运作需求驱动型供应链评价的网站及其运作过程，同时通过一个全球食品公司应用需求驱动型供应链模型的案例，展示了在应用了需求驱动型供应链模型后所面临的机遇，最后为企业构建需求驱动型供应链战略提出了建议框架。最后一章对本书的主要内容及贡献作了总结。

【书名】A supply Chain Management Guide to Business Continuity

【作者】Betty A. Kildow

【出版社】McGraw-Hill Education

【出版时间】2011 年

【内容简介】企业无论规模大小、从事何种业务，都必须时刻具有危机感。现实社会中，各种各样的灾难，不论是环境的、科技的、政治的、法律的还是经济的，都可能使企业陷入窘境，影响其正常运转，并且在经济全球化的今天，灾难的影响不再是地区性的，而是跨越国家边界的全球性影响。本书从供应链管理角度出发，主要讲述了在这一背景下企业如何管理风险从而保持其业务连续性的问题。本书共包括 10 个章节，供应链是组织的生命线，对保证组织业务的连续性至关重要。第一章介绍了业务连续性的基础知识，将业务连续性定义为保证组织业务连续性或者确保组织在发生灾害后能够快速地恢复产品或服务的传递的一种积极方法，或者是组织为其顾客提供服务和支持并能够在灾害前、中、后保持生命力的一种能力。同时介绍了业务连续性计划的价值以及演化过程。第二章讨论了组织中谁对业务连续性负责，陈述了实施业务连续性计划的必要性，并比较了业务连续性与风险管理的异同。第三章介绍了业务连续性项目及其四个组成部分，分别为：风险评估和减轻、准备、响应以及恢复/连续性，综述了业务连续性计划生命周期，包括风险评估、业务影响分析、形成业务连续性战略、形成实施计划以及测试与实施计划五个过程，并介绍了企业风险管理的一个整体方法。第四章讨论一个企业范围内进行风险管理的方法，集成了供应链的所有要素，从仓库及分销中心，到生产、采购等各个环节评价目前的灾害管理能力。接下来的五章是对第三章中业务持续性计划五个过程的详细介绍。第五章主要介绍了风险识别的相关知识，陈述了供应链风险的变化，指出应该从内部以及外部识别风险，介绍了风险识别的过程，指出应避免从供应商或者订约人那里遗传风险，应该通过风险评估形成风险减弱方案。业务影响分析是持续性计划过程的主要环节，其可以识别在灾害发生后最紧迫的业务流程、相关的资源以及恢复运转的目标时间框架。第六章介绍了业务影响分析的步骤以及如何识别并区分供应链的关键要素的优先级，并对最终形成的业务影响分析报告进行了阐述。第七章在风险评估以及业务影响分析的基础上，第八章介绍了风险管理的战略设计，且应该形成多种战略选择以应对不同情形，并从识别关键供应商、自制或外包决策、交通问题解决、购买与采购、供应商选择、与供应商间合同的签订、供应商监控、供应链的信息技术支持、业务持续计划的人力资源需求等方面阐述了供应链业务持续战略制定。由于环境的不断变化，以及技术的不断进步，最初形成的业务持续性计划不会一直成功，第八章在阐述业务持续性计划目的的基础上指出，应结合实际变化，按照业务持续性计划过程不断更新优化计划，避免计划与现实之间出现差距，从而保证计划的有效性，并给出了一个计划样本。在计划制订之后，第九章介绍了计划的检测与实施，在正式实施之前，首先应对员工进行培训，培养其连续性意识，其次需要通过桌面练习、模拟练习、现场练习等方法进行测试，在经验总结以及反馈的基础上加强改进计划，以保证其实施的可行性。本书的最后一章对目前业务持续性标准、规则、要求等进行了综述，并罗列了专业认证机构。

【书名】Supply Chain Disruptions

【作者】Haresh Gurnani，Anuj Mehrotra，Saibal Ray

【出版社】Springer

【出版时间】2011 年

【内容简介】在全球化以及高度不确定的商业环境中，对供应网络有效地进行中断管理是供应链管理中一个重要的课题。本书围绕这一问题展开研究，提出了有效地管理中断风险的战略与战术性措施。本书共包括 12 个章节，第一章从四个方面指出供应链中断问题不断引起社会的广泛关注，从股东价值、股价波动、盈利能力等方面分析了供应链中断对企业财务绩效的影响，指出供应链的复杂性、外包、单一来源采购、有限的缓冲库存、聚焦供应链效率以及缺少计划与执行等因素可以导致供应链中断，并给出了降低供应链中断风险的措施，例如提高需求预测的准确性、与供应链合作伙伴建立战略合作伙伴关系、提高供应链可视性、增强供应链弹性以及延迟战略与应用信息技术等，同时介绍了企业应选取何种措施的分析过程以及形成应对供应链风险能力的步骤，第一章是全书的引言，强调了当今社会中企业进行有效的供应链风险管理的重要性。第二章在进行风险分类综述的基础上，提出了一个能够有效减轻供应链中断影响的风险管理框架，介绍了风险的预防措施（如系统的识别潜在的中断风险、聚焦高影响的中断风险）、响应措施（发现与响应速度）、保护措施（库存、能力、信息及供应链结构等方面）以及风险发生后的恢复策略（培养顾客忠诚度、购买业务持续保险、制订中断后的恢复计划），并给出了管理启示。第三章至第五章，主要介绍了关于有效库存与采购的管理的供应链中断的保护战略。其中，第三章研究了利用多源供应的多样化方法进行供应中断管理，同时讨论了运用应急备份采购作为发生后的恢复战略；第四章主要介绍了采购中多样化的应用，讨论了从一系列潜在供应商中识别供应商数量及特殊供应商，强调了需求风险以及同时面对需求与供应风险时的库存战略，同时介绍了总成本模型，以及如何在保证效率的前提下权衡不同供应商之间的可靠性与成本差异问题；第五章综述了库存的连续性检查模型、周期性检查模型以及多级库存系统的中断问题，指出库存系统的最优化管理要求比无中断环境下的库存水平更高，基于库存管理的方法适用于中断频繁发生且持续时间段的情形，相反，其他的战略例如供应多样化等，更适合于中断偶尔发生且破坏性大的情况。第六章与第八章介绍了运用财务工具作为杠杆减轻供应风险。第六章作者讨论了制造商如何通过供应商补贴提高其可靠度，从而减少由于供应商而产生的供应中断风险，分析了制造商的最佳补贴决策、制造商间的竞争以及专门与供应商选择问题，指出垄断制造商使用共享供应商与非垄断制造商使用专门供应商时，制造商与消费者都会获益，同时制造商在竞争中减少补贴会降低其可靠性，并会对其顾客产生消极影响；第八章研究了一个企业的供应商数量是否取决于经济环境的问题，并建立了包括供应链风险、与供应商保持关系的固定成本、融资渠道（商业信誉融资、内部融资）及供应商产量等因素对最优供应商数量选择与最优订货量的影响的研究模型。第七章研究了如何利用渠道成员间的信息共享以及合同机制进行风险管理，供应商必须保持高库存来满足高交货能力的要求，因此在供应商成本结构不确定的条件下，购买商在与供应商谈判时，必须设计合理的激励方案，本章讨论在信息不对称以及考虑交货能力的情况下，如何向按订单生产的供应商或者存货式生产的供应商间进行采购使购买者的效益增加，以此为购买者寻找有效且易于实施的采购方案。此外，通过对现有基础设施进行投资，设计合理的供应网络对应对供应中断具有重要意义，第九章与第十章对这一问题进行了研究。第九章强调了供应链网络的复杂性以及再造工程，并在不确定条件下针对交通地理位置问题提出了一个全面的供应链网络再造方法；第十章作者针对澳大利亚猎人谷煤炭链提出了一系列支持与实现其各方面自动化的优化模型，同时讨论了在如此庞大的煤炭链中处理中断的机遇与挑战。第十一章通过两个案例研究描述了新产品开发中的供应链风险评估，一个是来自于把积极开发供应链风险评估方法作为新产品计划的一部分的航空航天行业，另一个是为了避免产量损伤而进行风险评估的制药行业，这两个案例强调了详细的分析对于风险评估与控制的重要性。本书最后一章讨论了供应链的风险管理，阐述了识别风险、测量风险、减轻风险、监控风险等对减少供应链中断负面影响的重要性，并介绍了如何通过全球供应链识别和管理威胁、减轻脆弱性以及提高弹性，与第一章指出供应链风险管理的重要性相照应，本章从实践方面为供应链风险管理提供了指导。

【书名】Supply Chain Risk Management：Vulnerability and Resilience in Logistics（Second Edition）

【作者】Donald Waters

【出版社】Kogan Page

【出版时间】2011 年

【内容简介】管理者在提高供应链效率以及实现原材料快速低成本传递的压力下，采取了一系列创新方法，但是随之而来的是一些不可预见的问题，增加了供应链中断的脆弱性。许多事件都可以影响一个复杂供应链的运作，这些不可预测的事件会给供应链带来风险，因此供应链风险管理是对这些问题的响应。本书的目标是介绍供应链风险管理的原理，以及目前在供应链管理实践中广泛应用的方法。由于我们不能准确预测将来发生的事情，因此在所有的运作中都会存在风险，所以在管理的过程中必须正确地管理风险，风险管理也越来越成为一个重要的内容。同样，在供应链中由于其性质以及广泛的复杂性，供应链更容易产生风险，既可以是内部风险也可以是外部风险，本书第一章对今天社会中的风险及其管理、供应链中的风险等内容进行了概述。实际上对于供应链来说有许多种形式的风险，第二章对风险进行了界定，描述了风险特征；在风险与决策中，根据对将来事件的把握程度，可以分为确定性决策、不确定性决策、风险决策、无知决策四种，不同的决策分析与不同水平的不确定性相对应；通常我们使用期望值来处理风险，风险管理已经成为应对不同水平不确定性的一般方法，风险管理的方法与一般的决策模型相适应，但它更关注于风险识别、结果分析以及设计合适的反应策略三个主要任务。在正式介绍供应链中的风险管理之前，本书第三章首先对供应链管理进行了综述，包括供应链及供应链管理的定义、供应链的结构、供应链管理的目标、物流的活动、物流的重要性、供应链中的风险等内容。第四章主要分析了当前影响供应链的趋势，目前供应链中风险不断增加，例如供应链整合、强调降低成本、敏捷物流、电子商务、全球化、外包、不断变化的物流实践等，在给供应链带来好处的同时，也增加了供应链风险。基于此，对供应链进行风险管理意义重大，第五章介绍了风险管理的方法，阐述了供应链风险管理的定义与发展，分析了供应链风险管理的目标、步骤（包括供应链风险识别、风险分析、设计合适的风险应对策略三个核心内容）、原则以及风险管理软件等。针对供应链风险管理步骤中的三个主要内容，本书接下来的几章作了详细介绍。首先，第六章介绍了风险识别，根据不同的分类方式供应链风险可以分为不同种类，例如可以将供应链中风险分类为内部风险，供应链本身存在的风险以及外部环境风险或者自然风险、金融风险、信息风险以及组织风险等，风险识别需遵循风险识别程序以及使用风险分析工具（例如五个为什么方法、因果图、帕累托分析、核查表等），此外本章还介绍了意见收集工具（包括访谈、小组会议、德尔菲法等）与分析工具（包括流程图、流程控制、供应链事件管理等），同时介绍了供应链风险识别中存在的问题。第七章为风险分析，风险分析中要进行风险度量（可以应用定量方法）、判断风险事件发生的可能性、分析风险发生的后果、评价风险发生的后果等，风险分析中可以使用的工具包括失效模式及效果分析、情境分析、仿真、网络模型等。第八章为风险反应，包括忽视或接受风险、降低风险发生的可能性、减少或限制风险产生的后果、转换或共享风险、制订应急计划、适应风险、反对改变与转换到新的环境八种类型，在确定风险反应类型后，如果具体的实施还有制定更加详细的行动方案，此外针对不同的风险反应类型，可以运用系统分析、决策树等方法选择最为合适的风险反应类型，最后就是反应策略的实施。上述所介绍的主要是针对特定企业的风险管理，但是我们知道一个企业的风险可能会影响整个供应链，因此最为合适的风险反应策略是来自整个供应链而不是某个企业的，风险可以在整个供应链中进行传播，因此需要供应链协作进行风险管理，形成一个整合的供应链风险管理方法。本书第九章从供应链网络的视角介绍了风险管理中的风险识别、风险分析、风险反应等，分析了整合的供应链风险管理中存在的问题以及供应链风险整合的水平。整合的供应链风险管理有许多方法，例如可视性、合作等，但是最重要的是设计有弹性的供应链。第十章分析了设计弹性供应链的重要性及其原则，介绍了弹性供应链的特征，指出弹性供应链不但取决于其特征而且供应链中成员间关系对其有很大影响，例如协作、可视化、对合作伙伴充满信心等。此外，即使是最好的风险管理也会有意外的事件发生，一旦这些事件发生，就会造成危机或者灾难，因此需要设计应急计划，以保证企业业务的连续性。本书第十一章介绍了业务连续性管理，介绍了业务连续性管理的特征、必要性及优点，阐述了业务连续性管理的六个步骤等。本书最后一章对全书进行了概括与回顾。

【书名】Sustainable Supply Chain Management

【作者】Balkan Cetinkaya, Richard Cuthbertson, Graham Ewer, Thorsten Klaas-Wissing, Wojciech Piotrowicz, Christoph Tyssen

【出版社】Springer

【出版时间】2011 年

【内容简介】高效以及低成本的运输方式使得物流的重要性与日俱增。物流发展的一个结果是交通及运输量的持续增加，这会产生交通拥挤、安全风险及污染等一系列问题。这些问题对许多企业的供应链绩效产生了影响，同时也被看作是欧洲生产与零售系统竞争力及未来增长的一种威胁。BestLog 作为解决这种威胁的一项科研项目，旨在通过促进运输与物流领域资源的有效及可持续利用的实践，实现社会、环境以及商业之间的均衡发展。本书是在供应链领域通过实践实现这一目标的重要部分，以 BestLog 的研究结果为基础，它明确指出了大公司以及中小企业在生产及零售系统中保持供应链未来竞争优势的关键要素及问题，一方面可以帮助企业选择适合自己的供应链及物流战略，另一方面可以为供应链及物流管理领域的专业人员及培训人员提供来自于实践的专业知识。本书共包括四部分，第一部分即第一章，首先对可持续供应链进行了界定，指出可持续供应链并不局限为所谓的"绿色"供应链，而是认识到要想实现可持续，供应链必须在现实的金融结构中运作，且能够为社会创造价值，因此真正的可持续供应链必须将所有相关的社会、经济以及环境要素考虑在内；其次阐述了在顾客需求变化以及目前物流与运输发展的背景下，实施可持续供应链管理的必要性。第二部分包括第二章到第六章，五个章节，第二章介绍了基本的竞争战略与供应链战略以及二者的联系，并指出供应链战略是实现可持续的一个关键的成功要素；描述了可持续供应链战略的四个组成部分，包括战略的整体分析，识别与评估目前与将来的趋势，实现经济、生态与社会目标，以及平衡经济、生态与社会目标；给出了形成可持续供应链战略的六个步骤：评估现有供应链，评估环境，评价结果，调整供应链战略，执行供应链战略，实现可持续供应链平衡计分卡目标。第三章指出为确保所选择的供应链战略的可完成性与可持续性，应测量及监控供应链绩效（包括供应链活动对社会、经济及环境等可持续的影响），实现供应链的可视化，并给出了测量供应链绩效的步骤与方法。为了确保供应链战略的成功实施，第四章从组织内部出发，指出应对过程、产品、知识、基础设施、人员和团队以及挑战等进行有效管理，第五章则指出组织外部利益相关者管理对可持续供应链管理的实践也有重要的作用。此外，第六章介绍了供应链风险管理的内容，给出了供应链风险管理的原则，并介绍了从企业内外处理风险及不可控风险处理的方法。第三部分即第七章对供应链将来的发展进行了展望，分析了将来影响可持续供应链的因素，指出了追求可持续供应链战略应该考虑的四个关键因素，即顾客需求、绩效测量、人员发展以及标准与基础设施约束等。第四部分包括第八章至第十二章五个章节，这一部分是对应于第二部分的案例研究，根据"商业决策"模型，本部分分别从战略决策、商业决策、经营决策以及战术决策四个层次水平上进行案例研究。每个案例研究中都针对问题分析了相应的解决措施，并且在总结挑战及经验教训的基础上，指出了案例的适用性。

【书名】Green Supply Chain Management：Product Life Cycle Approach

【作者】Wang Hsiao-Fan，Gupta Surendra M.

【出版社】McGraw-Hill Education-Europe

【出版时间】2011 年

【内容简介】本书为企业有效地实施绿色供应链管理提供了指导，从产品生命周期角度出发，针对不同阶段提出不同的绿色供应链管理方法，以确保供应链管理符合环境要求的同时实现经济目标。本书涵盖了关于绿色供应链系统设计和管理的各个关键方面，从环境设计中绿色工程技术的应用到通过绿色采购、绿色生产、绿色标志和产品生命周期管理实现绿色价值链，再到定义和发展绿色信息管理的信息支持系统。本书在侧重于通过理论介绍和概念框架来证明绿色供应链的重要性的同时，提出了更详细的绿色供应链管理的定量建模及技术方法。本书共分为四个部分，第一部分为绿色供应链管理的基本概念与背景介绍，包括绿色供应链管理的发展及供应链管理到绿色供应链管理的演变，分析了绿色供应链管理产业的影响，从对行业策略、行业管理的影响以及绿色供应链导致的竞争加剧等方面展开，强调了进行绿色供应链管理的重要性；此外，绿色供应链管理的数学基础主要包括模糊数及算法、效用理论、层次分析法、优化程序等理论与技术。第二部分介绍了绿色工程技术在绿色供应链管理中的应用，包括第三章绿色工程、第四章绿色材料与第五章环境设计三个章节。第三部分为绿色价值链的管理，包括绿色采购（供应商选择与风险分析）、绿色生产（在确定与不确定环境中的制造及再制造）、绿色物流（订货特殊情况下的产品回收）、绿色客户（特征及识别）、产品生命周期结束后的管理（拆卸及重复利用）等环节。信息管理是供应链管理中的重要组成部分，本书最后一部分介绍了绿色供应链管理中的绿色信息管理系统，介绍了产品生命周期评估的数据库及其程序，同时对基于网络的信息支持系统进行了详细说明。

【书名】Sustainable Supply Chain Management in the Chocolate Industry

【作者】Oliver Thomas

【出版社】GRIN Verlag

【出版时间】2011 年

【内容简介】由于对企业声誉的影响，可持续已经成为许多企业重要的管理议题。同时，随着外包与全球化的发展，供应链开始在全球扩展，因此不仅企业要实现可持续，整个供应链也要做到可持续。这对具有跨国供应链的巧克力制造商尤为重要，因为它们必须为它们供应链中发生的意外情况负责，巧克力品牌所有者正面对由于其供应链缺乏持续性而来自政府以及公众的巨大压力。本书主要研究了巧克力行业的可持续供应链管理问题，文章首先是相关理论的介绍，主要从供应链管理、可持续发展以及可持续供应链管理三个方面展开，其中界定了供应链管理，分析了其与物流的不同，阐述了供应链管理的起源与发展过程，介绍了可持续发展的特征、历史以及其不断增长的政治重要性。接下来是巧克力与可可行业概述，尤其关注了德国的巧克力行业与来自象牙海岸的可可原材料，因为可可油与可可粉是巧克力的主要原材料，且象牙海岸是世界上最大的可可生产国。文章后两章介绍了巧克力行业可持续供应链管理的重要性、可可供应链的弱点、执行可持续可可供应链的挑战，以及可可行业可持续供应链的观念等，文章最后进行了总结与展望。

【书名】Compliance in Today's Global Supply Chain

【作者】Thomas A. Cook

【出版社】CRC Press

【出版时间】2011 年

【内容简介】当今社会企业中增长最快的职位之一是全球贸易合规经理，这一职位过去是无关紧要的，但是"'9·11'事件"彻底改变了这一现状，使得合规在企业的进出口中成为一个人人皆知的名词。但是当企业采取合规的实践时，他们不得不依靠外部专家、顾问等的支持，因为没有一个详细的指导手册能够帮助他们独立地实施。本书在这一方面为公司的全球供应链领域的经营管理者提供了帮助，使其业务符合政府法规。本书提供了企业在全球供应链中制订合规计划的具体步骤，为公司和供应链合规经理提供了在全球供应中实施合规计划的必要工具，使企业的经营运作具有成本效益；此外，本书介绍了影响全球贸易的新兴全球贸易法规，强调了培训和继续教育的重要性，从而使其能够跟上不断变化的进出口环境，以确保和维持成功。本书共六章，第一章介绍了全球供应链以及全球供应链中贸易合规的重要性，阐述了贸易合规项目的构建和实施的基本步骤与全球合同管理，介绍了全球供应链中相关的销售/贸易术语，例如付款、运费、收入确认（出口）、合规、保险（损失和损害）等，此外，对杂志、协会、电子邮件通信等信息来源进行了概述。第二章介绍了出口物流与合规管理，首先对出口物流、货运代理及运输进行了简要分析，阐述了出口货运代理与供应链管理的关系，并就运输成本分析与增值服务进行了介绍，此外围绕出口物流的合规管理主要介绍了从委托书、物流贸易术语、出口包装、管理政策、出口文件、出口管制分类号、文档和信用证等内容。第三章介绍了进口管理与入境物流，介绍了与进口有关的美国海关和边境保护局（CBP）与美国国土安全部（DHS）两个部门以及进口监管相关问题，给出了实现进口合规的十个步骤，指出进口商应进行自我评估并具有全球安全意识，此外介绍了关于海关债券、发票、退税、协调关税制度等有关的进口管理问题。第四章介绍了在全球供应链中政府机构控制的问题，例如出口方面会受到商务部、国务院、司法部、卫生和人类服务部、能源部、国土安全部、联邦海事委员会、财政部等机构的控制与影响，而进口方面则会受到食品和药物管理局、消费者产品安全委员会、联邦通信委员会等机构的影响与限制。第五章为企业如何实现全球供应链贸易合规介绍了技术方案的利用，阐述了技术的优势以及技术服务提供商，主要介绍了 RFID 技术在贸易合规管理和进出口管理中的应用。本书最后一章介绍了合规管理中对人员的培训以及贸易合规管理的最佳实践，指出企业应重视合规教育与培训，并应将最佳实践作为实施贸易合规的行动计划。

【书名】Supply Chain Finance Solution

【作者】Erik Hofmann, Oliver Belin

【出版社】Springer

【出版时间】2011 年

【内容简介】供应链金融（SCF）作为供应链管理与贸易金融的交集，近几年随着在金融杂志中的广泛推广，逐渐成为管理领域的一个热门话题。随着近期信贷危机的传播，企业开始认识到缺少现金流动性对供应链的威胁，此外，目前的一些研究也证实了全球的经济危机及信贷紧缩促进了供应链金融的发展，信贷危机使得供应商与购买者都感受到了来自于现金流的压力，这促使企业努力通过寻找有形的融资来源，供应链金融从供应链的整体视角出发，实现供应链上企业间资金的合理流动。竞争不再是企业之间的竞争，而是整个供应链之间的竞争，供应链金融能够通过减少运营资本提高资本使用效率，从而提高企业价值，因此有效的供应链金融可以使供应链变得更具有竞争优势。由于供应链金融是一个新的研究领域，因此很多方面还存在研究空白，这也就解释了为什么许多企业还在犹豫要不要采用供应链金融解决措施。本书对现有的供应链金融解决措施的不同方面进行了介绍，试图使读者对 SCF 有一个全面的认识，为管理实践提供一定的启示。全球竞争的激烈化以及股东不断增加的利益要求，在流动资产有限的条件下，使得企业高层管理者不断努力优化其运营资本，但实践中存在两方面的挑战，一方面传统的融资方式成本高且增加了整个供应链的风险，另一方面现有的人工的基于纸质的交易金融程序使得新的金融措施举步维艰，在这一背景下本书第一章指出供应链金融在节约成本以及增加收益方面具有优势，且存在广阔的市场空间。运营资本的管理对企业有效运转有着重要作用，第二章在论述运营资本对企业价值重要影响的基础上，指出了目前运营资本管理中存在的问题，并介绍了例如准时制和其他减少库存方法等传统的提高运营资本的做法，传统的方法只是从企业个体的角度出发，而供应链金融则是从整个供应链出发，对运营资本进行管理。第三章介绍了全球市场中逐渐激烈的竞争、新技术的发展等供应链金融发展的背景，简单介绍了供应链中的商品与服务流、信息流与资金流等，定义了供应链金融，介绍了供应链金融的特征，包括无纸化与自动化、透明性、可预测性、可控性以及协作性，并分析了实施供应链金融的挑战，例如缺少及时的信息、发票审核延迟等，以及全球贸易的增加、激烈的竞争、供应链管理、商业模式的转变、技术进步等供应链金融发展的驱动因素。第四章根据地理边界、付款方式、市场参与者以及平台类型四个标准对供应链金融解决方法进行了细分并做了详细的介绍。第五章主要介绍了实施供应链金融对供应商以及购买者的定性与定量的优势，可以量化的优点包括节省资金以及运营资本、降低风险成本以及节约管理成本，定性的优势在于增强供应链关系等，此外供应链金融不仅能够使单独的企业受益，而且能够提高整个供应链的效率及运营资本管理水平。上述内容对供应链金融的优越性进行了详细介绍，但很少有对供应链金融的潜在市场空间进行研究，第六章从不同行业、不同商业关系以及企业特征出发，对供应链金融的潜在市场空间进行了分析，同时对实施供应链金融进行了成本收益分析，并详细介绍了供应链金融模型的应用。供应链金融的实施在今天有着重要意义，许多企业也越来越重视运营资本结构的优化以及供应链连续性的保持，本书最后一章对全书的内容进行了总结，同时对供应链金融领域以后的研究作了展望。

【书名】Supply Chain Management in the Drug Industry

【作者】Hedley Rees

【出版社】John Wiley & Sons

【出版时间】2011 年

【内容简介】鉴于在药品生产与制造行业对供应链过程及成本管理的重要性，本书详细介绍了供应链管理的概念、方法及其在制药行业中的应用。本书共包括三部分，第一部分为本书的相关研究领域的介绍，包括以下章节：第一章介绍了本书的写作目的与背景、写作方式、目标读者及写作框架等内容，供应链管理与制药行业原本是两个不相关的领域，但是随着制药行业的发展，出现了一系列的问题与困难，供应链管理的应用可以起到很好的作用；正如产品供应链中必须为顾客创造价值一样，制药行业供应链中，必须以病人为核心把握每次成功的机会；第二章探索了病人所追求的价值所在，分析了目前制药行业如何通过供应链服务病人，指出设计合理的供应链管理流程对于有效地实现病人的体验反馈从而提供供应链企业的效率具有必要性；第三章通过详细描述药品开发的过程，向读者展示了制药过程中企业所面临的风险、不确定性、约束以及义务，介绍了商业产品的制造与供应以及供应链管理实践，只有同时了解这两方面内容才能实现制药行业供应链管理的成功；第四章着眼于制药供应链的化学及生物特征，制药供应链一方面与飞机供应链相比是相对简单的，但另一方面由于一些不可预测的物理、化学或者生物反应，使得制药供应链具有复杂性，本章强调与分析了这些不确定性；第五章分析了为什么制药供应链不能够达到满意的水平，分析过程包括从最初原料供应商的生产到最终在专利保护伞下的大规模的商业制造及供应给患者，很明显在最初阶段，机会的丧失就意味着之后阶段更大的问题，书中对原因及影响进行了分析。第二部分为供应链管理相关基础知识的介绍，包括以下章节：第六章介绍了在当前激烈竞争下，供应链管理成为企业间竞争的有力武器，介绍了营销组合（产品、价格、渠道、促销）、波特的五力模型、基本竞争战略、价值链、全面质量管理、精益思想等企业竞争及管理的方法，此外介绍了竞争战略中供应链管理的过程以及制药行业中的竞争等内容；第七章到第十三章围绕供应链管理的过程展开，第七章从整体上对供应链管理进行了介绍，分析了其与制药行业的联系，阐述了供应链管理的不同流程如何构成一个供应链管理的整体，强调了供应链整合的重要性；第八章到第十二章分别对供应链管理的生产与库存控制、战略采购、运输与配送、信息系统与信息技术及供应链改进等主要管理流程进行了详细介绍；在上述理论介绍的基础上，第十三章描述了相应的管理流程的实践方法，并进行了案例研究。第三部分为医药行业供应链改进的准备与实施，包括以下章节：第十四章分析了采纳优秀企业的经验对制药行业进行供应链改变的必要性，客观地批评了过时的管理过程；第十五章定义了范例思考的概念，回顾了近几年出现的不同供应链管理方法，介绍了基于系统思考的供应链管理方法；第十六章介绍了制药行业供应链的持续改变，研究了作为所有有价值的改进的基本动力的个人行为、组织领导、文化等因素，这些方面都会影响组织的行为；本书最后一章介绍了制药行业供应链的改进方法，分析了医药供应链改进的障碍及其潜在的好处等。

【书名】The Motor Vehicle Supply Chain：Effects of the Japanese Earthquake and Tsunami

【作者】Bill Canis

【出版社】DIANE Publishing

【出版时间】2011 年

【内容简介】本书描述了日本发生的地震与海啸以及由此引起的核事件对汽车行业供应链的影响。汽车的主要配件例如座椅、引擎等，具有体积大、重量重等特点，因此在运输成本与准时制的约束下，要求这类配件的供应商应接近制造商，但并不是对所有汽车配件的供应商都有此要求。随着经济全球化、交通以及技术等条件的发展，今天的汽车行业已经打破了地域的限制，形成了全球范围的供应链。日本作为世界第二大汽车生产国，在发生地震与海啸之后，对全球汽车供应链产生了很大影响。本书首先对汽车行业进行了概述，并详细分析了美国汽车供应链，并指出汽车配件中高技术组件的生产动态变化，影响整个汽车供应链。其次分析了日本事件对美国汽车生产和零售的影响，不仅影响了汽车行业部分配件的供应，同时对部分美国的汽车制造商的运营产生了影响。因此，由于汽车行业供应链的紧密性，日本对整个汽车行业供应链都有较大影响。最后，书中认为汽车行业的特定部件应形成多个采购源，以免在将来意外情况下供应链发生中断，影响汽车生产。

第四章 物流供应链管理学科 2011 年大事记

第一节

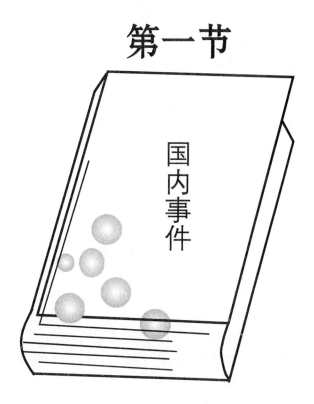

国内事件

【会议名称】中国国际物流与供应链峰会暨中国制造业大会

（2011 SCM Logistics China & 2011 Manufacturing Show China）

【会议时间】2011 年 4 月19~21 日

【会议地点】中国·深圳

【主办单位】新加坡 Terrapinn 公司

【会议简介】

　　近年来，中国逐步成为全球制造业增长速度最快的市场之一，但是，日趋全球化的经济环境和同类产品之间激烈的竞争，严峻挑战着高科技和制造企业的利润增长率。制造企业为了实现生存与发展，日益关注企业内外部的物流和供应链的有效管理，通过加强与上下游企业的协作，与供应链合作伙伴进行物流、资金流、信息流的协同互动。为了更密切联系全球制造业与中国制造业的交流与互动，新加坡 Terrapinn 公司携手合作伙伴神州采购与供应链管理人士俱乐部（PSPC）将于 2011 年 4 月 19~21 日召开发起并主办的"中国国际物流与供应链大会"及"中国制造业峰会"。此次会议将邀请全球跨国企业高官和中国优秀制造商，汇集优秀的汽车、电子、高科技等离散型制造业和化工、制药、能源、食品等流程制造型行业专家及知名物流及供应链专家领导人，共同寻求中国制造业企业物流与供应链的最佳解决方案，促进亚太区业内同行深层次交流与合作。

【研讨议题】

中国国际物流与供应链大会

- 凭借 IT 的力量获得全球业务增加
- 改善依靠低成本竞争的战略，提升制造业价值链
- 企业的产品生命周期管理
- 评估和克服在生产结构中实施全面质量管理的挑战
- 产品质量管理职能的转型
- 建立基于 KPI 的精益运营框架
- 通过流动制造、精益规划和精益执行减少浪费，提高盈利能力
- 建立制造业和供应链的战略合作伙伴关系
- 发展和管理一个成功的外包生产服务
- 开发新产品占领绿色消费者市场
- 实现卓越运营的关键要素

中国制造业峰会

- 物流战略和管理
- 供应链战略和管理
- 供应链整合对精确需求预测和控制库存水平的影响
- 通过先进的信息技术改善与供应链的效益和效率
- 消除"牛鞭效应"的影响，降低过多库存、不满意的客户服务和不确定的生产计划
- 实施 S&OP 和综合业务规划，推动供应链的灵活性

- 供应链风险案例研究
- 需求和供应管理
- 平衡质量与成本的采购策略

【会议名称】第五届中国（苏州）国际物流与供应链合作发展高峰论坛

【会议时间】2011 年 6 月 16~17 日

【会议地点】中国·苏州

【主办单位】现代物流报

【承办单位】现代物流报、苏州国际博览中心

【会议主题】开局之年，中国物流如何布局"十二五"？

【会议简介】

2011 年是我国第十二个五年规划的"开局之年"，对中国物流产业而言，这次"开局之年"与以往有着显著的不同。"十二五"规划对物流业发展明确提出了"社会化、专业化、信息化"的要求。《规划》全文多达二十次提及"物流"，内容涵盖国民经济的几乎所有领域。可见，国家对发展物流业的重视已经提高到前所未有的高度，而中国物流业必将在这一个五年中出现重大的变化，甚至实现历史性的跨越。

步入"十二五"，中国物流业的发展正处在重要的战略机遇期。在国家政策的引导和扶持下，市场化的物流需求将得到进一步的释放，物流企业发展的政策环境和市场环境都将得到大幅的改善，从而使物流业得到更加快速的发展。与此同时，物流业也将承担起更多的社会责任。物流业不仅要支撑经济总量的持续增长，更要通过提高效率降低运行成本，减少资源消耗，来促进国民经济运行质量和效益的提高，以减轻社会经济过度依赖规模增长的压力。

开局之年，物流企业应如何在新的历史时期抓住机遇，取得又好又快的发展？如何顺应国家产业结构调整的浪潮，发挥更大的作用？如何在更加开放的国际竞争中立于不败之地？

第五届中国（苏州）国际物流与供应链合作发展高峰论坛将邀请有关政府领导、物流行业精英、权威专家学者，共同就"开局之年，中国物流如何布局'十二五'"展开讨论，并就相关政策导向、发展战略等问题进行深度剖析。

【会议名称】2011 年制造业与物流业联动发展年会

【会议时间】2011 年 4 月 15~16 日

【会议地点】中国·北京

【主办单位】中国交通运输协会

【承办单位】北京中交协物流研究院，北京中交企联文化传播有限公司

【会议主题】促进两业联动无缝对接　赢在供应链

【会议议题】

- 我国制造业与物流业联动发展现状与趋势
- 我国两业联动发展政策支持解析
- 企业物流供应链战略定位及物流服务模式创新
- 制造企业内部物流管理经典案例分析
- 第三方物流在两业联动中扮演的角色和定位
- 分销物流供应链管理模式探索
- 推进实现制造企业与物流企业信息化联动发展与管理
- WMS 管理模式的创新与应用
- 家电电子企业供应链管理与物流价值
- 如何在分散的物流需求基础上，整合资源实现高效联动
- 快速消费品供应链的无缝衔接解决方案
- 供应链金融服务解决方案
- 物流技术装备在物流环节中的应用与发展前景

【会议名称】2011 年 IEEE 服务、运筹、物流与信息国际会议
(IEEE International Conference on Service Operations and Logistics and Informatics)

【会议时间】2011 年 7 月 10 ~12 日

【会议地点】中国·江苏·苏州

【主办单位】国际电气电子工程师学会智能交通系统委员会（IEEE ITSS）/运筹学和管理学研究协会

【承办单位】中国科学院自动化研究所

【会议简介】

服务科学、服务运筹、物流和信息化正变得越来越复杂和相互依存，在当今世界经济中发挥着日益重要的作用。信息和通信技术为实现更高效、更丰富的服务业务，提供了网络基础设施和平台，新的服务产品层出不穷，以满足顾客的需求和消费者的利益。国际电气电子工程师学会服务运筹、物流与信息化系列会议的目的是为研究人员和工程师们提供交流机会，探讨本领域的研究问题、挑战和未来的发展方向，分享他们的研发成果和经验。

所有被大会收录的论文全部收录到 IEEE 数据库中，并被 EI、ISTP 检索，提交的论文文字必须是英文。

【会议议题】

1. 服务设计、工程、运营和创新。服务规划和设计、服务过程工程、快件服务和快速物流、医疗保健系统、金融服务、零售及服务管理、质量和客户满意度、指标和基准、安全及与安全有关的服务和管理、应急规划、运筹学、生产工程、智能交通、工程咨询、交通规划、综合运输、服务业务。

2. 物流及供应链管理。按需投递、物流规划、货运代理和报关、会场物流管理、仓储和配送、交通管理系统、逆向物流、物流可视性和控制、采购、供应链协作、供应链过程、物流网络。

3. 物质流（MF）科学和技术。物质流基本科学（MF 数学，物理，化学，生物等）、综合物质流理论、自然世界的物质流、社会世界的物质流、经济世界的物质流、物质流元理论、物质流性质、物质流工程、物质流产业、物质流技术经济、循环物质流系统、X 方物质流（XPMF）、物质流的复杂性和涌现、物质流信息与仿真技术、物质流系统和网络、物质流的财政措施。

4. 服务/事件管理与制造。需求预测、客户关系管理、事件通信和报警、服务培训、服务维持、服务质量、服务捆绑、电子商务服务市场、事件管理系统、活动赞助、基于事件的生产和供应链、基于事件的产品和制造业、智能制造、个性化。

5. 信息通信技术和系统（ICTS）。ICTS 服务设计和管理、ICTS 服务标准、定位、组成和捆绑、过程建模、扩大和自动化、实时识别与跟踪、物流的普适计算、决策支持系统、基于代理的软件系统、RFID、数据仓库和数据/网页挖掘、商业智能、系统互操作性和集成性、信息安全、IT 项目管理、建设项目的信息管理。

6. 电子商务与知识管理。无线通信和移动商务、移动服务、电子政府、信息资源管理、IT 和企业创新管理、IT 和可持续发展企业战略、符号学、企业绩效管理、客户关系管理、信息经济学、网络文化与和谐社会、分布式计算、传感网络。

【会议名称】2011 年运营与供应链管理国际会议
（The 5th International Conference on Operations and Supply Chain Management，ICOSCM 2011）
【会议时间】2011 年 7 月 17~22 日
【会议地点】中国·北京
【主办单位】中国人民大学，对外经济贸易大学，香港中文大学
【承办单位】中国人民大学商学院，对外经济贸易大学国际商学院
【会议主题】服务供应链管理
【会议简介】

2011 年第五届运营与供应链管理国际会议（ICOSCM 2011）于 2011 年 7 月 17~22 日在北京召开。本次会议由香港利丰集团赞助，由香港中文大学利丰供应链研究所、中国人民大学商学院、对外经贸大学国际商学院共同主办，会议主题是"Service Dominated Supply Chain Management"。本次会议旨在为国内外学者提供一个交流学术思想、展示研究成果的高水平平台，促进跨文化、跨学科研究，推动供应链管理理论的进一步发展；会议还将为中国一流商学院的博士生、博士后和青年教师及其他研究者提供为期两天的企业研究方法培训。届时，将邀请国内外供应链领域的知名学者及企业家与会，探讨当前供应链研究领域的热点问题，分享最新的学术研究成果。

诚邀各院校的相关院系积极参与，鼓励相关研究领域的教授和博士生围绕上述主题撰写论文投稿。经同行专家评审后被录用的论文将在大会上宣读，被收录到 ISTP 检索，并有可能被推荐到相关学术期刊（SSCI）发表。

【会议议题】

- 制造服务
- 制造企业服务创新
- 服务运营管理
- 服务主导逻辑及其应用
- 服务供应链管理
- 服务创新和管理
- 供应链学习和创新
- 关系管理和供应链整合
- 大规模定制
- 供应链质量管理和产品召回
- 制造商和第三方物流服务供应商之间的物流外包与合作
- 可持续供应链管理
- 运营策略和实践
- 采购管理
- 全面质量管理
- 市场营销和运营管理界面
- 国际运营管理

【会议名称】 第十次中国物流学术年会

【会议时间】 2011 年 11 月 12~13 日

【会议地点】 中国·湖南·长沙

【主办单位】 中国物流学会，中国物流与采购联合会

【会议简介】

中国物流学术年会是中国物流学会、中国物流与采购联合会主办的年度学术会议。自 2002 年以来每年举办一次，是我国物流业界产学研结合、国内外交流的重要平台。年会的主要任务是：回顾总结年度物流研究的新进展，展示新成果，研究新趋势，建立物流产学研经常性联系和协作攻关机制，确定下一年物流研究的基本思路与重点。

第十次中国物流学术年会于 2011 年 11 月 12~13 日在长沙召开，同期举行亚太物流联盟年会和理事会，中国物流学会五届二次理事会。年会已邀请国内外 6 位知名专家做大会演讲（同声传译），设立 20 场专题分论坛（其中一个英语专场）、3 场专家讲座，并安排参观当地物流企业和设施，预计本次年会参会人数将超过 1000 人。

【会议名称】2011 年管理科学与安全工程国际会议通知

（2011 International Conference on Management Science and Safety Engineering）

【会议时间】2011 年 9 月 14~16 日

【会议地点】意大利·罗马

【会议简介】

　　随着经济全球化与企业环境的多变，管理科学与企业的安全经营面临新的挑战。如何更好地应用科学的理论与方法进行科学管理，如何应用现代方法和工具进行高效管理，以促进企业健康快速成长，是新形势下管理科学亟待解决的问题。本次会议致力于企业、企业集群、产业管理创新的研究，促进企业的生态发展；致力于企业的各种资源包括技术、知识、信息、人、财、物的管理创新与安全控制的研究，促使企业的健康发展；致力于企业各种资源的安全供应与高效使用，保障企业的资源安全；致力于企业安全生产以及与环境的和谐统一，增强企业的社会责任意识；致力于企业面临的各种风险管理研究，增强企业的风险防范意识与风险防范能力。

【会议主题】

　　会议主要包括以下 12 个议题：

　　1. 技术与创新管理。技术创新理论；产品开发管理；技术创新陷阱与创新安全管理；知识产权管理；服务创新管理。

　　2. 知识与信息管理。知识管理；知识地图与图标；管理信息与知识挖掘；管理信息系统与决策支持系统；电子商务与信息安全管理。

　　3. 物流工程。物流管理工程；供应链管理；物流系统优化；应急物流与绿色物流；供应安全管理。

　　4. 环境工程。环境管理工程；区域环境管理；环境安全管理；资源经济与管理；可持续发展理论与实务；生态修复工程。

　　5. 工业工程。工业工程；工程管理；项目管理；生产运营管理；系统仿真。

　　6. 风险管理。风险定量评估理论与实践；风险控制理论与方法；企业全面风险管理；巨灾风险管理。

　　7. 金融工程。金融工具定价；利率变化模型；金融风险控制技术；银行资产负债管理决策模型；公司金融；金融安全工程。

　　8. 人力资源管理。人力资源规划理论与技术；人力资本理论；人力成本会计；绩效与薪酬管理；劳动保障与福利创新；群体与个体行为研究。

　　9. 市场营销管理。消费行为分析；市场预测分析；营销理论与实践创新；品牌管理与网络营销；营销风险控制；市场安全与防范。

　　10. 财务与审计。财务管理理论；财务风险控制；审计理论创新；企业安全审计。

　　11. 安全工程。安全理论与创新实践；突发事件管理；企事业单位安全管理工程；安全管理系统设计与分析；安全评价与检测；应急管理与灾害防治。

　　12. 产业创新工程。产业经济理论；产业创新工程；产业安全；产业生态理论；服务

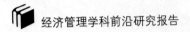

业创新工程；区域经济增长。

【会议名称】第二届工程和商业管理国际学术会议（EBM2011）

【会议时间】2011 年 3 月 22~24 日

【会议地点】湖北省武汉市

【主办单位】武汉大学高科技研究与发展中心

【会议简介】2011 年工程和商业管理学术会议于 3 月 22 日在中国武汉召开。会议由美国 James Madison 大学，武汉大学高科技研究与发展中心和美国科研出版社合作主办，会议论文集将由美国科研出版社出版，所有录用的论文将被 ISTP 或者 ISSHP 检索。文章主体中文或英文均可，且都能被 ISTP 检索，但是所有论文必须有英文题目、英文摘要和英文参考文选。

【主题（Topics）】

【会议名称】第八届创新与管理国际学术会议

【会议时间】2011 年 11 月 30 日~12 月 2 日

【会议地点】日本

【承办单位】［日本］山口大学

【会议主席】和多田教授，日本早稻田大学

- 工程管理
- 物流管理
- 服务科学
- 知识管理
- 信息管理
- 地理信息
- 环境保护
- 过程管理
- 质量控制
- 投资分析
- 企业管理
- 信息安全
- 技术创新
- 能源管理
- 人力资源
- 电子商务
- 市场营销
- 决策系统
- 需求分析
- 城市管理
- 金融分析
- 项目管理
- 电子政务
- 风险管理
- 系统分析
- 数字城市
- 交通管理
- 数据挖掘

【协办单位】（中国）武汉理工大学，（荷兰）帝尔堡大学，（巴西）PUC 大学

【会议简介】

第八届创新与管理国际学术会议于 2011 年 11 月 30 日日本福冈北九州召开，此次会议由中国武汉理工大学、日本山口大学、荷兰帝尔堡大学、巴西 PUC-SP 大学联合举办。2007 年"第四届创新与管理国际学术会议"论文集、2008 年"第五届创新与管理国际学术会议"论文集、2009 年"第六届创新与管理国际学术会议"、2010 年"第七届创新与管理国际学术会议"论文集已被国际 ISTP 全文整体收录。同时，今年的"第八届创新与管理国际学术会议"论文集也将送交 ISTP 进行收录审核，同时，约有百篇优秀论文将被 Elsevier 旗下期刊发表（EI 收录期刊）。

本届会议所有被录用的论文，将被收入由武汉理工大学出版社出版的会议论文集。会议学术委员会将从参会作者论文中挑选部分优秀论文（论文内容和篇幅需扩展）推荐其在

国外学术期刊发表：①国际刊物 Journal of Technology Management in China（国际知名出版社 Emerald 旗下正式刊物），整期刊发本次会议关于技术创新、科技政策、科技管理方面的优秀论文；②国际刊物 Journal of Cleaner Production（SCI 收录，影响因子 1.362），整期刊发生产管理创新、物流与供应链管理创新、可持续发展、低碳经济、循环经济、绿色制造、清洁生产方面的优秀论文。同一作者的第一作者论文只限 1 篇。

【会议主题】

- 产学研合作与战略联盟
- 开放创新与分布式创新
- 环境创新与可持续发展
- 产品创新、技术创新、产业创新与区域创新
- 组织创新、制度创新与管理创新
- 科技政策、技术经济、知识产权与知识管理
- 生产运作创新与 IT 技术应用
- 开放式创新与数字工程
- 综合

【会议名称】 2011 年管理科学与工程国际会议

【会议时间】 2011 年 9 月 13~15 日

【会议地点】 意大利·罗马

【主办单位】 罗马第二大学，哈尔滨工业大学

【会议简介】

- 1993 中国—俄罗斯首届管理科学与工程研讨会（第 1 届）于 1993 年 7 月在哈尔滨工业大学邵逸夫科学馆举行（注：因为没有报国家科委批准，所以本次会议称为研讨会）。会议收到稿件 158 篇，收入论文集 87 篇，论文集由哈尔滨工业大学出版社出版。

- 1994 管理科学与工程国际会议（第 2 届）于 1994 年 10 月 5~10 日在俄罗斯国立管理大学举行。论文集由俄罗斯国立管理大学出版，共收集俄中学者论文 78 篇。

- 1995 管理科学与工程国际会议（第 3 届）于 1995 年 6 月 7~9 日在哈尔滨工业大学大举行。会议得到国家科学技术委员会国际合作司国际会议组织处的正式批准。会议收到稿件 188 篇，收入论文集 123 篇，论文集由哈尔滨工业大学出版社出版。从这次会议开始，会议论文集被 Conference Proceedings CitationIndex–Science（CPCI–S）（原 ISTP 收录）。

- 1996 管理科学与工程国际会议（第 4 届）于 1996 年 12 月 4~8 日在俄罗斯国立管理大学举行。会议收到稿件 152 篇，收入论文集 113 篇，论文集由哈尔滨工业大学出版社出版。

- 1997 管理科学与工程国际会议（第 5 届）于 1997 年 11 月 3~6 日在南京举行。由哈尔滨工业大学与俄罗斯国立管理大学联合主办，由南京航空工业管理干部学院协办。会议收到稿件 218 篇，收入论文集 160 篇，论文集由哈尔滨工业大学出版社出版。

- 1998 管理科学与工程国际会议（第 6 届）于 1998 年 10 月 20~24 日在俄罗斯国立管理大学举行。会议收到稿件 236 篇，收入论文集 182 篇，论文集由哈尔滨工业大学出版社出版。

- 1999 管理科学与工程国际会议（第 7 届）于 1999 年 11 月 15~18 日在湖北宜昌市举行，由哈尔滨工业大学与俄罗斯国立管理大学联合主办，中国长江三峡工程总公司、香港城市大学、澳大利亚 Curtin 科技大学等协办。会议收到稿件 438 篇，收入论文集 316 篇，论文集由哈尔滨工业大学出版社出版。

- 2001 管理科学与工程国际会议（第 8 届）于 2001 年 8 月 4~6 日在哈尔滨工业大学邵逸夫科学馆举行，会议由哈尔滨工业大学和俄罗斯国立管理大学联合主办。会议收到稿件 817 篇，收入论文集 526 篇，论文集由哈尔滨工业大学出版社出版。

- 2002 年管理科学与工程国际会议（第 9 届）于 2002 年 10 月 17~24 日在俄罗斯国立管理大学召开。会议收到稿件 1010 篇，收入论文集 543 篇，论文集由哈尔滨工业大学出版社出版。

- 2003 年管理科学与工程国际会议（第 10 届）于 2003 年 8 月 15~17 日在美国亚特兰大举行，由哈尔滨工业大学与美国南方理工州立大学联合主办。会议收到稿件 1266 篇，收入论文集 521 篇，论文集由哈尔滨工业大学出版社出版。

- 2004 管理科学与工程国际会议（第 11 届）于 2004 年 8 月 8~10 日在哈尔滨工业大学邵逸夫科学馆举行，由哈尔滨工业大学和俄罗斯国立管理大学联合主办，美国南方理工州立大学协办。会议收到稿件 1563 篇，收入论文集 526 篇，论文集由哈尔滨工业大学出版社出版。

- 2005 管理科学与工程国际会议（第 12 届）于 2005 年 7 月 20~21 日在韩国仁川举行，由哈尔滨工业大学与韩国仁川大学联合主办。会议收到稿件 1945 篇，收入论文集 536 篇，论文集由哈尔滨工业大学出版社出版。

- 2006 管理科学与工程国际会议（第 13 届）于 2006 年 10 月 5~7 日在法国里尔举行，由哈尔滨工业大学与法国里尔大学联合主办。会议收到稿件 2035 篇，收入论文集 434 篇，论文集由哈尔滨工业大学出版社出版。论文集在历年被 CPCI–S 检索的基础上，同时被 EI 和 IEEE Xplore 检索。

- 2007 管理科学与工程国际会议（第 14 届）于 2007 年 8 月 20~22 日在哈尔滨工业大学国际会议中心举行。会议收到稿件 1368 篇，收入论文集 400 篇，论文集由哈尔滨工业大学出版社出版。

- 2008 管理科学与工程国际会议（第 15 届）于 2008 年 9 月 10~12 日在美国长滩召开，由哈尔滨工业大学与加州大学联合主办。会议收到稿件 1046 篇，收入论文集 279 篇，论文集由 IEEE 会议出版管理集团出版。

- 2009 年管理科学与工程国际会议（第 16 届）于 2009 年 9 月 14~16 日在俄罗斯莫斯科召开。会议收到稿件 1113 篇，收入论文集 340 篇，论文集由 IEEE 会议出版管理集团出版。

- 2010 年管理科学与工程国际会议（第 17 届）于 2010 年 11 月 24~26 日在澳大利亚墨尔本召开。会议收到稿件 986 篇，收入论文集 270 篇，论文集由 IEEE 会议出版管理集团出版。
- 2011 年管理科学与工程国际会议（第 18 届）于 2011 年 9 月 13~15 日在意大利罗马召开。

【会议主题】

- 管理科学的方法论与基本研究方法
- 知识管理与信息管理
- 运筹和运作管理相关研究
- 中国特色的企业管理理论研究
- 技术创新与创业管理
- 组织行为与人力资源管理的若干基础问题
- 金融工程与财务管理中的关键科学问题
- 区域发展与政策若干重点领域的基础研究
- 社会系统与重大工程系统的危机/灾害控制
- 公共管理基本理论和方法
- 宏观管理与政策若干重点领域的基础研究

【会议名称】2011 信息管理与系统工程国际会议（ICISME 2011）
【会议时间】2011 年 12 月 16~18 日
【会议地点】中国·南京
【会议简介】

2011 信息管理与系统工程国际会议（ICISME 2011）将于 2011 年 12 月 16~18 日在南京召开。本次会议将征收一些自动化、机械与制造、现代设计、经济管理、信息计算与系统工程类的相关论文，所有被录用的论文将被 IEEE CPS 出版，并全部被 IEEE Xplore，Ei Compendex 与 ISTP 全文检索。

【会议主题】

- 工商和财务管理
- 决策支持系统
- 电子商务和电子政府
- 工程管理
- 环境与能源管理
- 专家系统
- 金融与经济学
- 金融系统工程

- 服务创新与管理
- 系统建模与仿真
- 系统优化
- 系统工程理论与方法
- 交通运输系统工程
- 制造系统工程
- 复杂系统工程
- 系统建模

- 设施规划与管理
- 全球制造和管理
- 信息处理和工程
- 智能系统
- 系统建模与仿真
- 技术和知识管理
- 交互设计
- 工业设计与产品创新

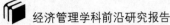

- 人力资源管理
- 工业工程
- 信息经济学
- 信息安全
- 信息系统工程
- 知识管理
- 管理信息系统
- 物流与供应链管理
- 建模与分析
- 运筹学
- 生产管理
- 项目和质量管理
- 安全与风险管理

- 柔性/集成制造系统
- 模拟和控制
- 自适应智能系统
- 集成系统结构
- 新兴技术
- 网络和网络空间
- 系统工程教育
- 技术评估
- 互联网/电子商务
- 智能通信和运输
- 图像处理/图像识别
- 人机系统
- 工业系统工程

- 可持续设计
- 体验设计
- 多媒体设计
- 游戏和动画设计
- 环保及新能源设计开发
- 环境设计
- 虚拟设计
- 设计管理
- 人机工程设计
- 品牌创新与品牌管理
- 计算机辅助工业设计
- 概念设计
- 设计服务等

【会议名称】2011 海峡两岸企业管理学术研讨会

【会议时间】2011 年 7 月 29 日

【会议地点】中国·昆明

【主办单位】复旦大学管理学院，江西财经大学工商管理学院，云南大学工商管理与旅游管理学院，中国人民大学商学院，中国台湾淡江大学企业管理学系，中国台湾中山大学人力资源管理研究所，中国台湾政治大学企业管理学系

【会议简介】

两岸学术交流日益发展，而对在经济发展上既是竞争者又是合作者的两岸而言，近年来受到关注的议题更多，本研讨会期望针对"企业管理创新与可持续发展"进行研究探讨，当然非营利组织之管理研究亦在欢迎之列。本研讨会系自 2006 年淡江大学企管系与复旦大学企管系合议后两系轮办之研讨会系列活动之一，2009 年并加入江西财经大学工商管理学院共襄盛举，并于江西井冈山承办 2009 年之盛会。2010 年更有中国台湾中山大学加入，并在台北和高雄举行研讨。本研讨会之目的在联合海峡两岸、港澳等地华人学者、专家及经营者，大家聚首一堂，共同发表 21 世纪企业管理之最新挑战与发展议题等研究心得。此次研讨会云南大学工商管理与旅游管理学院、中国人民大学商学院与台湾政治大学企业管理学系亦加入主办阵容，并由云南大学工商管理与旅游管理学院承办，《经济管理》杂志社协办。

【会议范围】

- 人力资源管理
- 组织行为与华人心理
- 策略管理
- 创业管理

- 财务管理与会计
- 营销管理与消费者心理
- 服务管理
- 信息与知识管理
- 企业商业智慧
- 电子商务
- 网络营销策略与应用
- 两岸管理教育比较
- 商业伦理与企业社会责任
- 其他有关两岸企业经营管理与教育之议题或个案研究

【会议名称】第一届中国管理研究会议
【会议时间】2011 年 8 月 10 日
【会议地点】新加坡
【主办单位】The Sun Tzu Art of War Institute，Aventis School of Management，Emerald Group Publishing Limited
【会议范围】

- 中国本土价值观与管理思想
- 中国卓越管理实践
- 中国经济与全球经济
- 企业管理模式
- 商务策略
- 商务文化与道德
- 外贸与投资
- 企业增长与变革管理
- 国有企业改革与发展
- 企业内个体与组织行为
- 中国人领导的企业的组织发展
- 中国环境下的市场营销
- 中国的创新
- 中国管理中道家思想、佛教思想和儒家思想的运用
- 中国技术管理

第二节

国外事件

【会议名称】2011 供应链管理专家协会年会
(Council of Supply Chain Management Professionals – CSCMP Annual Conference 2011)
【会议时间】2011 年 9 月 30 日
【会议地点】美国　费城
【会议简介】参加的供应链管理专业协会会提高企业和品牌的知名度，帮助寻找到新的买家和潜在商机，建立行业关系或伙伴关系。

【会议名称】物流和供应链会议
(The Logistics & Supply Chain Forum)
【会议时间】2011 年 6 月 5~7 日
【会议地点】乔治亚　石山
【会议简介】参与者一般是供应链和物流方面的高层管理者。

【会议名称】绿色供应链会议
(Green Supply Chain Forum)
【会议时间】2011 年 10 月 27 日
【会议地点】佛罗里达　迈阿密
【会议简介】关于绿色供应链管理的法律、技术、实践等
【会议主题】

- 流程创新
- 信息技术的进步
- 通过绿色供应链管理效率创新

【会议名称】第三届年度亚洲快速消费品与零售供应链论坛（2011 年）
(3rd Annual Asia FMCG & Retail Supply Chain Forum 2011)
【会议地点】中国·上海
【会议时间】2011 年 9 月 15 日
【会议简介】

2011 年，快消品领域也始终未曾平静，不管是横向跨域合作，还是纵向业内兼并，不管自建物流抑或是外包……不断掀起层层波澜，引起热议不断。2011 年，B2C 电子商务行业硝烟弥漫，武汉、成都、太仓等城市纷纷成为电商们眼中的物流新重心，电商们在产品、价格、物流等各方面展开了全方位竞争。

2011 第三届亚洲快速消费品与零售供应链高峰论坛，邀您共享行业领先动态、零距离直面最新亮点！

【会议主题】重塑供应链

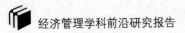

其他物流供应链管理会议

会议名称	地点	开始	结束	网址
FMI 2011 Supply Chain Conference	Grande Lakes, FL, USA	30.08.2011	01.09.2010	http: //www.fmi.org/forms/meeting/MeetingFormPublic
CSCMP Europe 2011	Barcelona, Spain	09.06.2011	10.06.2011	http: //www.supplychainmovement.com/cscmp–europe–2011–conference/
Financial Supply Chain Payments Conference	Orlando, FL, USA	15.03.2011	17.03.2011	comps.aspenms.com
12th Logistics Forum Duisburg	Duisburg, Germany	16.03.2011	17.03.2011	http: //www.bvl.de/en/duisburg/information–and–programme
9th International Conference, PPAM 2011	Torun, Poland	11.09.2011	14.09.2011	http: //www.ppam.pl/2011/
POMS 22nd Annual Conference	Reno, Nevada, U.S.A.	29.04.2011	01.05.2011	www.pomsmeetings.org
20th Annual IPSERA Conference	Maastrich, Netherlands	10.04.2011	13.04.2011	https: //www.behance.net/gallery/2300414/20th–Annual–IPSERA
Supply Chain Risk Management	Singapore	09.05.2011	10.05.2011	www.icognitive.com
SMART Conference and Expo 2011	Sydney, Australia	24.05.2011	26.05.2011	http: //www.ortec.com
Gartner Supply Chain Executive Conference	Scotsdale, AZ, USA	01.06.2011	03.06.2011	www.gartner.com/technology/summits/na/supply–chain
EurOMA 2011	Cambridge, UK	03.07.2011	06.07.2011	http: //www.euroma2011.org/
European Supply Chain and Logistics Summit 2011	Berlin, Geman	14.06.2011	16.06.2011	http: //www.scleurope.com/
NOFOMA Conference 2011	Harstad, Norway	09.06.2011	10.06.2011	http: //www.nofoma.net/SubPage.aspx? id=69
Supply Chain Management SIG 2011 Conference	Michigan, USA	27.06.2011	28.06.2011	http: //www.bus.umich.edu/ConferenceFiles/INFORMS–MSOM–Conference
1st International Conference on Logistics, Informatics and Service Science	Beijing, China	08.06.2011	11.06.2011	http: //liss.scitevents.org/
ANZAM Operations, Supply Chain and Services Management Symposium 2011	Geelong, Australia	15.06.2011	17.06.2011	www.anzam.org
16th International Symposium on Logistics (ISL 2011)	Berlin, Germany	10.07.2010	13.07.2010	www.isl21.net
Hamburg International Conference of Logistics	Hamburg, Germany	08.09.2011	09.09.2011	www.hicl.org
CSCMP Annual Global Conference	Philadelphia, PA, USA	02.10.2011	05.10.2011	cscmpconference.org
4th OSCM Conference	Male, Maldives	15.12.2011	17.12.2011	http: //oscm–forum.org/wordpress/?page_id=21
Advances in Supply Chain and Manufacturing Mgmt. (ASCMM 2011)	Kharagpur, India	16.12.2011	18.12.2011	www.iamresearcher.com

第五章　文献索引

第一节　中文文献

［1］余睿武，肖人彬. 需求随机偏差下带有主从零售商的供应链协调［J］. 控制与决策，2011（2）：237–242.

［2］洪江涛，聂清. 我国外贸企业供应链管理成功影响因素的实证研究［J］. 科学学与科学技术管理，2011（1）：165–171.

［3］纪雪洪，孙道银. 产品与供应链匹配对企业绩效的影响研究［J］. 工业工程与管理，2011（1）：12–16.

［4］王文宾，达庆利. 奖惩机制下闭环供应链的决策与协调［J］. 中国管理科学，2011（1）：36–41.

［5］张汉江，张媛，李俊萍，罗端红. 一体化下游企业的零部件自制与外包决策的供应链短期均衡研究［J］. 中国管理科学，2011（1）：42–47.

［6］陈志松，王慧敏，马平. 多晶硅光伏供应链的竞争、合作与协调［J］. 中国管理科学，2011（1）：55–61.

［7］黄焜，马士华，冷凯君，张得志. 订单不确定条件下的供应链协同决策研究［J］. 中国管理科学，2011（1）：62–68.

［8］朱立龙，尤建新. 非对称信息供应链质量信号传递博弈分析［J］. 中国管理科学，2011（1）：109–118.

［9］李永超，曹二保. 不对称信息下需求扰动时的供应链决策模型［J］. 统计与决策，2011（4）：46–49.

［10］孙浩，达庆利. 回收成本结构对需求不确定闭环供应链系统决策的影响分析［J］. 软科学，2011（2）：47–52.

［11］罗新星，彭素华. 绿色供应链中基于 AHP 和 TOPSIS 的供应商评价与选择研究［J］. 软科学，2011（2）：53–56.

［12］朱晓迪，刘家国，王梦凡. 基于可拓的供应链突发事件应急协调策略研究［J］. 软科学，2011（2）：72–75，93.

[13] 吕芹，霍佳震. 基于制造商和零售商自有品牌竞争的供应链广告决策 [J]. 中国管理科学，2011（1）：48-54.

[14] 吴金南，仲伟俊. 电子商务能力影响供应链绩效的机理研究 [J]. 中国管理科学，2011（1）：142-149.

[15] 白少布，刘洪. 供应链融资运作中的委托代理激励机制研究 [J]. 软科学，2011（2）：40-46.

[16] 陈兆波，滕春贤，姚锋敏. 考虑服务水平的供应链网络动态模型研究 [J]. 管理工程学报，2011（1）：121-127.

[17] 赵金实，霍佳震，赵莹，段永瑞. 逆向主导型供应链期权定价优化的绩效影响因素分析 [J]. 管理工程学报，2011（1）：128-133.

[18] 徐兵，孙刚. 需求依赖于货架展示量的供应链间竞争与链内协调研究 [J]. 管理工程学报，2011（1）：197-202.

[19] 邹艳，陈宇科，董景荣. 三级供应链内中游企业纵向合作研发策略 [J]. 管理工程学报，2011（1）：216-220.

[20] 陈菊红，郭福利，苏菊宁. 考虑生产能力约束和销售成本递增情形下的供应链协调 [J]. 控制与决策，2011（1）：145-148.

[21] 刘天亮，陈剑，辛春林. 凸需求情形下分权供应链运作效率及福利分析 [J]. 管理科学学报，2011（1）：61-68，96.

[22] 闵杰，周永务，刘耀玺，欧剑. 时变需求下基于两层次信用支付策略的供应链库存模型 [J]. 系统工程理论与实践，2011（2）：262-269.

[23] 王建华，李南，郭慧. 基于时间槽的敏捷供应链集成调度模型及优化 [J]. 系统工程理论与实践，2011（2）：283-290.

[24] 张超，滕春贤，陈兆波. 多供应链竞争背景下的重组应对成本干扰 [J]. 系统工程理论与实践，2011（3）：404-410.

[25] 叶飞，林强，李怡娜. 基于 CVaR 的"公司+农户"型订单农业供应链协调契约机制 [J]. 系统工程理论与实践，2011（3）：450-460.

[26] 苏菊宁，陈菊红，刘晨光. 不确定响应时间下价格时变供应链的协调 [J]. 系统工程理论与实践，2011（3）：461-470.

[27] 焦建玲，张峻岭，魏一鸣. 石油储备价值研究：基于供应链视角 [J]. 管理科学学报，2011（2）：53-60.

[28] 公彦德，李帮义，刘涛. 基于物流费用分摊比例的闭环供应链模型 [J]. 系统工程学报，2011（1）：39-49.

[29] 曹宗宏，周永务. 缺货量影响需求的变质品的供应链协调模型 [J]. 系统工程学报，2011（1）：50-59.

[30] 郑克俊. 期权契约下易逝品供应链协调 [J]. 系统工程学报，2011（2）：211-215，236.

[31] 冯长利，李天鹏，韩玉彦. 供应链知识共享绩效评价研究 [J]. 科学学与科学技术管理，2011（5）：64-70.

[32] 童健，温海涛. 基于 SCOR 模型的供应链绩效评估：一个创新的参数 OFE [J]. 中国管理科学，2011（2）：125-132.

[33] 李富昌，王勇，张宗益. 基于决策权分配的供应链批量模型比较研究 [J]. 管理工程学报，2011（2）：206-211，250.

[34] 宋华明，杨慧，罗建强. 基于 Bayes 需求预测更新的供应链合作策略研究 [J]. 管理工程学报，2011（2）：220-227.

[35] 黄松，杨超，杨珺. 考虑成员风险态度和 VaR 约束时的供应链协调模型 [J]. 管理工程学报，2011（2）：136-141.

[36] 徐贤浩，邓晨，彭红霞. 基于供应链金融的随机需求条件下的订货策略 [J]. 中国管理科学，2011（2）：63-70.

[37] 李辉，孙洁. 供应链组织信任危机可能性灰色群诊断方法 [J]. 管理工程学报，2011（2）：155-160.

[38] 陈远高，刘南. 存在差异性产品的双渠道供应链协调研究 [J]. 管理工程学报，2011（2）：239-244.

[39] 胡军，华尔天，尤建新. 需求与质量评价相关性下期权和退货政策的复合供应链契约研究 [J]. 管理工程学报，2011（2）：245-250.

[40] 姚珣，唐小我，潘景铭. 基于新消费者行为理论的供应链应急预案研究 [J]. 管理工程学报，2011（2）：8-13.

[41] 陈树桢，熊中楷，李根道，文海鸿. 考虑创新补偿的双渠道供应链协调机制研究 [J]. 管理工程学报，2011（2）：45-52，7.

[42] 洪江涛，黄沛. 两级供应链上质量控制的动态协调机制研究 [J]. 管理工程学报，2011（2）：62-65，94.

[43] 聂佳佳，熊中楷. 信息分享模式对第三方负责回收闭环供应链的影响 [J]. 管理工程学报，2011（2）：74-81.

[44] 郭春香，李旭升，郭耀煌. 社会责任环境下供应链的协作与利润分享策略研究 [J]. 管理工程学报，2011（2）：103-108.

[45] 彭建仿. 供应链环境下安全农产品供给的协同机理研究——基于龙头企业与农户共生的理论分析 [J]. 财贸经济，2011（3）：89-95.

[46] 李薇. 协同电子商务、供应链集成能力与企业绩效关系研究 [J]. 软科学，2011（6）：103-107.

[47] 王晓立，马士华. 供应和需求不确定条件下物流服务供应链能力协调研究 [J]. 运筹与管理，2011（2）：44-49.

[48] 胡海青，张琅，张道宏，陈亮. 基于支持向量机的供应链金融信用风险评估研究 [J]. 软科学，2011（5）：26-30-36.

[49] 石岿然，何平，肖条军. 随机需求条件下供应链的广告合作 [J]. 系统管理学报，2011（3）：263-268.

[50] 赵晓敏，黄培清. SM 两级闭环供应链系统建模与仿真研究 [J]. 管理科学学报，2011（5）：29-42.

[51] 郭小云，王淳勇，王圣东. 动态市场环境下基于收益共享契约的供应链协调模型 [J]. 系统管理学报，2011（4）：433-440.

[52] 何龙飞，赵道致. 反应型供应链多层库存运输优化与模糊博弈协调 [J]. 系统工程理论与实践，2011（6）：1045-1055.

[53] 于辉，邓亮，孙彩虹. 供应链应急援助的 CVaR 模型 [J]. 管理科学学报，2011（6）：68-75.

[54] 王建华，李南，罗建强，郭慧. 价格敏感型供应链网络规划模型及其混合遗传算法 [J]. 管理工程学报，2011（3）：167-171.

[55] 林略，杨书萍，但斌. 时间约束下鲜活农产品三级供应链协调 [J]. 中国管理科学，2011（3）：55-62.

[56] 钟远光，周永务，李柏勋，王圣东. 供应链融资模式下零售商的订货与定价研究 [J]. 管理科学学报，2011（6）：57-67.

[57] 熊中楷，申成然，彭志强. 专利保护下再制造闭环供应链协调机制研究 [J]. 管理科学学报，2011（6）：76-85.

[58] 朱庆华，窦一杰. 基于政府补贴分析的绿色供应链管理博弈模型 [J]. 管理科学学报，2011（6）：86-95.

[59] 李丽萍，肖艳玲. 风险厌恶零售商供应链收益共享契约研究 [J]. 统计与决策，2011（12）：54-56.

[60] 章文燕. 低碳经济下的供应链协同研究 [J]. 统计与决策，2011（12）：72-74.

[61] 李怡娜，徐学军. 信息不对称条件下可控提前期供应链协调机制研究 [J]. 管理工程学报，2011（3）：194-199.

[62] 刘珩，潘景铭，唐小我. 基于损失厌恶型参与者的易逝品供应链价格补贴契约研究 [J]. 管理工程学报，2011（3）：24-30.

[63] 但斌，肖剑，张旭梅. 双渠道供应链的产品互补合作策略研究 [J]. 管理工程学报，2011（3）：162-166.

[64] 付启敏，刘伟. 供应链企业间合作创新的联合投资决策——基于技术不确定性的分析 [J]. 管理工程学报，2011（3）：172-177.

[65] 赵丽，孙林岩，李刚，杨洪焦. 中国制造企业供应链整合与企业绩效的关系研究 [J]. 管理工程学报，2011（3）：1-9.

[66] 于辉，陈飞平. 基于供应链协同的汽车制造企业入厂物流模式选择 [J]. 系统工程理论与实践，2011（7）：1230-1239.

[67] 蒋敏，方森宇，孟志青，夏欢. 供应链多产品产供销风险协调模型 [J]. 系统工程

理论与实践，2011（7）：1240-1248.

[68] 邢伟，汪寿阳，赵秋红，华国伟. 考虑渠道公平的双渠道供应链均衡策略 [J]. 系统工程理论与实践，2011（7）：1249-1256.

[69] 董毓芬，何平，徐晓燕. 时间价格敏感型需求下的二阶段供应链协调模型 [J]. 中国管理科学，2011（4）：93-97.

[70] 张云，吕萍，宋吟秋. 总承包工程建设供应链利润分配模型研究 [J]. 中国管理科学，2011（4）：98-104.

[71] 郑长征，刘志学，徐彬彬. 确定需求下 VMI-TPL 分销供应链集成库存策略研究 [J]. 中国管理科学，2011（4）：76-83.

[72] 李新明，廖貅武，陈刚. 基于 ASP 模式的应用服务供应链协调分析 [J]. 系统工程理论与实践，2011（8）：1489-1496.

[73] 刘家国，李俊. 定价推动型供应链突发事件风险传递研究 [J]. 软科学，2011（9）：44-47.

[74] 唐秋生，任玉珑，王勇，马先婷. 需求不确定的双源双渠道闭环供应链库存优化模型 [J]. 预测，2011（4）：30-35.

[75] 侯玲，陈东彦，腾春贤. 集群式闭环供应链系统动态模型及牛鞭效应分析 [J]. 工业工程与管理，2011（4）：28-33，39.

[76] 徐琪. 价格相关需求下基于回购与价格弹性联合契约的供应链协调 [J]. 预测，2011（4）：25-29.

[77] 张旭梅，沈娜利，邓流生. 供应链环境下考虑双边道德风险的客户知识协同获取契约设计 [J]. 预测，2011（4）：20-24.

[78] 史成东，陈菊红，郭福利，吴宗杰，闫秀霞. Loss-averse 闭环供应链协调 [J]. 系统工程理论与实践，2011（9）：1668-1673.

[79] 晏妮娜，孙宝文. 考虑信用额度的仓单质押融资模式下供应链金融最优策略 [J]. 系统工程理论与实践，2011（9）：1674-1679.

[80] 聂佳佳. 供应链竞争下基于微分对策的合作广告模型 [J]. 系统管理学报，2011（5）：578-588.

[81] 蒲国利，苏秦，刘强. 一个新的学科方向——供应链质量管理研究综述 [J]. 科学学与科学技术管理，2011（10）：70-79.

[82] 宋华，刘林艳，李文青. 企业国际化、供应链管理实践与企业绩效关系——基于中国上市公司面板数据的研究 [J]. 科学学与科学技术管理，2011（10）：142-151.

[83] 聂佳佳. 存在强势零售商的回收再制造闭环供应链模型 [J]. 预测，2011（5）：36-41.

[84] 贾玉文. 基于供应链的经销商管理系统研究 [J]. 管理世界，2011（1）：178-179.

[85] 何龙飞，赵道致，刘阳. 基于自执行契约设计的供应链动态博弈协调 [J]. 系统工程理论与实践，2011（10）：1864-1878.

[86] 蔡建湖，韩毅，周根贵，邓世名. 基于承诺契约的两级供应链库存决策模型 [J]. 系统工程理论与实践，2011 (10)：1879–1891.

[87] 刘南，吴桥，鲁其辉，庞海云. 物流服务商参与时两级供应链的协调策略研究 [J]. 软科学，2011 (10)：125–129.

[88] 刘家国. 需求拉动型供应链突发风险传递模型 [J]. 运筹与管理，2011 (5)：14–19.

[89] 杨玉香，周根贵. 闭环供应链网络设施竞争选址模型研究 [J]. 中国管理科学，2011 (5)：50–57.

[90] 杨玉香，周根贵. EPR 下供应链网络报废产品排放内生污染税模型 [J]. 管理科学学报，2011 (10)：67–76.

[91] 贡文伟，李虎，葛翠翠. 不对称信息下逆向供应链契约设计 [J]. 工业工程与管理，2011 (5)：27–32.

[92] 黄花叶，刘志学. 第三方物流参与的集群式供应链库存协同控制 [J]. 工业工程与管理，2011 (5)：33–40.

[93] 肖复东，聂佳佳，赵冬梅. 考虑零售商风险规避的闭环供应链回收策略研究 [J]. 工业工程与管理，2011 (5)：60–67，72.

[94] 王文宾，达庆利，聂锐. 考虑渠道权力结构的闭环供应链定价与协调 [J]. 中国管理科学，2011 (5)：29–36.

[95] 禹爱民，刘丽文. 免费搭车行为对供应链横向竞争的影响 [J]. 中国管理科学，2011 (5)：37–41.

[96] 张晓建，沈厚才，吴婷. 供应链中的批量与信用期联合决策研究 [J]. 中国管理科学，2011 (5)：42–49.

[97] 周树华，张正洋，张艺华. 构建连锁超市生鲜农产品供应链的信息管理体系探讨 [J]. 管理世界，2011 (3)：1–6.

[98] 李学迁，吴勤旻，朱道立. 具有随机需求的多商品流闭环供应链均衡模型 [J]. 系统工程，2011 (10)：51–57.

[99] 孟卫东，邱冬阳，赵世海. 网络外部性下基于溢出效应的供应链合作研发模型 [J]. 系统管理学报，2011 (6)：670–676.

[100] 沈小平. 基于自组织的供应链战略协同机制探讨 [J]. 系统科学学报，2011 (4)：42–46.

[101] 李真，盛昭瀚，孟庆峰. 基于计算实验的供应链返回策略竞争绩效 [J]. 软科学，2011 (11)：36–41.

[102] 张红，李长洲，叶飞. 供应链联盟互惠共生界面选择机制——基于共生理论的一个案例研究 [J]. 软科学，2011 (11)：42–45，51.

[103] 姚树俊，陈菊红，张晓瑞. 基于服务能力的产品服务化供应链协调对策研究 [J]. 软科学，2011 (11)：56–60.

[104] 易余胤，袁江. 基于混合回收的闭环供应链协调定价模型 [J]. 管理评论，2011 (11)：169–176.

[105] 沙鸣，孙世民. 供应链环境下猪肉质量链链节点的重要程度分析——山东等16 省（市）1156 份问卷调查数据 [J]. 中国农村经济，2011 (9)：49–59.

[106] 熊中楷，王凯，熊榆. 经销商从事再制造的闭环供应链模式研究 [J]. 管理科学学报，2011 (11)：1–9.

[107] 计国君，杨光勇. 顾客体验之于新产品供应链协调的影响 [J]. 管理科学学报，2011 (11)：10–18.

[108] 林强，叶飞，陈晓明. 随机弹性需求条件下基于 CVaR 与收益共享契约的供应链决策模型 [J]. 系统工程理论与实践，2011 (12)：2296–2307.

[109] 张旭梅，陈伟. 供应链企业间信任、关系承诺与合作绩效——基于知识交易视角的实证研究 [J]. 科学学研究，2011 (12)：1865–1874.

[110] 白少布，刘洪. 基于 EPR 制度的闭环供应链协调机制研究 [J]. 管理评论，2011 (12)：156–165.

[111] 邵举平，徐向艺，孟祥华，董绍华，杨瑞成. 不确定环境下分散控制供应链物流计划优化 [J]. 管理科学学报，2011 (12)：38–49.

[112] 杨道箭，齐二石，魏峰. 顾客策略行为与风险偏好下供应链利润分享 [J]. 管理科学学报，2011 (12)：50–59.

[113] 熊中楷，王凯，熊榆，王馨苹. 考虑经销商从事再制造的闭环供应链模式 [J]. 系统工程学报，2011 (6)：792–800.

[114] 姜丽宁，崔文田，林军. 供应链应对生产能力突发事件的激励策略选择分析 [J]. 系统工程，2011 (12)：40–45.

[115] 滕春贤，范开源，张超. 服务供应链三级结构的竞争优势 [J]. 系统工程，2011 (12)：46–50.

[116] 李群霞，马风才，张群. 供应链库存模型联合决策的研究 [J]. 中国管理科学，2011 (6)：57–64.

[117] 李柏勋，周永务，曾伟. 多供应链间的 Nash 和 Stackelberg 博弈决策模型 [J]. 工业工程，2011 (6)：10–15.

[118] 申成然，熊中楷，彭志强. 专利许可经销商再制造的供应链决策及协调 [J]. 工业工程与管理，2011 (6)：10–15.

[119] 慕银平，唐小我，牛扬. 不同折扣券发放模式下的供应链定价与协调策略 [J]. 中国管理科学，2011 (6)：48–56.

[120] 叶飞，薛运普. 供应链伙伴间信息共享对运营绩效的间接作用机理研究——以关系资本为中间变量 [J]. 中国管理科学，2011 (6)：112–125.

[121] 滕跃. 供应链企业销售人员胜任特征关联研究[J]. 中国商贸，2011 (2)：22–23.

[122] 陈菊红，付侠，苏菊宁. 三级短生命周期产品供应链退货协调研究 [J]. 工业工

程与管理，2011（1）：28-31.

[123] 李毅鹏，马士华. 产能不确定环境下多供应商横向协同问题研究 [J]. 工业工程与管理，2011（1）：37-40.

[124] 武博，陈萱源，陈颖. 纵向溢出效应对企业独立研发与纵向 RJV 的影响研究 [J]. 科学学与科学技术管理，2011（2）：14-19，35.

[125] 陈丰照，陈嘉莉. 基于供应链的采购管理需求分析研究 [J]. 中国物流与采购，2011（4）：72-73.

[126] 翟昕，吴江华. 不同信息透明度对分销系统及各成员的影响 [J]. 中国管理科学，2011（1）：150-158.

[127] 朱晓迪，刘家国，王梦凡. 基于可拓的供应链突发事件应急协调策略研究 [J]. 软科学，2011（2）：72-75，93.

[128] 张鹏伟. 我国物流市场供需特征研究 [J]. 中国商贸，2011（3）：142-143.

[129] 张自立，李向阳，张紫琼. 基于生产能力共同储备的政府和企业应急经费规划模型 [J]. 管理工程学报，2011（1）：56-61.

[130] 乔文生，李志强，贾伟. 供应链安全管理体系在物流企业的应用 [J]. 中国物流与采购，2011（6）：52-53.

[131] 施建刚，吴光东，唐代中. 面向认知协作的 Project-based 供应链跨组织合作创新方案评价 [J]. 统计与决策，2011（6）：48-51.

[132] 苏菊宁，蒋昌盛，陈菊红，朱宗乾. 具有奖惩结构的三级建筑供应链工期协调优化 [J]. 系统工程学报，2011（1）：60-67.

[133] 姚建明. 4PL 模式下供应链资源整合的收益与风险决策 [J]. 系统管理学报，2011（2）：180-187.

[134] 施建刚，吴光东，唐代中. 基于知识流的项目导向型供应链跨组织合作激励机制 [J]. 软科学，2011（4）：44-49.

[135] 杜利珍，陶德馨. 纺织工业快速响应型供应链构建研究 [J]. 中国物流与采购，2011（10）：66-67.

[136] 韩文民，袁丽丽，叶涛锋. 基于随机 Petri 网的生产提前期牛鞭效应测度研究 [J]. 中国管理科学，2011（2）：116-124.

[137] 李庆全，王兵，刘旭阳. 装备器材供应链运行机制构建研究 [J]. 中国物流与采购，2011（7）：76-77.

[138] 于鑫，谢楠，李平，赵丽华. SOA 在供应链全球一体化进程中的应用 [J]. 中国物流与采购，2011（7）：72-73.

[139] 李辉，孙洁. 供应链组织信任危机可能性灰色群诊断方法 [J]. 管理工程学报，2011（2）：155-160.

[140] 刘远，方志耕，刘思峰，杨保华，袁文峰. 基于供应商图示评审网络的复杂产品关键质量源诊断与探测问题研究 [J]. 管理工程学报，2011（2）：212-219.

[141] 赵晓明，张玉林. 零售商风险厌恶性对供应商网络直销渠道选择的影响研究 [J]. 软科学，2011（6）：135–139.

[142] 王道平，刘丽贤，李鹏. 基于 ANP 的供应链成员协作关系研究 [J]. 软科学，2011（5）：31–36.

[143] 彭本红，石岩. 模块化生产网络节点的利益分配博弈研究 [J]. 软科学，2011（5）：37–40，46.

[144] 秦娟娟. 不同力量对比供应链中两种 VMI 模式下的决策问题研究 [J]. 软科学，2011（5）：41–46.

[145] 辛磊，贾妍. 基于博弈论的供应链战略合作伙伴选择 [J]. 系统工程，2011（4）：123–126.

[146] 何明珂，卢丽雪. 论延迟生产对物流系统的要求 [J]. 中国物流与采购，2011（11）：68–69.

[147] 姚舜，李洁，谷励. 吉林省玉米电子商务平台建设研究 [J]. 中国物流与采购，2011（11）：66–67.

[148] 初浩，王杏，姚舜，王丹. 面向农产品冷链的多源信息采集与监控研究 [J]. 中国物流与采购，2011（12）：66–67.

[149] 王欣欣. 供应链协同管理策略 [J]. 中国物流与采购，2011（11）：44–45.

[150] 向月军. 新经济背景下的企业供应链管理探讨与研究 [J]. 中国商贸，2011（14）：69–70.

[151] 张兵，唐爱东. 浅析电子商务环境下供应链协作策略的研究 [J]. 中国商贸，2011（18）：100–101.

[152] 章文芳，吴丽美，贡文伟. 基于信息共享的综合供应链收益分配研究 [J]. 统计与决策，2011（11）：64–66.

[153] 余昇，徐寅峰，董玉成，郑斐峰. 基于在线方法的蓝藻危机应急预案启动策略 [J]. 系统工程理论与实践，2011（5）：914–919.

[154] 李颢，王高，赵平. 以浮动扣点优化收入共享机制 [J]. 系统工程学报，2011（3）：352–359.

[155] 谢凤玲，刘召爽，黄梯云. 供应商关系管理中关系质量的关系承诺模型 [J]. 系统管理学报，2011（4）：490–495.

[156] 王建华，李南，罗建强，郭慧. 价格敏感型供应链网络规划模型及其混合遗传算法 [J]. 管理工程学报，2011（3）：167–171.

[157] 梁喜，熊中楷. 汽车市场中租赁渠道对传统零售渠道的影响 [J]. 管理工程学报，2011（3）：31–36.

[158] 杜志平，胡贵彦，刘永胜. 基于复杂性供应链脆弱性研究 [J]. 中国流通经济，2011（6）：49–54.

[159] 熊中楷，王凯，熊榆. 制造商作为再制造商的经销商的合作模式研究 [J]. 管理

工程学报，2011（3）：189-193.

　　[160] 李怡娜，徐学军. 信息不对称条件下可控提前期供应链协调机制研究 [J]. 管理工程学报，2011（3）：194-199.

　　[161] 蒋艳辉，姚靠华，李娴. 基于网格的商品流通领域供应链信息集成效率 [J]. 系统工程，2011（6）：94-99.

　　[162] 陈明星. 基于粮食供应链的外资进入与中国粮食产业安全研究 [J]. 中国流通经济，2011（8）：57-62.

　　[163] 柳键，邱国斌. 政府补贴背景下制造商和零售商博弈研究 [J]. 软科学，2011（9）：48-53.

　　[164] 王玲，褚哲源. 供应链脆弱性的研究综述 [J]. 软科学，2011（9）：136-139.

　　[165] 洪定军，冯立刚，洪再林，郭科. 基于供应链整体利润最大化情况下的各主体定价博弈 [J]. 中国物流与采购，2011（15）：66-67.

　　[166] 王安宇. 诺基亚手机平台物流与产业链浅析 [J]. 中国物流与采购，2011（18）：54-55.

　　[167] 赵若银，张昌霖，张景辉. 反向物流及其电子商务模式 [J]. 中国商贸，2011（22）：60-61.

　　[168] 张旭梅，沈娜利，邓流生. 供应链环境下考虑双边道德风险的客户知识协同获取契约设计 [J]. 预测，2011（4）：20-24.

　　[169] 翁丹宁. 基于供应链的企业低成本运作策略研究 [J]. 中国商贸，2011（25）：122-123.

　　[170] 谢桃香. 企业绿色供应链管理研究 [J]. 中国商贸，2011（26）：89-90.

　　[171] 刘作仪. 2011年我国管理科学青年学者取得的巨大成就 [J]. 管理科学学报，2011（9）：86-90.

　　[172] 邵晓峰. 基于佣金制的大规模定制产品定价与交货期的协调 [J]. 系统工程，2011（9）：30-35.

　　[173] 李炳秀，李明生. 供应链企业间知识转移之风险作用路径实证研究 [J]. 系统工程，2011（9）：41-48.

　　[174] 于晓宇，陈依，马浩博. 基于非线性控制理论的突发需求订货策略研究 [J]. 工业工程与管理，2011（5）：48-52.

　　[175] 陈靖，陈淮莉，倪炎榕. 基于柔性组合策略的订单配置模型 [J]. 工业工程与管理，2011（5）：84-89，96.

　　[176] 李敬泉，黄敏. 基于供应链的钢材物流 EDI 系统研究 [J]. 中国物流与采购，2011（19）：66-67.

　　[177] 刘建国. 多经销商竞争的整车物流联合运输策略 [J]. 中国管理科学，2011（5）：58-63.

　　[178] 罗哲，乔晶，孙文韬. 供应链折量与折价回购政策的比较研究 [J]. 统计与决策，

2011 (20)：54-58.

[179] 张晓建，沈厚才，吴婷. 供应链中的批量与信用期联合决策研究 [J]. 中国管理科学，2011 (5)：42-49.

[180] 路美弄. 精益物流实施实证分析 [J]. 中国物流与采购，2011 (19)：44-45.

[181] 朱新强. 现代物流服务企业价值链的分析与构建 [J]. 中国物流与采购，2011 (20)：70-71.

[182] 陈明信. 信息科技整合能力与信息分享对供应链竞争优势影响的研究 [J]. 生产力研究，2011 (10)：91-92，109.

[183] 华春革. 网络营销的供应链管理 [J]. 中国商贸，2011 (27)：70-71.

[184] 沈小平. 基于自组织的供应链战略协同机制探讨 [J]. 系统科学学报，2011 (4)：42-46.

[185] 李真，盛昭瀚，孟庆峰. 基于计算实验的供应链返回策略竞争绩效 [J]. 软科学，2011 (11)：36-41.

[186] 孟庆亮. 试论我国中小企业物流金融策略 [J]. 中国商贸，2011 (31)：188-189.

[187] 张昇，董海茵. 供应链质量管理中的供应商声誉机制设计 [J]. 中国物流与采购，2011 (21)：70-71.

[188] 罗兰. 跨国企业物流业务外包的风险研究 [J]. 中国商贸，2011 (31)：201-202.

[189] 刘同利，王耀球. 蔬菜供应链与价格波动分析 [J]. 中国物流与采购，2011 (22)：52-53.

[190] 郝海，时洪浩. 供应链信息传导机制的研究 [J]. 中国物流与采购，2011 (22)：64-65.

[191] 肖慇. 供应链管理的知识共享影响因素和策略研究 [J]. 中国商贸，2011 (32)：88-89.

[192] 于凌云. ERP 在商业企业供应链管理中的应用研究 [J]. 中国商贸，2011 (35)：64-65.

[193] 代湘荣. 供应链金融企业服务产品体系研究 [J]. 中国商贸，2011 (31)：184-185.

[194] 赵道致，刘君. 融通仓模式下 TPL 融资监管服务定价方法研究 [J]. 软科学，2011 (12)：111-114.

[195] 彭磊. 供应链时代我国企业物流管理发展的对策研究 [J]. 中国商贸，2011 (36)：131-132.

[196] 常广庶. 基于 ISO9000 的供应链采购管理 [J]. 中国物流与采购，2011 (24)：60-61.

[197] 王选庆. 服务经济下的流通发展 [J]. 中国流通经济，2011 (11)：24-26.

[198] 原小能. 服务创新视角下的零售企业盈利模式转变研究 [J]. 中国流通经济，

2011（12）：72-78.

[199] 石岿然，马胡杰，肖条军. 供应链成员间信任关系形成与演化研究 [J]. 系统科学与数学，2011（11）：1386-1394.

[200] 周学农. 软件开发平台及其应用软件开发商的价格竞争策略 [J]. 系统工程，2011（12）：105-109.

[201] 慕银平，唐小我，牛扬. 不同折扣券发放模式下的供应链定价与协调策略 [J]. 中国管理科学，2011（6）：48-56.

[202] 曹鸿星. 我国零售业创新中知识密集型服务业的作用——以 IBM 为例 [J]. 中国软科学，2011（S1）：187-192.

[203] 黄树林，鞠颂东，董军. 企业集团网络化物流模式的结构分析 [J]. 北京交通大学学报（社会科学版），2011，10（1）：18-22.

[204] 叶笛. 基于复杂网络视角的供应链网络研究 [J]. 现代管理科学，2011（8）：111-113.

[205] 杨玉香，周根贵. 随机需求下闭环供应链网络设施竞争选址模型研究 [J]. 控制与决策，2011，26（10）：1554-1561.

[206] 章文芳，吴丽美，贡文伟. 基于信息共享的综合供应链收益分配研究 [J]. 统计与决策，2011（11）：64-66.

[207] 李怡娜，徐学军. 信息不对称条件下可控提前期供应链协调机制研究 [J]. 管理工程学报，2011，25（3）：194-199.

[208] 秦娟娟，赵道致. 风险偏好信息非对称下的供应链寄存契约研究 [J]. 管理学报，2011，8（2）：284-288.

[209] 黄焜，马士华，冷凯君，张得志. 订单不确定条件下的供应链协同决策研究 [J]. 中国管理科学，2011，19（1）：62-68.

[210] 贡文伟，王娟，陈敬贤，葛翠翠. 逆向供应链合作绩效影响因素的实证研究 [J]. 工业工程与管理，2011，16（1）：6-11.

[211] 王文婕. 基于 OWA 算子的供应链风险评估方法 [J]. 物流技术，2011，30（4）：110-113.

[212] 刘雪梅，李照男. 农产品供应链风险研究 [J]. 农业经济，2011（1）：47-48.

[213] 朱庆华，窦一杰. 基于政府补贴分析的绿色供应链管理博弈模型 [J]. 管理科学学报，2011，14（6）：47-48.

[214] 刘玫. 基于解释结构模型法的绿色供应链影响因素分析 [J]. 科技管理研究，2011（12）：192-194.

[215] 罗新星，彭素华. 绿色供应链中基于 AHP 和 TOPSIS 的供应商评价与选择研究 [J]. 软科学，2011，25（2）：53-56.

[216] 夏泰凤，金雪军. 供应链金融解困中小企业融资难的优势分析 [J]. 商业研究，2011（410）：128-133.

［217］王晓立，马士华. 供应和需求不确定条件下物流服务供应链能力协调研究［J］. 运筹与管理，2011，20（2）：122-133.

第二节 英文文献

［1］Barratt M., T. Y. Choi, et al. Qualitative Case Studies in Operations Management: Trends, Research Outcomes, and Future Research Implications［J］. Journal of Operations Mana-gement, 2011, 29 (4): 329-342.

［2］Carey S., B. Lawson, et al. Social Capital Configuration, Legal Bonds and Performance in Buyer-Supplier Relationships［J］. Journal of Operations Management, 2011, 29 (4): 277-288.

［3］Eroglu C. and C. Hofer. Lean, Leaner, too Lean? The Inventory-performance Link Revisited［J］. Journal of Operations Management, 2011, 29 (4): 356-369.

［4］Inman R. A., R. S. Sale, et al. Agile Manufacturing: Relation to JIT, Operational Performance and Firm Performance［J］. Journal of Operations Management, 2011, 29 (4): 343-355.

［5］Park J. K. and Y. K. Ro. The Impact of a Firm's Make, Pseudo-make, or Buy Strategy on Product Performance［J］. Journal of Operations Management, 2011, 29(4): 289-304.

［6］Rabinovich E., R. Sinha, et al. Unlimited Shelf Space in Internet Supply Chains: Treasure Trove or Wasteland?［J］. Journal of Operations Management, 2011, 29 (4): 305-317.

［7］Zhang C., S. Viswanathan, et al. The Boundary Spanning Capabilities of Purchasing Agents in Buyer-Supplier Trust Development［J］. Journal of Operations Management, 2011, 29 (4): 318-328.

［8］Barratt M. and R. Barratt. Exploring Internal and External Supply Chain Linkages: Evidence from the field［J］. Journal of Operations Management, 2011, 29 (5): 514-528.

［9］Cattani K. D., F. R. Jacobs, et al. Common Inventory Modeling Assumptions that Fall Short: Arborescent Networks, Poisson Demand, and Single-echelon Approximations［J］. Journal of Operations Management, 2011, 29 (5): 488-499.

［10］DeHoratius N. and E. Rabinovich. Field Research in Operations and Supply Chain Management. Journal of Operations Management, 2011, 29 (5): 371-375.

［11］Done A., C. Voss, et al. Best Practice Interventions: Short-term Impact and Long-term Outcomes［J］. Journal of Operations Management, 2011, 29 (5): 500-513.

［12］ Heim G. R. and M. E. Ketzenberg. Learning and Relearning Effects with Innovative Service Designs: An Empirical Analysis of Top Golf Courses ［J］. Journal of Operations Management, 2011, 29 (5): 449-461.

［13］ LaGanga L. R. Lean Service Operations: Reflections and New Directions for Capacity Expansion in Outpatient Clinics ［J］. Journal of Operations Management, 2011, 29 (5): 422-433.

［14］ Mollenkopf D. A., R. Frankel, et al. Creating Value through Returns Management: Exploring the Marketing Operations Interface ［J］. Journal of Operations Management, 2011, 29 (5): 391-403.

［15］ Nair A., M. K. Malhotra, et al. Toward a Theory of Managing Context in Six Sigma Process-improvement Projects: An Action Research Investigation ［J］. Journal of Operations Management, 2011, 29 (5): 529-548.

［16］ Oliva R. and N. Watson. Cross-functional Alignment in Supply Chain Planning: A Case Study of Sales and Operations Planning ［J］. Journal of Operations Management, 2011, 29 (5): 434-448.

［17］ Pedraza Martinez A. J., O. Stapleton, et al. Field Vehicle Fleet Management in Humanitarian Operations: A Case-based Approach ［J］. Journal of Operations Management, 2011, 29 (5): 404-421.

［18］ Staats B. R., D. J. Brunner, et al. Lean Principles, Learning, and Knowledge Work: Evidence from a Software Services Provider ［J］. Journal of Operations Management, 2011, 29 (5): 376-390.

［19］ Thirumalai S. and K. K. Sinha. Customization of the Online Purchase Process in Electronic Retailing and Customer Satisfaction: An Online Field Study ［J］. Journal of Operations Management, 2011, 29 (5): 477-487.

［20］ Verma D., A. Mishra, et al. The Development and Application of a Process Model for R & amp; D Project Management in a High Tech Firm: A Field Study ［J］. Journal of Operations Management, 2011, 29 (5): 462-476.

［21］ Goodale J. C., D. F. Kuratko, et al. Operations Management and Corporate Entrepreneurship: The Moderating Effect of Operations Control on the Antecedents of Corporate Entrepreneurial Activity in Relation to Innovation Performance ［J］. Journal of Operations Management, 2011, 29 (1-2): 116-127.

［22］ Kickul J. R., M. D. Griffiths, et al. Operations Management, Entrepreneurship, and Value Creation: Emerging Opportunities in A Cross-disciplinary Context ［J］. Journal of Operations Management, 2011, 29 (1-2): 78-85.

［23］ Li Y., Y. Liu, et al. Co-opetition, Distributor's Entrepreneurial Orientation and Manufacturer's Knowledge Acquisition: Evidence from China ［J］. Journal of Operations

Management, 2011, 29 (1-2): 128-142.

[24] Narayanan S., V. Jayaraman, et al. The Antecedents of Process Integration in Business Process Outsourcing and its Effect on Firm Performance [J]. Journal of Operations Management, 2011, 29 (1-2): 3-16.

[25] Patel P. C. Role of Manufacturing Flexibility in Managing Duality of Formalization and Environmental Uncertainty in Emerging Firms [J]. Journal of Operations Management, 2011, 29 (1-2): 143-162.

[26] Rosenzweig E. D., T. M. Laseter, et al. Through the Service Operations Strategy Looking Glass: Influence of Industrial Sector, Ownership, and Service Offerings on B2B E-Marketplace Failures [J]. Journal of Operations Management, 2011, 29 (1-2): 33-48.

[27] Singh P. J., D. Power, et al. A Resource Dependence Theory Perspective of ISO 9000 in Managing Organizational Environment [J]. Journal of Operations Management, 2011, 29 (1-2): 49-64.

[28] Song L. Z., M. Song, et al. Resources, Supplier Investment, Product Launch Advantages, and First Product Performance [J]. Journal of Operations Management, 2011, 29 (1-2): 86-104.

[29] Tenhiälä A. Contingency Theory of Capacity Planning: The Link between Process Types and Planning Methods [J]. Journal of Operations Management, 2011, 29 (1-2): 65-77.

[30] Terjesen S., P. C. Patel, et al. Alliance Diversity, Environmental Context and the Value of Manufacturing Capabilities Among New High Technology Ventures [J]. Journal of Operations Management, 2011, 29 (1-2): 105-115.

[31] Zhao X., B. Huo, et al. The Impact of Internal Integration and Relationship Commitment on External Integration [J]. Journal of Operations Management, 2011, 29 (1-2): 17-32.

[32] Cao M. and Q. Zhang. Supply Chain Collaboration: Impact on Collaborative Advantage and Firm Performance [J]. Journal of Operations Management, 2011, 29 (3): 163-180.

[33] De Leeuw S. and J. P. van Den Berg. Improving Operational Performance by Influencing Shopfloor Behavior via Performance Management Practices [J]. Journal of Operations Management, 2011, 29 (3): 224-235.

[34] De Snoo C., W. Van Wezel, et al. An Empirical Investigation of Scheduling Performance Criteria [J]. Journal of Operations Management, 2011, 29 (3): 181-193.

[35] Emery, G. W. and M. A. Marques. The Effect of Transaction Costs, Payment Terms and Power on the Level of Raw Materials Inventories [J]. Journal of Operations Management, 2011, 29 (3): 236-249.

[36] Kim Y., T. Y. Choi, et al. Structural Investigation of Supply Networks: A Social

Network Analysis Approach [J]. Journal of Operations Management, 2011, 29 (3): 194-211.

[37] Modi S. B. and S. Mishra. What Drives Financial Performance-resource Efficiency or Resource Slack? Evidence from U.S. Based Manufacturing Firms from 1991 to 2006 [J]. Journal of Operations Management, 2011, 29 (3): 254-273.

[38] Parmigiani A., R. D. Klassen, et al. Efficiency Meets Accountability: Performance Implications of Supply Chain Configuration, Control, and Capabilities [J]. Journal of Operations Management, 2011, 29 (3): 212-223.

[39] Corsten D., T. Gruen, et al. The Effects of Supplier-to-buyer Identification on Operational Performance—An Empirical Investigation of Inter-organizational Identification in Automotive Relationships [J]. Journal of Operations Management, 2011, 29 (6): 549-560.

[40] McDermott C. M. and G. N. Stock. Focus as Emphasis: Conceptual and Perfor-mance Implications for Hospitals [J]. Journal of Operations Management, 2011, 29 (6): 616-626.

[41] Tangpong C. Content Analytic Approach to Measuring Constructs in Operations and Supply Chain Management [J]. Journal of Operations Management, 2011, 29(6): 627-638.

[42] Villena V. H., E. Revilla, et al. The dark side of buyer-supplier relationships: A Social Capital Perspective [J]. Journal of Operations Management, 2011, 29(6): 561-576.

[43] Wong C. Y., S. Boon-itt, et al. The Contingency Effects of Environmental Uncertainty on the Relationship between Supply Chain Integration and Operational Performance [J]. Journal of Operations Management, 2011, 29 (6): 604-615.

[44] Wu Z. and M. Pagell. Balancing Priorities: Decision-making in Sustainable Supply Chain Management [J]. Journal of Operations Management, 2011, 29 (6): 577-590.

[45] Zacharia Z. G., N. W. Nix, et al. Capabilities that Enhance Outcomes of an Episodic Supply Chain Collaboration [J]. Journal of Operations Management, 2011, 29 (6): 591-603.

[46] De Koster, R. B. M., D. Stam, et al. Accidents Happen: The Influence of Safety-specific Transformational Leadership, Safety Consciousness, and Hazard Reducing Systems on Warehouse Accidents [J]. Journal of Operations Management, 2011, 29 (7-8): 753-765.

[47] Gray J. V., A. V. Roth, et al. Quality Risk in Offshore Manufacturing: Evidence from the Pharmaceutical Industry [J]. Journal of Operations Management, 2011, 29 (7-8): 737-752.

[48] Hora M., H. Bapuji, et al. Safety Hazard and Time to Recall: The Role of Recall Strategy, Product Defect Type, and Supply Chain Player in the U.S. Toy Industry [J]. Journal of Operations Management, 2011, 29 (7-8): 766-777.

[49] Jacobs M. A. and M. Swink. Product Portfolio Architectural Complexity and Oper-ational Performance: Incorporating the Roles of Learning and Fixed Assets [J]. Journal of Operations Management, 2011, 29 (7-8): 677-691.

[50] Marucheck A., N. Greis, et al. Insights on the Special Issue on Product Safety and

Security in the Global Supply Chain [J]. Journal of Operations Management, 2011, 29 (7–8): 704–706.

[51] Marucheck A., N. Greis, et al. Product Safety and Security in the Global Supply Chain: Issues, Challenges and Research Opportunities [J]. Journal of Operations Management, 2011, 29 (7–8): 707–720.

[52] Queenan C. C., C. M. Angst, et al. Doctors' orders–If they're Electronic, Do They Improve Patient Satisfaction? A Complements/substitutes Perspective [J]. Journal of Operations Management, 2011, 29 (7–8): 639–649.

[53] Rao S., S. E. Griffis, et al. Failure to Deliver? Linking Online Order Fulfillment Glitches with Future Purchase Behavior [J]. Journal of Operations Management, 2011, 29 (7–8): 692–703.

[54] Speier C., J. M. Whipple, et al. Global Supply Chain Design Considerations: Mitigating Product Safety and Security Risks [J]. Journal of Operations Management, 2011, 29 (7–8): 721–736.

[55] Wilhelm M. M. Managing Coopetition Through Horizontal Supply Chain Relations: Linking Dyadic and Network Levels of Analysis [J]. Journal of Operations Management, 2011, 29 (7–8): 663–676.

[56] Wu Y., C. Loch, et al. Status and Relationships in Social Dilemmas of Teams [J]. Journal of Operations Management, 2011, 29 (7–8): 650–662.

[57] Amaruchkul K. and W. L. Cooper, Gupta D. A Note on Air–cargo Capacity Contracts [J]. Production and Operations Management, 2011, 20 (1): 152–162.

[58] Allon G. and Z. Assaf. A Note on the Relationship among Capacity, Pricing, and Inventory in a Make–to–stock System [J]. Production and Operations Management, 2011, 20 (1): 143–151.

[59] Prasad A. P., K. E. Stecke, et al. Advance Selling by a Newsvendor Retailer [J]. Production and Operations Management, 2011, 20 (1): 129–142.

[60] Kurtulus M., L. B. Toktay. Category Captainship vs. Retailer Category Management under Limited Retail Shelf Space [J]. Production and Operations Management, 2011, 20 (1): 47–56.

[61] Martı'nez–de–Albe'niz, V.and G. Roels. Competing for Shelf Space [J]. Production and Operations Management, 2011, 20 (1): 32–46.

[62] Hu Q. and L. B. Scharz. Controversial Role of GPOs in Healthcare–product Supply Chains [J]. Production and Operations Management, 2011, 20 (1): 1–15.

[63] Teyarachakul S., S. Chand, et al. Effect of Learning and Forgetting on Batch Sizes [J]. Production and Operations Management, 2011, 20 (1): 116–128.

[64] Axsäter S. Inventory Control When the Lead –time Changes [J]. Production and

Operations Management，2011，20（1）：72-80.

［65］ Ülku S. and G. M. Schmidt. Matching Product Architecture and Supply Chain Configuration ［J］. Production and Operations Management，2011，20（1）：16-31.

［66］ Berman O.，D. Krase，et al. On the Benefits of Risk Pooling in Inventory Management ［J］. Production and Operations Management，2011，20（1）：57-71.

［67］ Chiu C.，T. Choi，et al. Price，Rebate，and Returns Supply Contracts for Coordinating Supply Chains with Price-Dependent Demands ［J］. Production and Operations Management，2011，20（1）：81-91.

［68］ Özer Ö. and G. Raz. Supply Chain Sourcing Under Asymmetric Information ［J］. Production and Operations Management，2011，20（1）：92-115.

［69］ Schoenherr T. and V. A. Mabert. An Exploratory Study of Procurement Strategies for Multi-Item RFQs in B2B Markets：Antecedents and Impact on Performance ［J］. Production and Operations Management，2011，20（2）：214-234.

［70］ Jain A.，S. Seshadri，et al. Differential Pricing for Information Sharing Under Competition ［J］. Production and Operations Management，2011，20（2）：235-252.

［71］ Chen R. R. and P. Roma. Group Buying of Competing Retailers ［J］. Production and Operations Management，2011，20（2）：181-197.

［72］ Gutierrez G. J. and X. He. Life-Cycle Channel Coordination Issues in Launching an Innovative Durable Product ［J］. Production and Operations Management，2011，20（2）：268-279.

［73］ Deshpande V.，L. B. Schwarz，et al. Outsourcing Manufacturing：Secure Price-Masking Mechanisms for Purchasing Component Parts ［J］. Production and Operations Management，2011，20（2）：165-180.

［74］ Li C. and A. Scheller-Wolf. Push or Pull？ Auctioning Supply Contracts ［J］. Production and Operations Management，2011，20（2）：198-213.

［75］ Zhang S. H.，K. L. Cheung. The Impact of Information Sharing and Advance Order Information on a Supply Chain with Balanced Ordering ［J］. Production and Operations Management，2011，20（1）：83-97.

［76］ Agrawal V. K.，V. Agrawal，et al. Theoretical and Interpretation Challenges to Using the Author Affiliation Index Method to Rank Journals ［J］. Production and Operations Management，2011，20（2）：280-300.

［77］ Patrick J. Access to Long-Term Care：The True Cause of Hospital Congestion ［J］. Production and Operations Management，2011，20（3）：347-358.

［78］ Kucukyazici B.，V. Verter，et al. An Analytical Framework for Designing Community-Based Care for Chronic Diseases ［J］. Production and Operations Management 20（3）：2011，474-488.

［79］Theokary C. and Z. J. Ren. An Empirical Study of the Relations Between Hospital Volume, Teaching Status, and Service Quality ［J］. Production and Operations Management, 2011, 20 (3): 303-318.

［80］Gul S., B. T. Denton, et al. Bi-Criteria Scheduling of Surgical Services for an Outpatient Procedure Center ［J］. Production and Operations Management, 2011, 20 (1): 216-232.

［81］Bretthauer K. M., H. S. Heese, et al. Blocking in Healthcare Operations: A New Heuristic and an Application ［J］. Production and Operations Management, 2011, 20(3): 375-391.

［82］Helm J. E., S. AhmadBeygi, et al. Design and Analysis of Hospital Admission Control for Operational Effectiveness ［J］. Production and Operations Management, 2011, 20 (3): 359-374.

［83］Zhang H., G. S. Zaric, et al. Optimal Design of a Pharmaceutical Price Volume Agreement Under Asymmetric Information About Expected Market Size ［J］. Production and Operations Management, 2011, 20 (3): 334-346.

［84］Angst C. M., S. Devaraj, et al. Performance Effects Related to the Sequence of Integration of Healthcare Technologies ［J］. Production and Operations Management, 2011, 20 (3): 319-333.

［85］Price C., B. Golden, et al. Reducing Boarding in a Post-Anesthesia Care Unit ［J］. Production and Operations Management, 2011, 20 (3): 431-441.

［86］Chow V. S., M. L. Puterman. Reducing Surgical Ward Congestion Through Improved Surgical Scheduling and Uncapacitated Simulation. Production and Operations Management, 2011, 20 (3): 418-430.

［87］Dobson G., S. Hasija, et al. Reserving Capacity for Urgent Patients in Primary Care ［J］. Production and Operations Management, 2011, 20 (3): 456-473.

［88］White D. L., C. M. Froehle, et al. The Effect of Integrated Scheduling and Capacity Policies on Clinical Efficiency ［J］. Production and Operations Management, 2011, 20 (3): 442-455.

［89］May J. H. and W. E. Spangler. The Surgical Scheduling Problem: Current Research and Future Opportunities ［J］. Production and Operations Management, 2011, 20 (3): 392-405.

［90］Somlo B. and K. Rajaram, et al. Distribution Planning to Optimize Profits in the Motion Picture Industry ［J］. Production and Operations Management, 2011, 20(4): 618-636.

［91］Geng Q. and S. Mallik. Joint Mail-In Rebate Decisions in Supply Chains Under Demand Uncertainty ［J］. Production and Operations Management, 2011, 20 (4): 587-602.

［92］Narayanan S., S. Balasubramanian, et al. Managing Outsourced Software Projects: An

Analysis of Project Performance and Customer Satisfaction [J]. Production and Operations Management, 2011, 20 (4): 508-521.

[93] Bhaskaran S. R. and K. Ramachandran. Managing Technology Selection and Development Risk in Competitive Environments [J]. Production and Operations Management, 2011, 20 (4): 541-555.

[94] Lapre M. Reducing Customer Dissatisfaction: How Important is Learning to Reduce Service Failure? [J]. Production and Operations Management, 2011, 20 (4): 491-507.

[95] Wang Y., W. Gilland, et al. Regulatory Trade Risk and Supply Chain Strategy [J]. Production and Operations Management, 2011, 20 (4): 522-540.

[96] Kim B. C., P. Chen, et al. The Effect of Liability and Patch Release on Software Security: The Monopoly Case [J]. Production and Operations Management, 2011, 20 (4): 603-617.

[97] Lee J. Y., M. Swink, et al. The Roles of Worker Expertise, Information Sharing Quality, and Psychological Safety in Manufacturing Process Innovation: An Intellectual Capital Perspective [J]. Production and Operations Management, 2011, 20 (4): 556-570.

[98] Sohoni M. G., S. Chopra, et al. Threshold Incentives and Sales Variance [J]. Production and Operations Management, 2011, 20 (4): 571-586.

[99] Li R. and J. K. Ryan. A Bayesian Inventory Model Using Real-Time Condition Monitoring Information [J]. Production and Operations Management, 2011, 20 (5): 754-771.

[100] Toyasaki F., T. B. Boyacı, et al. An Analysis of Monopolistic and Competitive Take-Back Schemes for WEEE Recycling [J]. Production and Operations Management, 2011, 20 (6): 805-823.

[101] Toktay L. B. and D. Wei. Cost Allocation in Manufacturing-Remanufacturing Operations [J]. Production and Operations Management, 2011, 20 (6): 841-847.

[102] Sošic G. Impact of Demand Uncertainty on Stability of Supplier Alliances in Assembly Models [J]. Production and Operations Management, 2011, 20 (6): 905-920.

[103] Bendoly E. Linking Task Conditions to Physiology and Judgment Errors in RM Systems [J]. Production and Operations Management, 2011, 20 (6): 860-876.

[104] Chen C. and M. Delmas. Measuring Corporate Social Performance: An Efficiency Perspective [J]. Production and Operations Management, 2011, 20 (6): 789-804.

[105] Ji Y., S. Kumar, et al. Optimal Enhancement and Lifetime of Software Systems: A Control Theoretic Analysis [J]. Production and Operations Management, 2011, 20 (6): 889-904.

[106] Ovchinnikov A. Revenue and Cost Management for Remanufactured Products [J]. Production and Operations Management, 2011, 20 (6): 824-840.

[107] Salzarulo P. A., K. M. Bretthauer, et al. The Impact of Variability and Patient

Information on Health Care System Performance [J]. Production and Operations Management, 2011, 20 (6): 848–859.

[108] Kouvelis P. and W. Zhao. The Newsvendor Problem and Price-Only Contract When Bankruptcy Costs Exist [J]. Production and Operations Management, 2011, 20 (6): 921–936.

[109] Kort P. E. and G. Zaccour. When Should a Firm Open its Source Code: A Strategic Analysis [J]. Production and Operations Management, 20 (6): 877–888.

[110] Lien R. W., S. M. R. Iravani, et al. An Efficient and Robust Design for Transshipment Networks [J]. Production and Operations Management, 2011, 20 (5): 699–713.

[111] Kachani S. and K. Shmatov. Competitive Pricing in a Multi-Product Multi-Attribute Environment [J]. Production and Operations Management, 2011, 20 (5): 668–680.

[112] Baron O., J. Milner. Facility Location: A Robust Optimization Approach [J]. Production and Operations Management, 2011, 20 (5): 772–785.

[113] Xu H., D. D. Yao, et al. Optimal Control of Replenishment and Substitution in an Inventory System with Nonstationary Batch Demand [J]. Production and Operations Management, 2011, 20 (5): 727–736.

[114] Durango-Cohen E. G. and C. A. Yano. Optimizing Customer Forecasts for Forecast-Commitment Contracts [J]. Production and Operations Management, 2011, 20 (5): 681–698.

[115] Geismar H. N., M. Dawande, et al. Pool-Point Distribution of Zero-Inventory Products [J]. Production and Operations Management, 2011, 20 (5): 737–753.

[116] Ibrahim R. and W. Whitt. Real-Time Delay Estimation Based on Delay History in Many-Server Service Systems with Time-Varying Arrivals [J]. Production and Operations Management, 2011, 20 (5): 789–804.

[117] Baron O., O. Berman, et al. Shelf Space Management When Demand Depends on the Inventory Level [J]. Production and Operations Management, 2011, 20 (5): 714–726.

[118] Kraiselburd S., R. Pibernik, et al. The Manufacturer's Incentive to Reduce Lead Times [J]. Production and Operations Management, 2011, 20 (5): 639–653.

[119] Bode C., Lindemann E., & Wagner, S. M. Driving Trucks and Driving Sales? The Impact of Delivery Personnel on Customer Purchase Behavior. Journal of Business Logistics, 2011, 32 (1): 99–114.

[120] Buffa F. P., & Ross A. D. Measuring the Consequences of Using Diverse Sup-plier Evaluation Teams: A Performance Frontier Perspective [J]. Journal of Business Logistics, 2011, 32 (1): 55–68.

[121] Grawe S. J., Daugherty P. J., & Roath, A. S. Knowledge Synthesis and Innovative Logistics Processes: Enhancing Operational Flexibility and Performance [J]. Journal of

Business Logistics, 2011, 32 (1): 69-80.

[122] Tate W. L., Dooley K. J., & Ellram L. M. Transaction Cost and Institutional Drivers of Supplier Adoption of Environmental Practices [J]. Journal of Business Logistics, 2011, 32 (1): 6-16.

[123] Wallenburg C. M., Cahill D. L., Michael Knemeyer A., & Goldsby T. J. Commitment and Trust as Drivers of Loyalty in Logistics Outsourcing Relationships: Cultural Differences Between the United States and Germany [J]. Journal of Business Logistics, 2011, 32(1): 83-98.

[124] Wan X., & Evers P. T. Supply Chain Networks With Multiple Retailers: A Test of the Emerging Theory on Inventories, Stockouts, and Bullwhips [J]. Journal of Business Logistics, 2011, 32 (1): 27-39.

[125] Williams B. D., & Waller M. A. Top-Down Versus Bottom-Up Demand Forecasts: The Value of Shared Point-of-Sale Data in the Retail Supply Chain [J]. Journal of Business Logistics, 2011, 32 (1): 17-26.

[126] Zacharia Z. G., Sanders N. R., & Nix N. W. The Emerging Role of the Third-Party Logistics Provider (3PL) as an Orchestrator [J]. Journal of Business Logistics, 2011, 32 (1): 40-54.

[127] Coltman T. R., Devinney T. M., & Keating B. W. Best Worst Scaling Approach to Predict Customer Choice for 3PL Services [J]. Journal of Business Logistics, 2011, 32 (2): 139-152.

[128] Kern D., Moser R., Sundaresan N., & Hartmann E. Purchasing Comp-etence: A Stakeholder-Based Framework for Chief Purchasing Officers [J]. Journal of Business Logistics, 2011, 32 (2): 122-138.

[129] Martens B. J., Crum M. R., & Poist R. F. Examining Antecedents to Supply Chain Security Effectiveness: An Exploratory Study [J]. Journal of Business Logistics, 2011, 32 (2): 153-166.

[130] Rao S., Goldsby T. J., Griffis S. E., & Iyengar D. Electronic Logistics Service Quality (e-LSQ): Its Impact on the Customer's Purchase Satisfaction and Retention [J]. Journal of Business Logistics, 2011, 32 (2): 167-179.

[131] Srinivasan M., Novack R., & Thomas D. Optimal and Approximate Policies for Inventory Systems With Order Crossover [J]. Journal of Business Logistics, 2011, 32 (2): 180-193.

[132] Williams Z., Garver M. S., & Stephen Taylor G. Understanding Truck Driver Need-Based Segments: Creating a Strategy for Retention [J]. Journal of Business Logistics, 2011, 32 (2): 194-208.

[133] Cantor D. E., Macdonald J. R., & Crum M. R. The Influence of Workplace Justice

Perceptions on Commercial Driver Turnover Intentions [J]. Journal of Business Logistics, 2011, 32 (3): 274–286.

[134] Ellinger A. E., Natarajarathinam M., Adams F. G., Gray J. B., Hofman, D., & O'Marah, K. Supply Chain Management Competency and Firm Financial Success [J]. Journal of Business Logistics, 2011, 32 (3): 214–226.

[135] Eroglu C., & Hofer C. Inventory Types and Firm Performance: Vector Autore-gressive and Vector Error Correction Models [J]. Journal of Business Logistics, 2011, 32 (3): 227–239.

[136] Germain R., Davis-Sramek B., Lonial S. C., & Raju P. S. The Impact of Relational Supplier Exchange on Financial Performance: A Study of the Hospital Sector [J]. Journal of Business Logistics, 2011, 32 (3): 240–253.

[137] Golicic S. L., & Sebastiao H. J. Supply Chain Strategy in Nascent Markets: The Role of Supply Chain Development in the Commercialization Process [J]. Journal of Business Logistics, 2011, 32 (3): 254–273.

[138] Blackhurst J., Dunn K. S., & Craighead C. W. An Empirically Derived Fram-ework of Global Supply Resiliency [J]. Journal of Business Logistics, 2011, 32 (4): 374–391.

[139] Borgström B., & Hertz S. Supply Chain Strategies: Changes in Customer Order-Based Production [J]. Journal of Business Logistics, 2011, 32 (4): 361–373.

[140] Goldsby T. J., & Autry C. W. Toward Greater Validation of Supply Chain Man-agement Theory and Concepts: The Roles of Research Replication and Meta-Analysis [J]. Journal of Business Logistics, 2011, 32 (4): 324–331.

[141] Knemeyer A. M., & Naylor R. W. Using Behavioral Experiments to Expand Our Horizons and Deepen Our Understanding of Logistics and Supply Chain Decision Making [J]. Journal of Business Logistics, 2011, 32 (4): 296–302.

[142] Nyaga G. N., & Whipple J. M. Relationship Quality and Performance Outc-omes: Achieving a Sustainable Competitive Advantage [J]. Journal of Business Logistics, 2011, 32 (4): 345–360.

[143] Rabinovich E., & Cheon S. Expanding Horizons and Deepening Understanding via the Use of Secondary Data Sources [J]. Journal of Business Logistics, 2011, 32 (4): 303–316.

[144] Zhou H., Benton W. C., Schilling D. A., & Milligan G. W. Supply Chain Integration and the SCOR Model [J]. Journal of Business Logistics, 2011, 32 (4): 332–344.

[145] Paulraj A. Understanding the relationships between internal resources and capabilities, sustainable supply management and organizational sustainability [J]. Journal of Supply Chain Management, 47 (1): 19–37.

[146] Fawcett S. E., Wallin C., Allred C., Fawcett A. M., & Magnan G. M. Information Technology as an enabler of supply chain collab-oration: A Dynamic-capabilties perspective [J].

Journal of upply Chain Management, 2011, 47 (1): 38-59.

[147] Yeniyurt S., Watson S., Carter C. R., & Stevens C. K. To Bid or not to Bid: Driversrivers of Bidding Behavior in Electronic Reverse Auctions [J]. Journal of Supply Chain Management, 2011, 47 (1): 60-72.

[148] Anderson E. J., Coltman T. I. M., Devinney T. M., & Keating B. What Drives the Chonice of a Third –party Logistics Provider? [J]. Journal of Supply Chain Management, 2011, 47 (2): 97-115.

[149] Benefiting from Supplier Operational Innovativeness: the Ngfluence of Supplier Evaluations and Absorptive Capacity [J]. Journal of Supply Chain Management, 2011, 47 (2): 49-64.

[150] llis S. C., Shockley J., & Henry R. M. Making Sense of Supply Disruption Risk Research: a Conceptual Framework Grounded in Enactment Theory [J]. Journal of Supply Chain Management, 2011, 47 (2): 65-96.

[151] Wagner S. M., Coley L. S., & Lindemann E. Effeects of Suppliers' Repu-tation on the Future of Buyer Supplier Relationships: the Mediating Roles of Outcme Fairness and Trust [J]. Journal of Supply Chain Management, 2011, 47 (2): 29-48.

[152] Hartmann E. V. I., & De Grahl A. The Flexibility of Logis-tics Service Providers and Its Impact on Customer Loyalty: an Empirical Study [J]. Journal of Supply Chain Management, 2011, 47 (3): 63-85.

[153] Hong Y., & Hartley J. L. Managing the Supplier–supplier Interface in Product Development: the Moderating Role of Technolo gical Newness [J]. Journal of Supply Chain Management, 2011, 47 (3): 43-62.

[154] Thomas R. W., Fugate B. S., & Koukova N. T. Coping with Time Pressure and Knowledge sharing in Buyer Supplier Relationships [J]. Journal of Supply Chain Management, 2011, 47 (3): 22-42.

[155] Lockstrom M., Schadel J., Moser R., & Harrison N. Domestic Supplier Integration in the Chinese Automotive Industry: the Buyer's Perspective [J]. Journal of Supply Chain Management, 2011, 47 (4): 44-63.

[156] Van De Vijver M., Vos B., & Akkermans H. A Tale of Two Partnerships: Socialization in the Development of Buyer Supplier Relationships [J]. Journal of Supply Chain Management, 2011, 47 (4): 23-41.

[157] Andrey Pavlov, Mike Bourne. Explaining the Effects of Performance Measu-rement on Performance: An Organizational Routines Perspective [J]. International Journal of Operations & Production Management, 2011, 31 (1): 101-122.

[158] Carlos F. Gomes, Mahmoud M. Yasin, João V. Lisboa. Performance Meas-urement Practices in Manufacturing Firms Revisited [J]. International Journal of Operations &

Production Management, 2011, 31 (1): 5-30.

[159] Byoung-Chun Ha, Yang-Kyu Park, Sungbin Cho. Suppliers' Affective Trust and Trust in Competency in Buyers: Its Effect on Collaboration and Logistics Efficiency [J]. International Journal of Operations & Production Management, 2011, 31 (1): 56-77.

[160] Daniel I. Prajogo. The Roles of Firms' Motives in Affecting the Outcomes of ISO9000 Adoption [J]. International Journal of Operations & Production Management, 2011, 31 (1): 78-100.

[161] Kyung-Tae Kim, Seung-Kyu Rhee, Joongsan Oh. The Strategic Role Evolution of Foreign Automotive Parts Subsidiaries in China: A Case Study from the Perspective of Capabilities Evolution [J]. International Journal of Operations & Production Management, 2011, 31 (1): 31~55.

[162] Victoire de-Margerie, Bin Jiang. How Relevant is OM Research to Managerial Practice? [J]. An Empirical Study of Top Executives' Perceptions [J]. International Journal of Operations & Production Management, 2011, 31 (2): 124~147.

[163] Iñaki Heras-Saizarbitoria, German Arana Landín, José Francisco Molina-Azorín. Do Drivers Matter for the Benefits of ISO14001? [J]. International Journal of Operations & Production Management, 2011, 31 (2): 192-216.

[164] Paraskevi Kapetanopoulou, George Tagaras. Drivers and Obstacles of Product Recovery Activities in the Greek industry [J]. International Journal of Operations & Production Management, 2011, 31 (2): 148-166.

[165] Thanos Papadopoulos, Zoe Radnor, Yasmin Merali. The Role of Actor Associations in Understanding the Implementation of Lean Thinking in Healthcare [J]. International Journal of Operations & Production Management, 2011, 31 (2): 167-191.

[166] Manda Broekhuis, Dirk Pieter van Donk. Coordination of Physicians' Operational Activities: a Contingency Perspective [J]. International Journal of Operations & Production Management, 2011, 31 (3): 251-273.

[167] Alessandro Ancarani, Carmela Di Mauro, Maria D. Giammanco. Patient Satisfaction, Managers' Climate Orientation and Organizational Climate [J]. International Journal of Operations & Production Management, 2011, 31 (3): 224-250.

[168] Alistair Brandon-Jones, Sinéad Carey. The Impact of User-perceived Eprocurement Quality on System and Contract Compliance [J]. International Journal of Operations & Production Management, 2011, 31 (3): 274-296.

[169] Raffaella Cagliano, Federico Caniato, Ruggero Golini, Annachiara Longoni, Evelyn Micelotta. The Impact of Country Culture on the Adoption of New Forms of Work Organization [J]. International Journal of Operations & Production Management, 2011, 31 (3): 297-323.

[170] F. Ponsignon, P. A. Smart, R. S. Maull. Service Delivery System Design: Characteristics and Contingencies [J]. International Journal of Operations & Production Management, 2011, 31 (3): 324-349.

[171] Thomas Stäblein, Matthias Holweg, Joe Miemczyk. Theoretical versus Actual Product Variety: How Much Customisation Do Customers Really Demand? [J]. International Journal of Operations & Production Management, 2011, 31 (3): 350-370.

[172] Jennifer A. Farris, Eileen M. van Aken, Geert Letens, Pimsinee Chearksul, Garry Coleman. Improving the Performance Review Process: A Structured Approach and Case Application [J]. International Journal of Operations & Production Management, 2011, 31 (4): 376-404.

[173] Charles G. Petersen, Gerald R. Aase, Daniel R. Heiser. Journal Ranking Analyses of Operations Management Research [J]. International Journal of Operations & Production Management, 2011, 31 (4): 405-422.

[174] Michael J. Braunscheidel, James W. Hamister, Nallan C. Suresh, Harold Star. An Institutional Theory Perspective on Six Sigma Adoption [J]. International Journal of Operations & Production Management, 2011, 31 (4): 405-422.

[175] Stephen Brammer, Helen Walker. Sustainable Procurement in the Public Sector: An International Comparative Study [J]. International Journal of Operations & Production Management, 2011, 31 (4): 452-476.

[176] David Xiaosong Peng, Roger G. Schroeder, Rachna Shah. Competitive Priorities, Plant Improvement and Innovation Capabilities, and Operational Performance: A Test of Two Forms of Fit [J]. International Journal of Operations & Production Management, 2011, 31 (5): 484-510.

[177] Mattias Hallgren, Jan Olhager, Roger G. Schroeder. A Hybrid Model of Competitive Capabilities [J]. International Journal of Operations & Production Management, 31 (5): 511-526.

[178] Alessandra Vecchi, Louis Brennan. Quality Management: a Cross-cultural Perspective Based on the GLOBE Framework [J]. International Journal of Operations & Production Management, 2011, 31 (5): 527-553.

[179] Frank Wiengarten, Brian Fynes, Mark Pagell, Seán de Búrca. Exploring the Impact of National Culture on Investments in Manufacturing Practices and Performance: An Empirical Multi-country Study [J]. International Journal of Operations & Production Management, 2011, 31 (5): 554-578.

[180] Partha Priya Datta, Rajkumar Roy. Operations Strategy for the Effective Delivery of Integrated Industrial Product-service Offerings: Two exploratory defence industry case studies [J]. International Journal of Operations & Production Management, 31 (5): 579-603.

[181] Mahesh Gupta, Lynn Boyd. An Excel-based Dice Game: an Integrative Learning Activity in Operations Management [J]. International Journal of Operations & Production Management, 2011, 31 (6): 608-630.

[182] Shannon K. Ronnenberg, Mary E. Graham, Farzad Mahmoodi. The Important Role of Change Management in Environmental Management System Implementation [J]. International Journal of Operations & Production Management, 2011, 31 (6): 631-647.

[183] Elmar Holschbach, Erik Hofmann. Exploring Quality Management for Business Services from a Buyer's Perspective Using Multiple Case Study Evidence [J]. International Journal of Operations & Production Management, 2011, 31 (6): 648-685.

[184] Thomas E. Johnsen. Supply Network Delegation and Intervention Strategies during Supplier Involvement in New Product Development [J]. International Journal of Operations & Production Management, 2011, 31 (6): 686-708.

[185] Daniel I. Prajogo, Christopher M. McDermott. The Relationship between Multidimensional Organizational Culture and Performance [J]. International Journal of Operations & Production Management, 2011, 31 (7): 712-735.

[186] Yufeng Zhang, Mike Gregory. Managing Global Network Operations along the Engineering Value Chain [J]. International Journal of Operations & Production Management, 2011, 31 (7): 736-764.

[187] Antony Paulraj, Pieter de Jong. The Effect of ISO14001 Certification Announcements on Stock Performance [J]. International Journal of Operations & Production Management, 2011, 31 (7): 765-788.

[188] Kevin Baird, Kristal Jia Hu, Robert Reeve. The Relationships Between Organizational Culture, Total Quality Management Practices and Operational Performance [J]. International Journal of Operations & Production Management, 2011, 31 (7): 789-814.

[189] Laura Birou, Richard N. Germain, William J. Christensen. Applied Logistics Know-ledge Impact on Financial Performance [J]. International Journal of Operations & Production Management, 2011, 31 (8): 816-834.

[190] Andrea Furlan, Andrea Vinelli, Giorgia Dal Pont. Complementarity and Lean Man-ufacturing Bundles: an Empirical Analysis [J]. International Journal of Operations & Production Management, 2011, 31 (8): 835-850.

[191] Umit S. Bititci, Fran Ackermann, Aylin Ates, John Davies, Patrizia Garengo, Stephen Gibb, Jillian MacBryde, David Mackay, Catherine Maguire, Robert van der Meer, Farhad Shafti, Michael Bourne, Seniye Umit Firat. Managerial Processes: Business Process that Sustain Performance [J]. International Journal of Operations & Production Management, 2011, 31 (8): 851-891.

[192] Kim Sundtoft Hald, Chris Ellegaard. Supplier Evaluation Processes: the Shaping

Supplier Performance [J]. International Journal of Operations & Production
2011, 31 (8): 888-910.

Kasra Ferdows, Fritz Thurnheer. Building factory fitness [J]. International Journal
erations & Production Management, 2011, 31 (9): 916-934.

[194] Rob Dekkers. Impact of Strategic Decision Making for Outsourcing on Managing Manufacturing [J]. International Journal of Operations & Production Management, 2011, 31 (9): 935-965.

[195] Joana Geraldi, Harvey Maylor, Terry Williams. Now, Let's Make it Really Complex (Complicated): A Systematic Review of the Complexities of Projects [J]. International Journal of Operations & Production Management, 2011, 31 (9): 966-990.

[196] Alex Hill, Richard Cuthbertson. Fitness Map: a Classification of Internal Strategic Fit in Service Organisations [J]. International Journal of Operations & Production Management, 2011, 31 (9): 991-1021.

[197] David Xiaosong Peng, Gensheng (Jason) Liu, Gregory R. Heim. Impacts of Information Technology on Mass Customization Capability of Manufacturing Plants [J]. International Journal of Operations & Production Management, 31 (10): 1022-1047.

[198] Tipparat Laohavichien, Lawrence D. Fredendall, R. Stephen Cantrell. Leadership and Quality Management Practices in Thailand [J]. International Journal of Operations & Production Management, 2011, 31 (10): 1048-1070.

[199] Bernard J. Kornfeld, Sami Kara. Project Portfolio Selection in Continuous Improvement [J]. International Journal of Operations & Production Management, 2011, 31 (10): 1071-1088.

[200] John D. Hanson, Steven A. Melnyk, Roger A. Calantone. Defining and Measuring Alignment in Performance Management [J]. International Journal of Operations & Production Management, 2011, 31 (10): 1089-1114.

[201] Pietro Micheli, Matteo Mura, Marco Agliati. Exploring the Roles of Performance Measurement Systems in Strategy Implementation: The Case of a Highly Diversified Group of Firms [J]. International Journal of Operations & Production Management, 2011, 31 (10): 1115-1139.

[202] Maximilian Pasche, Magnus Persson, Hans Löfsten. Effects of Platforms on New Product Development Projects [J]. International Journal of Operations & Production Management, 2011, 31 (11): 1144-1163.

[203] Renu Agarwal, Willem Selen. Multi-dimensional Nature of Service Innovation: Operationalisation of the Elevated Service Offerings Construct in Collaborative Service Organisations [J]. International Journal of Operations & Production Management, 2011, 31 (11): 1164-1192.

［204］ Sang M. Lee, DonHee Lee, Marc J. Schniederjans. Supply Chain Innovation and Organizational Performance in the Healthcare Industry ［J］. International Journal of Operations & Production Management, 2011, 31 (11): 1193-1214.

［205］ Xuan Zhang, Dirk Pieter van Donk, Taco van der Vaart. Does ICT Influence Supply Chain Management and Performance? A Review of Survey-based Research ［J］. International Journal of Operations & Production Management, 2011, 31 (11): 1215-1247.

［206］ Nan (Chris) Liu, Aleda V. Roth, Elliot Rabinovich. Antecedents and Consequences of Combinative Competitive Capabilities in Manufacturing ［J］. International Journal of Operations & Production Management, 2011, 31 (12): 1250-1286.

［207］ Amy Tung, Kevin Baird, Herbert P. Schoch. Factors Influencing the Effectiveness of Performance Measurement Systems ［J］. International Journal of Operations & Production Management, 2011, 31 (12): 1287-1310.

［208］ Yang Cheng, Sami Farooq, John Johansen. Manufacturing Network Evolution: a Manufacturing Plant Perspective ［J］. International Journal of Operations & Production Management, 2011, 31(12): 1311-1331.

［209］ C. De Snoo, W. Van Wezel, J. C. Wortmann. Does Location Matter for a Scheduling Department? A Longitudinal Case Study on the Effects of Relocating the Schedulers ［J］. International Journal of Operations & Production Management, 2011, 31 (12): 1332-1358.

［210］ P. Childerhouse, D. R. Towill. Effective Supply Chain Research via the Quick Scan Audit Methodology ［J］. Supply Chain Management: An International Journal, 2011, 16 (1): 5-10.

［211］ Ceren Atilgan, Peter McCullen. Improving Supply Chain Performance through Auditing: a Change Management Perspective ［J］. Supply Chain Management: An International Journal, 2011, 16 (1): 11-19.

［212］ Ruth Banomyong, Nucharee Supatn. Developing a Supply Chain Performance Tool for SMEs in Thailand ［J］. Supply Chain Management: An International Journal, 2011, 16 (1): 20-31.

［213］ Anthony Beresford, Stephen Pettit, Yukuan Liu. Multimodal Supply Chains: Iron ore from Australia to China ［J］. Supply Chain Management: An International Journal, 2011, 16 (1): 32-42.

［214］ Adrian E. Coronado Mondragon, Chandra Lalwani, Christian E. Coronado Mondragon. Measures for Auditing Performance and Integration in Closed-loop Supply Chains ［J］. Supply Chain Management: An International Journal, 2011, 16 (1): 43-56.

［215］ Julia Edwards, Alan McKinnon, Sharon Cullinane. Comparative carbon auditing of Conventional and Online Retail Supply Chains: a Review of Methodological Issues ［J］. Supply Chain Management: An International Journal, 2011, 16 (1): 57-63.

an Christopher, Carlos Mena, Omera Khan, Oznur Yurt. Approaches to obal Sourcing Risk [J]. Supply Chain Management: An International Journal, (2): 67-81.

[217] F. Jalalvand, E. Teimoury, A. Makui, M. B. Aryanezhad, F. Jolai. A Method to Compare Supply Chains of an Industry [J]. Supply Chain Management: An International Journal, 2011, 16 (2): 82-97.

[218] Ruerd Ruben, Guillermo Zuniga. How Standards Compete: Comparative Impact of Coffee Certification Schemes in Northern Nicaragua [J]. Supply Chain Management: An International Journal, 2011, 16 (2): 98-109.

[219] Nigel Wild, Li Zhou. Ethical Procurement Strategies for International Aid Non-Government Organisations [J]. Supply Chain Management: An International Journal, 2011, 16 (2): 110-127.

[220] Erik Hofmann. Natural Hedging as a Risk Prophylaxis and Supplier Financing Instrument in Automotive Supply Chains [J]. Supply Chain Management: An International Journal, 2011, 16 (2): 128-141.

[221] Remko van Hoek, Janet Godsell, Alan Harrison [J]. Embedding "Insights from industry" in Supply Chain Programmes: the Role of Guest Lecturers Supply Chain Management: An International Journal, 2011, 16 (2): 142-147.

[222] Jesús Cambra-Fierro, Rocío Ruiz-Benítez. Notions for the Successful Management of the Supply Chain: Learning with Carrefour in Spain and Carrefour in China [J]. Supply Chain Management: An International Journal, 2011, 16 (2): 148-154.

[223] Jan de Vries, Robbert Huijsman. Supply Chain Management in Health Services: an Overview [J]. Supply Chain Management: An International Journal, 2011, 16 (3): 159-165.

[224] Bert Meijboom, Saskia Schmidt-Bakx, Gert Westert. Supply Chain Management Practices for Improving Patient -oriented Care [J]. Supply Chain Management: An International Journal, 2011, 16 (3): 166-175.

[225] Håkan Aronsson, Mats Abrahamsson, Karen Spens. Developing Lean and Agile Health Care Supply Chains [J]. Supply Chain Management: An International Journal, 2011, 16 (3): 176-183.

[226] Vikram Bhakoo, Caroline Chan. Collaborative Implementation of E-business Processes within the Health -care Supply Chain: the Monash Pharmacy Project [J]. Supply Chain Management: An International Journal, 2011, 16 (3): 184-193.

[227] Paul Lillrank, Johan Groop, Julia Venesmaa. Processes, Episodes and Events in Health Service Supply Chains [J]. Supply Chain Management: An International Journal, 2011, 16 (3): 194-201.

［228］ Frank Wiengarten, Brian Fynes, Paul Humphreys, Roberto C. Chavez, Alan McKittrick. Assessing the Value Creation Process of E-business along the Supply Chain ［J］. Supply Chain Management: An International Journal, 2011, 16 (4): 207-219.

［229］ Pamela Danese, Pietro Romano. Supply Chain Integration and Efficiency Performance: a Study on the Interactions between Customer and Supplier Integration ［J］. Supply Chain Management: An International Journal, 2011, 16 (4): 220-230.

［230］ Herbert Kotzab, Christoph Teller, David B. Grant, Leigh Sparks. Antecedents for the Adoption and Execution of Supply Chain Management ［J］. Supply Chain Management: An International Journal, 2011, 16 (4): 231-245.

［231］ Uta Jüttner, Stan Maklan. Supply Chain Resilience in the Global Financial Crisis: an Empirical Study ［J］. Supply Chain Management: An International Journal, 2001, 16 (4): 246-259.

［232］ Des Doran, Mihalis Giannakis. An Examination of a Modular Supply Chain: a Construction Sector Perspective ［J］. Supply Chain Management: An International Journal, 2011, 16 (4): 260-270.

［233］ Candace Y. Yi, E. W. T. Ngai, K-L. Moon. Supply Chain Flexibility in an Uncertain Environment: Exploratory Findings from Five Case Studies ［J］. Supply Chain Management: An International Journal, 2011, 16 (4): 271-283.

［234］ Josep Capó-Vicedo, Josefa Mula, Jordi Capó. A Social Network-based Organizational Model for Improving Knowledge Management in Supply Chains ［J］. Supply Chain Management: An International Journal, 2011, 16 (4): 284-293.

［235］ Raffaello Balocco, Giovanni Miragliotta, Alessandro Perego, Angela Tumino. RFId Adoption in the FMCG Supply Chain: an Interpretative Framework ［J］. Supply Chain Management: An International Journal, 2011, 16 (5): 299-315.

［236］ Vikram Bhakoo, Caroline Chan. Collaborative Implementation of E-business Processes within the Health-care Supply Chain: the Monash Pharmacy Project ［J］. Supply Chain Management: An International Journal, 2011, 16 (3): 184-193.

［237］ Frédéric Thiesse, Thorsten Staake, Patrick Schmitt, Elgar Fleisch. The Rise of the Next-generation Bar Code: an International RFID Adoption Study ［J］. Supply Chain Management: An International Journal, 2011, 16 (5): 328-345.

［238］ Mihalis Giannakis. Management of Service Supply Chains with a Service-oriented Reference Model: the Case of Management Consulting ［J］. Supply Chain Management: An International Journal, 2011, 16 (5): 346-361.

［239］ Gyan Prakash. Service Quality in Supply Chain: Empirical Evidence from Indian Automotive Industry ［J］. Supply Chain Management: An International Journal, 2011, 16(5): 362-378.

Capó-Vicedo, Josefa Mula, Jordi Capó. A Social Network-based Organiz- for Improving Knowledge Management in Supply Chains [J]. Supply Chain ...ent: An International Journal, 2011, 16 (5): 379-388.

[241] Liu Wei-hua, Xu Xue-cai, Ren Zheng-xu, Peng Yan. An Emergency Order Allocation Model Based on Multi-provider in Two-echelon Logistics Service Supply Chain [J]. Supply Chain Management: An International Journal, 2011, 16 (6): 391-400.

[242] David L. Olson, Desheng Wu. Risk Management Models for Supply Chain: A Scenario Analysis of Outsourcing to China [J]. Supply Chain Management: An International Journal, 2011, 16 (6): 401-408.

[243] Zhong Ning, Tsan-Ming Choi, Charlene Xie, Li Xie, Junjun Dai. Impact of E-marketplace on Supply Chain under the Markdown Policy [J]. Supply Chain Management: An International Journal, 2011, 16 (6): 409-418.

[244] Jeffrey Wang, Prakash J. Singh, Danny Samson, Damien Power. Sourcing from China: Experiences of Australian Firms [J]. Supply Chain Management: An International Journal, 2011, 16 (6): 419-427.

[245] Booi Hon Kam, Ling Chen, Richard Wilding. Managing Production Outsourcing Risks in China's Apparel Industry: a Case Study of Two Apparel Retailers [J]. Supply Chain Management: An International Journal, 2011, 16 (6): 428-445.

[246] William Ho, Prasanta K. Dey, Martin Lockström. Strategic Sourcing: a Combined QFD and AHP Approach in Manufacturing [J]. Supply Chain Management: An International Journal, 2011, 16 (6): 446-461.

[247] Shams Rahman, Yen-Chun Jim Wu. Logistics Outsourcing in China: the Manufacturer-cum-supplier Perspective [J]. Supply Chain Management: An International Journal, 16 (6): 462-473.

[248] Rao Tummala, Tobias Schoenherr. Assessing and Managing Risks Using the Supply Chain Risk Management Process (SCRMP) [J]. Supply Chain Management: An International Journal, 2011, 16 (6): 474-483.

[249] Shukla A., Lalit V. A., & Venkatasubramanian V. Optimizing Efficiency-Robustness Trade-offs in Supply Chain Design under Uncertainty Due to Disruptions [J]. International Journal of Physical Distribution & Logistics Management, 2011, 41 (6): 623-647.

[250] Thomas R. W., Defee C. C., Randall W. S., & Williams B. Assessing the Managerial Relevance of Contemporary Supply Chain Management Research [J]. International Journal of Physical Distribution & Logistics Management, 2011, 41 (7): 655-667.

[251] Liu G. J., & Deitz G. D. Linking Supply Chain Management with Mass Customization Capability [J]. International Journal of Physical Distribution & Logistics Management, 2011, 41 (7): 668-683.

[252] Kirchoff J. F., Koch C., & Nichols B. S. Stakeholder Perceptions of Green Marketing: the Effect of Demand and Supply Integration [J]. International Journal of Physical Distribution & Logistics Management, 2011, 41 (7): 684-696.

[253] Tokman M., & Beitelspacher L. S. Supply Chain Networks and Service-dominant Logic: Suggestions for Future Research [J]. International Journal of Physical Distribution & Logistics Management, 2011, 41 (7): 717-726.

[254] Kros J. F., Richey Jr R. G., Chen H., & Nadler S. S. Technology Emer-gence between Mandate and Acceptance: an Exploratory Examination of RFID [J]. International Journal of Physical Distribution & Logistics Management, 2011, 41 (7): 697-716.

[255] Gobbi, C. Designing the reverse supply chain: the impact of the product residual value [J]. International Journal of Physical Distribution & Logistics Management, 2011, 41 (8): 768-796.

[256] Rogers M. M., & Weber W. L. Evaluating CO_2 Emissions and Fatalities Tradeoffs in Truck Transport [J]. International Journal of Physical Distribution & Logistics Management, 2011, 41 (8): 750-767.

[257] Lim H., & Shiode N. The Impact of Online Shopping Demand on Physical Dist-ribution Networks: a Simulation Approach [J]. International Journal of Physical Distribution & Logistics Management, 2011, 41 (8): 732-749.

[258] Allal-Chérif O., & Maira S. Collaboration as an Anti-crisis Solution: the Role of the Procurement Function [J]. International Journal of Physical Distribution & Logistics Management, 2011, 41 (9): 860-877.

[259] Large R. O., Kramer N., & Hartmann R. K. Customer-specific Adaptation by Providers and Their Perception of 3PL-relationship Success [J]. International Journal of Physical Distribution & Logistics Management, 2011, 41 (9): 822-838.

[260] Pfohl H. C., Gallus P., & Thomas D. Interpretive Structural Modeling of Supply Chain Risks [J]. International Journal of physical distribution & logistics management, 2011, 41 (9): 839-859.

[261] Boussier J. M., Cucu T., Ion L., & Breuil D. Simulation of Goods Delivery Process [J]. International Journal of Physical Distribution & Logistics Management, 2011, 41 (9): 913-930.

[262] Henkow O., & Norrman A. Tax Aligned Global Supply Chains: Environmental Impact Illustrations, Legal Reflections and Crossfunctional Flow Charts [J]. International Journal of Physical Distribution & Logistics Management, 2011, 41 (9): 878-895.

[263] Browne M., & Gomez M. The Impact on Urban Distribution Operations of Upstream Supply Chain Constraints [J]. International Journal of Physical Distribution & Logistics Management, 2011, 41 (9): 896-912.

sain M., & Drake P. R. Analysis of the Bullwhip Effect with Order Batching in on Supply Chains [J]. International Journal of Physical Distribution & Logistics .ent, 2011, 41 (10): 972-990.

[265] Shabani A., Torabipour S. M. R., & Saen R. F. Container Selection in the Presence Partial Dual-role Factors [J]. International Journal of Physical Distribution & Logistics Management, 2011, 41 (10): 991-1008.

[266] Rollins M., Pekkarinen S., & Mehtälä M. Inter-firm Customer Knowledge Sharing in Logistics Services: an Empirical Study [J]. International Journal of Physical Distribution & Logistics Management, 2011, 41 (10): 956-971.

[267] Stank T. P., Dittmann J. P., & Autry C. W. The New Supply Chain Agenda: a Synopsis and Directions for Future Research [J]. International Journal of Physical Distribution & Logistics Management, 2011, 41 (10): 940-955.

[268] Voss M. D., Cangelosi Jr J. D., Rubach M., & Nadler S. S. An Examination of Small Motor Carrier Survival Techniques [J]. International Journal of Logistics Management, The, 2011, 22 (1): 87-103.

[269] Greening P., & Rutherford C. Disruptions and Supply Networks: a Multi-level, Multi-theoretical Relational Perspective [J]. International Journal of Logistics Management, The, 2011, 22 (1): 104-126.

[270] Downing M., Chipulu M., Ojiako U., & Kaparis D. Forecasting in Airforce Supply Chains [J]. International Journal of Logistics Management, 2011, 22 (1): 127-144.

[271] Peters N. J., Hofstetter J. S., & Hoffmann V. H. Institutional Entreprene-urship Capabilities for Interorganizational Sustainable Supply Chain Strategies [J]. International Journal of Logistics Management, The, 2011, 22 (1): 52-86.

[272] Daugherty P. J., Chen H., & Ferrin B. G. Organizational Structure and Logistics Service Innovation [J]. International Journal of Logistics Management, 2011, 22 (1): 26-51.

[273] Tokar T., Aloysius J. A., Waller M. A., & Williams B. D. Retail Promo-tions and Information Sharing in the Supply Chain: a Controlled Experiment [J]. International Journal of Logistics Management, 2011, 22 (1): 5-25.

[274] Hofer A. R., Hofer C., Eroglu C., & Waller M. A. An Institutional Theoretic Perspective on Forces Driving Adoption of Lean Production Globally: China< IT> vis-à-vis</ IT> the USA [J]. International Journal of Logistics Management, 2011, 22 (2): 148-178.

[275] Lado A. A., Paulraj A., & Chen I. J. Customer Focus, Supply-chain Relational Capabilities and Performance: Evidence from US Manufacturing Industries [J]. International Journal of Logistics Management, 2011, 22 (2): 202-221.

[276] Genchev S. E., Richey R. G., & Gabler C. B. Evaluating Reverse Logistics Programs: a Suggested Process Formalization [J]. International Journal of Logistics Management,

2011, 22 (2): 242–263.

[277] Hammervoll T. Honeymoons in Supply Chain Relationships: The Effects of Financial Capital, Social Capital and Psychological Commitment [J]. International Journal of Logistics Management, 2011, 22 (2): 264–279.

[278] Palander T., & Vesa L. Potential Methods of Adjustment to Declining Imports of Russian Roundwood for the Finnish Pulp and Paper industry [J]. International Journal of Logistics Management, 2011, 22 (2): 222–241.

[279] Sanders N. R., Autry C. W., & Gligor D. M. The Impact of Buyer Firm Information Connectivity Enablers on Supplier Firm Performance: a Relational View [J]. International Journal of Logistics Management, 2011, 22 (2): 179–201.

[280] Kohn J. W., McGinnis M. A., & Kara A. A Structural Equation Model Assessment of Logistics Strategy [J]. International Journal of Logistics Management, 2011, 22 (3): 284–305.

[281] Ellinger A. E., & Chapman K. Benchmarking Leading Supply Chain Management and Logistics Strategy Journals [J]. International Journal of Logistics Management, 2011, 22 (3): 403–419.

[282] Braziotis C., & Tannock J. Building the Extended Enterprise: Key Collaboration Factors [J]. International Journal of Logistics Management, 2011, 22 (3): 349–372.

[283] Hazen B. T., Cegielski C., & Hanna J. B. Diffusion of Green Supply Chain Management: Examining Perceived Quality of Green Reverse Logistics [J]. International Journal of Logistics Management, 2011, 22 (3): 373–389.

[284] Randall W. S., Nowicki D. R., & Hawkins T. G. Explaining the Effectiveness of Performance-based Logistics: a Quantitative Examination [J]. International Journal of Logistics Management, 2011, 22 (3): 324–348.

[285] Yu Y., & Lindsay V. Operational Effects and Firms' Responses: Perspectives of New Zealand apparel Firms on International Outsourcing [J]. International Journal of Logistics Management, 2011, 22 (3): 306–323.

[286] Randall W. S., Gibson B. J., Defee C. C., & Williams B. D. Retail Supply Chain Management: Key Priorities and Practices [J]. International Journal of Logistics Management, 2011, 22 (3): 390–402.

后　记

　　一部著作的完成需要许多人的默默贡献，闪耀着的是集体的智慧，其中铭刻着许多艰辛的付出，凝结着许多辛勤的劳动和汗水。

　　本书在编写过程中，借鉴和参考了大量的文献和作品，从中得到了不少启悟，也汲取了其中的智慧菁华，谨向各位专家、学者表示崇高的敬意——因为有了大家的努力，才有了本书的诞生。凡被本书选用的材料，我们都将按相关规定向原作者支付稿费，但因为有的作者通信地址不详或者变更，尚未取得联系。敬请您见到本书后及时函告您的详细信息，我们会尽快办理相关事宜。

　　由于编写时间仓促以及编者水平有限，书中不足之处在所难免，诚请广大读者指正，特驰惠意。